Ihre Arbeitshilfen zum Download:

Die folgenden Arbeitshilfen stehen für Sie zum Download bereit:

Muster:
- Gesamt- und Einzelwirtschaftsplan
- Einladung zur Eigentümerversammlung
- Stimmrechtsvollmacht
- Beschlusssammlung

Gesetze:
- Wohnungseigentumsgesetz
- Heizkostenverordnung
- Trinkwasserverordnung

Den Link sowie Ihren Zugangscode finden Sie am Buchende.

Praxishandbuch Wohnungseigentum

Rudolf Stürzer, Michael Koch, Georg Hopfensperger, Detlef Sterns,
Melanie Sterns-Kolbeck, Claudia Ziegelmayer

Praxishandbuch
Wohnungseigentum

5. aktualisierte Auflage

Haufe Gruppe
Freiburg · München · Stuttgart

Bibliografische Information der Deutschen Nationalbibliothek

Die Deutsche Nationalbibliothek verzeichnet diese Publikation in der Deutschen Nationalbibliografie; detaillierte bibliografische Daten sind im Internet über http://dnb.dnb.de abrufbar.

Print: ISBN 978-3-648-07961-4   Bestell-Nr. 06323-0005
ePub: ISBN 978-3-648-07962-1   Bestell-Nr. 06323-0102
ePDF: ISBN 978-3-648-07963-8   Bestell-Nr. 06323-0152

Stürzer, Koch, Hopfensperger, Sterns-Kolbeck, Sterns, Ziegelmayer
Praxishandbuch Wohnungseigentum
5. aktualisierte Auflage 2016

© 2016 Haufe-Lexware GmbH & Co. KG, Freiburg
www.haufe.de
info@haufe.de
Produktmanagement: Jasmin Jallad

Lektorat: Cornelia Rüping, München
Satz: Reemers Publishing Services GmbH, Krefeld
Umschlag: RED GmbH, 82152 Krailling
Druck: BELTZ Bad Langensalza GmbH, Bad Langensalza

Inhaltsverzeichnis

Vorwort

»Herr der eigenen vier Wände« zu sein – wie es das Bundesverfassungsgericht einmal formuliert hat – wird in Zeiten, in denen aufgrund des demografischen Wandels in unserer Gesellschaft immer weniger Verlass auf die gesetzliche Rentenversicherung ist, zunehmend wichtiger. Probleme mit Mietzahlungen häufen sich erfahrungsgemäß dann, wenn beim Eintritt in das Rentenalter die Einkünfte oft drastisch sinken, der bisherige Wohnstandard aber unverändert bleiben soll. Wer frühzeitig vorgesorgt und eine Immobilie gekauft hat, ist im Alter mit erheblich geringeren Wohnkosten belastet als Mieter in einer vergleichbaren Immobilie. Allerdings können sich insbesondere in Ballungsgebieten mit hohen Grundstückspreisen nur noch wenige Bürger den Traum vom eigenen Haus im Grünen erfüllen. Viele wollen dies auch gar nicht und denken dabei an die oft arbeitsintensive Pflege des Gartens und der Außenanlagen, mühsames Treppensteigen, aber auch an hohe Energiepreise.

Diese Umstände haben in den letzten beiden Jahrzehnten dazu geführt, dass Eigentumswohnungen auf dem Wohnungsmarkt rasant an Bedeutung gewonnen haben – sowohl im Bereich der Selbstnutzung als auch auf dem Vermietungssektor. Große Wohnanlagen – wie zum Beispiel aus den 1960er-Jahren – oder Mietshäuser, die einem Eigentümer gehören, werden nur noch ganz vereinzelt gebaut. Im Gegenteil: Solche Immobilien werden zunehmend in Eigentumswohnungen umgewandelt und dann an verschiedene Erwerber veräußert. Damit entstehen nicht nur im Bereich des Neubaus, sondern auch im Wohnungsbestand immer mehr Eigentumswohnungen. Die Kehrseite der Medaille: Wo immer mehr Menschen auf immer engerem Raum leben, entstehen zwangsläufig Konflikte.

Wohnungseigentümer, die ihre Rechte und Pflichten, aber auch die des Verwalters und des Verwaltungsbeirats kennen, vermeiden unnötige Konfliktsituationen. Wer weiß, wie er sich in einer Eigentümerversammlung verhalten soll, was er bei einer Vermietung beachten muss und wo im Steuer- und Versicherungsrecht die Fallstricke liegen, vermeidet teure Fehler.

Zu allen Fragen und Problemen, mit denen Wohnungseigentümer, Verwalter und Verwaltungsbeiräte konfrontiert werden, geben die Autoren – allesamt Praktiker mit langjähriger Erfahrung im Bereich Rechtsberatung/Prozessvertretung – praxisnahe Hinweise und Ratschläge, immer unter Berücksichtigung der neuesten Rechtsprechung zu der am 1.7.2007 in Kraft getretenen Neufassung des Wohnungseigentumsgesetzes (WEG). Dieses Praxisbuch wird seinen Benutzern häufig den Gang zum Anwalt ersparen können. Alle Probleme des individuellen

Einzelfalls und seine Besonderheiten lassen sich aber auch mit hochwertigen Fachbüchern nicht immer lösen.

Professionelle Hilfe bieten dann Haus- und Grundbesitzervereine mit Geschäftsstellen in nahezu allen Städten und Gemeinden im Bundesgebiet. Haus und Grund München ist mit mehr als 30.000 Mitgliedern, über die circa 420.000 Wohnungen und Geschäftsräume in München und Umgebung organisiert sind, der größte örtliche Verein im Bundesgebiet. Haus und Grund Bayern ist mit 110 Ortsvereinen und circa 130.000 Mitgliedern der größte Landesverband. Alle örtlichen Vereine sind rechtlich und wirtschaftlich selbstständig und über die jeweiligen Landesverbände in der Dachorganisation Haus und Grund Deutschland mit Sitz in Berlin zusammengeschlossen. Über diese Organisationsstruktur werden die Interessen der Mitglieder über die Stadtgrenzen hinaus landes- und bundesweit gegenüber den politischen Parteien und Gesetzgebungsorganen vertreten.

Rechtsanwalt Rudolf Stürzer
Vorsitzender Haus und Grund München

1 Grundbegriffe des Wohnungseigentums

1.1 Warum Wohnungseigentum?

Das Wohnungseigentumsrecht geht von einem ganz anderen Eigentumsbegriff aus als das Bürgerliche Gesetzbuch (BGB). Nach der Vorstellung des Gesetzgebers von vor über 100 Jahren muss das Eigentum an einem Gebäude dem Eigentum an dem Grundstück folgen (§ 94 BGB). Dabei sind die zur Herstellung des Gebäudes eingefügten Sachen wesentliche Bestandteile des Gebäudes. Die wesentlichen Bestandteile können nicht gemäß § 93 BGB Gegenstand besonderer Rechte sein. Die Folge dieser zunächst etwas kompliziert klingenden Eigentumskonstruktion des BGB ist, dass ein Grundstück und ein sich darauf befindliches Gebäude eine rechtliche Einheit bilden, die sich nicht in verschiedene Eigentumseinheiten aufteilen lässt. Damit unterscheidet sich das Verständnis von »Eigentum« des BGB grundlegend von dem des Wohnungseigentumsgesetzes.

Der Gesetzgeber, der Anfang der 1950er Jahre das Wohnungseigentumsgesetz auf den Weg brachte, sah sich nach dem Zweiten Weltkrieg besonderen wohnungspolitischen Anforderungen gegenüber. Die Wohnungsnot, die schlechte Einkommenssituation großer Bevölkerungskreise und damit verbunden die geringe Eigentumsquote veranlasste den Gesetzgeber, die zwingende Einheit zwischen Gebäude und Grundstück nach der Vorstellung des BGB aufzuheben. Damit war der Weg dafür frei, dass innerhalb eines Gebäudes mehrere Eigentümer zu deutlich geringeren Kosten volles Eigentum an verschiedenen (Wohnungs-)Einheiten begründen konnten.

Um dieses Vorhaben umzusetzen, war es notwendig, in einem eigenen Gesetz – dem Wohnungseigentumsgesetz – einen vom BGB abweichenden Eigentumsbegriff zu schaffen, der die Bildung von Sonder- und Gemeinschaftseigentum ermöglichte.

1.2 Wohnungs- und Teileigentum

Wohnungseigentum ist das Sondereigentum an einer Wohnung samt dem Miteigentumsanteil (MEA) an dem gemeinschaftlichen Eigentum, zu dem es gehört (§ 1 Abs. 2 WEG). Neben dem Sondereigentum gibt es das Teileigentum als weitere Erscheinungsform des Wohnungseigentums. Das Teileigentum unterscheidet sich vom Sondereigentum nur dadurch, dass es aus gewerblich genutzten

Einheiten besteht, zum Beispiel einer Ladeneinheit, also aus nicht zu Wohnzwecken dienenden Räumen eines Gebäudes (§ 1 Abs. 3 WEG).

Sondereigentum und Teileigentum stellen Erscheinungsformen des Wohnungseigentums dar, die sich nur hinsichtlich der Zweckbestimmung unterscheiden, jedoch vom Gesetz gleich behandelt werden (§ 1 Abs. 6 WEG).

> **! Beispiel: Teil- und Sondereigentum**
>
> In einer Teilungserklärung ist bestimmt, dass die Einheit Nr. 1 als Ladengeschäft genutzt werden soll. Aufgrund der Zweckbestimmung zu anderen als zu Wohnzwecken handelt es sich um Teileigentum. Ist dagegen für die Einheit Nr. 1 festgelegt, dass dort eine Nutzung zu Wohnzwecken vorgesehen ist, handelt es sich um Sondereigentum.

Soll zu einem späteren Zeitpunkt eine Umwandlung von Wohnungs- in Teileigentum oder umgekehrt erfolgen, sind dafür die Zustimmung aller anderen Wohnungseigentümer und eine entsprechende Eintragung in das Grundbuch erforderlich, weil damit eine Inhaltsänderung des Sondereigentums gemäß § 5 Abs. 4 Satz 1, § 10 Abs. 2 Satz 2 WEG und § 877 BGB verbunden ist (vgl. BayObLG, NZM 2002, 24). Um die mit der Umwandlung verbundene Änderung der Zweckbestimmung auch gegenüber Rechtsnachfolgern zur Geltung zu bringen, ist die Eintragung der Rechtsänderung im Grundbuch erforderlich (§ 10 Abs. 3 WEG).

Besteht eine dingliche Belastung an dem Wohnungseigentum, zum Beispiel in Form einer Grundschuld, müssen die dinglich Berechtigten gemäß § 876 BGB und § 5 Abs. 4 Satz 2, 3 WEG zustimmen.

Solange die Grenzen und die Lage des betroffenen Sondereigentums unverändert bleiben, muss kein neuer Aufteilungsplan erstellt und beim Grundbuchamt eingereicht werden. Erforderlich ist jedoch bei der Umwandlung von Teileigentum in Wohnungseigentum die Vorlage einer aktualisierten Abgeschlossenheitsbescheinigung (§ 7 WEG).

1.3 Gemeinschaftseigentum

Zum Gemeinschaftseigentum zählen das Grundstück sowie die Teile, Anlagen und Einrichtungen des Gebäudes, die nicht Sondereigentum oder Eigentum Dritter sind (§ 1 Abs. 5 WEG). Dazu gehören auch die Teile des Gebäudes, die für dessen Bestand oder Sicherheit erforderlich sind, sowie Anlagen und Einrichtungen, die dem gemeinschaftlichen Gebrauch des Eigentums dienen (§ 5 Abs. 2 WEG).

Diese Gegenstände und Bauteile sind selbst dann nicht Gegenstand des Sondereigentums, wenn sie sich im Bereich der im Sondereigentum stehenden Räume befinden.

Allerdings können die Wohnungseigentümer gemäß § 5 Abs. 3 WEG vereinbaren, dass auch Gebäudebestandteile, die kraft Gesetzes Sondereigentum sind, zu gemeinschaftlichem Eigentum werden.

Gemeinschaftliches Eigentum berechtigt im Gegensatz zum Sondereigentum den jeweiligen Miteigentümer nur zum Mitgebrauch gemäß § 13 Abs. 2 WEG.

> **Beispiele: Gemeinschaftseigentum**
> Grundstück, Fundamente, tragende Wände und Decken, (Außen-)Fenster, Balkone, Dächer, Fassaden, Fahrstühle, Fundamente, Estrich, Heizungsanlagen, Hauptversorgungsstränge der Versorgungsleitungen, Schornsteine, Treppenhäuser, Außentreppen, Terrassen.

1.4 Sondereigentum

Sondereigentum sind nach § 5 Abs. 1 WEG die gemäß § 3 Abs. 1 WEG beschriebenen Räume sowie deren Bestandteile, sofern diese verändert, beseitigt oder eingefügt werden können,

- ohne dass dadurch das gemeinschaftliche Eigentum oder das Sondereigentum eines anderen Wohnungseigentümers über das in § 14 WEG (siehe dazu Kapitel 3.2) zulässige Maß hinaus beeinträchtigt oder
- die äußere Gestaltung des Gebäudes verändert wird.

Zum Sondereigentum gehört damit im Allgemeinen die Ausstattung des Wohnungs- oder Teileigentums, zum Beispiel die Fußbodenbeläge, Innenwände oder Sanitärgegenstände.

Zuordnung zum Gemeinschafts- und Sondereigentum			
	GE	SE	Anmerkung
Abflussrohr (Hauptleitung)	x		
Abflussrohr (Zuleitung vom SE zur Hauptleitung)		x	
Absperrventil (Strangabsperrung)	x		
Absperrventil (Wohnung)		x	
Abstellplatz (nicht Tiefgaragenplatz)	x		SNR möglich
Abwasserkanal	x		
Alarmanlage			Eine Alarmanlag, die nur der Sicherheit einer Wohnung dient, gehört zum SE; dient sie der Sicherheit mehrerer Wohnungen oder auch der Sicherheit des gemeinschaftlichen Grundstücks, steht sie im GE
Anschlussleitung, Hauptleitungen für Strom, Gas, Heizung und Abwasser	x		
Anschlussleitungen für Strom, Gas, Heizung und Abwasser ab Übergang in die Sondereigentumsräume		x	
Antenne (Gemeinschaftsantenne, Kabelanschluss, Satellitenschüssel)	x		
Antennenkabel		x	Soweit es nur der Versorgung einer Wohnung dient
Antennensteckdose		x	OLG Köln, 31.5.1989, 16 Wx 25/89
Armaturen		x	
Attika	x		BayObLG, 19.7.1989, 1b Z 29/88
Anstrich Fassade	x		BayObLG, 20.3.1991, BReg. 2 Z 8/91
Aufzug	x		BGH, 10.10.1980, V ZR 47/79
Außenjalousien, Rollläden	x		KG Berlin, 19.6.1985, 24 W 4020/84
Außenputz	x		BayObLG, 20.3.1991, BReg 2 Z 8/91
Außenwand	x		OLG Zweibrücken, 2.2.2000, 3 W 12/00
Bad- und Duscheinrichtungen		x	
Badezimmertür		x	BayObLG, 21.12.1999, 2Z BR 115/99, ZMR 2000, 241

Zuordnung zum Gemeinschafts- und Sondereigentum			
	GE	SE	Anmerkung
Balkone			Erfordert Abgrenzung
a) Balkonraum		x	BGH, 15.1.2010, V ZR 114/09; OLG Düsseldorf, 21.12.1998, 3 Wx 418/98; OLG Karlsruhe, 5.5.2000, Wx 71/99
b) Konstruktive, der Sicherheit dienende Balkonbestandteile	x		BGH, 15.1.2010, V ZR 114/09; BGH, 25.1.2001, VII ZR 193/99; BayObLG, ZMR 1996, 503
c) Balkonbodenplatte, -gitter, -decken, -geländer, -brüstung, -tür und -fenster (ohne Innenseiten); äußere Balkonverkleidungen und Trennwände	x		BGH, 15.1.2010, V ZR 114/09; BGH 21.2.1985, VII ZR 72/84; BayObLG 16.5.1990, 1b Z 22/89; BayObLG, 25.9.1996, 2Z BR 79/96; OLG Düsseldorf, 9.8.1991, 22 U 20/91; OLG München, 30.1.2007, 34 Wx 116/06
d) Feuchtigkeitsisolierung, Abdichtungsanschlüsse zum Gebäude, Wassereinlauf und Abflussleitung, Regenrinne	x		BGH, NJW-RR 2001, 800; OLG Hamm, DWE 1995, 127; OLG Düsseldorf, NZM 1998, 269; OLG München, NZM 2007, 369
e) Boden-/Plattenbelag inklusive Mörtelbett und Estrich, innere Balkonverkleidungen; Innenanstrich der Balkonbrüstung, -umrandung und des Geländers		x	BGH, 15.1.2010, V ZR 114/09; BayObLG, 5.5.1993, 2Z BR 29/93; OLG Köln, 5.12.2000, 16 Wx 121/00
f) Balkonestrich, soweit dieser trittschall- oder wärmedämmende Funktion hat	x		OLG Hamm, ZMR 1997, 193
Belüftungsanlage	x		OLG Hamburg, 4.3.2003, 2 Wx 2/00
Bewässerungsanlage für gemeinschaftliche Gartenflächen	x		KG Berlin, 10.3.2003, 24 W 3/03
Blitzschutzanlage	x		
Blumen- und Pflanztröge, wenn von der Gemeinschaft angeschafft oder wenn sie auf Balkonen, Terrassen und Loggien als begrenzende Einfassungen die Brüstung oder Wandelemente ersetzen	x		
Bodenbeläge (Fliesen, Parkett, Teppich, Laminat) innerhalb der Wohnung		x	BayObLG, 15.1.1980, 2 Z 80/78; BayObLG, 16.12.1993, 2Z BR 113/93; BayObLG, 17.12.1993, 2Z BR 105/93
Brandmauer	x		BayObLG, 19.8.1971, 2Z 99/70

Zuordnung zum Gemeinschafts- und Sondereigentum

	GE	SE	Anmerkung
Briefkastenanlage	x		AG Pforzheim, 27.5.1994, 2 UR II 9/94 WEG
Carport	x		BayObLG, 6.2.1986, BReg. 2 Z 70/85, wenn fest mit dem Grundstück verbunden; Einräumung von SNR möglich
Dach, auch Dachbelag, Dachstuhl, Sparren, Latten, Unterspannbahn, Dämmung, Dampfsperre	x		BayObLG, 30.3.2000, 2Z BR 2/00
Dachrinne	x		BayObLG, 19.7.1989, BReg. 1 b Z 29/88; OLG Düsseldorf, 5.11.2003, I-3 Wx 235/03; OLG Frankfurt/Main, 9.7.1986, 20 W 357/85
Dachfenster	x		
Dachterrasse			Abgrenzung wie Balkone; BayObLG, 17.12.1993, 2Z BR 105/93; OLG Hamm, 3.7.1995, 15 W 93/95; DWE 1995, 127; nach LG Schwerin, 24.7.2008, 5 T 165/05 sondereigentumsfähig
Deckenputz		x	
Deckenverkleidung (Wohnung)		x	OLG Hamm, 13.8.1996, 15 W 115/96
Duplexparker (Doppelstockgaragen)			Strittig und in jedem Einzelfall genauestens anhand der Teilungserklärung zu überprüfen; OLG Düsseldorf, 22.3.1999, 3 Wx 14/99; OLG Celle, 19.8.2005, 4 W 162/05; AG München, 5.4.2006, 483 URII 1335/05; AG Rosenheim, 29.5.2008, 9 C 446/08; BGH, 21.10.2011, V ZR 75/11
Durchlauferhitzer		x	
Dusche		x	
Einbauküche		x	
Einbauschrank		x	BayObLG, 9.5.1996, 2Z BR 18/96
Elektrizitätsleitungen, Hauptleitungen bis zur Sondereigentumseinheit	x		
Entlüftungsanlage	x		OLG Hamburg, 14.3.2003, 2 Wx 2/00

Zuordnung zum Gemeinschafts- und Sondereigentum

	GE	SE	Anmerkung
Estrich, wenn dieser nicht verändert oder beseitigt werden kann, ohne das GE oder SE einer anderen Einheit zu beeinträchtigen, oder aber wenn er trittschallschützende Funktion hat	x		Abgrenzung nach Funktion; BGH, 6.6.1991, VII ZR 372/89; OLG München 12.3.1985, 9 U 4773/84; OLG Hamm, 3.7.1995, 15 W 93/95; OLG Düsseldorf, ZMR 1999, 726; NZM 2001, 958; BayObLG, ZMR 2003, 366
Estrich, ohne schalldämmende Funktion		x	
Etagenheizung (wenn sie nur einer Sondereigentumseinheit dient)		x	AG München, 20.12.1994, UR II 312/94
Fallrohr	x		BayObLG 19.7.1989, 1b Z 29/88
Fassade	x		BayObLG, 20.3.1991, BReg. 2 Z 8/91
Fenster			
a) Fensterrahmen, -flügel, -stöcke, -verglasung	x		BayObLG, 3.8.2000, 2Z BR 184/99; OLG Düsseldorf, 23.11.1998, 3 Wx 376/98
b) Innenanstrich und Beschläge		x	
c) Fensterbänke und -simse (nach außen gerichtet)	x		OLG Frankfurt/Main, 23.9.1975, 22 U 275/83
d) Fensterscharniere, -schließmechanik	x		OLG Köln, 24.9.1996, 16 Wx 86/96
e) Fenstergitter	x		KG Berlin, ZMR 1994, 169
Feuchtigkeitsisolierschicht	x		BayObLG, WuM 1991, 610; OLG Hamm, ZMR 1997, 193; OLG Düsseldorf, ZMR 1999, 726; OLG Köln, NZM 2002, 125
Freifläche	x		Zwingendes GE, es können aber SNR begründet werden
Feuerlöscher	x		BayObLG, 12.6.1991, BReg. 2 Z 36/91; OLG Frankfurt/Main, 27.4.2004, 20 W 183/02
Fundament	x		
Fußbodenbelag (Wohnung)		x	OLG Düsseldorf, 4.7.2001, 3 Wx 120/01
Fußbodenheizung	x		BayObLG, 8.9.1988, BReg. 2 Z 55/87; KG Berlin, 14.11.1988, 24 W 2933/88; LG Bonn 29.7.1997, 8 T 27/97; Zuweisung zum SE aber möglich nach BGH 8.7.2011, V ZR 176/10

Zuordnung zum Gemeinschafts- und Sondereigentum			
	GE	SE	Anmerkung
Garage			Kann im GE, auch als Ganzes im SE stehen; Dach, Außenmauer, Boden, Bodenplatte, Garagentor sind jedoch zwingendes GE
Garagenstellplätze			Begründung von SE oder SNR möglich
Garten	x		Einräumung von Sondernutzungsrechten möglich
Gegensprechanlage (bis zur Abzweigung in die Sondereigentumseinheit)	x		OLG Köln, 24.9.1996, 16 Wx 86/96; OLG Köln, 26.8.2002, 16 Wx 126/02
Gegensprechanlage, technische Vorrichtung in der Sondereigentumseinheit		x	LG München I, 5.11.2012, 1 S 1504/12; OLG Köln, 26.8.2002, 16 Wx 126/02
Geschossdecke	x		
Grundstücksfläche	x		Zwingend!
Hauptversorgungsleitungen (Gas, Wasser, Abwasser, Wärme, Strom) bis zur Sondereigentumseinheit	x		
Hauszugangsweg	x		Einräumung von SNR möglich
Hebeanlage			Je nachdem, wie vielen Einheiten sie dient, GE oder SE; OLG Düsseldorf, NZM 2001, 752; OLG Schleswig, ZMR 2007, 726
Heizkörper		x	Zuordnung zum GE durch Vereinbarung möglich
Heizkörperventil	x		LG München I, 17.2.1987, 1 T 10773/86; BayObLG 11.8.1987, 2 Z 32/87
Heizkostenverteiler	x		OLG Karlsruhe, 27.8.1986, 11 W 39/86
Heizölvorrat	x		OLG Stuttgart, 17.1.1983, 8 W 451/82
Heizungsanlage	x	x	Beides möglich, abhängig davon, ob sie dem gemeinschaftlichen Gebrauch oder nur der Versorgung einer Sondereigentumseinheit dient
Heizungsraum	x		BGH, 2.2.1979, V ZR 14/77; BayObLG, 25.3.1992, 2Z BR 1/92
Hof			Einräumung von SNR möglich
Innenanstrich (Wohnung, Balkon)		x	

Zuordnung zum Gemeinschafts- und Sondereigentum			
	GE	SE	Anmerkung
Innenputz (Wohnung)		x	
Isolierglasfenster, siehe auch Fenster	x		BayObLG, 3.8.2000, 2Z BR 184/99
Kabelanschluss ab Abzweigung in die Sondereigentumseinheit		x	
Kabelanschlussdose		x	OLG Köln, 31.5.1989, 16 Wx 25/89
Kaltwasserzähler	x		Eichpflicht!
Kamin bis Abzweigung in die Sondereigentumseinheit	x		BayObLG, 20.8.1998, 2Z BR 44/98
Kellerdecke	x		
Kinderspielplatz	x		BayObLG, 25.6.1998, 2Z BR 10/98
Klimaanlage (Haus)	x		OLG Hamburg, 14.3.2003, 2 Wx 2/00
Klimaanlage (dient nur Wohnung)		x	OLG Köln, 28.7.2003, 16 Wx 37/03; BayObLG, 20.3.2001, 2Z BR 45/01
Klingelanlage bis Abzweigung in die Sondereigentumseinheit	x		OLG Köln, 24.9.1996, 16 Wx 86/96; OLG Köln, 26.8.2002, 16 Wx 126/02
Lichtkuppeln	x		
Lichtschacht	x		
Loggia			Wie Balkone
Luftschacht	x		
Markise	x		Da fassadengestaltendes Element; BayObLG, 11.9.1985, BReg. 2 Z 63/85; OLG Frankfurt/Main, 14.5.1985, 20 W 370/84, OLGZ 1986, 42; wenn vom Eigentümer nachträglich installiert, wohl in dessen Eigentum verbleibend
Mauerwerk	x		
Messgeräte	x		BGH, 25.9.2003, V ZB 21/03; OLG Hamm, 6.3.2001, 15 W 320/00
Müllabwurfanlage/Müllschlucker	x		
Rohre, die nur der Erschließung der Wohnung dienen		x	
Rollladen	x		Da fassadengestaltendes Element, nicht innenseitige Zugvorrichtungen

Zuordnung zum Gemeinschafts- und Sondereigentum			
	GE	SE	Anmerkung
Schließanlage	x		
Schlüssel			Für Türen der Wohnanlage Zubehör und damit weder SE oder GE; der Schlüssel gehört jeder Person, der er übereignet wurde; Schlüssel, über die der Verwalter oder Hausmeister verfügt, gehören zum Verwaltungsvermögen
Steckdose		x	
Stromzähler		x	SE, wenn nur der Verbrauch einer Sondereigentumseinheit gezählt wird und er nicht im Eigentum des Stromversorgungsunternehmens steht
Schwimmbad	x		Zumindest in der Regel, SE auch möglich
Speicher	x		
Tankraum	x		KG Berlin, 14.11.1988, 24 W 2207/88
Tapeten		x	
Telefonanschluss		x	
Terrasse ebenerdig	x		Nach herrschender Meinung nein; siehe auch KG Berlin, 6.1.2015, 1 W 369/14, Begründung von SE möglich, wenn vertikale Abgrenzung; OLG Hamburg, 4.3.2003, 2 Wx 102/99, ohne Abgrenzung kein SE möglich; LG Frankfurt/Main, 4.3.1992, 2/9 T 142/92, jedoch Einräumung von SNR möglich
Thermostatventil	x		OLG Hamm, 6.3.2001, 15 W 320/00; OLG Karlsruhe, 16.1.1990, 11 W 233/89; OLG Stuttgart, ZMR 2008, 243
Tiefgarage	x		
Tragende Wände	x		BGH, 21.12.2000, V ZB 45/00; BayObLG, 2.2.1995, 2Z BR 71/94
Treppe	x		Da konstruktiver Bestandteil des Gebäudes (§ 5 Abs. 2 WEG)
Treppenhaus	x		BayObLG, 15.12.1981, 2 Z 89/81; BayObLG, 16.3.1995, 2Z BR 12/95
Trittschalldämmung	x		BGH, NJW 1991, 2480; OLG Düsseldorf, ZMR 1999, 726

Zuordnung zum Gemeinschafts- und Sondereigentum			
	GE	SE	Anmerkung
Türen, Wohnungsabschlusstüren einschließlich Türrahmen, Klinke und Beschläge Außenseite	x		OLG Düsseldorf, 10.9.1999, 22 U 35/99; BayObLG, ZMR 2000, 241
Türen, Innenseite von Türblatt und -rahmen, Beschläge, Klinke, Schließzylinder		x	
Verbrauchserfassungsgeräte	x		OLG Hamburg, 22.4.1999, 2 Wx 389/99; KG Berlin, 8.9.1993, 24 W 5753/93
Verwaltungsunterlagen	x		
Wände, tragend	x		
Wände, nichttragend in derselben Sondereigentumseinheit		x	
Wände, nichttragend zwischen zwei Sondereigentumseinheiten		x	Stehen im gemeinsamen SE beider Sondereigentümer; BGH, NJW 2001, 1212; BayObLG, ZMR 1996, 618; OLG München, ZMR 2006, 300
Wandanstrich		x	
Wandputz		x	BayObLG, ZMR 2003, 366; OLGR Düsseldorf 2005, 148
Wärmedämmung	x		BayObLG, 20.3.1991, BReg. 2 Z 8/91; OLG Hamm, 3.7.1995, 15 W 93/95
Waschbecken		x	
Waschküche	x		
Waschmaschine/Trockner im gemeinschaftlichen Gebrauch	x		
Wasserhahn		x	
Wasserleitungen (bis zur Abzweigung in die Sondereigentumseinheit)	x		
Wasseruhr	x		Wenn sie der Erfassung und der Abrechnung des Wasserverbrauchs der WEG dient
Zaun	x		
Zwischenwände, nicht tragend in Sondereigentumseinheit		x	

GE = Gemeinschaftseigentum, SE = Sondereigentum, SNR = Sondernutzungsrecht

> **! Tipp**
>
> Lässt sich ein Gebäudeteil nicht eindeutig zuordnen, spricht eine Vermutung dafür, dass dieser Bestandteil nicht dem Sondereigentum, sondern dem Gemeinschaftseigentum zuzurechnen ist (vgl. OLG Frankfurt/Main, WuM 1997, 286). Als Faustregel gilt, dass zum Sondereigentum viel weniger Gebäudebestandteile gehören, als die meisten Wohnungseigentümer vermuten.

Der BGH hat in seinen Entscheidungen vom 8.7.2011 (NMZ 2011, 75) und 26.10.2012 (NZM 2013, 272) zu der lange umstrittenen Frage Stellung genommen, wie die in den einzelnen Wohnungen vorhandenen Heizkörper, Heizungsventile und die dazugehörigen Anschlussleitungen rechtlich zuzuordnen sind.

Der BGH schließt sich der Auffassung an, dass diese Bauteile wirksam durch Vereinbarung dem Sondereigentum zugeordnet werden können. Dabei stützt er sich auf § 5 Abs. 2 WEG und führt aus, dass diese Bauteile im Gegensatz zu der zentralen Heizungsanlage und der dazugehörigen Steigleitungen weder für die Sicherheit und den Bestand noch für den Gebrauch der den Wohnungseigentümern dienenden Anlagen und Einrichtungen erforderlich sind. Zu beachten ist, dass der BGH in dieser Entscheidung bestätigt hat, dass die zentralen Heizungsanlagen und die damit verbundenen Leitungen zur Verteilung der Wärme im Gemeinschaftseigentum stehen, die Steigleitungen bis zu den jeweiligen Abnahmepunkten für die einzelnen Sondereigentumseinheiten also im Gemeinschaftseigentum bleiben.

Der BGH hat ausdrücklich der früher vertretenen Argumentation, dass es sich bei der Heizungsanlage um ein »geschlossenes System« handelt, eine Absage erteilt. In diesem Zusammenhang stellt der BGH fest, dass die Ventile an den Heizkörpern ebenfalls sondereigentumsfähig sind.

Die Anwendung dieser Rechtsprechung hat erhebliche Auswirkungen auf andere umstrittene Bauteile. So entschied das LG München zum Beispiel, dass an den Bauteilen eines Duplexparkers auch dann Sondereigentum bestehen kann, wenn die Hydraulikanlage infolge des Betriebs mehrerer Duplexstellplätze zwingendes Gemeinschaftseigentum ist. Das zur Hebebühne einer Doppelstockgarage gehörende Fahrblech ist, soweit es ohne Beeinträchtigung der Funktion der Hebeanlage entfernt werden kann, Sondereigentum (vgl. LG München I, ZWE 2013, 165).

1.5 Welche Auswirkung hat die Zuordnung zum Sonder- oder Gemeinschaftseigentum?

Die Zuordnung von Anlagen- und Bauteilen oder Gegenständen zum Sonder- oder zum Gemeinschaftseigentum hat Auswirkungen auf die daraus resultierenden

Rechte und Pflichten der Wohnungseigentümer und der Wohnungseigentümergemeinschaft. Liegt Sondereigentum vor, so hat der jeweilige Wohnungseigentümer in Bezug darauf die Rechtsposition eines Eigentümers (§ 13 Abs. 1 WEG). Er darf also mit seinem Sondereigentum nach dieser Bestimmung nach Belieben verfahren, insofern das Gesetz oder Rechte Dritter dem nicht entgegenstehen.

Auch hängt die Frage nach der Verantwortung für die Durchführung von Instandhaltungsmaßnahmen und der anschließenden Zuordnung der Kosten grundsätzlich mit der Eigentumsfrage zusammen. Denn nach § 21 Abs. 5 Nr. 2 WEG ist es Aufgabe der Eigentümergemeinschaft, das Gemeinschaftseigentum auf ihre Kosten instand zu halten.

> **Beispiel**
>
> In der Eigentumswohnung von A lässt sich das Wohnzimmerfenster nicht mehr schließen. Im Ladengeschäft von Eigentümer B ist die Eingangstür verzogen. Beide Eigentümer verlangen vom Verwalter, dass er die nötigen Reparaturarbeiten auf Kosten der Eigentümergemeinschaft durchführen lässt. Zu Recht?

Die Antwort, ob die nötigen Reparaturarbeiten auf Kosten der Gemeinschaft durchgeführt werden müssen, hängt davon ab, ob es dabei um Reparaturen am Gemeinschaftseigentum oder am Sondereigentum der einzelnen Wohnungseigentümer handelt. Nach § 21 Abs. 5 Nr. 2 WEG ist es Aufgabe der Eigentümergemeinschaft, auf ihre Kosten (§ 16 Abs. 2 WEG) das Gemeinschaftseigentum instand zu halten. Die dazu erforderlichen Maßnahmen hat der Verwalter zu veranlassen (§ 27 Abs. 1 Nr. 2 WEG).

Die Eingangstür als Abschlusstür des Teileigentums von B gehört ebenso wie das Außenfenster in der Wohnung von A zum Gemeinschaftseigentum, weil Maßnahmen daran unter anderem den äußeren Eindruck des Gemeinschaftseigentums verändern würden (§ 5 Abs. 1 WEG). Darüber hinaus sind Abschlusstür und Außenfenster Teile des Gebäudes, die für dessen Bestand bzw. Sicherheit erforderlich sind (§ 5 Abs. 2 WEG).

Die beiden Wohnungseigentümer können daher von der Eigentümergemeinschaft die Durchführung der notwendigen Reparaturen auf Gemeinschaftskosten verlangen, wenn die Gemeinschaftsordnung ausnahmsweise nicht eine von § 16 Abs. 2 WEG abweichende Regelung für die Übernahme der Kosten vorsieht.

Häufig sind – insbesondere in neueren Gemeinschaftsordnungen – für gemeinschaftliche Bauteile wie Fenster, Türen, Balkone und Versorgungsleitungen Kostentragungsregelungen zulasten der jeweiligen Wohnungseigentümer vorgesehen, da sie wegen der räumlichen Lage ausschließlich von diesen genutzt werden können.

1.6   Wie entsteht Wohnungseigentum?

Wohnungs- und Teileigentum sind echtes Eigentum im Sinne von § 903 BGB (BGH, NZM 2004, 876). Wohnungseigentum kann auf unterschiedliche Weise gebildet werden. Es entsteht entweder durch einen Teilungsvertrag gemäß § 3 WEG oder durch eine Teilungserklärung nach § 8 WEG. Dabei dient die Teilungserklärung bzw. der Teilungsvertrag der Bestimmung der Miteigentumsanteile sowie der Unterscheidung und Abgrenzung von Gemeinschafts- und Sondereigentum. Zusammen mit der Gemeinschaftsordnung legt er die Zweckbestimmung des Wohnungs- und Teileigentums fest.

1.6.1   Bildung von Wohnungseigentum durch Teilungsvertrag

Sind mehrere Miteigentümer eines (Haus-)Grundstücks vorhanden, können sie durch einen (Teilungs-)Vertrag Wohnungseigentum begründen. So entsteht Sondereigentum an einer bestimmten Wohnung oder Teileigentum an bestimmten, nicht zu Wohnzwecken dienenden Räumen, die einem Miteigentümer nach der Begründung zugewiesen werden (§ 3 Abs. 1 WEG). Es ist nicht notwendig, dass sich zu diesem Zeitpunkt bereits ein Gebäude auf dem Grundstück befindet – es reicht aus, wenn die zu verteilenden Räume eindeutig den jeweiligen Eigentümern zugewiesen werden können. Das Wohnungseigentumsgesetz nennt zwar diese Variante der Bildung von Wohnungseigentum zuerst, in der Praxis ist die Entstehung von Wohnungseigentum durch Teilungsvertrag jedoch eher die Ausnahme.

1.6.2   Begründung von Wohnungseigentum durch den Alleineigentümer

Im Regelfall erfolgt die Bildung von Wohnungseigentum dadurch, dass der alleinige Eigentümer eines Grundstücks durch Erklärung gegenüber dem Grundbuchamt das Wohnungseigentum begründet (§ 8 WEG). Der Eigentümer legt in einer Teilungserklärung fest, dass das Eigentum an dem Grundstück in Miteigentumsanteile so aufgeteilt werden soll, dass jeder Anteil mit dem Sondereigentum an einer bestimmten Wohnung oder an nicht Wohnzwecken dienenden Räumen in einem bereits errichteten oder noch zu errichtenden Gebäude verbunden wird. Man spricht hier von der Vorratsteilung.

> **Beispiel: Bauträger erwirbt Mehrfamilienhaus** **!**
>
> Ein Bauträger erwirbt von einer Erbengemeinschaft ein Grundstück mit einem Mehrfamilienhaus. Um die bisher im Gesamthandseigentum stehenden Wohnungen einzeln weiterverkaufen zu können, begründet der Bauträger gemäß § 8 WEG Wohnungseigentum an dem Gebäude und veräußert anschließend einzelne Wohnungen an verschiedene Kaufinteressenten.

> **Achtung** **!**
>
> Wohnungseigentum kann nur gemäß einer der oben genannten Vorgaben gebildet werden. Gemeinschafts- oder Sondereigentum kann zum Beispiel nicht durch Beschluss (vgl. Kapitel 5.6) der Eigentümergemeinschaft begründet werden. Die Änderung der Verteilung von Gemeinschafts- oder Sondereigentum kann nur durch Vereinbarung (vgl. Kapitel 5.6.1) mit allen Miteigentümern erfolgen.

1.6.2.1 Die faktische (werdende) Wohnungseigentümergemeinschaft

Wird durch die Vorratsteilung gemäß § 8 WEG Wohnungseigentum geschaffen, stellt sich die Frage, ob die Bestimmungen des Wohnungseigentumsgesetzes auch dann auf die Erwerber als werdende Wohnungseigentümer anzuwenden sind, wenn aufgrund des zeitlichen Ablaufs des Entstehungsvorgangs in streng juristischem Sinne noch keine Wohnungseigentümergemeinschaft besteht. Denn die Wohnungseigentümergemeinschaft entsteht gemäß § 8 WEG unter anderem erst dann, wenn der erste Erwerber beim Kauf vom Aufteiler (Bauträger) des Grundstücks als Wohnungseigentümer in das Grundbuch eingetragen wurde.

Es stellt sich also die Frage, welche Regelungen zwischen der Erstellung der Teilungserklärung und der Eintragung des ersten Erwerbers als Eigentümer im Grundbuch gelten sollen. In diesem Zeitraum haben bereits oft mehrere Käufer eine Wohnung erworben. Der Kauf ist jedoch erst durch eine Vormerkung im Grundbuch gesichert, der Eigentumserwerb ist also noch nicht vollendet. Die Gründe dafür liegen oft beim Grundbuchamt, das für den Vollzug der Eigentumseinträge Zeit benötigt. Ein anderer Grund kann darin bestehen, dass mit dem Bauträger Streit über Mängel besteht, weshalb dieser bis zur letzten Kaufpreiszahlung die Eigentumseintragung blockiert.

Bis der erste Erwerber ins Grundbuch als Eigentümer eingetragen worden ist, spricht die Rechtsprechung von der »faktischen« bzw. »werdenden Wohnungseigentümergemeinschaft«. In der Rechtsprechung ist anerkannt, dass in diesem Zeitraum die Vorschriften des Wohnungseigentumsgesetzes angewendet werden dürfen, damit eine gemeinschaftliche Verwaltung umgesetzt werden kann (BayObLG, Z 1990, 101 ff., BayObLG, NJW-RR 1997, 1443). Die Erwerber sind mit »richtigen« Wohnungseigentümern vergleichbar, da sie durch den Einzug in ihre Wohnung den Besitz an ihrem Sondereigentum erhalten und aus dem Erwerbsvertrag bereits zur Zahlung der Lasten und Kosten verpflichtet sind. Die Erwerber verhalten sich also de facto wie Wohnungseigentümer und sollen auch so behandelt werden, obwohl sie noch nicht als Eigentümer im Grundbuch eingetragen wurden.

Eine faktische (werdende) WEG liegt vor, wenn

- der Erwerber den mittelbaren und unmittelbaren Besitz an der Sondereigentumseinheit erlangt hat, das heißt, es reicht aus, wenn der Erwerber in der Lage ist, die tatsächliche Gewalt über das Kaufobjekt auszuüben,
- zugunsten des Erwerbers im Grundbuch eine Auflassungsvormerkung eingetragen wurde,
- ein wirksamer Erwerbsvertrag mit dem Erwerber vorliegt und
- die Wohnungseigentumsgrundbücher angelegt sind.

Sind diese Voraussetzungen erfüllt, ergeben sich daraus für die faktischen (werdenden) Wohnungseigentümer bereits vor Eigentumsübergang folgende Rechte und Pflichten:

- Tragung der Lasten und Kosten des gemeinschaftlichen Eigentums
- Stimmrecht in der Eigentümerversammlung
- Rechte und Pflichten nach § 13 ff. WEG, wobei die faktischen Eigentümer unter anderem bei Fragen der baulichen Veränderungen zu beteiligen sind
- Anfechtung von Beschlüssen

Beendet wird die faktische Wohnungseigentümergemeinschaft durch die Eintragung des ersten Erwerbers als Eigentümer in das Grundbuch.

Bisher hatte der BGH die Frage offengelassen, ob ein Erwerber auch dann Mitglied der Eigentümergemeinschaft wird, wenn er seine gesicherte Erwerbsposition und damit seinen Status als werdender Wohnungseigentümer erst nach dem Entstehen der Gemeinschaft, also erst nach der Eintragung des ersten Erwerbers in das Grundbuch, erworben hat. Wann der Erwerber diese Position erwirbt, hängt häufig vom Zufall ab, nämlich davon, wann die Auflassungsvormerkung für ihn ins Grundbuch eingetragen wird bzw. ob er den Besitz noch vor Eintragung des ersten Erwerbers im Grundbuch als Eigentümer erlangt.

Bisher wurde die Auffassung vertreten, dass die Erwerber, die eine gesicherte Erwerbsposition erst nach der Entstehung der Vollrechtsgemeinschaft erlangen – das heißt, vor ihnen wurde ein anderer Erwerber als Eigentümer neben dem aufteilenden Eigentümer ins Grundbuch eingetragen –, nicht als werdende Wohnungseigentümer zu behandeln seien und erst mit Eigentumseintragung im Grundbuch ihre Mitgliedschaftsrechte erwerben. Dieser Auffassung hat sich der BGH nicht angeschlossen, sondern festgestellt, dass sie aus Gründen der Rechtssicherheit und der Gewährleistung von Mitwirkungsrechten dieses Personenkreises als werdende Wohnungseigentümer behandelt werden müssen (BGH, NZM 2012, 643).

1.6.3 Form und Inhalt des Teilungsvertrags und der Teilungserklärung

Im Teilungsvertrag bzw. in der Teilungserklärung wird die Höhe der Miteigentumsanteile der zukünftigen Miteigentümer festgelegt. Je nach Größe der Wohnanlage erfolgt die Aufteilung üblicherweise in Tausendstel, Hundertstel oder Zehntel Miteigentumsanteile.

Eine gesetzliche Bestimmung, welche Größe diese Miteigentumsanteile haben sollten oder dass die Miteigentumsanteile sich in einem bestimmten Verhältnis zur Größe des Wohnungs- oder Teileigentums zu befinden haben, existiert nicht. Der Gesetzgeber hat die Regelung dieser Frage bewusst offengelassen, da er davon ausgeht, dass die Wohnungseigentümer selbst für eine zutreffende Zuordnung der Miteigentumsanteile sorgen.

Der jeweilige Begründer des Wohnungseigentums kann daher nach eigenem Ermessen die Höhe der einzelnen Miteigentumsanteile festlegen. Um eine gerechte Lasten- und Kostenverteilung zu gewährleisten, sollte für die Festlegung der Höhe der Miteigentumsanteile auf nachvollziehbare und objektive Kriterien zurückgegriffen werden, zum Beispiel auf die Wohn- oder Nutzfläche oder die Lage der Räume im Gebäude.

Die Entscheidung über die Höhe der MEA hat zum Beispiel unmittelbare Auswirkung auf die Verteilung der Lasten und Kosten gemäß § 16 Abs. 2 WEG, sofern keine davon abweichende Regelung vereinbart wurde. Geändert werden kann der Kostenverteilungsmaßstab unter den Voraussetzungen des § 16 Abs. 3 WEG oder im Klageweg unter den Bedingungen des § 10 Abs. 2 Satz 3 WEG, wenn nicht sämtliche Wohnungseigentümer zu einer gemeinsamen Änderung der Kostenverteilung bereit sind.

Auch spielt die Höhe der MEA bei der Ausübung von Stimmrechten eine Rolle, wenn abweichend von der gesetzlichen Regelung des § 25 Abs. 2 Satz 1 WEG (sogenanntes Kopfprinzip, vgl. Kapitel 5.3.1) vereinbart wurde, dass sich das Stimmrecht nach der Höhe der Miteigentumsanteile richten soll (sogenanntes Wertprinzip, vgl. Kapitel 5.3.2.2).

1.6.4   Grundbucheintragung

1.6.4.1 Eintragungsbewilligung

Gemäß § 4 Abs. 1 WEG ist zur Einräumung – und im Übrigen auch zur Aufhebung des Sondereigentums – die Einigung aller Beteiligten über den Eintritt der Rechtsänderung und die Eintragung im Grundbuch erforderlich. Für die Einigung müssen alle Beteiligten vor dem Notar erscheinen (§ 925 BGB). Lässt sich einer der Beteiligten vertreten, kann dies durch eine Vollmacht in öffentlich beglaubigter Form nachgewiesen werden (§ 4 Abs. 2 Satz 1 WEG). Wird die notwendige Form nicht beachtet, führt das zur Nichtigkeit des Teilungsvertrags nach § 125 Satz 1 BGB.

Im Gegensatz dazu ist die einseitige Begründung von Wohnungseigentum durch den Eigentümer gemäß § 8 WEG formfrei. Jedoch muss die Teilungserklärung gemäß § 29 Grundbuchordnung (GBO) dem Grundbuchamt in öffentlicher bzw. öffentlich beglaubigter Urkunde vorgelegt werden. In der Praxis wird daher die Teilungserklärung in der Regel notariell beurkundet.

Für jeden Miteigentumsanteil wird ein gesondertes Grundbuchblatt in Form des Wohnungsgrundbuchs (zum Beispiel für eine Wohnung) bzw. des Teileigentumsgrundbuchs für ein Teileigentum (zum Beispiel einen Laden) angelegt, auf den das zum jeweiligen Miteigentumsanteil gehörende Sondereigentum eingetragen wird. Außerdem wird als Beschränkung des Miteigentums die Einräumung der zu anderem Miteigentum gehörenden Sondereigentumsrechte festgehalten (§ 7 Abs. 1 WEG).

1.6.4.2 Aufteilungsplan

Weitere Voraussetzung für die Eintragung von Wohnungseigentum ist, dass dem Grundbuchamt der sogenannte Aufteilungsplan vorgelegt wird. Es handelt sich dabei um die von der Baubehörde mit Unterschrift und Siegel oder Stempel versehene Bauzeichnung (§ 7 Abs. 4 Satz 1 WEG).

Aus diesem Plan sind die Aufteilung des Gebäudes sowie die Lage und Größe der im Sonder- und Gemeinschaftseigentum stehenden Einheiten und Gebäude ersichtlich. Häufig werden die bereits bestehenden Baupläne, die für die Baugenehmigung erstellt wurden, als Aufteilungspläne verwendet. Diese Pläne enthalten Grundrisszeichnungen, Ansichten und Schnitte der Gebäude in einem Maßstab von 1 : 100. Sie müssen neben der Lage und Größe der Einheit im Sondereigentum auch alle Einzelräume mit der jeweils gleichen Nummer kennzeichnen, die zum selben Wohnungseigentum gehören. Zweck des Aufteilungsplans ist es – neben der Teilungserklärung – das Sondereigentum vom Gemeinschaftseigentum exakt abzugrenzen, damit dem Bestimmtheitsgrundsatz des Sachen- und Grundbuchrechts Rechnung getragen wird. Grundsätzlich stellen die Bezeichnungen des planenden Architekten im Aufteilungsplan, zum Beispiel Laden, keine Beschränkung der Nutzungsmöglichkeit dar. Denn Aufgabe des Aufteilungsplans ist es nach § 7 Abs. 4 Nr. 1 WEG, die Aufteilung des Gebäudes sowie die Lage und Größe der im Sondereigentum und der im gemeinschaftlichen Eigentum stehenden Gebäudeteile ersichtlich zu machen, und nicht, die Rechte der Wohnungs- und Teileigentümer über die Bestimmung der Grenzen des jeweiligen Eigentums hinaus zu erweitern oder zu beschränken (vgl. BGH, ZWE 2013, 168). Etwas anderes gilt nur ausnahmsweise dann, wenn sich im Wege der Auslegung ergibt, dass es sich bei den Bezeichnungen nicht lediglich um Nutzungsvorschläge, sondern bindende Beschränkungen des Sondereigentums handeln soll.

Tipp !

Häufig werden die verschiedenen Räume, die zu einem Sondereigentum gehören, auch farbig gekennzeichnet und mit einer Nummerierung versehen. In der Praxis kommt es jedoch immer wieder vor, dass Markierungen oder Zuordnungen in den Aufteilungsplänen nicht eindeutig sind. Solche Unklarheiten sollten Sie unbedingt vor dem Erwerb des Wohnungseigentums klären. Lassen sich die Unstimmigkeiten nicht ausräumen, besteht die Gefahr von Rechtsnachteilen, wenn zum Beispiel ein Raum, der zum Sondereigentum gehören und miterworben werden soll, wegen mangelnder Bezeichnung dem Gemeinschaftseigentum zugerechnet wird. Auch miterworbene Sondernutzungsrechte sollten vor Erwerb des Wohnungseigentums anhand ihrer farbigen Markierungen auf ihren genauen Verlauf und ihre eindeutige Zuordnung zum Wohnungseigentum überprüft werden.

1.6.4.3 Abgeschlossenheitsbescheinigung

Neben dem Aufteilungsplan ist der Eintragungsbewilligung für das Grundbuchamt noch die sog. Abgeschlossenheitsbescheinigung beizufügen (§ 7 Abs. 4 Nr. 2 WEG). Es handelte sich dabei bisher um eine Bescheinigung der Baubehörde, die bestätigt, dass die dem Sondereigentum zugeordneten Räume abgeschlossen sind (§ 3 Abs. 2 WEG).

Für die Frage der Abgeschlossenheit muss die allgemeine Verwaltungsvorschrift (BAnz Nr. 58, 23.3.1974) für die Ausstellung von Bescheinigungen gemäß § 7 Abs. 4 Nr. 2 und § 32 Abs. 2 Nr. 2 WEG herangezogen werden. Danach ist jede Wohnung in sich abgeschlossen, wenn sie vollständig von anderen Wohnungen und Räumen durch bauordnungsrechtlich zulässige Wände und Decken getrennt ist und einen eigenen Zugang vom Gemeinschaftseigentum hat, also unmittelbar vom Freien oder vom Treppenhaus betreten werden kann. Zusätzlich muss die Wohnung die Führung eines Haushalts ermöglichen, insbesondere über eine Küche bzw. einen Raum mit Kochgelegenheit sowie über eine Wasserversorgung, ein WC und einen Stromanschluss verfügen. Ein Bad, eine Dusche oder eine Heizung müssen nicht vorhanden sein.

Eine Ausnahme gilt für Garagenstellplätze. Sie sind bereits dann abgeschlossen, wenn sie eine dauerhafte Markierung aufweisen, zum Beispiel am Boden oder an den Wänden. § 3 Abs. 2 Satz 2 WEG unterstellt bei diesen Voraussetzungen für Garagenstellplätze die Abgeschlossenheit.

Der Gesetzgeber hat es den Bundesländern in § 7 Abs. 4 Satz 3 WEG ermöglicht zu bestimmen, ob und in welchen Fällen ein Bausachverständiger anstelle der Baubehörde den Aufteilungsplan ausfertigen und die Abgeschlossenheit bescheinigen kann. Auch der Bausachverständige muss sich wie die Behörde an die Bestimmungen der Allgemeinen Verwaltungsvorschrift für die Ausstellung von Abgeschlossenheitsbescheinigungen halten. In der Praxis verspricht man sich von dieser Neuregelung, den bürokratischen und zeitlichen Aufwand für die Ausfertigung des Aufteilungsplans zu reduzieren.

Derzeit ist noch nicht absehbar, welche Bundesländer von dieser neuen Möglichkeit Gebrauch machen. Es ist zu erwarten, dass sich in den Bundesländern eine unterschiedliche Genehmigungspraxis entwickeln wird. In den Fällen, in denen die jeweilige Landesregierung von der Neuregelung keinen Gebrauch macht, bleibt wie bisher die Baubehörde für die Ausfertigung des Aufteilungsplans und der Abgeschlossenheitsbescheinigung zuständig.

1.6.4.4 Zustimmung Dritter (dinglich Berechtigter) zur Bildung von Wohnungseigentum

Ist das zu teilende Grundstück als Ganzes vor der geplanten Aufteilung bereits mit einer Grundschuld oder einem anderen dinglichen Recht belastet, ist eine Zustimmung der dinglich Berechtigten nicht erforderlich, weil sich die am gesamten Grundstück bestehende Grundschuld in eine Gesamtgrundschuld gemäß §§ 1192, 1132, 1114 BGB an allen Anteilen umwandelt (vgl. BGH, NZM 2012, 351).

2 Nutzung und Gebrauch des Sonder- und Gemeinschaftseigentums

2.1 Regelungsinstrumente

Leben wie in einer Wohnungseigentümergemeinschaft die Eigentümer in gleichberechtigter Form auf relativ engem Raum zusammen, muss geregelt werden, auf welche Weise und in welchen Grenzen das Gemeinschafts- und Sondereigentum genutzt werden darf. Die gesetzliche Grundlage für solche Gebrauchsregelungen findet sich in § 15 WEG, der in gleicher Weise für das Sonder- und das Gemeinschaftseigentum gilt.

Danach können Gebrauchsregelungen durch Vereinbarung, Mehrheitsbeschluss (vgl. dazu Kapitel 5.6.1) oder aufgrund eines Einzelanspruchs auf ordnungsgemäßen Gebrauch festgelegt werden. Einmal vereinbarte Zweckbestimmungen können jederzeit von den Wohnungseigentümern geändert oder aufgehoben werden, wobei die Wohnungseigentümer die Änderungen mit den gleichen Regelungsinstrumenten umsetzen müssen. Liegen schuldrechtliche Vereinbarungen der Wohnungseigentümer im Sinne von § 15 Abs. 1 oder 2 WEG vor, so können, sofern keine Öffnungsklausel (vgl. dazu Kapitel 5.6.3) in der Teilungserklärung besteht, die vereinbarten Nutzungsbestimmungen nur durch eine weitere Vereinbarung geändert werden. Diese Vereinbarung muss nicht zwingend in das Grundbuch eingetragen werden. Im Hinblick auf etwaige Rechtsnachfolger, zum Beispiel spätere Erwerber der Eigentumswohnung, die sonst an diese Regelung nicht gebunden wären (vgl. § 10 Abs. 3 WEG), sollte die Vereinbarung jedoch ins Grundbuch eingetragen werden. Solche Vereinbarungen können Wohnungseigentümer beispielsweise zur Tierhaltung oder Musikausübung treffen.

Wurden im Beschlusswege Gebrauchseinschränkungen nach § 15 Abs. 2 WEG vereinbart, können sich die Wohnungseigentümer mit der Thematik erneut in einem Beschluss befassen. Solche Zweitbeschlüsse sind grundsätzlich zulässig (BGHZ, 113, 197).

2.1.1 Gebrauch des Sondereigentums

Der Gebrauch des Sondereigentums wird zunächst durch die Zweckbestimmung, die in der Teilungserklärung festgelegt ist, eingeschränkt. Ist vorgesehen, dass das Sondereigentum nur zu Wohnzwecken verwendet werden darf, dürfen die Räume auch grundsätzlich nur dazu genutzt werden. Jedoch können die Wohnungseigentümer festlegen, dass Räume des Sondereigentums nur zu einem bestimmten Zweck genutzt werden dürfen, etwa als Laden, Hobbyraum, Arztpraxis oder Büro. Diese Regelungen werden häufig bereits bei der Erstellung der Gemeinschaftsordnung festgelegt. Es handelt sich dabei um Vereinbarungen gemäß § 10 Abs. 1 Satz 2 und § 15 Abs. 1 WEG.

Diese Regelungen beschreiben den Umfang des zulässigen Gebrauchs des jeweiligen Sondereigentums. Ist in der Teilungserklärung lediglich bestimmt, dass das Sondereigentum Teileigentum sein soll, ist damit eine sehr weitgehende Nutzung vorgesehen, die nur vorgibt, dass die Räume nicht zu Wohnzwecken verwendet werden dürfen. Bei diesen Festlegungen des Gebrauchs handelt es sich also um eine sachenrechtliche Zweckbestimmung, die als grober Rahmen dient, wie die jeweiligen Räume nach Entstehen der Wohnungseigentümergemeinschaft genutzt werden dürfen.

Regelmäßig ergibt sich jedoch aus der in der Teilungserklärung verankerten Gemeinschaftsordnung eine konkretere Zweckbestimmung der in der Wohnungseigentumsanlage vorhandenen Einheiten. Solche konkreteren Gebrauchsregelungen werden von der Rechtsprechung als »Zweckbestimmungen mit Vereinbarungscharakter« bezeichnet (vgl. BayObLG, ZMR 2000, 689). Diese Gebrauchsregelungen mit Zweckbestimmung beschreiben konkret, wie das entsprechende Wohnungseigentum genutzt werden darf.

> **!** **Beispiele: Gebrauchsregelungen des Teileigentums**
> - Abstellraum
> - Arztpraxis, Architekturbüro, Rechtsanwaltspraxis
> - Gaststätte, Restaurant, Café
> - Hobbyraum, Keller
> - Laden, Ladengeschäft, Lagerraum
> - Werkstatt

Widersprechen sich Teilungserklärung, Gemeinschaftsordnung und Aufteilungsplan oder weichen die Zweckbestimmungen voneinander ab, so ist die Teilungserklärung letztendlich für die Zweckbestimmung maßgeblich (BayObLG, ZMR 1999, 773; BGH, NZM 2010, 407).

2.1.2 Gebrauch des gemeinschaftlichen Eigentums

Auch für das Gemeinschaftseigentum können durch Vereinbarung, Beschlussfassung oder Einzelanspruch Gebrauchs- und Nutzungsregelungen festgelegt werden. Häufig geschieht dies bereits in der Teilungserklärung bzw. der Gemeinschaftsordnung für bestimmte Räume des gemeinschaftlichen Eigentums.

Beispiele: Gebrauch des Gemeinschaftseigentums   **!**

Eine bestimmte Grundstücksfläche der Wohnungseigentümergemeinschaft wird als Kinderspielplatz ausgewiesen, eine andere Fläche als Parkplatz; ein Kellerraum ist als Fahrradraum oder als Waschküche vorgesehen.

Ist der vorgesehene Nutzungs- oder Gebrauchszweck zu unbestimmt oder fehlt ein entsprechender Hinweis, kann die Wohnungseigentümergemeinschaft mehrheitlich über den ordnungsgemäßen Gebrauch dieses Gemeinschaftseigentums unter Berücksichtigung der durch § 14 Nr. 1 WEG (vgl. Kapitel 3.2.1) vorgegebenen Grenzen beschließen.

2.1.3 Grenzen der Nutzung und des Gebrauchs

2.1.3.1 Sondereigentum

Der jeweilige Wohnungseigentümer darf sein Sondereigentum nur in den vorgegebenen Grenzen nutzen. Daher ist das Sondereigentum an einer Wohnung grundsätzlich nur zu Wohnzwecken zu nutzen. Einer davon abweichenden Nutzung ist nur dann ausnahmsweise zuzustimmen, wenn die von der zweckbestimmungswidrigen Nutzung ausgehende Störung aufgrund einer typisierenden – das heißt verallgemeinernden – Betrachtungsweise noch als zulässig zu erachten ist (BayObLG, NZM 1999, 80; BGH, NZM 2010, 285).

Zulässig sind dann auch Nutzungen, die nicht mehr stören oder beeinträchtigen als die vorgesehene Nutzung (OLG Hamm, ZMR 2005, 219; im Urteil ging es um die Nutzung als Büro). Auch wenn es in Eigentümerkreisen häufig auf Unverständnis stößt, legt die Rechtsprechung bei der Frage der Zulässigkeit einer Nutzung eine typisierende Betrachtung zugrunde, sodass für die Frage der Zulässigkeit einer bestimmten Nutzung nicht darauf abzustellen ist, ob sie im konkreten Einzelfall Störungen verursacht (vgl. BayObLG, NZM 2001, 137; BGH, NZM 2010, 285). Zumindest das OLG München (ZMR 2005, 727 ff.) berücksichtigt trotz der gebotenen typisierenden Betrachtungsweise auch die konkreten Umstände des Einzelfalls.

Laden oder Gaststätte?   **!**

Die Nutzung einer Ladeneinheit als Gaststätte ist nicht zulässig. Die zeitliche Nutzung der Einheit als Laden ist durch bestimmte Öffnungszeiten geprägt. Im Gegensatz dazu gelten für die Gaststätte die sehr viel großzügigeren Sperrzeiten, was

---

eine deutlich intensivere Beeinträchtigung der übrigen Wohnungseigentümer darstellen würde. Auch die Liberalisierung der Ladenöffnungszeiten führt nicht dazu, dass ein Laden nunmehr bis spät in die Nacht betrieben werden dürfte. Denn für die Beurteilung des in der Zweckbestimmung verwendeten Begriffs ist auf den Zeitpunkt des Zustandekommens der Vereinbarung abzustellen. Spätere Änderungen dieser Regelungen oder geänderte Auffassungen bleiben grundsätzlich unberücksichtigt (vgl. OLG München, ZMR 2007, 718), außer die Auslegung der Bestimmung in der Vereinbarung ergibt, dass die Regelungen dynamisch sein sollen.

Zur Frage der Zulässigkeit einer bestimmten Nutzung gibt es zahlreiche (Einzelfall-) Entscheidungen der Gerichte.

- Café: Ist in der Teileigentumseinheit der Betrieb eines Cafés vorgesehen, so ist der Betrieb einer Gaststätte bis 4:00 Uhr morgens nicht zulässig (OLG Hamburg, MDR 1998, 1156).
- Gaststätte/Imbiss: Der Betrieb einer Spielhalle ist in einer solchen Einheit nicht zulässig (LG München I, NZM 2012, 868).
- Gewerberaum: Wird eine Teileigentumseinheit als Gewerberaum bezeichnet, lässt diese Bezeichnung eine umfassende, gesetzlich zulässige gewerbliche Nutzung zu (BayObLG, NZM 2000, 781).
- Hobbyraum: Die Nutzung eines Hobbyraums zu Wohnzwecken ist grundsätzlich unzulässig (BGH, ZWE 2011, 396; BayObLG, WuM 2004, 740, ZMR 2004, 925), weshalb dort auch keine Wasseranschlüsse und Toiletteneinrichtungen installiert werden dürfen.
- Laden: In einem Laden ist eine Gaststätten- oder Restaurantnutzung nicht zulässig (BayObLG, WuM 2004, 117).
- Wohnung
  - Die Nutzung einer Wohnung als (Patent-)Anwaltspraxis ist bei geringem Publikumsverkehr zulässig (OLG Köln, NZM 2002, 258). Anderes gilt dagegen, wenn in der Wohnung eine Arztpraxis mit erheblichem Patientenverkehr betrieben wird (BayObLG, NZM 2001, 137).
  - Die tägliche oder wöchentliche wechselnde Nutzung der Wohnung an Feriengäste ist Teil der zulässigen Wohnnutzung (BGH, NZM 2010, 285).
  - Kinderbetreuung in der Wohnung (Tagesmutter): Die entgeltliche Betreuung von fünf Kindern stellt keine reine Wohnnutzung dar und ist als Ausübung eines Gewerbes oder Berufs einzuordnen und daher nicht zulässig (BGH, NZM 2012, 687). Nach der typisierenden Betrachtungsweise stört eine solche Kleinkinderbetreuung von 7:00 bis 19:00 Uhr mehr, als es von einer mehrköpfigen Familie zu erwarten wäre (LG Köln, ZMR 2012, 39).

2.1.3.2 Gemeinschaftseigentum

Auch der Gebrauch des Miteigentums ist eingeschränkt. Dies folgt aus § 13 Abs. 2 WEG, nach dem jeder Wohnungseigentümer nur nach der Maßgabe der §§ 14, 15 WEG zum Mitgebrauch am gemeinschaftlichen Eigentum berechtigt ist.

2.1.4 Verstöße gegen die Nutzungsregelungen

Nutzt oder lässt ein Wohnungseigentümer sein Sondereigentum zweckbestimmungswidrig nutzen, können die beeinträchtigten Wohnungs- oder Teileigentümer Unterlassung verlangen. Den Wohnungseigentümern steht ein Anspruch gemäß § 1004 Abs. 1 Satz 2 BGB, § 15 Abs. 3 und § 14 Nr. 1 WEG auf Unterlassung der Nutzung zu. Der Unterlassungsanspruch muss nicht zwingend von einem einzelnen Eigentümer geltend gemacht werden, es können auch einige Wohnungseigentümer zusammen gegen den Störer gerichtliche Schritte einleiten.

Die Anerkennung der Teilrechtsfähigkeit (zu diesem Begriff siehe Kapitel 6.1) der Wohnungseigentümergemeinschaft hat auf die Geltendmachung dieser Ansprüche keine Auswirkung, weil es um interne Ansprüche innerhalb der Wohnungseigentümergemeinschaft geht und nicht um Angelegenheiten des teilrechtsfähigen Verbandes gegenüber Dritten. Die Verfahrensbeteiligten in einer gerichtlichen Auseinandersetzung sind und bleiben damit die einzelnen Wohnungseigentümer (OLG München, ZMR 2005, 733). Dennoch besteht die Möglichkeit, dass der teilrechtsfähige Verband von den einzelnen Wohnungseigentümern im Beschlussweg ermächtigt wird, um über den Verwalter die Individualansprüche der Wohnungseigentümer geltend zu machen – sogenannte gekorene Ausübungsbefugnis nach § 10 Abs. 6 Satz 3, 2. Fall WEG (OLG München, ZMR 2005, 733) –, soweit nicht ausschließlich Rechte einzelner Wohnungseigentümer, also deren Sondereigentum, betroffen ist.

Außer dem verantwortlichen Wohnungseigentümer haben die übrigen Mitglieder der Wohnungseigentümergemeinschaft die Möglichkeit, Unterlassungsansprüche direkt gegen den Mieter oder einen sonstigen Dritten, wenn von diesem Störungen ausgehen, geltend zu machen. Auch gegenüber einem solchen Dritten bestehen direkte Beseitigungs- und Unterlassungsansprüche, da der störende Mieter oder Dritte im Verhältnis zur Wohnungseigentümergemeinschaft nicht mehr Rechte für sich in Anspruch nehmen kann als der vermietende Wohnungseigentümer, nachdem der Mieter oder Dritte seine Rechtsstellung nur von diesem Wohnungseigentümer ableitet.

Solche Unterlassungsansprüche sollten von den Wohnungseigentümern immer zeitnah geltend gemacht werden, damit es keine Probleme mit einer etwaigen Verjährung gibt. Geklärt ist, dass diese Ansprüche gemäß § 195 BGB der regelmäßigen Verjährungsfrist von drei Jahren unterliegen (vgl. OLG Hamm, NZM 2009, 624). Die Verjährung beginnt gemäß § 199 Abs. 5 BGB mit dem Zeitpunkt der Zuwiderhandlung. Schwierig ist die Unterscheidung in diesem Zusammenhang, ob es sich um sich wiederholende Beeinträchtigungen oder fortgesetzte Beeinträchtigungen handelt. Bei einer sich wiederholenden Störung, die gleich bleibt, wird nach jeder Wiederholung die Verjährungsfrist neu in Gang gesetzt (BGH, ZWE 2011, 396; für den Fall der zweckwidrigen Nutzung eines Hobbyraums als Wohnraum). Diese Art der Dauerstörung verjährt daher de facto nicht. Liegt lediglich eine fortgesetzte Beeinträchtigung vor, also eine abgeschlossene Störungshandlung, beginnt die Verjährung mit der ersten Störung zu laufen.

Um solche zugegebenermaßen schwierigen Abgrenzungsprobleme nach der Art der Störung zu umgehen, ist es sinnvoll zu beachten, dass die Ansprüche unter Berücksichtigung der genannten Dreijahresfrist regelmäßig geltend gemacht werden sollten, da die letzten Einzelheiten zum Beginn und zur Dauer der Verjährung hier von der obergerichtlichen Rechtsprechung noch nicht geklärt sind. Dann kann auch kein Streit über eine etwaige Verwirkung solcher Ansprüche auftreten (vgl. BGH, ZWE 2010, 266).

! **Achtung**

Neben der Verjährung der Beseitigungs- und Unterlassungsansprüche ist die »Verwirkung« zu berücksichtigen, die dann eine Rolle spielen kann, wenn über einige Jahre hinweg die zweckbestimmungswidrige Nutzung einer Sonder- oder Teileigentumseinheit von den übrigen Miteigentümern hingenommen wurde.

Im Einzelfall können Ansprüche der beeinträchtigten Wohnungseigentümer bereits vor Ablauf der Verjährungsfrist verwirkt sein und damit nicht mehr erfolgreich geltend gemacht werden. Allerdings ist darauf hinzuweisen, dass an die Verwirkung eines Anspruchs erhebliche Bedingungen geknüpft sind (OLG Köln, OLGR 2005, 261).

Das Rechtsinstitut der Verwirkung erfordert neben dem sogenannten Zeitmoment – das heißt der Hinnahme eines störenden Zustands über einen längeren Zeitraum hinweg, der dadurch gekennzeichnet ist, dass der Anspruchsgegner in berechtigter Weise darauf vertrauen konnte, dass der Anspruchsinhaber seinen Unterlassungsanspruch nicht mehr geltend macht (vgl. BayObLG, ZMR 2001, 987) – das sogenannte Umstandsmoment. Grundsätzlich setzt das Umstandsmoment voraus, dass sich der Anspruchsgegner in berechtigter Weise darauf eingerichtet hat, dass der Anspruchsinhaber sein Recht nicht mehr geltend machen wird. Regelmäßig liegt diese Voraussetzung nur dann vor, wenn der Störer zu Recht im Vertrauen darauf bereits eine Vermögensdisposition, zum Beispiel finanzielle Aufwendungen, vorgenommen hat.

> **Beispiel: Umstandsmoment bei der Verwirkung**   !
>
> Der Eigentümer verglast seine Pergola, die er ohne Genehmigung bereits vor vielen Jahren errichtet hat und die bis dato nicht als bauliche Veränderung von der Eigentümergemeinschaft beanstandet worden ist.

2.1.5 Schadenersatz

Verletzt ein Wohnungs- oder Teileigentümer die in § 14 Nr. 1 WEG geregelte Rücksichtnahmeverpflichtung, ist er den übrigen Wohnungseigentümern für den daraus entstehenden Schaden gemäß § 280 Abs. 1 Satz 1 und § 249 ff. BGB verpflichtet.

2.2 Sondernutzungsrecht

2.2.1 Bedeutung

Das Sondernutzungsrecht hat eine große praktische Bedeutung im Wohnungseigentumsrecht. Bis zur WEG-Reform wurde es im Gesetzestext dennoch nicht erwähnt. In § 5 Abs. 4 Satz 2 WEG wird nun das Sondernutzungsrecht ausdrücklich angesprochen, ohne dass es gesetzlich definiert wird.

2.2.2 Inhalt und Grenzen

Das Sondernutzungsrecht räumt einem oder mehreren Eigentümern durch Vereinbarung nach § 10 Abs. 2 Satz 2 und Abs. 3 WEG das exklusive Recht ein, einen Teil des Gemeinschaftseigentums unter Ausschluss aller anderen Wohnungseigentümer zu nutzen. Es handelt sich dabei um eine in der Praxis häufig anzutreffende Gebrauchs- und Nutzungsregelung nach § 15 Abs. 1 WEG.

> **Beispiel: Nutzung eines Gartenteils**   !
>
> Der Eigentümer der Erdgeschosswohnung A verfügt über ein Sondernutzungsrecht an dem seiner Terrasse vorgelagerten Gartenanteil. Die übrigen Wohnungseigentümer dürfen diesen Teil des Gartens nicht nutzen, obwohl der Garten als Grundstück zwingend gemeinschaftliches Eigentum ist (§ 1 Abs. 5 WEG).

Der begünstigte Wohnungseigentümer ist abweichend von § 13 Abs. 2 Satz 1 WEG zum alleinigen Gebrauch des ihm zugewiesenen Teils des Gemeinschaftseigentums berechtigt. Dabei steht ihm als Sondernutzungsberechtigten abweichend von § 13 Abs. 2 Satz 2 WEG auch die daraus zu ziehende Nutzung des Rechts zu: zum Beispiel die Einnahmen aus der Vermietung einer Fläche oder die Früchte des Gartens.

Am besten lässt sich das Sondernutzungsrecht als ein umfassendes Nutzungsrecht beschreiben, das mit den Befugnissen eines Alleineigentümers vergleichbar ist.

! **Beispiele: Sondernutzungsrechte**

Sondernutzungsrechte werden in der Praxis typischerweise an Garten- oder Grünflächen, an Terrassen von Erdgeschosswohnungen, Pkw-Stellplätzen im Freien, Garagen, Kellerräumen usw. eingeräumt.

2.2.3 Begründung von Sondernutzungsrechten

Sondernutzungsrechte können auf verschiedenen Wegen eingeräumt werden. Zur Begründung ist die Eintragungsbewilligung des Berechtigten erforderlich. Sondernutzungsrechte werden häufig bereits bei der Teilung des Grundstücks durch den Eigentümer gemäß § 8 WEG oder in der Teilungsvereinbarung der Miteigentümer gemäß § 3 WEG geschaffen. Der teilende Eigentümer hat auch die Möglichkeit, sich die spätere Einräumung von Sondernutzungsrechten in der Teilungserklärung bzw. im Kaufvertrag vorzubehalten.

Werden Sondernutzungsrechte nach der Begründung des Wohnungseigentums eingeräumt, ist die Zustimmung aller im Grundbuch eingetragenen Wohnungseigentümer erforderlich, da sie grundsätzlich nur durch Vereinbarung begründet werden können.

! **Achtung**

Sondernutzungsrechte können nicht durch Mehrheitsbeschluss (vgl. Kapitel 5.6.1) begründet werden, da der Eigentümergemeinschaft die Beschlusskompetenz fehlt. Sollte sie dennoch über Sondernutzungsrechte Beschlüsse fassen, verstoßen diese gegen die zwingenden Regelungen der § 10 Abs. 1 und § 23 Abs. 1 WEG, sie sind daher nichtig. Solche vereinbarungsändernden Mehrheitsbeschlüsse müssen nicht zwingend vor dem Wohnungseigentumsgericht angefochten werden, weil sie auch ohne Anfechtungsantrag wegen Verstoß gegen gesetzliche Bestimmungen nichtig sind (BGH, NJW 2000, 3500). Dennoch ist die Erhebung einer Beschlussanfechtungsklage bzw. Nichtigkeitsklage in der einmonatigen Klagefrist des § 46 WEG zu empfehlen.

> **Beispiel** !
>
> Die Eigentümergemeinschaft kann nicht durch Beschluss dem Eigentümer einer Dachwohnung für den über seiner Wohnung liegenden Spitzboden, der nur durch dessen Wohnung erreicht werden kann, ein Sondernutzungsrecht zuweisen. Eine solche Beschlussfassung würde zu einem Gebrauchsentzug der übrigen Miteigentümer an diesem im Gemeinschaftseigentum stehenden Raum gemäß § 13 Abs. 2 Satz 1 WEG führen und ist nicht mehr von einer Gebrauchsregelung im Sinne von § 15 Abs. 2 WEG erfasst.
>
> Der richtige Weg zur Übertragung der ausschließlichen Nutzung an diesem Raum wäre die Einräumung eines Sondernutzungsrechts durch Vereinbarung (vgl. dazu Kapitel 5.6.1). Ein Sondernutzungsrecht kann in diesen Fällen nur dann nachträglich entstehen, wenn alle Wohnungseigentümer mit dessen Einräumung einverstanden sind oder wenn bereits in der Teilungserklärung ein Vorbehalt für die nachträgliche Einräumung des Sondernutzungsrechts vorgesehen ist.

> **Praxis-Tipp** !
>
> Werden Sondernutzungsrechte erst nach Entstehung der Wohnungseigentümergemeinschaft eingeräumt, sollte darauf geachtet werden, dass die entsprechende Vereinbarung aller Wohnungseigentümer als Inhalt des Sondereigentums (§ 5 Abs. 4 WEG) ins Grundbuch gemäß § 10 Abs. 3 WEG eingetragen wird, da sonst die Gefahr besteht, dass ein späterer Erwerber das Sondernutzungsrecht nicht gegen sich gelten lassen muss (sogenanntes dingliches Sondernutzungsrecht).

2.2.4 Grenzen

Obwohl dem begünstigten Eigentümer durch das Sondernutzungsrecht an Teilen des Gemeinschaftseigentums ein umfassendes Nutzungsrecht eingeräumt wird, muss auch er sich bei der Wahrnehmung dieses Rechts an gewisse Spielregeln halten.

Beschränkungen ergeben sich zuerst aus der zugrunde liegenden Vereinbarung über die Einräumung des Sondernutzungsrechts und dann aus der Teilungserklärung sowie aus §§ 13, 14 WEG. Regelmäßig wird in der Vereinbarung festgelegt, was der Begünstigte zu tun und zu unterlassen hat. Auf eine genaue Festlegung des Umfangs des eingeräumten Sondernutzungsrechts sollte im Interesse aller Beteiligten großer Wert gelegt werden, da durch eine eindeutige und klare Regelung von vornherein Streitigkeiten in der Wohnungseigentümergemeinschaft vermieden werden können. Sollten Zweifel über den Umfang des eingeräumten Sondernutzungsrechts bleiben, ist der Umfang durch Auslegung zu ermitteln. In diesen Fällen wird auf die Ortsüblichkeit bzw. die Verkehrsanschauung der jeweils eingeräumten Nutzung abgestellt.

! **Beispiel**

Besteht für eine Gartenfläche ein Sondernutzungsrecht, ist der Berechtigte – falls keine anderen Vereinbarungen vorliegen – befugt, die Fläche im üblichen Umfang einer gewöhnlichen Gartennutzung und Gartengestaltung zu nutzen. Er kann Blumen, Sträucher und Bäume (streitig) anpflanzen, Beete anlegen und auf der Fläche Gartenmöbel und Spielgeräte für Kinder aufstellen. Gegebenenfalls muss er für Anpflanzungen die jeweiligen Grenzabstände der nachbarrechtlichen Vorschriften einhalten. Die Abgrenzung der Gartenfläche durch einen Zaun ist wegen der damit verbundenen baulichen Veränderung (optischer Gesamteindruck der Wohnanlage) grundsätzlich nicht zulässig (streitig) (vgl. BayObLG, WuM 1999, 188).

Weitere Beschränkungen des Gebrauchs ergeben sich aus der im Zusammenhang mit der Begründung des Sondernutzungsrechts getroffenen Zweckbestimmung.

! **Beispiele: Einschränkungen durch Zweckbestimmung**

- Wird ein Sondernutzungsrecht an einem Spitzboden eingeräumt, bedeutet das nicht, dass der Eigentümer diesen Dachraum zu Wohnzwecken nutzen kann.
- Besteht ein Sondernutzungsrecht an einem Kfz-Abstellplatz, heißt das nicht, dass es dem Berechtigten erlaubt ist, auf dieser Fläche sein Fahrzeug zu reparieren.
- Auch darf der Wohnungseigentümer sein Sondernutzungsrecht an einem »Hobbyraum« nicht dazu nutzen, ihn mit Sanitär- und Elektroanschlüssen zu versehen, um dort Wohnraum oder einen Büroraum für sich einzurichten (OLG Frankfurt/Main, OLGR Frankfurt 2005, 58).

Das Sondernutzungsrecht berechtigt den Begünstigten, wie sich bereits aus der Bezeichnung des Rechts als Nutzungs- und nicht als Gestaltungsrecht ergibt, nur zur Nutzung des ihm überlassenen Teils des Gemeinschaftseigentums. Der Begünstigte hat nur das Recht, den Teil des Gemeinschaftseigentums im Rahmen der ihm eingeräumten Befugnisse zu nutzen, jedoch nicht, es zu verändern. Bauliche Veränderungen kann er nur dann vornehmen, wenn ihm diese in der Vereinbarung über das Sondernutzungsrecht gestattet wurden oder wenn die bauliche Veränderung nach § 22 Abs. 1 WEG unbeanstandet bleibt (vgl. dazu BGH, ZWE 2012, 377, NZM 2012, 157).

Eine Ausnahme von diesem Grundsatz ist jedoch dann anzunehmen, wenn der Sondernutzungsberechtigte wie ein Alleineigentümer des Gebäudes und des Grundstücks behandelt werden soll. Dies ist häufig bei Reihenhauswohnanlagen oder Doppelhäusern der Fall, deren Grundstücke aus öffentlich-rechtlichen Gründen nicht real geteilt werden können. Unter diesen Umständen wird die

Auslegung des Sondernutzungsrechts ergeben, dass § 22 WEG nicht gelten soll, damit der Sondernutzungsberechtigte bauliche Maßnahmen im Rahmen der öffentlich-rechtlichen Bestimmung vornehmen kann und nicht schlechter als ein Realeigentümer gestellt wird.

2.2.5 Übertragung von Sondernutzungsrechten

Nachdem das Sondernutzungsrecht untrennbar mit dem dazugehörigen Sondereigentum verbunden ist, kann es isoliert nur auf ein anderes Mitglied der Wohnungseigentümergemeinschaft übertragen werden. Das dingliche Sondernutzungsrecht wird durch Einigung und Eintragung gemäß §§ 873, 877 BGB übertragen. Ein schuldrechtliches Sondernutzungsrecht kann im Wege der Abtretung (§§ 398 ff. BGB) an einen anderen Wohnungseigentümer übertragen werden.

2.2.6 Kostentragungsregelung

Im Zusammenhang mit Sondernutzungsrechten geben häufig Kostentragungsregelungen Anlass zur Auseinandersetzung zwischen den Wohnungseigentümern. Viele Wohnungseigentümer verstehen nicht, dass sie Kosten für eine Instandhaltung oder Instandsetzung übernehmen müssen, die ausschließlich ein Bauteil betreffen, an dem ein Sondernutzungsrecht eines anderen Wohnungseigentümers besteht.

> **Der Boden des Kfz-Stellplatzes muss erneuert werden** !
>
> Der Bodenbelag eines Kfz-Stellplatzes, an dem ein Sondernutzungsrecht ausgewiesen ist, muss instand gesetzt werden. Liegt keine abweichende Vereinbarung für die Übernahme von Instandhaltungs- oder Instandsetzungsmaßnahmen oder die Kostentragung für solche Maßnahmen vor, gilt die gesetzliche Kostentragungsregelung des § 16 Abs. 2 WEG. Danach haben alle Wohnungseigentümer im Verhältnis ihrer im Grundbuch eingetragenen Miteigentumsanteile für die entsprechenden Kosten aufzukommen.
>
> Diese auf den ersten Blick ungewöhnliche Regelung leuchtet ein, wenn man sich vor Augen hält, dass es sich bei dem Bauteil um Gemeinschaftseigentum handelt, das lediglich der ausschließlichen Nutzung eines Wohnungseigentümers zugewiesen wurde. Unabhängig von dieser sachenrechtlichen Sichtweise ist aber nachvollziehbar, dass eine solche Kostentragungsregelung von den übrigen Wohnungseigentümern als nicht gerecht empfunden wird.

! Praxis-Tipp

Um solche als ungerecht empfundenen Instandhaltungs- und Kostentragungsregelungen zu vermeiden, sollten Sie vor dem Erwerb einer Eigentumswohnung in der
Gemeinschaftsordnung überprüfen, ob sich eine Kostentragungsregelung findet,
die das Bestehen von Sondernutzungsrechten berücksichtigt. Nur dann sind Sie
vor unliebsamen Überraschungen bei Sanierungsmaßnahmen an diesen Teilen des
Gemeinschaftseigentums geschützt.

Als gerechter Verteilungsmaßstab ist eine solche Kostentragungsregelung anzusehen, die dem jeweiligen Sondernutzungsberechtigten die Kosten der Instandsetzung und Instandhaltung auferlegt, da nur er die Fläche oder den jeweiligen
Gegenstand nutzen kann.

3 Rechte und Pflichten der Wohnungseigentümer

3.1 Rechte der Wohnungseigentümer

Das Gebrauchsrecht und die Nutzungsmöglichkeiten des Sondereigentümers sind in § 13 WEG geregelt. Die Befugnisse des Wohnungseigentümers sind mit denen eines Alleineigentümers gemäß § 903 BGB vergleichbar. Der Sondereigentümer kann sein Wohnungseigentum bewohnen, vermieten, verpachten oder in sonstiger Weise nutzen und andere von Einwirkungen ausschließen.

Beschränkt werden die Rechte des Sondereigentümers durch die §§ 14, 15 WEG, die dem Sondereigentümer Grenzen und zugleich Pflichten auferlegen.

3.1.1 Anspruch auf Nutzung des gemeinschaftlichen Eigentums

Wird das Gemeinschaftseigentum vermietet, zum Beispiel eine Wandfläche für Werbezwecke, oder werden Einnahmen für einen Zigarettenautomaten auf dem Grundstück der Eigentümergemeinschaft erzielt, steht jedem der Wohnungseigentümer der Erlös in Höhe seines Miteigentumsanteils zu (§ 13 Abs. 2 Satz 2 und § 16 Abs. 2 WEG).

3.1.2 Rechte des Wohnungseigentümers auf ordnungsgemäße Verwaltung

Gemäß § 20 Abs. 1 WEG hat jeder Wohnungseigentümer das Recht, an Verwaltungsmaßnahmen und -entscheidungen mitzuwirken, soweit nicht die Zuständigkeit beim Verwalter oder beim Verwaltungsbeirat liegt. Dabei hat der Wohnungseigentümer gemäß § 21 Abs. 4 WEG Anspruch darauf, dass die Verwaltungsentscheidungen Maßnahmen einer ordnungsgemäßen Verwaltung darstellen, weil der Gesetzgeber davon ausgeht, dass einzelne Wohnungseigentümer nur dann überstimmt werden können, wenn die (beschlossene) Maßnahme ordnungsgemäßer Verwaltung entspricht. Erfüllt eine Verwaltungsmaßnahme dieses Kriterium nicht, kann der einzelne Wohnungseigentümer den Beschluss binnen Monatsfrist vor dem Wohnungseigentumsgericht anfechten (§ 46 Abs. 1 Satz 2 WEG).

> **! Beispiel: Auftragsvergabe bei Fassadensanierung**
>
> Eine größere Wohnungseigentümergemeinschaft plant eine umfangreiche Fassadensanierung. Die Kosten dafür belaufen sich laut Kostenvoranschlag des beauftragten Architekten auf circa 250.000 EUR. Nach Erstellung des Leistungsverzeichnisses schlägt der Architekt eine Ausschreibung der zu vergebenden Arbeiten vor. Die Verwaltung führt keine Ausschreibung durch, sondern benennt der Wohnungseigentümergemeinschaft eine ihr bekannte Handwerksfirma für die Durchführung der Arbeiten. Die Eigentümergemeinschaft beschließt die Auftragsvergabe an diese Firma, ohne zuvor weitere Kostenangebote von Mitbewerbern eingeholt zu haben. Der Beschluss zur Auftragsvergabe kann mit Erfolg angefochten werden, weil diese Vorgehensweise bei einer so umfangreichen Sanierungsmaßnahme nicht ordnungsgemäßer Verwaltung entspricht.
> Die Rechtsprechung fordert bei größeren Sanierungsmaßnahmen, dass die Verwaltung mehrere Kostenangebote einholt und der Eigentümergemeinschaft zur Entscheidung vorlegt (BayObLG, NZM 2002, 564 ff.; LG München I, ZMR 2008, 488).

Weitere Maßnahmen ordnungsgemäßer Verwaltung sind im Gesetz ausdrücklich benannt: Nach § 21 Abs. 5 WEG handelt sich dabei, um

- das Aufstellen einer Hausordnung (§ 21 Abs. 5 Nr. 1 WEG),
- die ordnungsgemäße Instandhaltung und Instandsetzung des gemeinschaftlichen Eigentums (§ 21 Abs. 5 Nr. 2 WEG),
- den Abschluss einer Feuer-, Haus- und Grundbesitzerhaftpflichtversicherung (§ 21 Abs. 5 Nr. 3 WEG),
- die Ansammlung einer Instandhaltungsrücklage (§ 21 Abs. 5 Nr. 4 WEG),
- das Aufstellen eines Wirtschaftsplans (§ 21 Abs. 5 Nr. 5 WEG),
- die Duldung von Anschlüssen (Telefon-, Rundfunk- oder Elektroanschlüssen) (§ 21 Abs. 5 Nr. 6 WEG).

3.1.3 Auskunftsrecht

Der Verwalter ist aufgrund seines Verwaltervertrags gemäß §§ 675, 666 BGB verpflichtet, jederzeit auf Verlangen der Wohnungseigentümergemeinschaft Auskunft über sein Verwaltungshandeln zu erteilen. Auskunftsansprüche, insbesondere gegen den Verwalter, stehen grundsätzlich der Wohnungseigentümergemeinschaft und nicht dem einzelnen Eigentümer zu.

In Ausnahmefällen erkennt die Rechtsprechung auch dem einzelnen Wohnungseigentümer einen Individualanspruch auf Auskunft zu, wenn er ein berechtigtes Interesse an der Aufklärung des Sachverhalts hat.

3.1.4 Einsichtsrecht

Einsichtsrechte des Wohnungseigentümers sind im Wohnungseigentumsgesetz zum Teil gesetzlich geregelt.

- Gemäß § 24 Abs. 6 Satz 3 WEG ist jeder Wohnungseigentümer berechtigt, in die Niederschriften Einsicht zu nehmen.
- Nach der Einführung der Beschlusssammlung durch die WEG- Novelle hat gemäß § 24 Abs. 7 Satz 8 WEG jeder Wohnungseigentümer oder ein Dritter, den der Wohnungseigentümer entsprechend ermächtigt hat, das Recht, Einsicht in die Beschlusssammlung zu nehmen.

Das Einsichtsrecht ist ebenso wie der Auskunftsanspruch auf die Erlangung von Informationen gerichtet. Jedoch unterscheiden sich beide Ansprüche hinsichtlich der Mitwirkungspflicht des Verwalters. Der Verwalter muss beim Einsichtsrecht im Gegensatz zur Auskunftserteilung keine Erklärungen abgeben, sondern lediglich Einsicht in die Verwaltungsunterlagen gewähren.

Der Einsicht unterliegen sämtliche Verwaltungsunterlagen, auch die (Einzel) Abrechnungen sämtlicher Wohnungseigentümer, Buchungsunterlagen nebst den dazugehörigen Belegen, und zwar unabhängig von einem zeitlichen Zusammenhang, etwa einem bestimmten Abrechnungszeitraum.

Das Einsichtsrecht besteht auch dann, wenn der Verwalter bezüglich der entsprechenden Verwaltungsvorgänge bereits von den Wohnungseigentümern entlastet wurde. Auch Datenschutzgründe können dem Einsichtsrecht nicht entgegengehalten werden (Drasdo, NZM 2009, 724; BGH, NJW 2010, 439, 440 zum Gesellschaftsrecht).

Das Einsichtsrecht kann individuell von jedem Wohnungseigentümer, auch von einem bereits ausgeschiedenen Wohnungseigentümer, unabhängig von der Wohnungseigentümergemeinschaft ausgeübt werden. Für die Geltendmachung des Anspruchs auf Einsicht ist auch nicht die Darlegung eines berechtigten Interesses erforderlich, da das Einsichtsrecht der individuellen Kontrolle des Verwalters durch die Wohnungseigentümer dienen soll.

Die Einsichtnahme selbst ist grundsätzlich am Sitz des Verwalters in dessen Geschäftsräumen gemäß § 269 BGB als Erfüllungsort und unter Berücksichtigung einer ausreichenden Ankündigungsfrist zu gewähren. Auch die Aushändigung von Fotokopien kann vom Verwalter gegen Erstattung der Kopiekosten in angemessener Höhe verlangt werden (OLG München, WuM 2007, 215).

3.2 Pflichten der Wohnungseigentümer

Die umfassenden Gebrauchs- und Nutzungsrechte können bereits wegen der räumlichen Gegebenheiten einer Wohnungseigentumsanlage nicht jedem Wohnungseigentümer schrankenlos zur Verfügung gestellt werden. Einschränkungen und damit Pflichten können sich aus Vereinbarungen, die sich häufig in der Gemeinschaftsordnung finden, aus gefassten Beschlüssen oder aus der gesetzlichen Auffangregelung des § 14 WEG ergeben.

3.2.1 Instandhaltungspflicht des Sondereigentümers und Rücksichtnahmepflicht

Nach § 14 Nr. 1 WEG ist jeder Wohnungseigentümer verpflichtet, die im Sondereigentum stehenden Gebäudeteile instand zu halten.

! **Beispiel: Erneuerung des Dachterrassenbodenbelags**

Ein Wohnungseigentümer hat den undichten Bodenbelag seiner Dachterrasse zu reparieren, um Feuchtigkeitsschäden in dem darunterliegenden Estrich bzw. der darunterliegenden Wohnung zu verhindern.

Auch ist der Wohnungseigentümer nach dieser Bestimmung verpflichtet, von dem gemeinschaftlichen Eigentum nur in der Weise Gebrauch zu machen, dass dadurch keinem anderen Wohnungseigentümer über das bei einem geordneten Zusammenleben unvermeidliche Maß hinaus ein Nachteil entsteht. Dabei ist unter Nachteil jede nicht ganz unerhebliche Beeinträchtigung aus der Sicht eines objektiven Betrachters unter Berücksichtigung der Verkehrsanschauung (allgemeine Auffassung) zu verstehen (BayObLG, WuM 2002, 160). Nicht unerheblich ist der Nachteil nur, wenn über die zwangsläufig entstehenden Beeinträchtigungen bei einem geordneten Zusammenleben mehrerer Eigentümer hinaus Störungen auftreten. Zu berücksichtigen ist dabei die jeweilige Besonderheit der Eigentümergemeinschaft hinsichtlich ihrer Größe, Lage und Zusammensetzung.

! **Beispiel**

In einer Eigentumswohnanlage mit vielen Kindern können stärkere Geräuschemissionen akzeptabel sein. In einer anderen ruhigen Eigentumswohnanlage würde ein solcher Geräuschpegel bereits einen nicht unerheblichen Nachteil bedeuten, wenn dort überwiegend ältere Leute ihren Wohnsitz haben.

Die Grenzen des zulässigen Gebrauchs sind jeweils im Einzelfall zu klären. Dazu einige Gerichtsentscheidungen als Beispiele:

- Bordell: nicht zulässig (OLG Frankfurt/Main, ZMR 2002, 616)
- Haustiere: Einzelfallentscheidung (KG Berlin, ZMR 1993, 440)
- Kampfhunde: nicht zulässig (KG Berlin, MDR 2003, 150)
- Grillen: Einzelfallentscheidung (BayObLG, NZM 1999, 575)
- Hausmusik: Einzelfallentscheidung (BayObLG, WE 1996, 439)
- Keine heim- bzw. hotelartige Nutzung bzw. als Boardinghouse im Sondereigentum mit Zweckbestimmung Wohnen (OLG Saarbrücken, NZM 2006, 588 ff.; OLG Köln, NZM 2007, 572; a.A. OLG Saarbrücken, ZWE 2012, 492)

3.2.2 Einwirkungspflicht auf Dritte

Die Verpflichtung, sein Sondereigentum schonend zu gebrauchen, obliegt nicht nur dem Wohnungseigentümer selbst, sondern auch den Personen, die ihm zuzurechnen sind. Es handelt sich dabei um Personen, die zu seinem Hausstand oder Geschäftsbetrieb gehören, oder denen er die Nutzung des Sondereigentums oder des gemeinschaftlichen Eigentums überlässt.

Diese Verpflichtung spielt vor allem bei der Vermietung von Sondereigentum eine große Rolle. Der Vermieter von Sondereigentum hat daher auf seinen Mieter so einzuwirken, dass dieser das ihm überlassene Sonder- und mitzubenutzende gemeinschaftliche Eigentum in zulässiger Weise gebraucht. Bei der Gestaltung des Mietvertrags sollte daher besonderes Augenmerk darauf gerichtet werden, dass das Maß der mietvertraglich zugesicherten Nutzung sich mit den WEG-rechtlichen Gebrauchs- und Nutzungsregelungen im Einklang befindet. Anderenfalls können gegen den Mieter Abwehr- und Unterlassungsansprüche geltend gemacht werden, da ein Mieter keine weitergehenden Rechte gegenüber den Wohnungseigentümern für sich in Anspruch nehmen kann und an alle Regelungen innerhalb der Wohnungseigentümergemeinschaft gebunden ist (vgl. Bonifacio, ZWE 2013, 196 m.w.N.).

3.2.3 Duldungspflicht

§ 14 Nr. 3 WEG sieht vor, dass jeder Wohnungseigentümer Einwirkungen auf die in seinem Sondereigentum stehenden Gebäudeteile zu dulden hat, soweit sie auf einem nach § 14 Nr. 1, 2 WEG zulässigen Gebrauch beruhen. Diese Verpflichtung bringt nochmals zum Ausdruck, dass ein Zusammenleben einer Vielzahl von Eigentümern auf engem Raum nur mit der Einschränkungen der Gebrauchsrechte des Einzelnen funktionieren kann.

3.2.4 Inanspruchnahme des Sondereigentums

Eine praktisch bedeutsame Regelung ist in § 14 Nr. 4 WEG angesprochen. Nach dieser Vorschrift muss der Sondereigentümer das Betreten und die Nutzung der in seinem Sondereigentum stehenden Bauteile gestatten, soweit dies zur Instandhaltung und Instandsetzung des gemeinschaftlichen Eigentums erforderlich ist. Diese Vorschrift ist in Zusammenhang mit der ordnungsgemäßen Instandsetzung und Instandhaltung des gemeinschaftlichen Eigentums zu lesen, das jeder Wohnungseigentümer nach § 21 Abs. 4 und Abs. 5 Nr. 2 WEG beanspruchen kann.

> **!** **Beispiel: Sanierung des Kamins**
>
> Der Wohnungseigentümer muss den Zutritt zu seiner Wohnung gewähren, wenn der durch die Wohnung führende Heizungskamin der zentralen Heizungsanlage saniert werden muss.

Das Sondereigentum kann jedoch nur dann in Anspruch genommen werden, wenn dies zur Durchführung der Maßnahme zwingend notwendig ist. Anderenfalls kann der Sondereigentümer die Duldung verweigern.

Wird im Zuge der Instandhaltung oder Instandsetzung des gemeinschaftlichen Eigentums das Sondereigentum beschädigt, kann der betroffene Wohnungseigentümer den Ersatz des ihm entstandenen Schadens verlangen (§ 14 Nr. 4 WEG).

> **!** **Beispiel: Reparatur einer undichten Dachterrasse**
>
> Um eine undichte Dachterrasse zu reparieren, muss auch in der darunterliegenden Wohnung des Wohnungseigentümers A die Wohnungsdecke geöffnet werden. Für den entstehenden Schaden in der Wohnung von A haben alle Wohnungseigentümer gemäß der geltenden Kostenverteilungsregelung einzustehen.

3.3 Bauliche Veränderungen

Bauliche Maßnahmen sind in vielen Wohnungseigentümergemeinschaften ausgesprochene Dauerbrenner. Die in diesem Zusammenhang auftretenden Probleme werden in der Gemeinschaft der Wohnungseigentümer oft äußerst konträr diskutiert und ausgetragen. Häufig gibt es verschiedene Lager von Wohnungseigentümern. Die einen sind der Auffassung, sie könnten quasi wie ein Alleineigentümer in ihrer Wohnung alles ändern, ohne dabei Rücksicht auf die Wohnungseigentümergemeinschaft nehmen zu müssen. In einem anderen Fall befürworten alle Wohnungseigentümer eine objektiv sinnvolle bauliche Maßnahme – und nur ein einziger Miteigentümer ist damit nicht einverstanden und blockiert die Durchführung.

Egal zu welcher Fraktion man gehört, lohnt es sich, vorab zu prüfen, ob die geplante bauliche Maßnahme auch eine bauliche Veränderung im Sinne der gesetzlichen Bestimmungen darstellt.

3.3.1 Wann liegt eine bauliche Veränderung vor?

Die bauliche Veränderung ist zwar in § 22 Abs. 1 WEG ausdrücklich angesprochen, dennoch hat der Gesetzgeber auf eine Definition verzichtet. Die Rechtsprechung hat daher Kriterien erarbeitet, um festzustellen, ob eine bauliche Maßnahme auch als eine bauliche Veränderung im Sinne von § 22 Abs. 1 WEG zu bewerten ist. Eine bauliche Veränderung liegt vor, wenn folgende Voraussetzungen gegeben sind:

- eine auf Dauer angelegte Maßnahme,
- die nach Entstehung des Wohnungseigentums erfolgte,
- die zu einer Umgestaltung des gemeinschaftlichen Eigentums führt und
- die über eine ordnungsgemäße Instandhaltung oder Instandsetzung des gemeinschaftlichen Eigentums im Sinne von § 21 Abs. 3 WEG hinausgeht.

Fehlt eine dieser Voraussetzungen, liegt keine bauliche Veränderung im Sinne von § 22 Abs. 1 WEG vor.

Die Maßnahme muss auf Dauer angelegt sein, was jedoch nicht bedeutet, dass zwingend eine feste Verbindung mit dem Grundstück oder einem Bauteil vorhanden sein muss. Erforderlich ist allein, dass der Gegenstand dauerhaft in seiner Position verbleiben soll, zum Beispiel auf Balkon oder Terrasse. Die Rechtsprechung beurteilt bereits das Aufstellen von (mobilen) Parabolantennen als bauliche Veränderung (OLG Celle, OLGR 2006, 698).

Eine bauliche Veränderung im Sinne von § 22 Abs. 1 WEG kann erst nach Entstehen der Wohnungseigentümergemeinschaft vorgenommen werden, weil § 22 Abs. 1 WEG das Vorhandensein einer Wohnungseigentümergemeinschaft voraussetzt. Es muss also wenigstens eine werdende Wohnungseigentümergemeinschaft entstanden sein. Werden bauliche Maßnahmen bereits vor diesem Zeitpunkt durchgeführt, zum Beispiel noch vom teilenden Eigentümer in Abweichung von der Teilungserklärung, können die Wohnungseigentümer die erstmalige Herstellung eines ordnungsgemäßen Zustands verlangen oder, nachdem keine bauliche Veränderung im Sinne des Gesetzes vorliegt, mit Mehrheit über diesen geänderten Status quo entscheiden.

Veränderungen oder Umbauten im Sondereigentum, zum Beispiel die Entfernung von Innentüren, der Durchbruch einer nicht tragenden Innenwand, die Entfernung oder Änderung des Bodenbelags (ohne Estrich), stellen keine bauliche Veränderung dar, da sie sich ausschließlich auf das Sondereigentum beziehen.

Die bauliche Maßnahme muss schließlich die ordnungsgemäße Instandhaltung oder Instandsetzung des gemeinschaftlichen Eigentums gemäß § 21 Abs. 3 WEG überschreiten. Ist eine wesentliche Baumaßnahme geplant, die zur Umgestaltung des gemeinschaftlichen Eigentums führt, liegt dennoch keine bauliche Veränderung im Sinne von § 22 Abs. 1 WEG vor, wenn sich die Maßnahme im Rahmen einer ordnungsgemäßen Instandhaltung und Instandsetzung des Gemeinschaftseigentums bewegt.

Für die Abgrenzung der baulichen Veränderung von Maßnahmen der Instandsetzung und Instandhaltung ist als Richtschnur darauf abzustellen, ob der ursprüngliche Zustand erhalten oder wiederhergestellt oder ob darüber hinausgehend ein neuer und geänderter Zustand geschaffen werden soll. Die mitunter schwierigen Abgrenzungsfragen, etwa auch bei der sogenannten modernisierenden Instandsetzung, müssen jeweils im Einzelfall geprüft und entschieden werden.

> **!** **Beispiele: Bauliche Veränderungen**
>
> - Anbringung einer Parabolantenne am gemeinschaftlichen Eigentum: ja (BGH, NJW 2004, 250).
> - Einbau eines Dachflächenfensters: ja, weil der damit verbundene Eingriff in die Dachhaut die Wartungs- und Reparaturanfälligkeit des Daches erhöht (OLG Düsseldorf, NZM 2001, 136).
> - Dachgarten: ja (BGH, MDR 2007, 419).
> - Mauer- bzw. Deckendurchbrüche: ja, zur Schaffung der Verbindung zwischen zwei Wohneinheiten; stellt keine bauliche Veränderung dar, wenn nur eine nicht tragende, im Sondereigentum stehende Wand betroffen ist (BGH, BGHZ 146, 241). Eine bauliche Veränderung liegt jedoch vor, wenn durch den Mauer-/Deckendurchbruch Nachteile für die Statik des Gebäudes bzw. die Brandsicherheit drohen oder wenn damit eine intensivere Nutzung der Einheiten einhergeht.
> - Absperrbügel auf Parkplätzen: ja (OLG Frankfurt/Main, NJW RR 1993, 86).
> - Außenkamin: ja.
> - Balkonverglasung: ja (BayObLG, WuM 2000, 687).
> - Beseitigen von Bäumen: ja, wenn sie den Gesamteindruck der Wohnanlage prägen (OLG München, ZMR 2006, 69). Im Übrigen kann das Fällen eines Baumes auch eine Maßnahme der Instandsetzung und damit der ordnungsgemäßen Verwaltung sein, wenn der Baum eine Gefährdung für das gemeinschaftliche Eigentum darstellt (vgl. BayObLG, NJW-RR 1996, 1166), krank oder umsturzgefährdet ist.
> - Carport: ja (OLG Düsseldorf, ZMR 2003, 955).
> - Fahrstuhl: ja.

- Fassade: Änderung der farbliche Gestaltung: ja (LG München I, ZWE 2013, 226).
- Gewächs-/Gartenhäuser: ja (BayObLG, ZMR 2002, 137). Ausnahmsweise ist eine bauliche Veränderung zu verneinen, wenn das Gartenhaus sich in den optischen Gesamteindruck der Wohnanlage einfügt oder nicht erkennbar ist (BayObLG, ZMR 1999, 118 ff.).
- Katzennetz oder Katzentreppen: ja, wenn optisch auffällig (OLG Zweibrücken, NZM 1998, 376), sonst nein.
- Markise: ja.
- Pergola: ja (BayObLG, ZMR 2001, 3262; OLG München, ZMR 2006, 800).
- Sichtschutzzaun/-matte, Trennwände: ja.
- Verlegung einer Mülltonnenanlage: ja.
- Terrassenanlage/Vergrößerung einer bestehenden Terrasse: ja.
- Wintergarten: ja.
- Anbringen von Schutzgittern: stellt wegen der Veränderung des optischen Gesamteindrucks eine bauliche Veränderung dar (OLG Zweibrücken, ZMR 2000, 704; KG Berlin, ZMR 2001, 59).
- Videokamera: ja, auch als Attrappe an der Außenfassade, ist aufgrund der optischen Auswirkung eine nachteilige bauliche Veränderung (OLG München, NZM 2005, 668), anders hingegen bei einem kaum sichtbaren Videoauge (KG Berlin, NZM 2002, 702).

3.3.2 Mögliche Rechtsfolgen einer festgestellten baulichen Veränderung

Die Feststellung, ob eine bauliche Maßnahme eine bauliche Veränderung darstellt oder nicht, kann für alle Beteiligten weitreichende Folgen haben.

3.3.2.1 Nachteil

Objektiver Bewertungsmaßstab

Steht fest, dass die beanstandete Maßnahme als bauliche Änderung im Sinne von § 22 Abs. 1 WEG zu werten ist, hängen die daraus resultierenden Konsequenzen für die Umbauwilligen und Umbaugegner davon ab, ob die gewünschte Umgestaltung des gemeinschaftlichen Eigentums zu einer Beeinträchtigung der Wohnungseigentümer führen.

Vorab ist jedoch zu prüfen, ob die Teilungserklärung für diese Fälle keine besondere Regelung vorsieht. Ist dies nicht der Fall, so bedarf auch nach der WEG-Novelle die Durchführung der Maßnahme grundsätzlich der Zustimmung der jeweils betroffenen Miteigentümer.

Der Begriff des Nachteils ist nach der Rechtsprechung weit auszulegen und stellt sich im Hinblick auf den Verweis in § 14 WEG als jeder nicht unvermeidbare Nachteil eines geordneten Zusammenlebens dar. Die Eingriffsschwelle ist sehr niedrig anzusetzen, sodass jegliche nicht ganz unerhebliche Beeinträchtigung für einen Nachteil ausreicht. Nur belanglose Nachteile stellen keine Beeinträchtigung im Sinne von § 22 Abs. 1 WEG dar.

Ob ein Nachteil vorliegt, ist anhand objektiver Kriterien zu messen, also danach, ob ein neutraler Dritter die Veränderung nach der allgemeinen Verkehrsanschauung als Beeinträchtigung empfinden kann. Subjektive Empfindlichkeiten einzelner Eigentümer sind nicht von Belang.

Zur Beurteilung einer Beeinträchtigung kann auf öffentlich-rechtliche Normen zurückgegriffen werden, zum Beispiel auf die Landesbauordnungen, das Bundes-Immissionsschutzgesetz (BImSchG) sowie DIN- oder VDI-Normen. Ein Verstoß gegen diese Bestimmungen liefert ein Indiz für einen Nachteil. Dennoch ist es erforderlich, im Einzelfall den objektiven Nachteil festzustellen (OLG München, ZMR 2006, 643).

Änderungen des optischen Gesamteindrucks

In der Praxis wird sehr häufig eine Baumaßnahme als bauliche Veränderung gewertet, wenn damit der optische Gesamteindruck der Wohnungsanlage beeinträchtigt wird. Dabei sind nach der Rechtsprechung immer die konkreten Umstände des Einzelfalls zu berücksichtigen. Entscheidend ist für einen Nachteil, ob sich ein durchschnittlicher Wohnungseigentümer nachvollziehbar beeinträchtigt fühlen kann.

Auch hier tritt in der Praxis immer wieder die Schwierigkeit auf, dass es Eigentümer gibt, nach deren Geschmacksvorstellungen der optische Eindruck des Gebäudes oder der Wohnanlage durch bauliche Maßnahmen verbessert wird. Andere Eigentümer schließen sich dieser Meinung nicht an. Nach deren Auffassung liegt dann eine bauliche Veränderung vor, die den Gesamteindruck beeinträchtigt. Zu berücksichtigen ist dabei, dass die Entscheidung, ob sich durch eine bauliche Maßnahme der optische Gesamteindruck verändert, grundsätzlich beim angerufenen Richter liegt.

> **Tipp: Risiken minimieren** !
>
> Angesichts der vielgestaltigen baulichen Maßnahmen und der im Einzelfall nur sehr schwer zu prognostizierenden Entscheidungen des Tatrichters sollte der umbauwillige Wohnungseigentümer immer damit rechnen, dass die von ihm geplante Änderung als bauliche Veränderung im Sinne von § 22 Abs. 1 WEG bewertet wird und er deshalb durch das Wohnungseigentumsgericht zum Rückbau verurteilt wird. Angesichts des hohen Prozessrisikos und der zusätzlich entstehenden Rückbaukosten sollte im Vorfeld intensiv geprüft werden, ob nicht eine einvernehmliche Lösung mit den übrigen Wohnungseigentümern erreicht werden kann, um das Risiko eines nur sehr schwer einzuschätzenden Prozessverlaufs zu minimieren.

Möglichkeit einer intensiveren bzw. zweckwidrigen Nutzung

Führt eine bauliche Maßnahme dazu, dass ein Bauteil intensiver genutzt werden kann als vorher, liegt bereits in dieser Möglichkeit der Nachteil im Sinne von § 14 Nr. 1 WEG. Häufig liegt eine solche Nutzungsverstärkung vor, wenn bisher nicht zu Wohnzwecken genutzte Räume, zum Beispiel Speicherabteile, Hobby- oder Kellerräume, nach dem Umbau zu Wohnzwecken oder gewerblichen Zwecken genutzt werden.

Entzug von Gebrauchsmöglichkeiten

Ein Nachteil im Sinne von § 14 Nr. 1 WEG liegt auch dann vor, wenn einem Wohnungseigentümer gemäß § 13 Abs. 2 WEG das ihm zustehende Recht zum Mitgebrauch des gemeinschaftlichen Eigentums entzogen wird. In der Praxis sind hier Fallgestaltungen anzutreffen, in denen zum Beispiel gemeinschaftliche Gartenflächen eingezäunt oder eingefriedet werden, um »heimlich« ein bestehendes Sondernutzungsrecht zu erweitern. Durch diese Maßnahmen sind die übrigen Wohnungseigentümer von der Mitbenutzung der abgegrenzten Fläche ausgeschlossen oder ihnen ist zumindest der Zugang erschwert.

> **Beispiel: Schrank im Treppenhaus** !
>
> Stellt ein Wohnungseigentümer im Treppenhaus einen Schrank oder eine Garderobe auf, sind die übrigen Wohnungseigentümer von der Nutzung dieser Flächen ausgeschlossen. Ein Nachteil im Sinne von § 14 Nr. 1 WEG liegt vor.

Immissionen/Entzug von Luft und Licht

Als Nachteil im Zusammenhang mit einer baulichen Veränderung können auch Immissionen zum Tragen kommen, zum Beispiel Geruchs- und Lärmbelästigungen, oder der Entzug von Luft und Licht. In der Praxis treten diese Fälle etwa durch die Errichtung einer Mobilfunksendeanlage, Betriebsgeräusche von Fahrstühlen oder Klimaanlagen oder Geruchsbelästigungen durch einen Außenkamin auf.

Häufig sind auch das Entfernen oder die Beschädigung des Estrichs und die Bildung von Schallbrücken bei der Neuverlegung eines Bodenbelags Ursachen für eine Lärmbelästigung. Streitig ist, welche Bestimmungen zum Schutz vor Immissionen nach erfolgter baulicher Änderung gelten sollen. Hier wird die Auffassung vertreten, dass die zum Zeitpunkt der Durchführung der baulichen Änderung geltenden DIN-Normen heranzuziehen sind (BayObLG, ZMR 2003, 312), wobei dies nicht der alleinige Maßstab ist (vgl. BGH, NZM 2012, 611). Nach weiterer Auffassung ist auf die jeweils geltende Vorschrift bzw. das besondere Gepräge im Einzelfall abzustellen (OLG München, NZM 2008, 165).

Schäden am Gemeinschaftseigentum

Eine bauliche Maßnahme stellt auch dann eine Beeinträchtigung dar, wenn es durch sie zu Schäden am Gemeinschaftseigentum kommen kann. Regelmäßig gilt dies bei Mauerdurchbrüchen, die in die Substanz und Statik des Gebäudes eingreifen. Auch fallen darunter Einschnitte in die Dachhaut.

Nach der Rechtsprechung genügt bereits eine konkrete Gefährdung des Gemeinschaftseigentums, selbst wenn der Schaden nicht zwingend eintreten muss. Dazu gehören auch die Fälle, in denen mit einer gewissen Wahrscheinlichkeit aufgrund der baulichen Veränderung die Wartungs- oder Reparaturanfälligkeit steigt. Regelmäßig ist jedoch zur Prüfung der Frage, ob eine Erhöhung der Schadensanfälligkeit vorliegt, ein Sachverständiger hinzuzuziehen (vgl. BayObLG, NZM 1999, 1146).

Gefährdung anderer Wohnungseigentümer

Eine nicht mehr akzeptable Beeinträchtigung und damit eine bauliche Veränderung liegt auch dann vor, wenn dadurch andere Wohnungseigentümer gefährdet werden. Häufig ist dies der Fall, wenn die Baumaßnahme gegen nachbarschützende, öffentlich-rechtliche Vorschriften verstößt, zum Beispiel gegen Brand- oder Schallschutzvorschriften.

Die Rechtsprechung geht sogar so weit, dass bereits die Ungewissheit darüber, ob die durchgeführte Änderung zu einer gesundheitlichen Gefährdung der betroffenen Mitbewohner führt, eine tatsächliche Beeinträchtigung im Sinne des § 14 Nr. 1 WEG darstellt. Das gilt zum Beispiel, wenn noch keine verlässlichen Aussagen über eine bestimmte Technik der Wasseraufbereitung oder der Rohrsanierung vorliegen (vgl. AG Dresden, ZMR 2006, 79 ff.) oder die gesundheitlichen Auswirkungen des Mobilfunks noch nicht geklärt sind (vgl. OLG Hamm, NJW 2002, 1730; OLG München, ZMR 2007, 711).

3.3.2.2 Änderungsmöglichkeiten von § 22 Abs. 1 WEG durch Vereinbarung

Ist eine geplante bauliche Maßnahme als bauliche Veränderung im Sinne von § 22 Abs. 1 WEG zu beurteilen und mit einer Beeinträchtigung anderer Wohnungseigentümer zu rechnen, sodass die geplante bauliche Maßnahme deswegen gefährdet sein könnte, lohnt es sich, die Teilungserklärung bzw. Gemeinschaftsordnung zu überprüfen: Hier könnte eine abweichende Regelung zu § 22 Abs. 1 WEG vereinbart worden sein. In der Rechtsprechung ist anerkannt, dass die Vorschriften zur baulichen Veränderung durch eine Vereinbarung geändert werden können (vgl. BayObLG, ZMR 2005, 213; OLG München, ZMR 2005, 726).

Häufig ist eine vom Gesetz abweichende Regelung sinnvoll, zum Beispiel bei Doppelhäusern oder Reihenhaussiedlungen, da die Eigentümer wenig Kontakt mit ihren Nachbarn haben und sich zumindest wirtschaftlich als Alleineigentümer fühlen wollen. Bei diesen Wohnungseigentümergemeinschaften ist häufig die Regelung anzutreffen, dass eine bestimmte Mehrheit, zum Beispiel drei Viertel aller Wohnungseigentümer, zur Umsetzung einer baulichen Veränderung ausreicht. Umgekehrt besteht die Möglichkeit, die Voraussetzungen für die Zulässigkeit einer baulichen Veränderung über die in § 22 Abs. 1 WEG bestehenden Anforderungen hinaus zu verschärfen.

3.3.2.3 Ansprüche gegen unzulässige bauliche Veränderungen

Stellt sich heraus, dass von einem Wohnungseigentümer eine bauliche Änderung vorgenommen wurde und diese weder unter Berücksichtigung etwaiger Bestimmungen der Teilungserklärung zulässig ist, noch der Maßnahme ausdrücklich oder stillschweigend zugestimmt und auch kein positiver Mehrheitsbeschluss darüber gefasst wurde – also endgültig feststeht, dass sie nicht zulässig war –, können die übrigen Miteigentümer Ansprüche auf Unterlassung oder Beseitigung gegen den Verursacher geltend machen.

Am effektivsten ist der Rechtsschutz, wenn der Umbaugegner bereits seine Ansprüche geltend macht, bevor die bauliche Veränderung vollständig umgesetzt ist. Der oder die betroffene(n) Miteigentümer können ihren Unterlassungsanspruch auf § 1004 Abs. 1 Satz 2 BGB i.V.m. § 15 Abs. 3 und § 14 Nr. 1 WEG stützen.

Parallel zu einem auf dem Klageweg geltend gemachten Hauptsacheanspruch kann es zur Vermeidung der Schaffung vollendeter Tatsachen sinnvoll sein, durch eine einstweilige Verfügung gemäß §§ 935 ff. Zivilprozessordnung (ZPO) einen vorläufigen Baustopp zu erreichen.

Hat der umbauende Wohnungseigentümer die übrigen Wohnungseigentümer mit der Durchführung der baulichen Veränderung bereits vor vollendete Tatsachen gestellt, bleibt diesen nur die Möglichkeit, gemäß § 1004 Abs. 1 Satz 1 BGB i.V.m. § 15 Abs. 3 und § 14 Nr. 1 WEG die Beseitigung der vorgenommenen baulichen Veränderung zu verlangen.

> **! Tipp: Ermächtigung des Verwalters**
>
> Die Geltendmachung der oben genannten Ansprüche auf Beseitigung und Unterlassung ist grundsätzlich Angelegenheit der übrigen Miteigentümer. Für die Geltendmachung dieser Ansprüche ist nicht der Verwalter zuständig, da es sich um Individualansprüche der Wohnungseigentümer handelt, die nichts mit der gemeinschaftlichen Verwaltung zu tun haben (OLG München, ZMR 2005, 734). Entschließen sich die Wohnungseigentümer im Wege der Beschlussfassung, den Verband zu ermächtigen, im Namen der Gemeinschaft gegen den umbauenden Wohnungseigentümer vorzugehen, wird von der herrschenden Meinung angenommen, dass diese Beschlussfassung als gekorene Ausübungsbefugnis gemäß § 10 Abs. 6 Satz 3, 2. Fall WEG zulässig ist, soweit nicht ausschließlich Rechte einzelner Wohnungseigentümer betroffen sind.

3.3.2.4 Wann verjähren Ansprüche auf Beseitigung baulicher Veränderungen?

Sieht man sich als umbauender Wohnungseigentümer mit einem Anspruch auf Beseitigung der baulichen Veränderung konfrontiert, sollte immer geprüft werden, ob ggf. gegen diesen Anspruch die Einrede der Verjährung erhoben werden kann.

Auch für Beseitigungsansprüche gilt die dreijährige Verjährungsfrist nach § 195 BGB (BGH, NZM 2011, 327). Danach verjähren Beseitigungsansprüche unabhängig von der Kenntnis des Anspruchstellers nach § 199 Abs. 4 BGB spätestens zehn Jahre nach Kenntnis, sonst nach drei Jahren. Die Verjährungsfrist beginnt allerdings erst zum Schluss des jeweiligen Jahres zu laufen, in dem der Anspruch entstanden ist oder der Gläubiger von der baulichen Veränderung Kenntnis erlangt hatte oder ohne grobe Fahrlässigkeit hätte erlangen müssen. Im Gegensatz zu Unterlassungsansprüchen wegen zweckwidriger Nutzung ist im Fall einer baulichen Veränderung die Verletzungshandlung mit Durchführung der Maßnahme abgeschlossen. Damit ist dieser Zeitpunkt für die Berechnung der Verjährung entscheidend. Eine Ausnahme dürfte nur dann gelten, wenn es sich um bauliche Veränderungen handelt, die erst eine Nutzung ermöglichen, die zu einer zweckwidrigen Nutzung führt, zum Beispiel wenn der Hobbyraum zu Wohnzwecken umgebaut und dabei ein Fenster vergrößert wird.

Steht fest, dass die nicht genehmigte bauliche Veränderung verjährt ist, bedeutet dies nicht, dass sie dadurch rechtmäßig wird. Sie bleibt trotz Verjährungseintritts bleibt die bauliche Veränderung auch nach Eintritt der Verjährung rechtswidrig. Gestützt auf die Rechtsprechung des BGH (NZM 2011, 327) wird diskutiert, ob die Eigentümergemeinschaft in diesen Fällen mit einfacher Mehrheit im Rahmen der ordnungsgemäßen Instandsetzung beschließen kann, auf eigene Kosten die bauliche Veränderung zu beseitigen, und der betroffene Eigentümer bzw. dessen Rechtsnachfolger dies unverlierbar dulden muss (vgl. Klimesch, ZMR 2012, 428).

3.3.3 Verhaltenstipps bei baulichen Veränderungen

3.3.3.1 Beseitigungsklage

Liegt eine bauliche Veränderung vor, kann jeder Wohnungseigentümer gemäß § 15 Abs. 3 und § 14 Nr. 1 WEG i.V.m. § 1004 Abs. 1 BGB die Beseitigung verlangen, falls der Maßnahme nicht zugestimmt wurde.

3.3.3.2 Feststellungsantrag

Zeigt sich bereits im Vorfeld der Planung, dass unterschiedliche Auffassungen in der Eigentümergemeinschaft darüber bestehen, ob eine geplante bauliche Maßnahme als bauliche Veränderung im Sinne von § 22 Abs. 1 WEG zu beurteilen und daher mit Widerstand zu rechnen ist, sollte in Betracht gezogen werden, bereits im Planungsstadium eine gerichtliche Klärung herbeizuführen. Bei größeren und kostenträchtigen baulichen Maßnahmen, zum Beispiel der Errichtung eines Wintergartens auf einer Dachterrasse, bringt ein Feststellungsantrag vor dem Wohnungseigentumsgericht nach § 43 Abs. 1 Nr. 1 WEG dem umbauwilligen Wohnungseigentümer Planungs- und Investitionssicherheit.

3.3.3.3 Einstweilige Verfügung

Um nicht genehmigte bauliche Veränderungen in der Praxis zu verhindern, ist häufig zügiges Handeln gefragt. Das geeignete Mittel, um zu verhindern, dass vollendete Tatsachen geschaffen werden, ist die einstweilige Verfügung vor dem Wohnungseigentumsgericht gemäß § 935 ZPO. Mit diesem Antrag kann zum Beispiel die vorläufige Einstellung der eigenmächtig durchgeführten Bauarbeiten erreicht werden. In einem späteren Hauptsacheverfahren muss dann endgültig die Frage geklärt werden, ob die beanstandeten Baumaßnahmen zustimmungspflichtig waren.

Zulässig sind solche Anträge nur, wenn zu befürchten ist, dass die Baumaßnahmen in Kürze umgesetzt werden oder bereits begonnen, aber noch nicht abgeschlossen sind. Sind die Baumaßnahmen abgeschlossen, ist ein Antrag auf Erlass einer einstweiligen Verfügung nicht mehr zulässig.

3.4 Beschlusskompetenz für Maßnahmen am Gemeinschaftseigentum

Im Rahmen der letzten Reform des Wohnungseigentumsgesetzes wurde die Beschlusskompetenz der Wohnungseigentümer für Maßnahmen am Gemeinschaftseigentum erheblich erweitert. Zunächst sind folgende Maßnahmen am Gemeinschaftseigentum zu unterscheiden.

3.4.1 Bauliche Veränderungen durch Mehrheitsbeschluss

Gemäß § 22 Abs. 1 WEG können bauliche Veränderungen (vgl. Kapitel 3.3), die über die ordnungsgemäße Instandhaltung des gemeinschaftlichen Eigentums hinausgehen, mehrheitlich beschlossen und verlangt werden. Allerdings müssen diejenigen Eigentümer zustimmen, deren Rechte über das in § 14 WEG bestimmte Maß hinaus beeinträchtigt werden (zum Nachteil im Sinne des § 14 WEG vgl. Kapitel 3.3.2.1.1). Ein Nachteil liegt aber regelmäßig vor, wenn Änderungen des optischen oder architektonischen Gesamteindrucks des Gebäudes beabsichtigt sind. In diesen Fällen können bauliche Veränderungen nur rechtmäßig beschlossen werden, wenn alle Eigentümer der Maßnahme zustimmen. Liegt ausnahmsweise keine Beeinträchtigung vor, ist deren Zustimmung entbehrlich; die bauliche Veränderung kann in diesem Fall mehrheitlich beschlossen werden.

Nach überwiegender Rechtsprechung reicht die alleinige formfreie Zustimmung der beeinträchtigten Wohnungseigentümer aber nicht aus. Vielmehr setzt § 22 Abs. 1 WEG ausdrücklich eine förmliche Beschlussfassung voraus. Ansonsten fehle es an der gesetzlich vorgeschriebenen Form, die der Rechtssicherheit und besseren Beweisbarkeit diene. Außerdem wird über eine förmliche Beschlussfassung die Bindung von Rechtsnachfolgern nach § 10 Abs. 4 WEG erreicht. Eine bauliche Veränderung kann deshalb seit der WEG-Reform nur noch auf diesem

Wege genehmigt werden (LG Hamburg, 16.1.2013, 318 S 55/12). Eine Zustimmung durch außerhalb der Eigentümerversammlung abgegebene Erklärungen ist damit ausgeschlossen (LG Berlin, 29.10.2010, 55 S 155/10 WEG, ZWE 2011, 181). Nach anderer Auffassung soll eine Zustimmung weiterhin formfrei möglich sein (Armbrüster, ZWE 2008, 61). Das Landgericht Hamburg hat in dem Urteil (318 S 55/12) die Revision zum BGH zugelassen. Der BGH hat diese Frage allerdings in der Entscheidung vom 7.2.2014 (V ZR 25/13) offengelassen. Im Rahmen eines solchen Mehrheitsbeschlusses muss zusätzlich aber immer geprüft werden, ob die Zustimmung aller benachteiligten Eigentümer im Sinne des § 14 WEG vorliegt.

> **Beispiel: Bau eines Wintergartens**   **!**
>
> Ein Wohnungseigentümer möchte einen Wintergarten errichten. Die Wohnungseigentümer stimmen dem mehrheitlich durch Beschluss zu. Ein anderer Wohnungseigentümer ist mit der Errichtung des Wintergartens nicht einverstanden. Er wendet ein, dass aufgrund der Maßnahme eine optische Beeinträchtigung vorliege.

In diesem Fall kann die bauliche Veränderung nicht mehrheitlich beschlossen werden, da nicht jeder Wohnungseigentümer zugestimmt hat, dessen Rechte durch die Maßnahme beeinträchtigt sind. Wird dennoch ein Mehrheitsbeschluss über eine solche bauliche Veränderung gefasst, kann der betroffene Wohnungseigentümer Anfechtungsklage gemäß § 46 WEG erheben, weil sonst der Genehmigungsbeschluss bestandskräftig wird.

Wie bisher sind Rechtsnachfolger, zum Beispiel Käufer, an derartige Eigentümerbeschlüsse gebunden, auch ohne dass die Beschlüsse im Grundbuch eingetragen sind. Außerdem haben auch Einzeleigentümer einen durchsetzbaren Individualanspruch auf Durchführung baulicher Veränderungen. Voraussetzung ist hier aber ebenfalls, dass keiner der übrigen Wohnungseigentümer über das in § 14 Nr. 1 WEG bestimmte Maß hinaus beeinträchtigt wird. Der Anspruch auf Durchführung baulicher Veränderungen entsteht jedoch nur, wenn die Zustimmungserklärungen sämtlicher beeinträchtigter Wohnungseigentümer vorliegen. Fehlt auch nur die Zustimmung eines beeinträchtigten Wohnungseigentümers, entsteht kein Anspruch auf die Durchsetzung der baulichen Veränderung (Bärmann, WEG, 12. Auflage 2013, § 22 WEG Rn. 149). Wenn alle beeinträchtigten Wohnungseigentümer zugestimmt haben, kann der Wohnungseigentümer vom Verwalter aufgrund seines Individualanspruchs verlangen, den entsprechenden Beschlussantrag auf die Tagesordnung der Eigentümerversammlung zu setzen. Im Rahmen der dann zu erfolgenden Beschlussfassung ist jeder Eigentümer, der bereits seine Zustimmung erteilt hat, verpflichtet, dem Beschlussantrag des bauwilligen Wohnungseigentümers zuzustimmen.

3.4.2 Instandhaltungsmaßnahmen

Unter Instandhaltungsmaßnahmen versteht man alle Maßnahmen, die der Aufrechterhaltung des ursprünglichen Zustands und der Beseitigung von Abnutzungserscheinungen dienen.

> **!** **Beispiele: Instandhaltungsmaßnahmen**
>
> Pflegemaßnahmen, Wartungen, Vorsorgemaßnahmen zur Verhinderung Schäden, Schönheitsreparaturen, kleinere Reparaturen sowie Inspektionen.

3.4.3 Instandsetzungsmaßnahmen

Bei Instandsetzungsmaßnahmen handelt es sich um die Beseitigung von Schäden und Mängeln am Gemeinschaftseigentum.

> **!** **Beispiele: Instandsetzungsmaßnahmen**
>
> Altersbedingte Reparaturen, Sanierungen, Beseitigung von Brandschäden oder von Schäden infolge von Vandalismus am Gemeinschaftseigentum.

3.4.4 Modernisierende Instandsetzungen

Modernisierende Instandsetzungen sind Maßnahmen, die über reine Reparaturen hinausgehen und zusätzlich eine Anpassung an einen technisch oder wirtschaftlich besseren Standard vorsehen. Voraussetzung ist, dass entweder ein konkreter Instandsetzungsbedarf besteht oder zumindest absehbar ist.

3.4.5 Modernisierungen

Unter Modernisierungen sind alle Maßnahmen im Sinne des § 559 BGB zu verstehen, die den Gebrauchswert nachhaltig erhöhen, die allgemeinen Wohnverhältnisse auf Dauer verbessern oder zu nachhaltigen Einsparungen von Energie oder Wasser führen.

3.4.6 Beschlüsse zu Instandhaltungs- und Instandsetzungsmaßnahmen

Beschlüsse zu Instandhaltungs- und Instandsetzungsmaßnahmen können als Maßnahmen ordnungsgemäßer Verwaltung durch einfachen Mehrheitsbeschluss geregelt werden.

3.4.7 Beschlüsse zu modernisierenden Instandsetzungen

Modernisierende Instandsetzungen können mit einfacher Mehrheit beschlossen werden. Voraussetzung ist ein konkreter oder absehbarer Instandsetzungsbedarf. Liegt dieser vor, so kann die Eigentümergemeinschaft mehrheitlich eine Anpassung von vorhandenen defekten Anlagen und Einrichtungen an einen technisch oder wirtschaftlich besseren Standard beschließen. Die ordnungsgemäße Instandhaltung und Instandsetzung ist nicht auf eine bloße Wiederherstellung des früheren Zustands beschränkt. Eine ordnungsgemäße Instandsetzung schließt vielmehr auch eine sinnvolle Modernisierung mit ein, die die Vorteile neuer technischer Entwicklungen und verbesserter Standards unter Berücksichtigung einer vernünftigen Kosten-Nutzen-Analyse mit beinhaltet. Der Eigentümergemeinschaft steht dabei ein weiter Ermessensspielraum zu.

> **Beispiele: Modernisierende Instandsetzungen**   **!**
>
> - Erneuerung von Balkonbrüstungen: Es ist zulässig, schadhafte massive Balkonbrüstungen durch moderne Leichtmetallgeländer zu ersetzen (OLG München, 14.11.2005, 34 Wx 105/05).
> - Umstellung auf eine andere Heizungsart: Die in der Wohnanlage vorhandene Ölzentralheizung ist defekt. Die Eigentümergemeinschaft möchte künftig eine andere Beheizungsart nutzen, nämlich eine Gaszentralheizungsanlage mit einem modernen, energiesparenden Niederbrennwertkessel. Die Umstellung der Beheizungsart auf eine moderne, dem technischen Standard entsprechende Heizung ist zulässig (vgl. auch OLG Hamburg, 21.7.2005, 2 Wx 18/04 zur Umstellung der Ölzentralheizung auf Fernwärme).
> - Anbringung einer Wärmedämmung: Als zulässige modernisierende Instandsetzung wurde auch angesehen, dass die Eigentümergemeinschaft im Rahmen der Sanierung einer durchfeuchteten Fassade gleichzeitig die erstmalige Anbringung einer Wärmedämmung beschließt. Kommen mehrere gleichermaßen erfolgversprechende Sanierungsmaßnahmen in Betracht, steht der Eigentümergemeinschaft bei der Auswahl ein Ermessensspielraum zu (OLG Düsseldorf, 26.4.2000, 3 Wx 81/00, NZM 2000, 1067).

- Ersatz von alten Wasserboilern durch ein moderneres System: Der Ersatz von zwei 16 Jahre alten, je 750 Liter fassenden Warmwasserboilern, von denen einer defekt ist, durch einen neuen, 500 Liter fassenden Boiler aus Edelstahl, der durch sein besseres Heizsystem warmes Wasser in ausreichender Menge zur Verfügung stellt, ist keine bauliche Veränderung, sondern eine mit Mehrheit zu beschließende modernisierende Instandsetzung (OLG Düsseldorf, 27.5.2002, 3 Wx 40/02, NZM 2002, 705).
- Austausch von Holzfenstern gegen moderne Kunststofffenster: Der Austausch von sanierungsbedürftigen Holzfenstern gegen ähnlich gestaltete moderne Kunststofffenster stellt in der Regel keine bauliche Veränderung dar, sondern eine modernisierende Instandsetzung, die mehrheitlich beschlossen werden kann (BayObLG, 11.2.2005, 2 ZBR 177/04; OLG Köln, 14.4.1997, 16 Wx 89/97).

Modernisierende Instandsetzungen können durch einfache Mehrheit beschlossen werden.

Der BGH hat in der Entscheidung vom 14.12.2012 (V ZR 224/11, NJW 2013, 1439) Maßnahmen der modernisierenden Instandsetzung von denen der reinen Modernisierung abgegrenzt. Er hat dazu folgende Voraussetzungen zusammengefasst: Eine modernisierende Instandsetzung liegt vor, wenn

- Instandsetzungsbedarf gegeben ist und
- die Maßnahme über die bloße Reparatur oder Wiederherstellung des früheren Zustands hinausgeht,
- die Neuerung eine technisch bessere oder wirtschaftlich sinnvollere Lösung darstellt,
- eine Kosten-Nutzen-Analyse vorgenommen wird und
- sich die Mehraufwendungen innerhalb eines angemessenen Zeitraums, in der Regel zehn Jahre, amortisieren.

Der Maßstab eines vernünftigen, wirtschaftlich denkenden und erprobten Neuerungen gegenüber aufgeschlossenen Hauseigentümers darf dabei nicht zu eng an dem bestehenden Zustand ausgerichtet werden. Wenn die oben genannten Voraussetzungen vorliegen, haben die Wohnungseigentümer einen weitreichenden Ermessensspielraum. Die Maßnahme kann dann mit einfacher Mehrheit beschlossen werden (vgl. BGH, 14.12.2012, V ZR 224/11, NJW 2013, 1439).

3.4.8 Mehrheitsbeschlüsse zu Modernisierungen

Wenn die Voraussetzungen für modernisierende Instandsetzungen nicht vorliegen – vor allem wenn es keinen Instandsetzungsbedarf gibt –, kann sich dennoch die Beschlusskompetenz der Wohnungseigentümer aus § 22 Abs. 2 WEG ergeben: Reine Modernisierungen, das heißt die Anpassung auf einen modernen

Standard ohne konkreten Instandsetzungsbedarf, waren bis zur WEG-Novelle aus dem Jahr 2007 durch einfachen Mehrheitsbeschluss nicht möglich. Nach § 22 Abs. 2 WEG können nun Modernisierungen auch ohne konkreten Reparaturbedarf wie im Bereich des Mietrechts nach § 559 Abs. 1 BGB durch eine doppelt qualifizierte Mehrheit (drei Viertel aller stimmberechtigten Wohnungseigentümer, mehr als die Hälfte der Miteigentumsanteile) beschlossen werden. Gleiches gilt für Anpassungen an den Stand der Technik.

Nachdem reine Modernisierungen nach altem Recht grundsätzlich als sogenannte bauliche Veränderungen zu qualifizieren waren, hatte die Wohnungseigentümergemeinschaft dazu keine Beschlusskompetenz. Diese steht ihr als Unterfall der baulichen Veränderung nach § 22 Abs. 2 Satz 1 WEG im Rahmen eines doppelt qualifizierten Mehrheitsbeschlusses zu. Demnach kann die Eigentümergemeinschaft jetzt auch reine Modernisierungen beschließen.

Voraussetzungen
- Der Gebrauchswert des Gemeinschaftseigentums wird nachhaltig erhöht oder
- die allgemeinen Wohnverhältnisse werden auf Dauer verbessert oder
- die Maßnahme bewirkt eine nachhaltige Einsparung von Energie oder Wasser.

Die Voraussetzungen müssen nicht kumulativ, sondern können alternativ vorliegen. Wenn beispielsweise eine Verbesserung der allgemeinen Wohnverhältnisse vorliegt, wie es das Landgericht München I beim Austausch von Holz- gegen Kunststofffenster angenommen hat (LG München I, 27.4.2009, 1 S 20171/08, NJW-RR 2009, 1672), kommt es nicht mehr darauf an, ob mit der Maßnahme gleichzeitig eine nachhaltige Einsparung von Energie verbunden ist.

Beispiele: Modernisierungen   !
- Einbau von Isolierfenstern (ohne konkreten Instandsetzungsbedarf, da sonst modernisierende Instandsetzung, vgl. oben).
- Einbau eines Fahrstuhls.
- Einbau einer Gegensprechanlage.
- Anbringung einer Wärmedämmung.
- Einbau von Kalt- oder Warmwasserzählern.
- Aufstellen eines Mülltonnenhäuschens.
- Einbau einer Zentralheizung.
- Einbau einer Alarmanlage.
- Aufstellen von Fahrradständern.

- Einbau von Rauchmeldern: Der BGH hat mit Urteil vom 8.2.2013 (V ZR 238/11, NZM 2013, 512) entschieden, dass die Wohnungseigentümer den Einbau von Rauchmeldern in Wohnungen jedenfalls dann beschließen können, wenn das Landesrecht eine entsprechende eigentumsbezogene Pflicht vorsieht. Vereinzelt wurde die Ansicht vertreten, dass ein Beschluss über den Einbau von Rauchmeldern nichtig sei, da das Sondereigentum des jeweiligen Wohnungsinhabers betroffen sei und deshalb der Wohnungseigentümergemeinschaft die Beschlusskompetenz fehle. Dem ist der BGH entgegengetreten; jedenfalls dann, wenn eine öffentlich-rechtliche Verpflichtung zum Einbau von Rauchmeldern besteht (wie zum Beispiel in Hamburg, Rheinland-Pfalz, Thüringen, Bayern ab Ende 2017), können die Wohnungseigentümer in Erfüllung dieser Pflicht die künftige Ausstattung der Wohnungen mit Rauchmeldern mit einfacher Mehrheit beschließen.
- Wiederinbetriebnahme stillgelegter Schornsteine (BGH, 18.2.2011, V ZR 82/10, NJW 2011, 1220): Die Wiederinbetriebnahme stillgelegter Schornsteine stellt nach dem Urteil des BGH eine nachhaltige Erhöhung des Gebrauchswerts des Wohnungseigentums nach § 22 Abs. 2 WEG und § 559 BGB dar, da die Wohnungseigentümer hiermit eine zusätzliche Beheizungsmöglichkeit erhalten, nämlich einen Kamin oder Kaminofen zu befeuern. Es handele sich dabei nicht um die Rückkehr zu einer »archaischen Heizmethode«. Gerade in Zeiten der Verteuerung der Energiekosten stelle es einen nicht zu unterschätzenden Vorteil dar, wenn die Voraussetzungen für eine zusätzliche Heizquelle geschaffen werden. Damit ist eine Gebrauchswerterhöhung verbunden. Deshalb kommt es auf die weitere Frage, ob dadurch eine Energieeinsparung bewirkt wird, nicht an. Es genügt im Rahmen von Modernisierungen, dass die Maßnahme aus der Sicht eines verständigen Wohnungseigentümers eine sinnvolle Neuerung darstellt, die voraussichtlich geeignet ist, den Gebrauchswert der Sache nachhaltig zu erhöhen. Der Gesetzgeber habe mit der Neufassung des § 22 Abs. 2 WEG den Wohnungseigentümern unabhängig vom Bestehen eines Reparaturbedarfs die Befugnis eingeräumt, mit qualifizierter Mehrheit einer Verkehrswertminderung durch Anpassung der Wohnanlage an die »Erfordernisse der Zeit« entgegenzuwirken.

Reine Modernisierungsmaßnahmen, etwa ohne eine öffentlich-rechtliche Verpflichtung, konnten nach früherem Recht nicht mehrheitlich beschlossen werden. Hat sich ein Eigentümer zum Beispiel gegen den Einbau einer Türöffnungsanlage gewehrt und einen entsprechenden Mehrheitsbeschluss angefochten, konnte die Eigentümergemeinschaft diese Maßnahme nicht durchsetzen. Dies ist nun nach § 22 Abs. 2 WEG mit folgenden Einschränkungen möglich:

- Die Modernisierung darf die Eigenart der Wohnanlage nicht ändern.
- Umgestaltungen der Wohnanlage sind nach wie vor nicht zulässig.

> **Beispiele: Umgestaltungen** !
>
> Anbau eines Wintergartens, Aufstockung oder Abriss von Gebäudeteilen, Luxussanierung eines Wohnhauses von einfacher Wohnqualität, Ausbau eines nicht zu Wohnzwecken genutzten Speichers zu Wohnungen, Asphaltierung einer Grünfläche zur Schaffung von Abstellplätzen.

- Eine Modernisierung kann ebenfalls nicht mehrheitlich beschlossen werden, wenn der optische Gesamteindruck der Wohnanlage nachteilig verändert wird.

> **Beispiele: Nachteilige Veränderungen des Gesamteindrucks** !
>
> Einzelne Balkone an der Fassade sollen verglast werden, beim Bau von Dachgauben wird die Symmetrie des Hauses nicht eingehalten.

Immer dann, wenn bauliche Maßnahmen zu einer Uneinheitlichkeit des optischen Gesamteindrucks des Gebäudes führen, können diese nicht mit der doppelt qualifizierten Mehrheit beschlossen werden. Dies ist zum Beispiel dann der Fall, wenn den Wohnungseigentümern durch Beschluss lediglich die Möglichkeit eingeräumt, nicht aber die Verpflichtung auferlegt wird, Modernisierungsmaßnahmen durchzuführen. Wird den Wohnungseigentümern beispielsweise durch Beschluss gestattet, Außenjalousien an ihren Fenstern anzubringen, entsteht ein uneinheitlicher Gesamteindruck des Gebäudes. Auch wenn das Anbringen von Jalousien dem Grunde nach eine Modernisierungsmaßnahme sein kann, weil sich durch Wärme-, Schall-, Licht- und/oder Wetterschutz eine Gebrauchswerterhöhung ergibt, kann diese Maßnahme nicht beschlossen werden, wenn die jeweiligen Eigentümer nur berechtigt, nicht aber verpflichtet sind, Außenrollos anzubringen.

Aufgrund des hierdurch entstehenden uneinheitlichen optischen Gesamteindrucks des Gebäudes können solche Maßnahmen auch nicht im Rahmen der qualifizierten Mehrheit nach § 22 Abs. 2 WEG beschlossen werden. Denn hier handelt es sich um eine bauliche Veränderung. Eine solche Maßnahme ist nur durch einstimmigen Beschluss zulässig (LG München I, 15.10.2015, 36 S 6846/14 WEG).

- Die Modernisierungsmaßnahme darf ferner einen oder mehrere Wohnungseigentümer nicht unbillig beeinträchtigen. Ob eine solche unbillige Beeinträchtigung vorliegt, hängt von den jeweiligen Umständen des konkreten Einzelfalls ab (§ 22 Abs. 1 Satz 1 WEG). Eine unbillige Belastung kann beispielsweise darin liegen, dass ein Wohnungseigentümer erhöhten Geräuscheinwirkungen durch Anbau eines Fahrstuhls ausgesetzt ist. Die Kosten der Modernisierungsmaßnahme können ebenfalls eine Beeinträchtigung darstellen. Sie werden aber nur im Ausnahmefall als erhebliche Beeinträchtigung anzusehen sein, wenn sie die Aufwendungen übersteigen, die dazu dienen, das gemeinschaftliche Eigentum in einen Zustand zu versetzen, wie er allgemein üblich ist. Mit allgemein üblichen Modernisierungsmaßnahmen muss jeder Wohnungseigentümer rechnen und erforderlichenfalls entsprechende private Rücklagen bilden, um sie zu finanzieren.

Im Einzelfall kann sich eine erhebliche Beeinträchtigung dann ergeben, wenn ein Wohnungseigentümer wegen der Kosten von Modernisierungsmaßnahmen gezwungen würde, sein Wohnungseigentum zu veräußern. Nachdem die unbillige Benachteiligung von Wohnungseigentümern von den jeweiligen Umständen des konkreten Einzelfalls abhängt, wird hier eine genauere Ausgestaltung durch die Rechtsprechung erfolgen. Dabei wird unter Berücksichtigung des Eigentumsgrundrechts (Artikel 14 Grundgesetz (GG)) eine unbillige Benachteiligung im konkreten Einzelfall auch dann anzunehmen sein, wenn der einzelne Eigentümer noch nicht gezwungen ist, sein Eigentum zu veräußern.

3.4.9 Kein Individualanspruch

Ein Individualanspruch des einzelnen Eigentümers auf Durchführung einer Modernisierung besteht nicht. Eine Ausnahme besteht beim Anspruch auf Barrierefreiheit: Behinderte haben einen Anspruch auf Durchführungen von Maßnahmen, die einen sogenannten barrierefreien Zugang zu ihrem Wohnungseigentum ermöglichen. Aus dem Verbot der Benachteiligung Behinderter folgt ein Anspruch auf Durchführung der erforderlichen Maßnahmen.

> **!**
>
> **Beispiele: Maßnahmen, die der Barrierefreiheit dienen**
> - Bau einer Rollstuhlrampe im Eingangsbereich
> - Bau eines Schräglifts im Treppenhaus

Der Einbau eines Treppenlifts ist eine bauliche Veränderung. Der gehbehinderte Eigentümer hat aber ein Recht auf barrierefreien Zugang zu seiner Wohnung. Wenn die Behinderung so stark ist, dass ihm ein Verlassen und Wiederaufsuchen seiner Wohnung ohne mechanische Steighilfe nur noch unter erschwerten Bedingungen möglich ist, überwiegt das Interesse des behinderten Eigentümers. Deshalb ist sogar hinzunehmen, dass die nach öffentlich-rechtlichen Vorschriften erforderliche Mindestbreite des Treppenhauses teilweise nicht mehr eingehalten wird (OLG München, 12.7.2005, 32 Wx 51/05).

3.4.10 Beschlusskompetenz

Ein einfacher Mehrheitsbeschluss genügt nicht. Nach § 22 Abs. 2 WEG ist ein Beschluss über Modernisierungsmaßnahmen nur durch eine sogenannte doppelt qualifizierte Mehrheit möglich: Modernisierungen können also nur durch Mehrheit von drei Vierteln aller stimmberechtigten Wohnungseigentümer nach Köpfen und zusätzlich mehr als der Hälfte aller Miteigentumsanteile beschlossen werden. Wird dieses Quorum nicht erreicht, ist der Beschluss nicht nichtig, sondern nur anfechtbar. Will sich ein Wohnungseigentümer gegen beschlossene Modernisierungsmaßnahmen zur Wehr setzen, muss er innerhalb der Anfechtungsfrist von einem Monat Anfechtungsklage beim zuständigen Amtsgericht erheben. Anderenfalls wird der Beschluss bestandskräftig.

Im Rahmen der Anfechtungsklage ist der anfechtende Kläger darlegungs- und beweispflichtig dafür, dass die erforderliche doppelt qualifizierte Mehrheit nicht erreicht wurde. Dies bereitet erhebliche Schwierigkeiten, wenn etwa das Abstimmungsergebnis nicht schriftlich festgehalten wurde.

> **Praxis-Tipp** **!**
>
> Ein Wohnungseigentümer sollte im Rahmen einer Beschlussfassung über Modernisierungen in der Versammlung einen Antrag zur Geschäftsordnung stellen, dass das Abstimmungsergebnis schriftlich und namentlich festgehalten wird.

Es reicht nicht aus, dass der Kläger pauschal bestreitet, das Abstimmungsergebnis sei richtig festgehalten worden. Erst wenn der Kläger konkret dargelegt und ggf. Beweis angeboten hat, dass das Abstimmungsergebnis unrichtig ist, müssen die Beklagten (im Anfechtungsverfahren die übrigen Wohnungseigentümer) darlegen und beweisen, weshalb ihrer Ansicht nach das Abstimmungsergebnis zutrifft.

> **Praxis-Tipp** **!**
>
> Wenn in der Eigentümerversammlung die Herbeiführung eines Geschäftsordnungsbeschlusses zum schriftlichen Festhalten des Abstimmungsergebnisses nicht gelingt, sollte der Wohnungseigentümer selbst – möglichst unter Zuhilfenahme von anderen, ihm gewogenen Miteigentümern – das Abstimmverhalten schriftlich festhalten.

> **Praxis-Tipp** **!**
>
> Fasst die Eigentümergemeinschaft einen Beschluss über bauliche Veränderungen, Modernisierungen oder Instandhaltungen und Instandsetzungen, ermöglicht § 16 Abs. 4 WEG (vgl. dort) auch Beschlüsse über abweichende Kostenverteilungsregelungen. Der abweichende Maßstab muss aber für den konkreten Fall geregelt sein und dem Gebrauch oder der Möglichkeit des Gebrauchs Rechnung tragen.

Auch hierzu ist erforderlich, dass drei Viertel aller im Grundbuch eingetragenen Wohnungseigentümer nach Köpfen und gleichzeitig mehr als die Hälfte der Miteigentumsanteile zustimmen, also die doppelt qualifizierte Mehrheit Voraussetzung.

4 Lasten und Kosten des Wohnungseigentums

4.1 Lasten und Kosten des gemeinschaftlichen Eigentums

Nach § 16 Abs. 2 WEG ist jeder Wohnungseigentümer verpflichtet, die Lasten des gemeinschaftlichen Eigentums sowie die Kosten der Instandhaltung, Instandsetzung, sonstigen Verwaltung und eines gemeinschaftlichen Gebrauchs des Gemeinschaftseigentums nach dem Verhältnis seines Anteils zu tragen (§ 16 Abs. 1 Satz 2 WEG).

Nicht dazu gehören die Kosten des Sondereigentums, also diejenigen Kosten, die die konkrete Eigentumswohnung betreffen. Diese hat jeder Eigentümer selbst zu tragen, zum Beispiel Grundsteuer und individueller Stromverbrauch. Folgende Kosten werden unterschieden:

4.1.1 Instandhaltung

Instandhaltung ist die dauerhafte Aufrechterhaltung des ordnungs-, gebrauchs- und funktionsfähigen Zustands durch Pflege und Wartung.

> **Beispiele: Instandhaltung** !
> Wiederkehrende Schönheitsreparaturen, Malerarbeiten, Inspektionen.

4.1.2 Instandsetzung

Instandsetzung ist die Wiederherstellung eines ordnungsgemäßen Zustands.

> **Beispiele: Instandsetzung** !
> Beseitigung von Mängeln, Schäden, Sanierungsarbeiten, notwendige Erneuerungen wie Fensteraustausch.

4.1.3 Kosten der sonstigen Verwaltung

Kosten der sonstigen Verwaltung sind alle Kosten, die zu einer ordnungsgemäßen Verwaltung erforderlich sind.

!   **Beispiele: Kosten der sonstigen Verwaltung**

Verwalterhonorar, Kontoführungsgebühren, Telefongebühren, Porto.

4.1.4 Laufende Bewirtschaftungskosten des gemeinschaftlichen Eigentums

ARBEITSHILFE ONLINE

Bei den laufenden Bewirtschaftungskosten handelt es sich vor allem um die sogenannten Betriebskosten im Sinne des § 2 Betriebskostenverordnung (BetrKV), soweit sie das gemeinschaftliche Eigentum betreffen, insbesondere

- öffentliche Lasten des gesamten Grundstücks, zum Beispiel Gebühren für den Anschluss an die Kanalisation,
- Kosten der Wasserversorgung,
- Kosten der Entwässerung,
- Kosten des Betriebs des Personenaufzugs,
- Kosten der Straßenreinigung und Müllbeseitigung,
- Kosten der Gebäudereinigung und Ungezieferbekämpfung,
- Kosten der Gartenpflege,
- Kosten der Beleuchtung von Gemeinschaftsflächen (Außenbeleuchtung, Flure, Keller),
- Kosten der Schornsteinreinigung,
- Kosten der Sach- und Haftpflichtversicherungen, insbesondere Feuerversicherung (Brand, Explosion, Blitzschlag, Rauch), Haus- und Grundbesitzerhaftpflichtversicherung, Versicherung gegen Sach- und Personenschäden (zum Beispiel nach Verletzung der Räum- und Streupflicht), Leitungswasserschadenversicherung, Sturm- und Hagelversicherung, Glasversicherung,
- Kosten für den Hauswart/Hausmeisterkosten sowie
- Kosten des Betriebs der Gemeinschaftsantennenanlage/Kabelgebühren.

Vorstehende Bewirtschaftungskosten sind gleichzeitig diejenigen Betriebskosten, die nach § 2 BetrKV auf den Mieter umgelegt werden können.

Zu den Kosten des gemeinschaftlichen Eigentums gehören ferner

- Anwalts- und Gerichtskosten,
- Kosten zur Durchführung von Eigentümerversammlungen, Sondervergütungen des Verwalters,
- Kosten für einen angemieteten Raum,

- Beiträge zur Instandhaltungsrücklage,
- Aufwandsentschädigung des Verwaltungsbeirats und
- Schadenersatzleistungen nach § 14 Nr. 4.

Beispiele: Schadenersatzleistungen !

Mietausfall eines Eigentümers wegen Arbeiten am Gemeinschaftseigentum, die ein Betreten seiner vermieteten Wohnung (Balkonsanierung) erforderlich machen.

4.1.5 Sonderumlagen

Grundsätzlich ergibt sich die Höhe des vom jeweiligen Eigentümer monatlich zu zahlenden Wohngeldes aus dem beschlossenen Wirtschaftsplan. Oftmals stellt sich im Lauf des Wirtschaftsjahres aber heraus, dass die vorhandenen finanziellen Mittel nicht ausreichen. Die Gründe hierfür sind vielfältig. Hervorzuheben sind zum Beispiel plötzlich auftretender Reparaturbedarf oder Wohngeldrückstände bei Insolvenz eines Miteigentümers. Mithin können alle nicht vorhergesehenen Ausgaben zu Liquiditätsengpässen der Eigentümergemeinschaft führen. In solchen Fällen entspricht es ordnungsgemäßer Verwaltung, Liquiditätsschwierigkeiten durch eine sogenannte Sonderumlage zu beseitigen.

Die Sonderumlage ist eine nachträgliche Ergänzung zum Wirtschaftsplan. Sie dient der Befriedigung von außergewöhnlichen oder nicht vorhergesehenen Finanzierungslücken, die im Lauf eines Wirtschaftsjahres auftreten. Da die Sonderumlage eine Ergänzung des Wirtschaftsplans ist, hat sie sich hinsichtlich formaler und inhaltlicher Kriterien am Wirtschaftsplan zu orientieren. Die Sonderumlage muss deshalb die anteilsmäßige Beitragsverpflichtung jedes einzelnen Wohnungseigentümers enthalten.

Ein Eigentümerbeschluss über eine Sonderumlage muss den Gesamtbetrag und den auf jeden einzelnen Eigentümer entfallenden Betrag ausweisen. Nur in Ausnahmefällen genügt es, wenn der Gesamtbetrag und der Verteilerschlüssel angegeben werden, sofern sich daraus der jeweilige Einzelbetrag ohne Weiteres errechnen lässt (BayObLG, 20.11.2002, 2Z BR 144/01, NZM 2003, 66).

Die Höhe der Sonderumlage hat sich im Übrigen am geschätzten Finanzbedarf auszurichten. Die Wohnungseigentümergemeinschaft hat hierzu einen weitreichenden Ermessensspielraum.

Eine Sonderumlage kann aber ordnungsgemäßer Verwaltung widersprechen, wenn die Eigentümergemeinschaft über genügend liquide Mittel verfügt. Dies ist beispielsweise der Fall, wenn die Instandhaltungsrücklage bereits höher ist, als ursprünglich vereinbart wurde. In diesen Fällen können Reparaturen vorrangig auch aus der Instandhaltungsrücklage bezahlt werden. Da die Instandhaltungsrücklage zweckgebunden ist, verbietet es sich in der Regel, andere Kosten als die für Instandhaltungsmaßnahmen aus ihr zu bezahlen.

Eine Sonderumlage ist auch dann zulässig, wenn bereits feststeht, dass Wohngeldrückstände eines säumigen Eigentümers nicht beigetrieben werden können (Insolvenz), diese wird auch als »Ausfallrücklage« bezeichnet.

Ein Beschluss, der für eine Sonderumlage einen von der Gemeinschaftsordnung abweichenden Verteilerschlüssel festlegt, ist gültig, wenn er nicht innerhalb eines Monats angefochten wird (BayObLG, 27.2.2003, 2Z BR 135/02). Die Anfechtungsklage hat keine aufschiebende Wirkung, sodass Sonderumlagen in jedem Fall zum beschlossenen Fälligkeitszeitpunkt zu bezahlen sind. Eine Zahlungspflicht entfällt erst dann, wenn der Beschluss von einem Gericht rechtskräftig für ungültig erklärt wurde. Der Anspruch der Eigentümergemeinschaft auf Zahlung der Sonderumlage ergibt sich aus § 16 Abs. 2 WEG verbunden mit dem Mehrheitsbeschluss über die Erhebung der Sonderumlage (OLG Frankfurt/Main, 7.12.2005, 20 W 60/05).

4.1.5.1 Beispiele für ungültige Beschlüsse über Sonderumlagen

Eine Sanierungsmaßnahme, die nicht erforderlich ist, kann auch nicht ordnungsgemäßer Verwaltung entsprechen. In einem solchen Fall ist deshalb auch der Beschluss über die Sonderumlage für ungültig zu erklären. Wenn bereits der Beschluss über die Durchführung der Maßnahme als solche für ungültig zu erklären ist, folgt automatisch die Ungültigerklärung des Beschlusses über die Sonderumlage (OLG München, 32 Wx 125/06). Wenn bereits ein Sanierungsbeschluss für ungültig zu erklären ist, gilt dies auch für sogenannte Folgebeschlüsse, zum Beispiel einen Beschluss über eine Sonderumlage oder Beauftragung eines Architekten (LG München I, 9.5.2012, 36 S 11929/10 WEG).

Eine Sonderumlage zur Bezahlung von Rechtsanwaltskosten ist auf Antrag für ungültig zu erklären, wenn nicht genau festgestellt wurde, um welche Anwaltskosten es im Einzelfall geht. Als Kostenschuldner kommt beispielsweise die Wohnungseigentümergemeinschaft als Verband (vgl. Teilrechtsfähigkeit der Wohnungseigentümergemeinschaft, Kapitel 6.1) in Betracht. Möglicherweise sind auch alle Miteigentümer an entsprechenden Rechtsanwaltskosten zu beteiligen. Anwaltskosten werden nicht zwingend nach dem Verhältnis der Miteigentumsanteile umgelegt. Eine andere Umlage ist zum Beispiel dann erforderlich, wenn eine abweichende gerichtliche Kostenentscheidung ergangen ist. In diesen Fällen muss konkret festgestellt werden, wer überhaupt Kostenschuldner ist. Ein Beschluss, der ganz allgemein den Ausgleich von Rechtsanwaltskosten zum Inhalt hat und sich nicht am konkreten Kostenschuldner orientiert, ist daher auf Antrag für ungültig zu erklären (OLG München, 16.11.2006, 32 Wx 125/06).

Wird eine Sonderumlage wegen Insolvenz eines Miteigentümers erhoben, so haben die Wohnungseigentümer einen Ermessensspielraum, ob die Sonderumlage lediglich in Höhe der offenen Forderungen erfolgt oder im Hinblick auf den mit an Sicherheit grenzender Wahrscheinlichkeit zu erwartenden (gesamten) Zahlungsausfall des Eigentümers (Kammergericht, 26.3.2003, 24 W 177/02, NJW NR 2003, 1020).

4.1.5.2 Fälligkeit von Sonderumlagen

Der Beschluss über eine Sonderumlage hat zweckmäßigerweise einen Fälligkeitszeitpunkt zu enthalten. Bei dringenden Reparaturmaßnahmen ist davon auszugehen, dass die Sonderumlage sofort fällig ist.

Enthält der Eigentümerbeschluss über die Sonderumlage keinen konkreten Fälligkeitszeitpunkt, wird die Sonderumlage mit Abruf durch den Verwalter fällig. Kann ein Eigentümerbeschluss über eine Sonderumlage wegen besonderer Dringlichkeit (Notmaßnahme) nicht rechtzeitig herbeigeführt werden, kann der Verwalter ausnahmsweise nach § 669 BGB – ohne Eigentümerbeschluss – einen Vorschuss von den Eigentümern verlangen.

4.1.6 Instandhaltungsrücklage

Jede Immobilie muss – je nach Alter – laufend instand gehalten und im Fall notwendiger Reparaturen instand gesetzt werden. Altersabhängig können hier hohe Kosten auf die Wohnungseigentümer zukommen, etwa wenn die Heizungsanlage erneuert werden muss oder Fassaden- und Balkonsanierungen, Dachsanierungen oder ein Fensteraustausch anstehen. Derartige Reparaturen bedeuten einen hohen finanziellen Aufwand. Nachdem es sich um Instandhaltungsmaßnahmen am Gemeinschaftseigentum handelt, haben sich alle Miteigentümer entsprechend ihrem Anteil zu beteiligen.

Damit die Eigentümer vor einmaligen Ausgaben, die ihre Leistungsfähigkeit unter Umständen überschreiten, geschützt sind und um die ordnungsgemäße Instandhaltung und Instandsetzung des gemeinschaftlichen Eigentums zu gewährleisten, sieht § 21 Abs. 5 Nr. 4 WEG die Ansammlung einer sogenannten Instandhaltungsrücklage vor. Eine gesetzliche Verpflichtung zur Bildung einer Instandhaltungsrücklage wird von der Rechtsprechung und herrschenden Meinung in der Literatur verneint. Allerdings kann jeder Eigentümer nach § 21 Abs. 4 WEG als Maßnahme ordnungsgemäßer Verwaltung verlangen, dass eine Instandhaltungsrücklage gebildet wird. Dies ist auch unbedingt empfehlenswert, allein um Liquiditätsengpässe der Wohnungseigentümergemeinschaft und ein Herunterkommen der Immobilie zu vermeiden.

4.1.6.1 Höhe der Instandhaltungsrücklage

Die Höhe der Instandhaltungsrücklage ist nach objektiven Maßstäben zu bestimmen. Entscheidend ist, was ein verständiger und vorausschauender Eigentümer zur Pflege seines Eigentums zurücklegen würde. Bei Neubauten ist die Instandhaltungsrücklage deshalb entsprechend niedriger zu bemessen als bei Altbauten. Hinsichtlich der Höhe der zu beschließenden Instandhaltungsrücklage haben die Wohnungseigentümer einen weiten Ermessensspielraum. Dieser ist von den Gerichten nur eingeschränkt überprüfbar.

Die Eigentümergemeinschaft hat auch einen Spielraum, ob sie eine vorhandene Instandhaltungsrücklage zur Finanzierung von Sanierungsmaßnahmen vollständig oder teilweise in Anspruch nimmt. Ein Anspruch auf vollständige Ausschöpfung der Instandhaltungsrücklage besteht nicht. Die Eigentümergemeinschaft kann deshalb neben der Entnahme aus der Instandhaltungsrücklage auch beschließen, dass ein Teil der Maßnahme über Sonderumlagen finanziert wird (BayObLG, 22.9.2004, 2Z BR 142/04, NZM 2005, 747).

Unterlässt die Wohnungseigentümergemeinschaft notwendige Beschlüsse zur Durchführung von dringend erforderlichen Instandsetzungsmaßnahmen, kann sie sich gegenüber einem einzelnen Wohnungseigentümer, der hierdurch Schaden erleidet, ersatzpflichtig machen. Lehnt die Gemeinschaft durch Beschluss (Negativbeschluss) die Durchführung von Instandsetzungsmaßnahmen ab, entsteht der Schadenersatzanspruch auch ohne Anfechtung dieses Beschlusses (vgl. Jennißen, NJW 2006, 2163).

4.1.6.2 Zweckbestimmung der Instandhaltungsrücklage

Für die Rücklage gilt eine Zweckbestimmung – sie ist grundsätzlich für Instandhaltungen zu verwenden. Ein einzelner Wohnungseigentümer kann deshalb die Auszahlung seines Anteils an der Instandhaltungsrücklage nicht verlangen.

Zulässig sind Eigentümerbeschlüsse zur Beauftragung eines Sachverständigen zu weiteren Sanierungsuntersuchungen. Ebenso kann die Beauftragung eines

Rechtsanwalts mit der rechtsberatenden Begleitung einer Sanierungsmaßnahme beschlossen werden. Die Honorare für Sachverständige und Rechtsberater können in diesen Fällen grundsätzlich der Instandhaltungsrücklage entnommen werden (OLG München, 25.1.2006, 34 Wx 114/05). Aufgrund der Zweckbindung der Instandhaltungsrückstellung darf der Verwalter jedoch nicht seine Honoraransprüche aus der Rücklage befriedigen (Jennißen, Rn. 560).

Ein Eigentümerbeschluss, der eine zweckwidrige Verwendung der Instandhaltungsrücklage vorsieht, entspricht nicht ordnungsgemäßer Verwaltung und ist auf Anfechtung hin für ungültig zu erklären.

Auch ein ausscheidender Wohnungseigentümer kann nicht die Auszahlung seines Anteils an der Instandhaltungsrücklage verlangen, da sie Teil des Verwaltungsvermögens geworden ist.

4.1.6.3 Darstellung der Instandhaltungsrücklage in der Jahresabrechnung

Der BGH hat mit einer grundlegenden Entscheidung (4.12.2009, V ZR 44/09) der jahrelangen Abrechnungspraxis im Hinblick auf die Instandhaltungsrücklage eine Absage erteilt. Bisher wurden die nach dem Wirtschaftsplan geschuldeten Zahlungen der Eigentümer als Sollzahlungen in die Jahresabrechnung eingestellt, auch wenn diese von den Eigentümern tatsächlich nicht geleistet wurden. Bei der Darstellung der sogenannten Entwicklung der Instandhaltungsrücklage wurden bisher ebenfalls Sollbeträge angegeben. Diese Abrechnungspraxis lässt der BGH nicht mehr zu. In die Jahresabrechnungen der Wohnungseigentümergemeinschaft sind nach dem Urteil nur noch die tatsächlichen Beträge einzustellen. Auch die Umbuchung der Zahlungen der Wohnungseigentümergemeinschaft vom Giro- oder Hausgeldkonto auf das Rücklagenkonto dürfen nicht mehr als Ausgaben dargestellt werden, denn es handelt sich hierbei lediglich um einen buchungstechnischen Vorgang ohne tatsächlichen Geldabfluss. Die Darstellung der Entwicklung der Instandhaltungsrücklage in der Abrechnung soll es den Wohnungseigentümern ermöglichen, die tatsächliche Vermögenslage ihrer Gemeinschaft zu erkennen. Eine Prüfung der Abrechnung ist aber nur anhand des tatsächlichen Bestands der Instandhaltungsrücklage möglich und wenn erkennbar ist, in welchem Umfang die Wohnungseigentümer mit ihren Zahlungen in Rückstand sind (BGH, a.a.O.). Deshalb sind nur die tatsächlich geleisteten Beträge einzustellen, da ansonsten der Bestand der Rücklage nicht ersichtlich ist (BGH, a.a.O.).

4.1.6.4 Anlage der gemeinschaftlichen Gelder aus der Instandhaltungsrücklage

Die Wohnungseigentümergemeinschaft entscheidet durch Mehrheitsbeschluss über die Art der Anlage der Instandhaltungsrücklage. Nachdem die Instandhaltungsrücklage aber Teil des Verwaltungsvermögens ist, muss eine sichere Anlage gewählt werden. Spekulative Anlagen verstoßen gegen die Grundsätze ordnungsgemäßer Verwaltung (§ 21 Abs. 3, 4 WEG).

Umstritten ist, ob die Anlage der Instandhaltungsrücklage im Rahmen eines Bausparvertrags zulässig ist. Gegen einen Bausparvertrag spricht jedenfalls, dass bei dieser Anlageform die Gelder nicht immer frei und sofort verfügbar sind.

4.1.7 Verwaltervergütung

In aller Regel wird in einer Wohnungseigentumsanlage ein Verwalter bestellt. Es muss nicht zwangsläufig ein professioneller Hausverwalter sein, die Verwaltung kann auch durch Einzeleigentümer oder durch mehrere Eigentümer gemeinschaftlich erfolgen. Ist ein professioneller Verwalter bestellt, so erhält er für seine Tätigkeit eine Verwaltervergütung bzw. ein Verwalterhonorar. Die Höhe des Verwalterhonorars richtet sich nach dem Verwaltervertrag zwischen der Wohnungseigentümergemeinschaft und dem Verwalter. Die Parteien sind in der Höhe der Vereinbarung grundsätzlich frei.

Eine Richtlinie kann die Zweite Berechnungsverordnung (II. BV) sein, die direkt allerdings nur auf öffentlich geförderte Wohnungen anwendbar ist. Aus § 41 Abs. 2 II. BV ergibt sich demnach ein Richtwert von 275 EUR pro Jahr und pro Wohnung. Gemäß § 26 Abs. 2 II. BV beträgt dieser Wert für Garagen 30 EUR pro Jahr.

Derzeit liegen die Verwalterhonorare für Wohnungen zwischen 15 und 35 EUR pro Monat und zwischen 1,50 und 2,50 EUR monatlich pro Garage, jeweils zuzüglich Mehrwertsteuer. Da die Höhe des Verwalterhonorars der freien Parteivereinbarung unterliegt, können diese Werte jeweils unter Berücksichtigung der besonderen Gegebenheiten der Eigentumswohnanlage aber erheblich differieren. Stehen beispielsweise größere Instandhaltungsmaßnahmen an, wird ein neu zu bestellender Verwalter, der auch mit der Bauaufsicht beauftragt werden soll, diesen Arbeitsaufwand bei der Höhe seines Verwalterhonorars entsprechend berücksichtigen.

4.1.7.1 Zusatzvergütungen des Verwalters

Möglich und in der Praxis üblich sind auch sogenannte Zusatzvergütungen. Der Verwalter lässt sich dann im Verwaltervertrag eine Pauschalvergütung für bestimmte Grundleistungen einräumen, hinzu kommt eine Sondervergütung für Zusatzaufgaben, die im Vertrag genau definiert sind.

> **Beispiele: Zusatzvergütungen des Verwalters** !
>
> - Bauüberwachung
> - Geltendmachung von Mängeln gegenüber den Bauträgern
> - Zustimmung zur Veräußerung des Wohnungseigentums durch den Verwalter (vgl. § 12 Abs. 1 WEG)
> - Prozessführung durch den Verwalter als sogenannter Prozessstandschafter der Wohnungseigentumsgemeinschaft

Bestimmt der Verwaltervertrag, dass sich die Höhe der Zusatzvergütung, zum Beispiel für die Beitreibung rückständiger Wohngelder, nach der Höhe von Rechtsanwaltshonoraren richtet, so ist dies nicht zu beanstanden. Als zulässig anzusehen ist eine Vergütung, die sich an den Gebühren des Rechtsanwaltsvergütungsgesetzes (RVG) orientiert (BayObLG, 2Z BR 11/04; BGH, NJW 1993, 1924).

Ist im Verwaltervertrag keine Regelung über eine Zusatzvergütung enthalten, so hat der Verwalter grundsätzlich keinen Anspruch auf eine zusätzliche Vergütung. Die Wohnungseigentümer können allerdings durch Mehrheitsbeschluss bestimmen, dass der Verwalter für bestimmte Tätigkeiten eine Zusatzvergütung erhält. Ein solcher Mehrheitsbeschluss entspricht dann nicht ordnungsgemäßer Verwaltung, wenn die Zusatzvergütung für eine Tätigkeit vorgesehen ist, die nach dem Verwaltervertrag auch ohne zusätzliche Vergütung zu erbringen ist.

4.1.7.2 Erhöhung der Verwaltervergütung

Eine Erhöhung der Verwaltervergütung während der Laufzeit des Verwaltervertrags soll nicht ordnungsgemäßer Verwaltung entsprechen (BayObLG, 19.2.2004, 2Z BR 219/03, NZM 2004, 794), ebenso die Begünstigung eines durch einen laufenden Vertrag gebundenen Verwalters ohne Notwendigkeit (BayObLG, NZM 2003, 204). Enthält der Verwaltervertrag eine Erhöhungsklausel, kann die Erhöhung ordnungsgemäßer Verwaltung entsprechen. Der Verwalter hat aber auch in solchen Fällen keinen Anspruch darauf, dass durch eine nachträgliche Erhöhung Umstände berücksichtigt werden, die bereits bei der ursprünglichen Vereinbarung der Vergütung hätten mit einkalkuliert werden können (BayObLG, NZM 2004, 794).

Grundsätzlich bedarf es für die Erhöhung der Verwaltervergütung eines Mehrheitsbeschlusses. Ist ein solcher vorhanden, muss außerdem ein Änderungsvertrag zwischen den Wohnungseigentümern und dem Verwalter geschlossen werden.

Keinesfalls darf der Verwalter seine Vergütung dadurch erhöhen, dass er den erhöhten Betrag einfach in den Wirtschaftsplan einstellt (vgl. OLG Düsseldorf, NZM 2005, 628).

Eine Klausel, die bestimmt, dass die Verwaltergebühr der Verwaltungskostenentwicklung angepasst wird, ist unwirksam. Sie benachteiligt den Vertragspartner entgegen dem Gebot von Treu und Glauben in unangemessener Weise (§ 307 Abs. 1 BGB). Da es eine allgemeine Verwaltungskostenentwicklung nicht gibt, lässt sich nicht feststellen, woran die Erhöhung der Verwaltervergütung geknüpft werden soll. Eine entsprechende Klausel ist daher unwirksam (OLG Düsseldorf, 25.1.2005, 3 Wx 326/04, NZM 05, 628).

Zulässig sind sogenannte Staffelvereinbarungen, wonach sich das Verwalterhonorar jeweils zu einem bestimmten Zeitpunkt um einen bestimmten Betrag ändert.

4.1.7.3 Häufige Fehler im Zusammenhang mit der Verwaltervergütung

Die Verwalterverträge sehen häufig vor, dass die Verwaltervergütung pro Wohneinheit/Garage zu bezahlen ist. Demgegenüber legen die Gemeinschaftsordnungen oft fest, dass Kosten und Lasten nach Miteigentumsanteilen zu verteilen sind. Verteilt der Verwalter seine Kosten in der Jahresabrechnung dennoch und abweichend von der Gemeinschaftsordnung nach Wohneinheiten, widerspricht dies dem gültigen Verteilerschlüssel. Eine solche Abrechnung ist daher auf Anfechtung hin für ungültig zu erklären.

Allerdings besteht gemäß § 16 Abs. 3 WEG die Beschlusskompetenz, das Verwalterhonorar nach der Anzahl der Wohnungs- oder Teileigentumseinheiten aufzuteilen. Dies ist jedoch nur für künftige Abrechnungszeiträume möglich. Deshalb kann der Verteilerschlüssel nicht gemeinsam mit der Beschlussfassung über die Genehmigung der Jahresabrechnung geändert werden, da ansonsten eine unzulässige rückwirkende Änderung des Kostenverteilerschlüssels vorliegt. Gleichermaßen wird ein Eigentümerbeschluss über die Genehmigung der Jahresabrechnung, der gleichzeitig und versteckt die Erhöhung der Verwaltervergütung zum Inhalt hat, auf Anfechtungsklage hin für ungültig zu erklären sein.

Erhält der Verwalter Provisionen, etwa für den Abschluss eines Versicherungsvertrags, so steht diese Zahlung der Wohnungseigentümergemeinschaft zu und ist daher vom Verwalter herauszugeben. Unterlässt der Verwalter dies, kann ein Fall der strafbaren Untreue vorliegen, was wiederum die Abberufung des Verwalters rechtfertigen kann.

Keinesfalls darf der Verwalter seine Vergütung der Instandhaltungsrücklage entnehmen. Die Instandhaltungsrücklage ist zweckgebunden. Wenn die Mehrheit der Eigentümer eine solche Vorgehensweise billigt, ist ein entsprechender Eigentümerbeschluss anfechtbar und ggf. für ungültig zu erklären.

4.2   Der Kostenverteilerschlüssel

Jede Immobilie verursacht Kosten. In welcher Höhe der Miteigentümer an den Kosten zu beteiligen ist, regelt für das Gemeinschaftseigentum § 16 Abs. 2 WEG. Danach hat jeder Wohnungseigentümer die Lasten des gemeinschaftlichen Eigentums sowie die Kosten der Instandhaltung, Instandsetzung oder sonstigen Verwaltung nach dem Verhältnis seines Anteils zu tragen.

Die Größe des Miteigentumsanteils bestimmt das Gesetz nicht. In der Regel orientiert sich der aufteilende Eigentümer oder Bauträger, der die Teilungserklärung erstellt hat, an der Wohnungsgröße; zwingend ist dies aber nicht. Eine Wohnung mit Dachterrasse kann zum Beispiel mit einem höheren Miteigentumsanteil bewertet werden als eine im Erdgeschoss liegende Wohnung.

Da die Vorschrift des § 16 WEG durch Vereinbarung veränderbar ist, enthalten die Gemeinschaftsordnungen üblicherweise Regelungen zum Kostenverteilerschlüssel. Die in der Gemeinschaftsordnung vorgesehenen Kostenverteilerschlüssel sind zwingend und gehen dem gesetzlichen Verteilerschlüssel nach § 16 WEG vor.

Beispiele für Kostenverteilerschlüssel in der Gemeinschaftsordnung:
- In der Praxis findet sich häufig die Aufteilung nach Tausendstel-Miteigentumsanteilen.
- In Betracht kommt auch der Verteilerschlüssel nach Wohnfläche in m^2.
- Bei der Verteilung nach Köpfen werden die Kosten nach der Anzahl der jeweiligen Bewohner verteilt. Dies ist aber nicht praktikabel, da sich der Bestand der Wohnungseigentümer regelmäßig ändert. Im Sinne einer gerechten Kostenverteilung wäre jeweils festzustellen, wie viele Bewohner im Wirtschaftsjahr in der Wohnung gelebt haben. In größeren Wohnungseigentumsanlagen wird dies regelmäßig nicht möglich sein, zumindest aber erhebliche Schwierigkeiten bereiten.
- In Betracht kommt auch eine Abrechnung nach der Anzahl der Wohnungen. Diese führt jedoch nur dann zu Kostengerechtigkeit, wenn alle Wohnungen in etwa gleich groß sind.

- Zulässig ist ferner die Kostenverteilung nach dem tatsächlichen Verbrauch, sofern die entsprechenden Verbrauchserfassungsgeräte vorhanden sind (Beispiel: Kaltwasserzähler, Warmwasserzähler). Aufgrund ständiger technischer Neuerungen ist es zum Beispiel auch möglich, über Wiegeeinrichtungen und Chipkarten Müll nach dem tatsächlichen Verbrauch abzurechnen.

4.2.1 Häufige Fehler bei Anwendung des Kostenverteilerschlüssels

Häufig sieht die Gemeinschaftsordnung die Kostenverteilung nach Miteigentumsanteilen vor, dies gilt dann für sämtliche Kostenarten. Ein oft anzutreffender Fehler in Jahresabrechnungen ist es, dennoch die Verwaltervergütung nach der Anzahl der Wohnungen und nicht nach Miteigentumsanteilen aufzuteilen. Grund dafür ist, dass die Verwalterverträge oftmals vorsehen, dass die Verwaltervergütung nach einzelnen Wohneinheiten bemessen wird. Die Verwaltergebühr ist aber in diesem Fall ebenfalls nach Miteigentumsanteilen zu verteilen. Die Vereinbarungen im Verwaltervertrag ändern daran nichts, da der Verwaltervertrag gegenüber der Gemeinschaftsordnung nachrangig ist. Viele Jahresabrechnungen können mit diesem Argument erfolgreich angefochten werden.

4.2.2 Verteilung der Heiz- und Warmwasserkosten

ARBEITSHILFE
ONLINE

Gemäß §§ 3, 4 der Heizkostenverordnung (HeizkV) ist die Eigentümergemeinschaft verpflichtet, Geräte zur Verbrauchserfassung einzubauen und die Heizkosten verbrauchsgerecht zu Erfassen. Die Regelungen der Heizkostenverordnung gelten für die Wohnungseigentümergemeinschaft unmittelbar. Es bedarf dazu keiner gesonderten Vereinbarung in der Gemeinschaftsordnung oder eines Beschlusses (BGH, 17.2.2012, V ZR 251/10, NZM 2012, 344). Deshalb sind Verwalter von Wohnungseigentümergemeinschaften verpflichtet, die Heizkosten in den Jahreseinzelabrechnungen nach dem tatsächlichen Verbrauch umzulegen. Demgemäß sind Wohnungseigentümergemeinschaften bis auf wenige Ausnahmen, zum Beispiel wenn die Ausstattung mit Verbrauchserfassungsgeräten mit unverhältnismäßig hohen Kosten verbunden sind, verpflichtet, Verbrauchserfassungsgeräte einzubauen.

! **Beispiele: Verbrauchserfassungsgeräte**

Heizkostenverteiler nach dem Verdunstungsprinzip, Wärmezähler nach dem Durchflussprinzip, Heizkostenverteiler mit Funksystem zur Fernablesung, Warmwasserzähler.

In der Regel werden die Kosten des Verbrauchs von Heizung und Warmwasser von professionellen Abrechnungsfirmen abgelesen und abgerechnet. Zweck der

Heizkostenverordnung ist die Einsparung von Heizenergie und die Verminderung von Schadstoffbelastungen.

Auch wenn die Gemeinschaftsordnung eine abweichende Regelung zur Verteilung von Heiz- und Warmwasserkosten enthält, sind diese zwingend nach dem tatsächlichen Verbrauch abzurechnen. Dies ergibt sich aus § 3 HeizkV.

Nach § 7 HeizkV sind von den Kosten des Betriebs der zentralen Heizungsanlage mindestens 50 %, höchstens 70 % nach dem erfassten Wärmeverbrauch des Benutzers zu verteilen. Die übrigen Kosten sind nach der Wohn- oder Nutzfläche oder nach dem umbauten Raum zu verteilen. Die Kosten des Warmwassers sind mindestens zu 50 %, höchstens zu 70 % nach dem erfassten Warmwasserverbrauch zu verteilen, die übrigen Kosten nach der Wohn- oder Nutzfläche.

Entspricht die Jahresabrechnung nicht diesen gesetzlichen Vorgaben, ist sie anfechtbar und auf Anfechtungsklage beim zuständigen Amtsgericht für ungültig zu erklären.

Nach einer grundlegenden Entscheidung des BGH (17.2.2012, V ZR 251/10) sind die Heizkosten – im Bereich des Mietrechts – zwingend verbrauchsabhängig abzurechnen. In der dem Rechtsstreit zugrunde liegenden Jahresabrechnung hatte die Verwaltung nicht die Kosten für die im Abrechnungszeitraum tatsächlich bezogene Fernwärme eingestellt, sondern nur die in diesem Zeitraum geleisteten Zahlungen an das Fernwärmeunternehmen. Eine solche Abrechnung ist nach der Entscheidung des BGH keine verbrauchsgerechte Abrechnung, sie widerspricht daher ordnungsgemäßer Verwaltung. Es reicht nicht aus, lediglich die Kosten für die Energielieferungen umzulegen, da hierin auch Nachzahlungen für das vorangegangene Jahr oder Vorauszahlungen für das Folgejahr enthalten sind. Maßgeblich sind nach der Heizkostenverordnung aber nur die Kosten der verbrauchten Brennstoffe. Deshalb müssen nicht die bezahlten Rechnungen, sondern die Kosten des in diesem Zeitraum tatsächlich erfolgten Verbrauchs an Heiz- und Warmwasserkosten auf der Grundlage des gemessenen Verbrauchs auf die Eigentümer umgelegt werden. In die Jahresgesamtabrechnung sind daher alle im Abrechnungszeitraum geleisteten Zahlungen, die im Zusammenhang mit der Anschaffung von Brennstoff stehen, aufzunehmen. Im Rahmen der Einzelabrechnungen sind dagegen die Kosten des im Abrechnungszeitraum tatsächlich verbrauchten Brennstoffs maßgeblich. Der Unterschied muss in der Abrechnung verständlich erläutert werden (BGH, 17.2.2012, V ZR 251/10, NZM 2012, 344).

Insoweit ergibt sich für die jeweilige Jahreseinzelabrechnung, dass diese nicht unmittelbar aus der Gesamtabrechnung hergeleitet werden kann. Dieser Umstand ist nach der vorzitierten Entscheidung des BGH hinzunehmen (vgl. dazu das folgende Beispiel).

MUSTER: Jahresgesamt- und Einzelabrechnung (Quelle: Hausbank München)

Hausverwaltung Muster GmbH

Musterstr. 4
81234 Musterstadt
Tel. 089/777222
Fax 089/777333
E-Mail: info@hausverwaltung-muster.de

Hausverwaltung Muster GmbH, Musterstr. 4, 81234 Musterstadt

Herrn	Ihre gespeicherten Daten	
Dr. Gerhard Lehmann	m² Nutzfläche	33,16
Meierstr. 3	Anteil Wohnung	26,9500
80639 Musterstadt	Anteil Garage	2,0000
	Anzahl Wohnungen	1
	Anzahl Garagen	1
	Liftschlüssel	2,75

Musterstadt, den 13.05.2016

JAHRESGESAMT– UND EINZELABRECHNUNG
für die Zeit vom 01.01.2015–31.12.2015 Wohnungs-Nr.: 0015200010
Wirtschaftseinheit: WEG Schmidtstr. 9, 80804 Musterstadt

Nummern laut Teilungserklärung: Wohnung 1 – Garage 36

	Verteilerschlüssel	Insgesamt EUR	Ihr Anteil EUR
Ausgaben ohne Heizung			
Grundstücksgebühren	28,95/1.000-stel	6.421,68 -	185,91 -
Strom und Wasser	28,95/1.000-stel	7.802,52 -	225,88 -
Versicherungen	28,95/1.000-stel	3.976,00 -	115,11 -
Lfd. Instandhaltung	28,95/1.000-stel	3.957,98 -	114,58 -
Hausmeister	28,95/1.000-stel	13.380,18 -	387,36 -
Verwaltergebühr	1/30 Wohnungen	12.240,00 -	408,00 -
Hausreinigung	28,95/1.000-stel	1.295,40 -	37,50 -
Liftkosten Wartung/TÜV	2,75/100,00 %	1.908,00 -	52,47 -
Kapitalertragsteuer (KESt)	28,95/1.000-stel	557,54 -	16,14 -
Solidaritätszuschlag (SolZ)	28,95/1.000-stel	30,67 -	0,89 -
Sonstige Kosten	28,95/1.000-stel	465,76 -	13,48 -
Rückzahlungen Jahresabr. Vorjahr		692,54 -	
Summe Ausgaben ohne Heizung		52.728,27 -	1.557,32 -
Ausgaben nur Heizung			
Ölbestand Vorjahr 2.237,62 EUR	28,95/1.000-stel		64,78 +
Kosten Heizungsabrechnung Vorjahr		859,50 -	
Kauf Heizöl 24.544 l á 0,84 EUR		20.616,96 -	
Nebenkosten Heizung		987,65 -	
Heizkosten gemäß beigefügter Abrechnung	Fa. Brunata		747,51 -
Ölbestand Jahresende 2.789,64 EUR	28,95/1.000-stel		80,76 -
Summe Ausgaben nur Heizung		22.464,11 -	763,49 -

Hausverwaltung Muster GmbH

Musterstr. 4
81234 Musterstadt
Tel. 089/777222
Fax 089/777333
E-Mail: info@hausverwaltung-muster.de

Seite 2 zu Wohnungs-Nr.: 0015200010

	Verteilerschlüssel	Insgesamt EUR	Ihr Anteil EUR
Einnahmen			
Stellplatzmieten	28,95/1.000-stel	1.588,00 +	45,97 +
Einnahmen Waschhaus	28,95/1.000-stel	600,00 +	17,37 +
Zinserträge	28,95/1.000-stel	1.858,81 +	53,81 +
Instandhaltungsrückstellung			
Geleistete Zahlungen der Eigentümer	Laut Übersicht	81.642,70 +	2.520,00 +
Nachzahlungen Jahresabr. Vorjahr		432,10 +	
Summe Einnahmen		86.121,61 +	2.637,15 +
Instandhaltungsrückstellung			
Zuführung Instandhaltungsrückstellung	28,95/1.000-stel		208,44 -
Zuführung Einnahmen Waschhaus	28,95/1.000-stel		17,37 -
Zuführung Nettozinsen	28,95/1.000-stel		36,78 -
Summe Instandhaltungsrückstellung			262,59 -
Ergebniszusammenstellung			
Summe Ausgaben ohne Heizung		52.728,27 -	1.557,32 -
Summe Ausgaben nur Heizung		22.464,11 -	763,49 -
Summe Einnahmen		86.121,61 +	2.637,15 +
Saldo Ausgaben/Einnahmen		10.929,23 +	316,34 +
Summe Instandhaltungsrückstellung			262,59 -
Ergebnis		10.929,23 +	53,75 +

Erläuterungen zu einzelnen Positionen der Jahresgesamt- und Einzelabrechnung
----

An dieser Stelle sind vom Immobilienverwalter Erläuterungen zur Jahresabrechnung aufzu-nehmen. Diese Erläuterungen müssen alle Positionen der Abrechnung umfassen, die für den Eigentümer nicht sofort erkennbar und nachvollziehbar sind. Dies betrifft insbesondere die in den letzten Jahren ergangenen Urteile des BGH.

Hier ist speziell das BGH-Urteil vom 17.2.2012 (V ZR 251/10) zu erwähnen:
1. *Die Regelungen der Heizkostenverordnung gelten für die Wohnungseigentümergemein-schaft unmittelbar; einer Vereinbarung oder eines Beschlusses über ihre Geltung bedarf es nicht.*

Hausverwaltung Muster GmbH

Musterstr. 4
81234 Musterstadt
Tel. 089/777222
Fax 089/777333
E-Mail: info@hausverwaltung-muster.de

Seite 3 zu Wohnungs-Nr.: 0015200010

2. *In die Jahresgesamtabrechnung sind alle im Abrechnungszeitraum geleisteten Zahlungen, die im Zusammenhang mit der Anschaffung von Brennstoff stehen, aufzunehmen. Für die Verteilung in den Einzelabrechnungen sind dagegen die Kosten des im Abrechnungszeitraum tatsächlich verbrauchten Brennstoffs maßgeblich. Der Unterschiedsbetrag ist in der Abrechnung verständlich zu erläutern.*

Das ausgewiesene Guthaben über 53,75 EUR aus dieser Abrechnung wird zum 01.06.2016 auf Ihr Konto DE25700202706480039473 – HYVEDEMMXXX überwiesen.

Bestandsentwicklung Instandhaltungsrückstellung

	01.01.2015	Zugang	Abgang	Zinsen	KESt	SolZ	31.12.2015
Wohnungen	29.799,18	7.200,00		1.858,81	557,54 -	30,67 -	38.269,78
Waschhaus	9.019,76	600,00					9.619,76

Alle Eigentümer haben ihre Beiträge zur Instandhaltungsrückstellung bezahlt.

Darstellung der Bankkonten:
Girokonto DE88700901.000000123464

Anfangsbestand 01.01.2015	3.882,32 +
Ausgaben zulasten Girokonto	74.604,17 -
Einnahmen zugunsten Girokonto	84.262,80 +
Übertrag auf Sparkonto	7.800,00 -
Endbestand 31.12.2015	5.740,95 +

Sparkonto DE88700901.000060123464

Anfangsbestand 01.01.2015	33.818,94 +
Übertrag von Girokonto	7.800,00 +
Zinserträge abzgl. KESt und SolZ	1.270,60 +
Endbestand 31.12.2015	42.889,54 +

Auch die Kontoabstimmung ist in Verbindung mit dem Ergebnis der Gesamtabrechnung zu erläutern.

Hausverwaltung Muster GmbH

Musterstr. 4
81234 Musterstadt
Tel. 089/777222
Fax 089/777333
E-Mail: info@hausverwaltung-muster.de

Seite 4 zu Wohnungs-Nr.: 0015200010

Informationen zur JAHRESGESAMT- UND EINZELABRECHNUNG
für den Zeitraum vom 01.01.2015–31.12.2015 (365 Tage)
Wirtschaftseinheit: WEG Schmidtstr. 9, 80804 Musterstadt

Ihre Zahlungen für die Zeit vom 01.01.2015–31.12.2015

		EUR
Dauerauftrag	01.01.2015	210,00
Dauerauftrag	01.02.2015	210,00
Dauerauftrag	01.03.2015	210,00
Dauerauftrag	01.04.2015	210,00
Dauerauftrag	01.05.2015	210,00
Dauerauftrag	01.06.2015	210,00
Dauerauftrag	01.07.2015	210,00
Dauerauftrag	01.08.2015	210,00
Dauerauftrag	01.09.2015	210,00
Dauerauftrag	01.10.2015	210,00
Dauerauftrag	01.11.2015	210,00
Dauerauftrag	01.12.2015	210,00
		2.520,00

Der Saldo aus dem vorherigen Wirtschaftsjahr über 23,45 EUR wurde ausgeglichen.

Hausverwaltung Muster GmbH

Hausverwaltung Muster GmbH

Musterstr. 4
81234 Musterstadt
Tel. 089/777222
Fax 089/777333
E-Mail: info@hausverwaltung-muster.de

Hausverwaltung Muster GmbH, Musterstr. 4, 81234 Musterstadt

Herrn	Ihre gespeicherten Daten	
Dr. Gerhard Lehmann	m² Nutzfläche	33,16
Meierstr. 3	Anteil Wohnung	26,9500
80639 Musterstadt	Anteil Garage	2,0000
	Anzahl Wohnungen	1
	Anzahl Garagen	1
	Liftschlüssel	2,75

Musterstadt, den 13.05.2016

ENTHALTENE LOHNKOSTEN IN DER JAHRESABRECHNUNG
für die Zeit vom 01.01.2015–31.12.2015 (365 Tage) Wohnungs-Nr.: 0015200010
Wirtschaftseinheit: WEG Schmidtstr. 9, 80804 Musterstadt

Nummern laut Teilungserklärung: Wohnung 1 – Garage 36

	Verteilerschlüssel	Insgesamt EUR	Ihr Anteil EUR
Haushaltsnahe Dienstleistungen			
§ 35a Abs. 2 Satz 1 Alt. 2 EStG			
Hausmeister	28,95/1.000–stel	13.380,18 –	387,36 –
Summe		13.380,18 –	387,36 –
Handwerkerleistungen			
§ 35a Abs. 3 EStG			
Heizkosten laut HKVO	28,95/1.000–stel	231,00 –	6,69 –
Liftkosten Wartung/TÜV	2,75/100,00 %	885,32 –	24,35 –
Lfd. Instandhaltung	28,95/1.000–stel	1.527,36 –	44,22 –
Summe		2.643,68 –	75,26 –
Zusammenfassung			
Haushaltsnahe Dienstleistungen		13.380,18 –	387,36 –
Handwerkerleistungen		2.643,68 –	75,26 –
Summe		16.023,86 –	462,62 –

Für haushaltsnahe Beschäftigungsverhältnisse, bei denen es sich um eine geringfügige Beschäftigung im Sinne des § 8a Abs. 1 Nr. 1 des Vierten Buches Sozialgesetzbuch handelt, ermäßigt sich die tarifliche Einkommensteuer, vermindert um die sonstigen Steuerermäßigungen, auf Antrag um 20 %, höchstens 510 EUR, der Aufwendungen des Steuerpflichtigen.

Hausverwaltung Muster GmbH

Musterstr. 4
81234 Musterstadt
Tel. 089/777222
Fax 089/777333
E-Mail: info@hausverwaltung-muster.de

Seite 2 zu Wohnungs-Nr.: 0015200010

Für andere als in Absatz 1 aufgeführte haushaltsnahe Beschäftigungsverhältnisse oder für die Inanspruchnahme von haushaltsnahen Dienstleistungen, die nicht Dienstleistungen nach Absatz 3 sind, ermäßigt sich die tarifliche Einkommensteuer, vermindert um die sonstigen Steuerermäßigungen, auf Antrag um 20 %, höchstens 4.000 EUR der Aufwendungen des Steuerpflichtigen.

Für die Inanspruchnahme von Handwerkerleistungen für Renovierungs-, Erhaltungs- und Modernisierungsmaßnahmen, mit Ausnahme der nach dem CO_2-Gebäudesanierungsprogramm der KfW-Förderbank geförderten Maßnahmen, ermäßigt sich die tarifliche Einkommensteuer, vermindert um die sonstigen Steuerermäßigungen, auf Antrag um 20 %, höchstens 1.200 EUR der Aufwendungen des Steuerpflichtigen.

Die Originale (Rechnungen) liegen beim Verwalter zur Einsicht vor.

Bitte beachten Sie, dass es uns untersagt ist, eine Steuerberatung durchzuführen, fragen Sie deshalb auf jeden Fall Ihren Steuerberater!

Haftungsausschluss
Der Verwalter haftet nicht für etwaige Steuerbegünstigungen der Anspruchsberechtigten, die sich aus den jeweiligen in der Abrechnung ausgewiesenen steuerbegünstigten Arbeitskosten zu den einzelnen Kostenarten ergeben.

Hausverwaltung Muster GmbH

Zu den in der Jahresabrechnung enthaltenen Lohnkosten siehe Kapitel 11.2.3.

Die im Beispiel genannten Heizkosten gemäß beigefügter Abrechnung der Abrechnungsfirma stellt die Einzelabrechnung nach konkretem Verbrauch dar, aufgeteilt nach Grund- und Verbrauchskosten. Hingegen sind in der Gesamtabrechnung alle tatsächlichen Zahlungsflüsse und nicht die an das Versorgungsunternehmen geleisteten Vorauszahlungen einzustellen.

Da die Heizkostenverordnung zwingend eine verbrauchsabhängige Abrechnung der Heiz- und Warmwasserkosten vorschreibt, kann im Übrigen jeder Wohnungseigentümer die Anbringung von Heizkosten- und Warmwasserzählern verlangen. Lehnt die Eigentümergemeinschaft dennoch ab, so kann der Einbau gerichtlich erzwungen werden. Haben die Wohnungseigentümer beschlossen,

Verbrauchserfassungsgeräte einzubauen, muss jeder einzelne Eigentümer den Einbau nach § 14 Nr. 3 WEG dulden.

4.3 Änderung des Kostenverteilerschlüssels

Bestimmte die Gemeinschaftsordnung einen Kostenverteilerschlüssel, konnte dieser nach früherem Recht grundsätzlich nur durch die Änderung der Gemeinschaftsordnung selbst geändert werden. Dazu war es erforderlich, dass sämtliche Eigentümer die Änderung des Schlüssels vereinbarten. Damit eine entsprechende Änderung auch gegenüber Rechtsnachfolgern/Erwerbern galt, war eine Eintragung in das Grundbuch erforderlich. Ein Mehrheitsbeschluss über die Änderung des Kostenverteilerschlüssels gehörte zu den sogenannten Zitterbeschlüssen (BGH, 20.9.2000, V ZB 58/99, NJW 2000, 3500) und war nach bisheriger Rechtsprechung regelmäßig nicht nur anfechtbar, sondern nichtig.

4.3.1 Änderung des Kostenverteilerschlüssels für Betriebs- und Verwaltungskosten

Durch § 16 Abs. 3 WEG wird der Eigentümergemeinschaft die Kompetenz eingeräumt, durch einfachen Mehrheitsbeschluss die Verteilung der Betriebskosten im Sinne des § 556 Abs. 1 BGB und der Verwaltungskosten sowohl für das Gemeinschafts- als auch für das Sondereigentum zu ändern. Dabei handelt es sich im Wesentlichen um Betriebskosten nach § 2 BetrKV, die laufend entstehen:

- Laufende öffentliche Lasten des Grundstücks, zum Beispiel Grundsteuer (§ 2 Nr. 1 BetrKV)
- Kosten der Wasserversorgung (§ 2 Nr. 2 BetrKV)
- Kosten der Entwässerung (§ 2 Nr. 3 BetrKV)
- Kosten des Betriebs der zentralen Heizungsanlage einschließlich der Abgasanlage (zum Beispiel Heizöl, Gas) unter Berücksichtigung der zwingenden Vorschriften der Heizkostenverordnung, Kosten des Betriebsstroms der Zentralheizung, Bedienungskosten, Überwachung und Pflege der Anlage, Wartungskosten, Kaminkehrerkosten
- Kosten der eigenständig gewerblichen Lieferung von Wärme (zum Beispiel Fernwärmeversorgung) (§ 2 Nr. 4c BetrKV)
- Kosten des Betriebs des Personen- oder Lastenaufzugs (§ 2 Nr. 7 BetrKV)
- Kosten der Straßenreinigung und Müllbeseitigung (§ 2 Nr. 8 BetrKV)
- Kosten der Gebäudereinigung und Ungezieferbekämpfung (§ 2 Nr. 9 BetrKV)
- Kosten der Gartenpflege (§ 2 Nr. 10 BetrKV)
- Kosten der Beleuchtung (zum Beispiel Außenbeleuchtung, Zugänge, Flure, Treppen, Keller, Waschküchen) (§ 2 Nr. 11 BetrKV)

- Kosten der Schornsteinreinigung (§ 2 Nr. 12 BetrKV)
- Kosten der Sach- und Haftpflichtversicherung (§ 2 Nr. 13 BetrKV)
- Kosten für den Hauswart (§ 2 Nr. 14 BetrKV)
- Kosten des Betriebs der Gemeinschaftsantennenanlage (§ 2 Nr. 15a BetrKV, Nr. 15b: Breitbandkabelnetz)

Ein entsprechender Mehrheitsbeschluss über eine abändernde Kostenverteilung kann sich zum Beispiel am tatsächlichen Verbrauch bzw. an der Verursachung orientieren.

Beispiele: Kostenverteilung nach Verbrauch und nach Verursachung

- Eine am Verbrauch orientierte Kostenverteilung ist immer dann möglich, wenn Messeinrichtungen vorhanden sind, zum Beispiel Wasseruhren.
- Eine an der Verursachung orientierte Kostenverteilung kann auch erfolgen, indem künftig nach Personenanzahl, Objekten oder nach der konkreten Nutzungsdauer der Gemeinschaftseinrichtung (Schwimmbad, Sauna etc.) abgerechnet wird.

Für die Ordnungsgemäßheit eines entsprechenden Beschlusses ist die Orientierung am Verbrauch oder an der Verursachung jedoch nicht zwingend. Nach § 16 Abs. 3 WEG kommt auch eine Kostenverteilung nach einem »anderen Maßstab« in Betracht. Insoweit ist nicht zwingend, dass die Kosten nach Verbrauch oder Verursachung erfasst werden. Dazu entschied das Landgericht München I (10.6.2009, 1 S 10155/08), dass auch unterschiedliche Gebrauchsmöglichkeiten einen geeigneten Grund für eine Abänderung des Kostenverteilerschlüssels darstellen. Danach ist es möglich, die Kosten für den Winterdienst überwiegend auf die Eigentümer von Wohnungen zu verteilen und gleichzeitig die »Nur-Stellplatzeigentümer« mit diesen Kosten deutlich weniger zu belasten. In dem vom Landgericht entschiedenen Fall wurde allerdings festgestellt, dass eine Kostenverteilung im Verhältnis von 90 : 10 zulasten der Wohnungseigentümer an den Gesamtkosten des Winterdienstes nicht mehr ordnungsgemäßer Verwaltung entspricht. Die Wohnungseigentümergemeinschaft hatte hierzu beschlossen, dass die vier Wohnungseigentümer jeweils 22,5 % der Kosten des Winterdienstes tragen sollten, wohingegen die fünf Stellplatzeigentümer jeweils nur 2 % tragen sollten. Diese Kostenverteilung wurde als nicht mehr angemessen erachtet. Gleichzeitig wies das Gericht darauf hin, dass eine Kostenbeteiligung am Winterdienst von über 50 % durch die Wohnungseigentümer angemessen sei. Nicht zulässig sei allerdings, dass ein Wohnungseigentümer mit mehr als dem Zehnfachen eines Nur-Stellplatzeigentümers belastet werde.

Voraussetzung für eine abweichende Kostenverteilung der Betriebs- bzw. Verwaltungskosten ist demnach:

- Erfassung nach Verbrauch oder
- Erfassung nach Verursachung oder
- Erfassung nach einem anderen Maßstab.

Eine Einschränkung, dass § 16 Abs. 3 WEG nur die Abänderung von sinnlosen oder unklaren Kostenverteilerschlüsseln der Teilungserklärung gestatte, ist mit § 16 Abs. 5 WEG nicht vereinbar (LG München I, 10.6.2009, 1 S 10155/08).

Gemäß § 16 Abs. 3 WEG kommen auch andere Maßstäbe in Betracht, zum Beispiel die Verteilung nach den Wohn- oder Nutzflächen, nach Personen oder Anzahl der Wohnungen.

> **! Beispiele**
>
> - Die Kosten der Verwaltung können nach Einheiten verteilt werden, da der Verwaltungsaufwand für unterschiedliche Einheiten gleich groß ist, egal ob diese zum Beispiel über 20 m² oder über 120 m² verfügen.
> - Bei der Verteilung der Kosten nach Wohn- und Nutzflächen müssen auch Garageneinheiten miteinbezogen werden (vgl. LG München I, 1 S 21214/14).
> - Auch die Kosten des Kabelfernsehens können nach der Anzahl der Wohneinheiten verteilt werden.

Die Verteilung nach Personenzahl ist jedenfalls bei größeren Wohnanlagen kein praktikabler Maßstab. Dem Verwalter wird es regelmäßig nicht möglich sein, die jeweiligen Bewohner der Wohneinheiten festzustellen und ordnungsgemäß abzurechnen.

Nach der Rechtsprechung des BGH dürfen die Wohnungseigentümer bei der Änderung des Kostenverteilerschlüssels jeden Maßstab wählen, der den Interessen der Gemeinschaft und der einzelnen Wohnungseigentümer angemessen ist und nicht zu einer ungerechtfertigten Benachteiligung Einzelner führt (BGH, 16.9.2011, V ZR 3/11, NZM 2012, 28).

Die Wohnungseigentümer haben bei Änderung des Umlageschlüssels nach § 16 Abs. 3 WEG aufgrund ihres Selbstorganisationsrechts einen weiten Gestaltungsspielraum. Lediglich das Ob und das Wie der Änderung dürfen nicht willkürlich sein (BGH, 1.4.2011, V ZR 162/10, NZM 2011, 514). An die Auswahl eines angemessenen Kostenverteilerschlüssels dürfen nicht zu strenge Anforderungen gestellt werden, weil sich jede Änderung des Verteilungsmaßstabs zwangsläufig auf die Kostenlast des einen oder anderen Wohnungseigentümers auswirkt (BGH, a.a.O.). Ein sachlicher Grund dahingehend, dass eine Änderung des Kostenverteilerschlüssels nur in Betracht kommt, wenn der bisherige Kostenverteilerschlüssel ungerecht war, ist nicht erforderlich.

Der BGH hat in seiner Entscheidung vom 1.4.2011 (V ZR 162/10, NZM 2011, 514) die Umstellung des Kostenverteilerschlüssels für die »hier in Rede stehenden Betriebskosten« von der Wohnfläche auf Wohneinheiten grundsätzlich als unbedenklich erachtet: Schornsteinfeger, Emissionsmessung, Reinigung der Tiefgarage und Gehwege, Betriebskosten Tiefgarage, Kabelfernsehen und Verwaltungskosten.

Auch die Änderung des Kostenverteilerschlüssels von Miteigentumsanteilen auf einen anderen Verteilerschlüssel, etwa Wohn- bzw. Nutzfläche, ist dem Grunde nach nicht zu beanstanden. Der Verteilungsmaßstab darf aber nicht willkürlich sein (LG München I, S 21214, 14). In der Entscheidung hatte das LG München I über einen Beschluss zu befinden, der eine Änderung des Kostenverteilerschlüssels von Miteigentumsanteilen auf Wohnflächen vorgesehen hatte. Die Änderung bezog sich aber nur auf die Wohnflächen. Deshalb waren nach dem Beschlussinhalt die Garageneinheiten von der Tragung der Betriebskosten ausgenommen. Hierfür gab es laut LG München I keinen nachvollziehbaren Grund, sodass die Änderung des Kostenverteilerschlüssels willkürlich war und der Beschluss deshalb aufgehoben wurde.

Die Befugnis, den Kostenverteilerschlüssel durch Mehrheitsbeschluss zu ändern, ist für die Eigentümergemeinschaft fakultativ, das heißt, die Gemeinschaft kann ihn ändern, sie muss dies aber nicht. Eine Vereinbarung oder Öffnungsklausel (vgl. Kapitel 5.6.3) ist – im Gegensatz zum bisherigen Recht – nicht mehr erforderlich. Die Eigentümergemeinschaft kann die Verteilung der eben erwähnten Kosten in einzelnen Kostenpositionen ändern.

Beispiel: Moderne Müllerfassung   **!**

Die Eigentümergemeinschaft beschließt, die Kosten der Müllentsorgung künftig nicht nach Miteigentumsanteilen, sondern durch Einführung eines modernen Wiegesystems mit Chipkarten nach dem tatsächlichen Verbrauch umzulegen.

Beispiel: Zusätzlicher Wohnraum   **!**

Ein Miteigentümer baut das Dachgeschoss zulässigerweise zu Wohnraum aus. Die Gemeinschaftsordnung sieht allerdings noch eine Kostenverteilung der Betriebskosten wie vor Ausbau des Dachgeschosses vor. Es besteht ein sachlicher Grund zur Änderung des Verteilerschlüssels, da auch die neu hinzugekommenen Wohnflächen anteilsmäßig an den Betriebs- und Verwaltungskosten zu beteiligen sind.

Die Änderung muss ferner ordnungsgemäßer Verwaltung entsprechen. Eine Kostenverteilung nach dem tatsächlichen Verbrauch oder der tatsächlichen Verursachung entspricht grundsätzlich immer ordnungsgemäßer Verwaltung.

Die Abänderung des Kostenverteilerschlüssels nach § 16 Abs. 3 WEG für die Betriebskosten ist transparent zu gestalten. Es genügt nicht, dass in einer Jahresabrechnung oder einem Wirtschaftsplan lediglich der neue Kostenverteilerschlüssel zugrunde gelegt wird. Auch eine rückwirkende Änderung des Umlageschlüssels nach § 16 Abs. 3 WEG entspricht in der Regel nicht den Grundsätzen einer ordnungsgemäßen Verwaltung (BGH, 9.7.2010, V ZR 202/09, NJW 2010, 2654).

Einem solchen Beschluss muss ausdrücklich zu entnehmen sein, dass der von der Gemeinschaftsordnung oder Teilungserklärung vorgegebene Schlüssel dauerhaft geändert werden soll. Derart weitreichende Änderungen müssen eindeutig gestaltet werden. Es muss deshalb bereits aus der Einberufung der Wohnungseigentümerversammlung hervorgehen, dass der Kostenverteilerschlüssel Gegenstand der Beschlussfassung sein soll (BGH, a. a. O.).

! **Praxis-Tipp**

Sind Sie der Ansicht, dass die Änderung des Kostenverteilerschlüssels nicht den Grundsätzen ordnungsgemäßer Verwaltung entspricht, so müssen Sie den Mehrheitsbeschluss durch Anfechtungsklage beim zuständigen Amtsgericht binnen Monatsfrist anfechten.

Die neu eingeführte Beschlusskompetenz nach § 16 Abs. 3 WEG gilt auch für die Verwaltungskosten, zum Beispiel das Verwalterhonorar oder einen Aufwandsersatz für den Verwaltungsbeirat.

! **Beispiel: Verteilung der Verwaltungskosten**

Die Eigentümergemeinschaft beschließt, dass das Verwalterhonorar nicht nach Miteigentumsanteilen, sondern künftig pro Wohneinheit abgerechnet werden soll. Dafür besteht ein sachlicher Grund, da der Verwaltungsaufwand pro Wohnung grundsätzlich unabhängig von der jeweiligen Wohnungsgröße gleich ist.

§ 16 Abs. 3 WEG gibt ausdrücklich vor, dass Beschlüsse zur Änderung der Kostenverteilung auch ordnungsgemäßer Verwaltung entsprechen müssen (siehe oben). Deshalb unterliegen diese Beschlüsse der richterlichen Überprüfung, sofern sie binnen Monatsfrist durch Klage angefochten werden.

Die Änderungskompetenz gilt nicht für Kosten, die unmittelbar gegenüber Dritten abgerechnet werden.

> **Beispiel: Abrechnung mit Versorgungsunternehmen** !
>
> Kosten, die direkt vom Versorgungsunternehmen gegenüber dem einzelnen Wohnungseigentümer abgerechnet werden, können durch Mehrheitsbeschluss nicht geändert werden.

> **Achtung** !
>
> Die Beschlusskompetenz erfasst die Kostenverteilung der Eigentümer im Innenverhältnis, das heißt untereinander. Davon zu unterscheiden ist die Haftung des Eigentümers für Schulden der Gemeinschaft gegenüber Dritten. Diese ist nach der Entscheidung des BGH zur Teilrechtsfähigkeit der Wohnungseigentümergemeinschaft (vgl. Kapitel 6) sowie durch Einführung des § 10 Abs. 8 WEG grundsätzlich nur auf die Höhe des Miteigentumsanteils beschränkt.

Gemäß § 16 Abs. 5 WEG kann die neu eingeführte Beschlusskompetenz zur Änderung des Kostenverteilerschlüssels durch eine Vereinbarung der Wohnungseigentümer nicht eingeschränkt oder ausgeschlossen werden. Eine Erweiterung der Befugnisse ist jedoch möglich.

4.3.2 Rechtsprechungsbeispiele

- Die Eigentümer beschließen, dass künftig die Kosten für Müllabfuhr, Straßenreinigung, Schneebeseitigungsmittel, Hausreinigung, Gartenpflege, Versicherungen, Schädlingsbekämpfung, Niederschlagswasser sowie Wartungskosten für die Notstrom- und Brandsicherung in Zukunft nicht mehr nach Miteigentumsanteilen, sondern nach der Fläche der jeweiligen Sondereigentumseinheiten abgerechnet werden. Der BGH (16.9.2011, V ZR 3/11) urteilt, dass auch bei einer erheblichen Mehrbelastung des betroffenen Eigentümers eine Änderung des Kostenverteilerschlüssels nach Wohnflächen zulässig ist. In dem entschiedenen Fall waren die Teileigentumseinheiten des betroffenen Eigentümers im Verhältnis zu den Wohnungen deutlich geringer bewertet. Deshalb war der Miteigentümer gegenüber den übrigen Eigentümern unbillig privilegiert. Durch den neuen Kostenverteilerschlüssels nach m² Wohnfläche gelangten die Eigentümer zu einer höheren Kostengerechtigkeit. In diesem Fall ist es auch hinzunehmen, dass der Eigentümer im Vergleich zur bisherigen Kostenverteilung nach Miteigentumsanteilen künftig mit einem sechsfach oder 6,5-fach zu hohen Betrag belastet wird. Den Wohnungseigentümern steht im Übrigen bei Änderung des Umlageschlüssels nach § 16 Abs. 3 WEG aufgrund ihres Selbstorganisationsrechts ein weiter Gestaltungsspielraum zu (vgl. auch BGH, 1.4.2011, V ZR 162/10, NJW 2011, 2201).
- Ein Eigentümerbeschluss, der bei einer abändernden Kostenverteilung in der Kostenposition »Aufzüge« nicht nur die Betriebskosten umfasst, sondern

auch Instandsetzungs- und Instandhaltungskosten, entspricht nicht ordnungsgemäßer Verwaltung.

- Den Wohnungseigentümern steht bei der Änderung eines Kostenverteilerschlüssels aufgrund ihres Selbstorganisationsrechts ein weiter Gestaltungsspielraum zu. Dies gilt für die Kostenverteilung von Betriebs- und Instandsetzungskosten nach § 16 Abs. 3, 4 WEG, ebenso bei der Änderung des Kostenverteilerschlüssels aufgrund einer in der Teilungserklärung enthaltenen Öffnungsklausel (BGH, 10.6.2011, V ZR 2/10).
- Eine rückwirkende Änderung des Umlageschlüssels nach § 16 Abs. 3 WEG entspricht in der Regel nicht den Grundsätzen einer ordnungsgemäßen Verwaltung (BGH, 9.7.2010, V ZR 202/09). Ein Wohnungseigentümer kann grundsätzlich darauf vertrauen, dass die bis zu einer Änderung des Verteilerschlüssels angefallenen Kosten nach dem bis dahin geltenden bisherigen Schlüssel umgelegt werden (Vertrauensschutzgedanke). Eine Abweichung hiervon kommt nur ausnahmsweise bei Vorliegen besonderer Umstände in Betracht, etwa wenn der bisherige Schlüssel unbrauchbar oder in hohem Maß unpraktikabel ist oder dessen Anwendung zu unbilligen Ergebnissen führt (BGH, a.a.O.).

4.3.3 Beschluss nur mit Wirkung für die Zukunft?

Die Antwort auf die Frage, ob eine Änderung des Kostenverteilerschlüssels rückwirkend erfolgen kann, hängt davon ab, ob eine Änderung im laufenden oder in einem bereits abgeschlossenen Wirtschaftsjahr erfolgt. Für die letztgenannte Fallkonstellation hat der BGH entschieden, dass ein Wohnungseigentümer darauf vertrauen darf, dass die bis zu einer Änderung des Verteilerschlüssels angefallenen Kosten nach dem bis dahin geltenden Schlüssel umgelegt werden. Deshalb darf in der Regel nicht in bereits abgeschlossene Abrechnungszeiträume rückwirkend eingegriffen werden. Dies gebietet der Vertrauensschutzgedanke.

Eine Abweichung hiervon kommt nur ausnahmsweise bei Vorliegen besonderer Umstände in Betracht, etwa wenn der bisherige Schlüssel unbrauchbar oder in hohem Maße unpraktikabel ist oder dessen Anwendung zu grob unbilligen Ergebnissen führt (BGH, 9.7.2010, V ZR 202/09). Hingegen kommt eine Änderung des Kostenverteilerschlüssels im laufenden Wirtschaftsjahr in Betracht. Dass rückwirkende Regelungen von der Beschlusskompetenz ausgenommen sein sollen, lässt sich dem Gesetz nicht entnehmen. Eine solche Einschränkung widerspräche auch der im Gesetzgebungsverfahren betonten Stärkung der Privatautonomie der Wohnungseigentümer (BGH, a.a.O.).

Ein strenges Rückwirkungsverbot gilt nur für die Heiz- und Warmwasserkosten, nicht aber für die Änderung des Kostenverteilerschlüssels für Betriebs- und

Verwaltungskosten im laufenden Wirtschaftsjahr. Eine rückwirkende Änderung des Umlageschlüssels in einem abgelaufenen Wirtschaftsjahr entspricht in der Regel aber nicht den Grundsätzen ordnungsgemäßer Verwaltung (BGH, a. a. O.).

4.3.4 Änderung der Kostenverteilung bei Instandhaltung, Instandsetzung und baulichen Veränderungen

Die Änderung des in der Gemeinschaftsordnung festgelegten Kostenverteiler- schlüssels war bisher grundsätzlich nur durch die Änderung der Gemeinschafts- ordnung selbst möglich, das heißt durch eine Vereinbarung aller Wohnungsei- gentümer. Eine weitere Ausnahme sieht § 16 Abs. 4 WEG vor, demnach können die Kosten für

- Instandhaltungen (§ 21 Abs. 5 Nr. 2 WEG),
- Instandsetzungen (§ 21 Abs. 5 Nr. 2 WEG),
- bauliche Veränderungen (§ 22 Abs. 1 WEG) sowie
- Modernisierungen (§ 22 Abs. 2 WEG)

abweichend vom geltenden Kostenverteilerschlüssel geregelt werden. Sofern die Gemeinschaftsordnung eine Vereinbarung zum Kostenverteilerschlüssel enthält, kann dieser aufgrund der Beschlusskompetenz der Eigentümer nach § 16 Abs. 4 WEG abgeändert werden. Sofern die Gemeinschaftsordnung keine Vereinbarung über den Kostenverteilerschlüssel enthält, kann auch der gesetz- liche Kostenverteilerschlüssel (§ 16 Abs. 2 WEG) abgeändert werden.

Die Voraussetzung dafür ist: Es muss sich um einen konkreten Einzelfall handeln. Der Kostenverteilerschlüssel kann also nicht generell geändert werden, sondern nur im Hinblick auf einen ganz bestimmten zu regelnden Einzelfall.

Beispiele: Einzelfälle !

Die Eigentümer beschließen,

- das Streichen von Fenstern nach deren Anzahl abzurechnen,
- die Reparatur der im Gemeinschaftseigentum stehenden Teile von Balkonen nur den Wohnungseigentümern in Rechnung zu stellen, zu deren Wohnung ein Balkon gehört, oder
- die Instandsetzungskosten für Garagen oder Stellplätze nur auf die Nutzungsbe- rechtigten zu verteilen (BT-Drucks. 16/887, S. 23).

Im Gegensatz zu § 10 Abs. 2 Satz 3 WEG, der eine generelle Änderung des Kosten- verteilerschlüssels zulässt, muss sich ein Beschluss nach § 16 Abs. 4 WEG auf den Einzelfall beziehen, das heißt, der Kostenverteilerschlüssel wird nicht generell und dauerhaft abgeändert, sondern nur für die konkrete Instandsetzung.

Im Fall einer Balkonsanierung können beispielsweise nach einer Entscheidung des AG Oldenburg (19.2.2008, 10 C 10016/07, NZM 2008, 495) die Kosten für die Sanierung eines einzelnen Balkons – obwohl beispielsweise Brüstung, Geländer und Bodenplatte zwingend Gemeinschaftseigentum sind – allein dem Eigentümer der Wohnung auferlegt werden.

Ein konkreter Einzelfall im Sinne des § 16 Abs. 4WEG liegt nicht mehr vor, wenn die Kosten der Instandhaltung, zum Beispiel von Terrassenfenstern und -türen, nicht nur für die einzelne konkret anstehende Reparatur, sondern dauerhaft auf die einzelnen Wohnungseigentümer abgewälzt werden sollen.

Derartige Regelungen sind von der Beschlusskompetenz nach § 16 Abs. 4 WEG nicht mehr umfasst. Den Wohnungseigentümern fehlt die Kompetenz, eine solche Regelung im Wege eines Beschlusses zu treffen. Nachdem hierdurch unzulässigerweise die Teilungserklärung geändert werden soll, sind entsprechende Beschlüsse nichtig (BGH, 25.9.2009, V ZR 33/09).

Nachdem ein Beschluss nach § 16 Abs. 4 WEG nur im Rahmen eines konkreten Einzelfalls möglich ist, können in nachfolgender Konstellation durchaus unbillige Ergebnisse entstehen: In einer Eigentümerversammlung soll über die Instandsetzung der reparaturbedürftigen Fenster an der Westseite des Anwesens beschlossen werden. Die Eigentümer beschließen die Instandsetzung, gleichzeitig mit doppelt qualifizierter Mehrheit, dass diese Kosten nur von den Eigentümern getragen werden sollen, deren Wohnungen zur Westseite liegen. Die Eigentümer stellen zwei Jahre später fest, dass nun auch die übrigen Fenster des Anwesens marode sind. Sie beschließen auch hier die Instandsetzung. Eine gesonderte Kostenverteilung nach § 16 Abs. 4 WEG wird allerdings nun nicht mehr beschlossen, sodass die Kosten nach dem gesetzlichen Maßstab, das heißt nach Miteigentumsanteilen, zu verteilen sind (§ 16 Abs. 2 WEG). Die Eigentümer der nach Westen gelegenen Wohnungen fühlen sich hierdurch benachteiligt, da sie ihrerseits ihre Fensterreparaturen selbst gezahlt haben und nun trotzdem an den Fensterreparaturen der übrigen Wohnungen beteiligt werden sollen. Tatsächlich liegt hierin ein unbilliges Ergebnis. Aus dem Gleichbehandlungsgrundsatz könnte zwar eine Pflicht der Wohnungseigentümer bestehen, bei künftigen Fenstersanierungen gleichartige Beschlüsse zu fassen (Bub/Bernhard, FD-MietR 2009, 282273). Auch die Einhaltung der Maßstabskontinuität bei späteren Fenstersanierungen würde gebieten, dass diejenigen Eigentümer, die ihre Fensterreparaturen bereits selbst bezahlt haben, nicht mehr an den anderen Reparaturen beteiligt werden. Es entspricht daher nicht ordnungsgemäßer Verwaltung, wenn die für den Einzelfall beschlossene Änderung des Kostenverteilerschlüssels einen Anspruch der betroffenen Wohnungseigentümer auf Gleichbehandlung in künftigen Fällen auslöst und so den allgemeinen Kostenverteilerschlüssel unterläuft, da hierin eine verdeckte Teilungserklärungsänderung liegt (BGH, 18.6.2010, V ZR 164/09, NZM 2010, 584).

4.3.5 Orientierung am individuellen Gebrauch

Der abweichende Maßstab muss dem individuellen Gebrauch oder der Möglichkeit des Gebrauchs Rechnung tragen (§ 16 Abs. 4 WEG). Strittig war, ob nur bei einer exklusiven Gebrauchsmöglichkeit die Abänderung des Kostenverteilerschlüssels nach § 16 Abs. 4 WEG in Betracht kommt oder auch, wenn die Gebrauchsmöglichkeit sowohl für den konkreten Wohnungseigentümer als auch für die Gemeinschaft besteht.

> **Beispiel** !
>
> In einer sogenannten Mehrhausanlage, bestehend aus einer Altbauvilla und zwei Neubauten, beschließen die Wohnungseigentümer, dass die Kosten der Dachsanierung des Altbestands nur durch die Eigentümer der im Altbau gelegenen Wohnungen zu tragen ist. Die Eigentümer der im Altbau gelegenen Wohnungen fechten diesen Beschluss an mit dem Ziel, dass die Gesamtheit der Wohnungseigentümer die Kosten der Dachsanierung zu tragen hat.

Das AG München (18.9.2008, 483 C 470/08) vertrat die Auffassung, dass der Beschluss über die abweichende Kostenverteilung ordnungsgemäß sei. Zwar gebe es Gebäudebestandteile, die einen mehrfachen Zweck erfüllen, beispielsweise die Fenster. Der Wohnungseigentümer nutze sie beim Öffnen; für die Wohnungseigentümer insgesamt seien die Fenster für die Abgeschlossenheit von Bedeutung. Beim Dach verhalte es sich ähnlich. Das Dach der Villa bezwecke den Schutz und die Abgrenzung der in der Villa gelegenen Wohnungen. Darüber hinaus sei es für die Abgeschlossenheit und das äußere Erscheinungsbild der Villa bedeutsam. Nach dem Wortlaut des § 16 Abs. 4 WEG reiche es jedoch, wenn der beschlossene abweichende Maßstab der Möglichkeit des Gebrauchs Rechnung trage. Eine exklusive Gebrauchsmöglichkeit sei nicht erforderlich. Der Beschluss über die Kostentragung sei daher ordnungsgemäß zustande gekommen.

Das LG München I (30.7.2009, 36 S 18003/08) war in der Berufungsinstanz gegenteiliger Auffassung. Der Beschluss, lediglich die Eigentümer der Wohnungen der Altbauvilla mit Kosten zu belasten, widerspreche ordnungsgemäßer Verwaltung. Denn das Dach der Altbauvilla biete keine exklusiven Gebrauchsmöglichkeiten für die Eigentümer der in der Altbauvilla gelegenen Wohnungen, sondern diene insgesamt dem Gemeinschaftseigentum. Ohne Dach gäbe es kein Gebäude und somit auch kein Gemeinschaftseigentum. Es diene dem Nutzen für alle übrigen Eigentümer, auch denjenigen der Neubauten. Außerdem habe es für die Gesamtanlage eine prägende optische Funktion. Deshalb könne eine abweichende Kostenverteilung für die Eigentümer der in der Villa gelegenen Wohnung mangels exklusiver Gebrauchseigentümer nicht beschlossen werden. Die Kosten müssen daher von sämtlichen Wohnungseigentümern, das heißt auch von denjenigen der Neubauten, getragen werden.

Das LG München ließ wegen der Unsicherheit über die Reichweite des Ermessens der Wohnungseigentümer im Rahmen eines Beschlusses nach § 16 Abs. 4 WEG die Revision zum BGH zu. Der BGH hat mit Urteil vom 18.6.2010 (V ZR 164/09) entschieden, dass bei Bestandskraft des angefochtenen Beschlusses die Eigentümer von Wohnungen in der Villa die Kosten der Dachsanierung allein tragen müssten. Sie müssten sich dennoch im Rahmen einer abweichenden Kostenverteilung künftig an allen anderen Instandsetzungsmaßnahmen beteiligen, auch an der Dachsanierung der Neubauten. Deshalb ist ein Beschluss über eine abweichende Kostenverteilung nur dann ordnungsgemäß, wenn für alle gleichgelagerten Instandsetzungsmaßnahmen unter dem Gesichtspunkt der Maßstabskontinuität eine entsprechende abweichende Kostenverteilung beschlossen würde. Damit wird aber das in der Teilungserklärung vorgesehene Prinzip der Gesamtverantwortung aller Wohnungseigentümer für das Gemeinschaftseigentum in allen Gebäuden unterlaufen und im Wege von Einzelmaßnahmen in sein Gegenteil verkehrt (BGH, a.a.O.). Wenn die Änderung des Kostenverteilerschlüssels einen Anspruch der Wohnungseigentümer auf Gleichbehandlung in künftigen Fällen auslöst, kann dies im Rahmen ordnungsgemäßer Verwaltung nicht beschlossen werden (BGH, V ZR 164/09). Dadurch wurde die Entscheidung des LG München I, wonach es nicht ordnungsgemäßer Verwaltung entspricht, die Kosten für die Dachsanierung eines Hauses nur den Eigentümern dieses Hauses aufzubürden, durch den BGH bestätigt.

Das Beispiel zeigt, wie schwierig es ist vorauszusagen, ob ein Beschluss über die Kostenverteilung nach § 16 Abs. 4 WEG noch ordnungsgemäßer Verwaltung entspricht oder nicht. Der Gesetzgeber hat ausweislich der Gesetzesbegründung (BT-Drucks. 16/887, S. 23) zum Beispiel explizit die Abrechnung der Instandsetzungskosten nach der Anzahl der Fenster angeführt. Überträgt man dies auf die vorliegende Fallkonstellation, handelt es sich hier ebenfalls um eine konkrete Nutzungsmöglichkeit durch den jeweiligen Einzeleigentümer, gleichzeitig um einen gemeinschaftlichen Gebrauch (Abgeschlossenheit/optisch-architektonischer Eindruck der Fassade).

4.3.6 Doppelt qualifizierte Mehrheit

Es muss eine qualifizierte Mehrheit von drei Vierteln aller stimmberechtigten Wohnungseigentümer nach Köpfen (gemäß § 25 Abs. 2 WEG) vorliegen, die gleichzeitig mehr als der Hälfte aller Miteigentumsanteile (sogenanntes Quorum) entsprechen muss.

§ 16 Abs. 4 WEG verweist auf § 25 Abs. 2 WEG, das sogenannte Kopfprinzip. Danach hat jeder Wohnungseigentümer (nur) eine Stimme, auch wenn er Eigentümer mehrerer Wohnungen ist. Mehrere Miteigentümer müssen ihr Stimmrecht einheitlich ausüben, das heißt, ihnen steht ebenfalls nur eine einzige Stimme zu.

> **Praxis-Tipp**   **!**
>
> Wird das Quorum bei der Abstimmung nicht erreicht, ist der Beschluss anfechtbar, aber nicht nichtig. Sie müssen also ggf. innerhalb eines Monats Anfechtungsklage beim zuständigen Amtsgericht einreichen. Ansonsten wird der Beschluss bestandskräftig und kann grundsätzlich nicht mehr angegriffen werden.

Die Neuregelung ist für die Eigentümergemeinschaft im Übrigen fakultativ, das heißt, die Gemeinschaft kann die Kostenverteilung im Einzelfall ändern, sie muss dies aber nicht.

> **Beispiel: Instandsetzung**   **!**
>
> Die Eigentümergemeinschaft fasst einen Beschluss zur Sanierung der Tiefgarage und bestimmt dabei einen von der Gemeinschaftsordnung abweichenden Kostenschlüssel: Nur die Eigentümer von Stellplätzen haben die Kosten der Sanierung zu tragen.

> **Beispiel: Modernisierung**   **!**
>
> Die Eigentümergemeinschaft beschließt, einen Fahrstuhl einzubauen. Es handelt sich dabei um eine Modernisierungsmaßnahme im Sinne des § 22 Abs. 2 WEG sowie des § 559 Abs. 1 BGB. Im Rahmen des Beschlusses über den Lifteinbau selbst beschließen die Eigentümer, dass alle an den Kosten beteiligt werden. Die Eigentümer der Erdgeschosswohnungen können an den Kosten des Lifteinbaus beteiligt werden, da auch das Kellergeschoss angefahren wird, denn nach § 16 Abs. 4 WEG genügt es, dass der geänderte Verteilerschlüssel der Möglichkeit des Gebrauchs Rechnung trägt.

> **Beispiel: Bauliche Veränderung**   **!**
>
> In einer Eigentumswohnanlage verfügt nur ein Teil der Wohnungen über Balkone. Die Eigentümergemeinschaft beschließt nun, dass an die Wohnungen, die bisher noch keine Balkone hatten, Balkone angebaut werden dürfen. Die Kosten sind nach dem Beschluss nur von denjenigen Eigentümern zu tragen, deren Wohnungen Balkone erhalten sollen.

Gemäß § 16 Abs. 5 WEG können die Befugnisse nach § 16 Abs. 4 WEG, das heißt die Kompetenz der Eigentümergemeinschaft zur Änderung der Kostenverteilung bei Instandhaltung, Instandsetzung und baulichen Veränderungen, durch

Vereinbarung der Wohnungseigentümer nicht eingeschränkt oder ausgeschlossen werden. Eine Erweiterung der Befugnisse ist jedoch möglich.

> **! Beispiel: Öffnungsklausel**
>
> Die Gemeinschaftsordnung enthält eine sogenannte Öffnungsklausel (siehe auch Kapitel 5.6.3): Der Kostenverteilerschlüssel kann im konkreten Einzelfall mit einer Mehrheit von zwei Dritteln aller Wohnungseigentümer geändert werden.

4.3.7 Kostenbefreiung

Nach § 16 Abs. 6 WEG ist ein Wohnungseigentümer, der der baulichen Veränderung nicht zugestimmt hat, nicht berechtigt, einen Anteil an den Nutzungen zu beanspruchen, die auf einer solchen Maßnahme beruhen. Er ist nicht verpflichtet, die Kosten, die durch diese Maßnahme verursacht sind, zu tragen (§ 16 Abs. 4 WEG).

Die Vorschrift über die Kostenbefreiung ist weder auf Maßnahmen der ordnungsgemäßen Instandsetzung und Instandhaltung anwendbar noch auf Maßnahmen der Modernisierung nach § 22 Abs. 2 WEG (BGH, 11.11.2011, V ZR 65/11, NZM 2012, 174).

Die Vorschrift über die Kostenbefreiung nach § 16 Abs. 6 WEG kommt aber demjenigen Eigentümer zugute, der einer baulichen Veränderung nicht zugestimmt hat. Es kommt nicht darauf an, ob die Zustimmung des Wohnungseigentümers aufgrund einer Beeinträchtigung nach §§ 14, 22 WEG erforderlich gewesen wäre oder nicht.

Stimmt ein Wohnungseigentümer einer baulichen Veränderung nicht zu, so ist er von den Kosten dieser Maßnahmen befreit.

> **! Praxis-Tipp**
>
> Der Wohnungseigentümer, der von den Kosten einer baulichen Veränderung freigestellt werden will, sollte darauf hinwirken, dass das Abstimmungsergebnis in der Wohnungseigentümerversammlung namentlich festgehalten wird, um späteren Streit darüber zu vermeiden, ob er der baulichen Veränderung zugestimmt hat oder nicht.

> **! Praxis-Tipp**
>
> § 16 WEG betrifft die Kosten des Gemeinschaftseigentums. Bereits vor Änderung des Wohnungseigentumsgesetzes war es möglich, verbrauchsabhängige Kosten des Sondereigentums, das heißt der jeweiligen einzelnen Wohnungen, durch Mehrheitsbeschluss zu regeln, auch wenn die Gemeinschaftsordnung dazu keine sogenannte Öffnungsklausel (vgl. Kapitel 5.6.3) enthielt.

Beispiel: Einbau von Kaltwasserzählern !

Die Eigentümergemeinschaft beschließt, Kaltwasserzähler einzubauen und die Wasserkosten künftig nach dem individuellen Verbrauch abzurechnen. Dies ist durch Beschluss möglich, da nur die Kosten des Sondereigentums und nicht des Gemeinschaftseigentums betroffen sind. Auch unter Berücksichtigung des Gedankens der Energieeinsparung (Abrechnung nach individuellem Verbrauch) sind Mehrheitsbeschlüsse dazu möglich.

Es steht aber im Ermessen der Wohnungseigentümergemeinschaft, ob sie ganz oder teilweise verbrauchsabhängige Abrechnungen einführen will. Eine künftige verbrauchsabhängige Abrechnung widerspricht allerdings dann ordnungsgemäßer Verwaltung, wenn die Kosten für den Einbau einschließlich laufender Wartungskosten, Ablesekosten, Eichgebühren etc. in keinem angemessenen Verhältnis zu der voraussichtlichen Einsparung an Wasser stehen.

Ein Mehrheitsbeschluss über den Einbau von Kaltwasserzählern und eine künftige verbrauchsabhängige Abrechnung ist allerdings dann nicht möglich, wenn die Gemeinschaftsordnung – ausnahmsweise – eine ausdrückliche Regelung zur Abrechnung des Wasserverbrauchs auch im Hinblick auf die jeweiligen Sondereigentumseinheiten enthält. Ist dies der Fall, muss ggf. die Gemeinschaftsordnung geändert werden, dazu ist eine Vereinbarung aller Wohnungseigentümer erforderlich.

4.3.8 Änderung des Kostenverteilerschlüssels bei Unbilligkeit

Nach dem neu eingeführten § 10 Abs. 2 Satz 3 WEG können nun auch einzelne Eigentümer die Änderung von Vereinbarungen (insbesondere in der Gemeinschaftsordnung) verlangen, wenn ein Festhalten an der geltenden Regelung aus schwerwiegenden Gründen unter Berücksichtigung aller Umstände des Einzelfalls, insbesondere der Rechte und Interessen der anderen Wohnungseigentümer, unbillig erscheint. Dies betrifft grundsätzlich alle »schuldrechtlichen Vereinbarungen« der Wohnungseigentümer untereinander. Darunter sind zunächst einmal die Regelungen der Gemeinschaftsordnung zu verstehen, ferner Gebrauchsregelungen im Sinne des § 15 Abs. 1 WEG.

Beispiele: Schuldrechtliche Vereinbarungen !

Vereinbarungen der Wohnungseigentümer über Verkehrssicherungspflichten, Reinigungs- und Streupflichten, Nutzungsregelungen über Gemeinschaftsräume wie die Waschküche.

Eine Vereinbarung liegt vor, wenn sämtliche beteiligten Wohnungseigentümer der Regelung zugestimmt haben.

> **! Beispiel: Vereinbarung**
>
> Die Eigentümer vereinbaren allstimmig ein sogenanntes Tierhaltungsverbot in der Wohnungseigentumsanlage.

An dieser Stelle soll nur der Anspruch auf Änderung des Kostenverteilerschlüssels erörtert werden. Nach der bisherigen oberlandesgerichtlichen Rechtsprechung bestand ein Änderungsanspruch grundsätzlich nur dann, wenn die geltende Regelung der Kostenverteilung zu grob unbilligen, mit Treu und Glauben nicht zu vereinbarenden Ergebnissen führte. Im Einzelfall haben die Oberlandesgerichte dies angenommen bei einer Kostenmehrbelastung eines Wohnungseigentümers von 253 % (BayObLGZ 1991, 396, 399) von 171 % (BayObLGZ 1987, 66, 69) und von 87,5 % (BayObLG, WuM 1997, 61 f.). Verneint worden ist eine grobe Unbilligkeit bei einer Kostenmehrbelastung zwischen 12 % und 50 % durch das BayObLG und von 27 % durch das OLG Düsseldorf.

Der BGH stellte mit 7.10.2004 (V ZB 22/04) heraus, dass es dazu keine starren prozentualen Grenzen gibt und das Maß der Kostenmehrbelastung nicht alleiniges Kriterium einer groben Unbilligkeit sei. Die bisherige Rechtsprechung war zu etwaigen Ansprüchen eines Einzeleigentümers auf Änderung des Kostenverteilerschlüssels äußerst zurückhaltend.

Nach der jetzigen Einführung des § 10 Abs. 2 Satz 3 WEG wurde dem einzelnen Eigentümer dazu ein gesetzlich verankerter Anspruch auf Änderung von Vereinbarungen/Gemeinschaftsordnungen zugebilligt. Danach hat der Einzeleigentümer einen Anspruch auf Änderung der Vereinbarung (hier des Kostenverteilerschlüssels), wenn das Festhalten an der geltenden Regelung aus schwerwiegenden Gründen unbillig erscheint (§ 10 Abs. 2 Satz 3 WEG). Liegt diese Voraussetzung vor, kann der Einzeleigentümer die Änderung der Gemeinschaftsordnung – hier des Kostenverteilerschlüssels – verlangen.

Vertreten wird, dass bei einer Kostenmehrbelastung von über 25 % zwischen Wohn- und Nutzfläche sowie dem für die Verteilung maßgeblichen Miteigentumsanteil die Grenze überschritten sei und ein Anspruch auf Abänderung des Kostenverteilerschlüssels bestehe. Dem Gesetzeswortlaut ist diese Zahl aber nicht zu entnehmen (Spielbauer/Then, § 10 WEG Rn. 21). Allerdings entstammt die Auffassung, dass bei einer Kostenmehrbelastung von etwa 25 % eine Unbilligkeit naheliegen dürfte, der Begründung zum Gesetzesentwurf der Bundesregierung (BT-Drucks. 16/887, S. 17 ff.).

Nach BGH (17.12.2010, V ZR 131/10) setzt ein schwerwiegender Grund, von der gesetzlichen oder in der Gemeinschaftsordnung vereinbarten Verteilung der Kosten nach Miteigentumsanteilen abzuweichen, voraus, dass der geltende Verteilerschlüssel für den die Änderung verlangenden Eigentümer zu einer erheblich (grundsätzlich mindestens um 25 %) höheren Belastung als eine Verteilung der Kosten nach den Wohn- oder den Nutzflächen führt. Eine erhebliche Mehrbelastung des Wohnungseigentümers allein begründet aber noch nicht dessen Änderungsanspruch. Erforderlich ist eine Abwägung unter Berücksichtigung aller Umstände des konkreten Einzelfalls. Sie kommt nur in Betracht, wenn ein Festhalten an der geltenden Regelung aus schwerwiegenden Gründen, insbesondere aufgrund der Rechte und Interessen der anderen Wohnungseigentümer, unbillig erscheint (§ 10 Abs. 2 Satz 3 WEG).

Im Fall der Unbilligkeit kann auch ein einzelner Eigentümer die Änderung der Vereinbarung (Teilungserklärung/Gemeinschaftsordnung) verlangen, es besteht also ein Individualanspruch. Der Anspruch richtet sich nicht gegen den teilrechtsfähigen Verband der Wohnungseigentümer, sondern gegen die übrigen Miteigentümer und zielt auf Abänderung – hier: des Kostenverteilerschlüssels. Die Änderung erfolgt nicht durch Beschlussfassung, da den Wohnungseigentümern für eine Entscheidung über das Verlangen eines Wohnungseigentümers nach Anpassung der Vereinbarung (Teilungserklärung/Gemeinschaftsordnung) die Beschlusskompetenz fehlt (BGH, V ZR 114/09). Sind die Anspruchsvoraussetzungen gegeben, so muss vielmehr jeder einzelne Wohnungseigentümer an der Abänderung durch Zustimmung zum geänderten Kostenverteilerschlüssel mitwirken. Die Änderung des Kostenverteilerschlüssels gilt nur für die Zukunft. Sie ist im Rahmen von Jahresabrechnungen oder Wirtschaftsplänen erst dann zu berücksichtigen, wenn die Änderung des Kostenverteilerschlüssels tatsächlich vollzogen wurde (Niedenführ/Kümmel/Vandenhouten, § 10 WEG Rn. 63).

4.4 Der Wirtschaftsplan

Jeder Wohnungseigentümer muss seinen Beitrag zu den Kosten und Lasten des gemeinschaftlichen Eigentums leisten (Beitragspflicht). Dies erfolgt im Allgemeinen durch monatliche Wohngeldzahlungen, bzw. durch Ausgleich des Nachzahlungsbetrags aus der Jahresabrechnung.

Die Verpflichtung der Wohnungseigentümer zur Zahlung von Wohngeld sowie dessen Fälligkeit (in der Regel monatlich) wird im Wirtschaftsplan festgelegt. Der Wirtschaftsplan wird regelmäßig anhand der letzten Jahresabrechnung erstellt. Da der Wirtschaftsplan eine Prognoseentscheidung ist, werden die Einzelpositionen in aller Regel aus der letzten Jahresabrechnung übernommen. Dabei werden voraussichtliche Kostenerhöhungen, bereits feststehende Zusatzkosten (zum Beispiel Rechtsverfolgungskosten) sowie bereits feststehende Wohngeldausfälle im Wege der Schätzung ermittelt und in den Wirtschaftsplan eingestellt.

In den Wirtschaftsplan sind alle jeweiligen Gesamtkosten einzustellen. Ferner ist der Verteilerschlüssel nach der Gemeinschaftsordnung oder – wenn diese einen Verteilerschlüssel nicht enthält – nach dem Gesetz aufzunehmen. Schließlich ist der hieraus resultierende und auf den einzelnen Wohnungseigentümer entfallende Betrag auszuweisen.

Das Ergebnis ist die monatliche Wohngeldzahlung für den jeweiligen Einzeleigentümer. Der Wirtschaftsplan wird durch Mehrheitsbeschluss der Wohnungseigentümer genehmigt. Die Rechtsgrundlage für den Wirtschaftsplan ist § 28 Abs. 1 WEG.

4.4.1 Einnahmen und Ausgaben

Nach § 28 Abs. 1 WEG enthält der Wirtschaftsplan die voraussichtlichen Einnahmen und Ausgaben bei der Verwaltung des gemeinschaftlichen Eigentums (§ 28 Nr. 1 WEG). Den Einnahmen, insbesondere aus dem Wohngeld, sind die voraussichtlichen Bewirtschaftungskosten gegenüberzustellen – wie etwa Brandversicherungen, Gebäudeversicherungen, Haftpflichtversicherung, Hausmeister- und Reinigungskosten, Verwalter-, Wasser-, Kanal- und Abfallbeseitigungsgebühren etc. Hinsichtlich der zu erwartenden Kostenpositionen kann auf § 2 BetrKV zurückgegriffen werden.

Getrennt von den vorgenannten Kostenpositionen hat der Wirtschaftsplan auch die voraussichtlichen Beiträge in die Instandhaltungsrücklage aufzunehmen. Dabei schätzt der Verwalter anhand des Objektzustands sowie allgemeiner Erfahrungswerte, welche Zahlungen in die Instandhaltungsrücklage voraussichtlich erforderlich sein werden.

4.4.2 Kostenverteilerschlüssel

Im Wirtschaftsplan ist die anteilsmäßige Verpflichtung zur Lasten- und Kostentragung auszuweisen (§ 28 Abs. 1 Nr. 2 WEG). Dabei ist der in der Gemeinschaftsordnung vorgesehene oder, wenn ein solcher nicht existiert, der gesetzliche Kostenverteilerschlüssel zugrunde zu legen. Widerspricht der Wirtschaftsplan diesen Anforderungen, ist er auf Anfechtungsklage hin für ungültig zu erklären.

4.4.3 Der Einzelwirtschaftsplan

Der Wirtschaftsplan muss einen sogenannten Einzelwirtschaftsplan enthalten, das heißt für jeden Eigentümer eine konkrete Berechnung unter Berücksichtigung des gültigen Verteilerschlüssels. Der Einzelwirtschaftsplan gehört zu den unverzichtbaren Bestandteilen des Wirtschaftsplans. Fehlt der Einzelwirtschaftsplan, ist die Genehmigung des Wirtschaftsplans auf Antrag für ungültig zu erklären (BGH, NZM 2005, 543 = NJW 2005, 2061; BayObLGZ 2004, 374).

4.4.4 Pflicht des Verwalters zur Aufstellung eines Wirtschaftsplans

Der Verwalter muss zur Aufstellung eines Wirtschaftsplans nicht gesondert aufgefordert werden. Er ist gemäß § 28 Abs. 1 und § 21 Abs. 5 Nr. 5 WEG verpflichtet, für jedes Kalenderjahr ohne Aufforderung und ohne Beschluss der Wohnungseigentümer als Maßnahme ordnungsgemäßer Verwaltung einen Wirtschaftsplan aufzustellen. Unterbleibt die Aufstellung durch den Verwalter, kann jeder Wohnungseigentümer die Anfertigung gerichtlich durchsetzen (§ 43 Nr. 3 WEG).

4.4.5 Genehmigung des Wirtschaftsplans durch Eigentümerbeschluss

Der Wirtschaftsplan wird von der Wohnungseigentümergemeinschaft mehrheitlich genehmigt (§ 28 Abs. 5 WEG). Gemäß § 29 Abs. 3 WEG wird der Wirtschaftsplan vor der Abstimmung durch die Wohnungseigentümergemeinschaft vom Verwaltungsbeirat geprüft und mit dessen Stellungnahme versehen. Sofern diese Stellungnahme schriftlich vorliegt, ist sie dem Wirtschaftsplan beizufügen. Regelmäßig erfolgt ein mündlicher Hinweis des Verwaltungsbeirats in der Eigentümerversammlung, dass der Wirtschaftsplan geprüft und für ordnungsgemäß befunden wurde.

Die Beschlussfassung über den Wirtschaftsplan erfolgt in der Eigentümerversammlung. Der Verwalter hat die beabsichtigte Beschlussfassung in der Tagesordnung anzukündigen. Er hat den Wirtschaftsplan den Eigentümern zugänglich zu machen, was in der Regel dadurch geschieht, dass der Wirtschaftsplan zusammen mit der Tagesordnung übersandt wird. Der Wirtschaftsplan ist Rechtsgrundlage für den Abruf der monatlichen Wohngelder durch den Verwalter. Aus dem Beschluss über den Wirtschaftsplan muss sich unmittelbar die Höhe der jeweiligen Beteiligung des Eigentümers ergeben.

4.4.6 Fortgeltung des Wirtschaftsplans

Der Wirtschaftsplan gilt grundsätzlich nur für das Kalenderjahr, für das er aufgestellt wurde. Die Eigentümer können jedoch beschließen, dass er über das Kalenderjahr hinaus fortgelten soll. Ein solcher Beschluss entspricht ordnungsgemäßer Verwaltung, da gesichert ist, dass die monatlich von den Eigentümern zu bezahlenden Wohngelder auch weiterhin fällig werden. Die Eigentümergemeinschaft kann aber nicht generell beschließen, dass jeder Wirtschaftsplan so lange gilt, bis ein neuer aufgestellt wird, da dies den gesetzlichen Vorgaben, wonach ein Wirtschaftsplan jeweils für ein Kalenderjahr aufzustellen ist, widerspricht.

4.4.7 Fehlerhafte Wirtschaftspläne – Anfechtungsgründe

Der Wirtschaftsplan ist vom Verwalter aufzustellen, das kann nicht durch Beschluss an den Verwaltungsbeirat delegiert werden. Ein entsprechender Mehrheitsbeschluss ist nichtig. Nachdem der Wirtschaftsplan Rechtsgrundlage für die monatlichen Wohngeldzahlung ist, müssen die Eigentümer keine Wohngelder bezahlen, wenn der Wirtschaftsplan nichtig ist.

Enthält der Wirtschaftsplan einen unzutreffenden Verteilerschlüssel, kann jeder Eigentümer ihn erfolgreich mit einer Anfechtungsklage angreifen.

> **!** **Beispiel: Kostenverteilung**
>
> Der Wirtschaftsplan sieht die Kostenverteilung nach Wohnfläche vor. Die Gemeinschaftsordnung schreibt demgegenüber eine Kostenverteilung nach Miteigentumsanteilen vor. Auf Anfechtung hin muss das Gericht einen solchen Wirtschaftsplan für ungültig erklären.

Der Wirtschaftsplan muss die auf die einzelnen Wohnungseigentümer entfallenden Kosten ausweisen, daher muss der Kostenverteilerschlüssel angegeben werden. Fehlt der Verteilerschlüssel, so entspricht der Wirtschaftsplan nicht ordnungsgemäßer Verwaltung und kann erfolgreich angefochten werden.

Ein Wirtschaftsplan entspricht ferner nicht ordnungsgemäßer Verwaltung, wenn er zu wesentlich überhöhten Vorschüssen oder zu erheblichen Nachzahlungen führt (BayObLG, NZM 1998, 334). Werden die Kosten im Wirtschaftsplan zu niedrig bemessen, führt dies im Fall der Anfechtung durch einen Eigentümer allein noch nicht zur Aufhebung des Wirtschaftsplans. Eine voraussichtliche Unterdeckung führt aber dann zur Ungültigerklärung, falls sie zu erheblichen Liquiditätsengpässen der Wohnungseigentümergemeinschaft führen würde. Ein solcher Wirtschaftsplan entspricht nicht ordnungsgemäßer Verwaltung.

Allerdings muss der Eigentümer im Anfechtungsverfahren konkrete Tatsachen vortragen, die das Gericht in die Lage versetzen, einen neuen Wirtschaftsplan – mit höheren Vorauszahlungen – ersatzweise an die Stelle des alten Wirtschaftsplans zu setzen. Anderenfalls würde der Eigentümergemeinschaft die Rechtsgrundlage für die monatlichen Wohngeldvorauszahlungen fehlen.

Kleinere Ungenauigkeiten führen nicht zur Ungültigerklärung des Wirtschaftsplans. Der Wirtschaftsplan ist eine Schätzung der voraussichtlichen Kosten, sodass Ungenauigkeiten hinzunehmen sind. Nach der Rechtsprechung des BayObLG (NZM 2001, 754) entspricht es noch ordnungsgemäßer Verwaltung, wenn der Wirtschaftsplan zu einer bestimmten Position überhaupt keinen Kostenansatz enthält, obwohl der Anfall von Kosten zu erwarten ist. Die Grenze kleinerer Ungenauigkeiten ist allerdings überschritten, wenn der Wirtschaftsplan mit Wahrscheinlichkeit zu erheblichen Nachzahlungen oder Überzahlungen führen wird.

Es entspricht ebenfalls nicht ordnungsgemäßer Verwaltung, wenn der Verwalter eine Erhöhung seiner Vergütung im Wirtschaftsplan vorsieht. Der Verwalter darf seine Vergütung nicht einfach in der Weise erhöhen, dass er den erhöhten Betrag in den Wirtschaftsplan einstellt; hierfür bedarf es eines Mehrheitsbeschlusses (OLG Düsseldorf, 25.1.2005, I 3 Wx 326/04).

Solange der Beschluss über den Wirtschaftsplan von einem Gericht noch nicht rechtskräftig für ungültig erklärt wurde, bleibt es bei dessen Gültigkeit. Die monatlichen Wohngeldzahlungen sind bis zur Ungültigerklärung fällig und müssen bezahlt werden. Die Anfechtungsklage hat keine aufschiebende Wirkung. Sinn dieser Regelung ist im Fall der Anfechtung des Wirtschaftsplans bzw. der Jahresabrechnung vor allem, dass die Eigentümergemeinschaft zahlungsfähig bleibt. Wohngelder dürfen daher nicht zurückgehalten werden.

MUSTER: Beschluss zur Genehmigung des Wirtschaftsplans

»Der Wirtschaftsplan für das Wirtschaftsjahr 2016 wird mit einer Gesamtsumme der Ausgaben und Einnahmen von 250.000 EUR beschlossen. Die den Eigentümern vorgelegten Einzelwirtschaftspläne werden beschlossen. Die darin festgestellten Wohngeldzahlungen sind jeweils zum dritten Werktag eines Monats fällig.«

ARBEITSHILFE
ONLINE

MUSTER: Gesamt- und Einzelwirtschaftsplan 1.1.2016 bis 31.12.2016

I. Voraussichtliche Wohngeldeinnahmen					6.040
II. Kosten	**Betrag in EUR**	**Schlüssel**	**Ihr Anteil**	**Gesamt**	**Betrag in EUR**
Wasser	4.000	MEA	100/1.000	1.000/1.000	400
Entwässerung	4.000	MEA	100/1.000	1.000/1.000	400
Liftkosten	1.500	MEA	100/1.000	1.000/1.000	150
Müllbeseitigung	3.000	MEA	100/1.000	1.000/1.000	300
Gebäudereinigung	2.500	MEA	100/1.000	1.000/1.000	250
Gartenpflege	800	MEA	100/1.000	1.000/1.000	80
Allgemeinstrom	2.500	MEA	100/1.000	1.000/1.000	250
Brandversicherung	2.500	MEA	100/1.000	1.000/1.000	250
Haftpflichtversicherung	1.800	MEA	100/1.000	1.000/1.000	180
Gebäudeversicherung	4.200	MEA	100/1.000	1.000/1.000	420
Sonstige Versicherungen (Öltank)	700	MEA	100/1.000	1.000/1.000	70
Hausmeister	8.000	MEA	100/1.000	1.000/1.000	800
Hausreinigung	1.200	MEA	100/1.000	1.000//1.000	120
Kabelanschluss	700	Anschlüsse	1	10	70
Straßenreinigung	1.000	MEA	100/1.000	1.000/1.000	100
Heizung/Warmwasser	15.000	MEA	100/1.000	1.000//1.000	1.500
Bankspesen	3.500	MEA	100/1.000	1.000/1.000	350
Verwaltungskosten	2.500	Einheiten	1	10	250
Kleinreparaturen	300	MEA	100/1.000	1.000/1.000	30
Sonstige Betriebskosten	700	MEA	100/1.000	1.000/1.000	70
Gesamtkosten	**60.400**			**Ihre Kosten**	**6.040**
III. Zuführung zur Instandhaltungsrücklage	8.000	MEA	100/1.000	1.000/1.000	800
		Wohngeld	Jahr		6.840
		Wohngeld	Monat		570

4.5 Die Jahresabrechnung

Häufiger Streitpunkt zwischen Verwalter und Wohnungseigentümergemeinschaft ist die Jahresabrechnung. Dies ist ohne Weiteres nachvollziehbar, da die Jahresabrechnung regelmäßig auch finanzielle Belastungen der einzelnen Eigentümer zur Folge hat.

Praxis-Tipp   **!**

Prüfen Sie die Jahresabrechnung kritisch!

Die Praxis zeigt, dass Jahresabrechnungen häufig mit Fehlern behaftet sind. In diesen Fällen muss der Eigentümer gegen den Genehmigungsbeschluss über die Jahresabrechnung innerhalb der Anfechtungsfrist von einem Monat Anfechtungsklage nach § 46 WEG beim zuständigen Amtsgericht stellen. Versäumt er dies, so werden die Jahresabrechnungen bestandskräftig. Die Korrektur von Fehlern in der Jahresabrechnung ist dann nicht mehr möglich.

Die Jahresabrechnung wird vom Verwalter erstellt und von der Eigentümergemeinschaft durch Mehrheitsbeschluss in der Eigentümerversammlung genehmigt. Sie muss den Grundsätzen einer ordnungsgemäßen Buchführung entsprechen. Die Einnahmen und Ausgaben müssen vollständig, alle Einnahmen und Ausgaben zeitlich und nach Sachgruppen geordnet sein.

4.5.1 Einnahmen und Ausgaben nach dem Zu- und Abflussprinzip

Die Jahresabrechnung ist nicht in Form einer Bilanz zu erstellen, sondern als reine Einnahmen- und Ausgabenrechnung aufzustellen. Es gilt das sogenannte Zu- und Abflussprinzip. Alles, was im Wirtschaftsjahr eingenommen und ausgegeben wird, muss enthalten sein. Forderungen und Verbindlichkeiten haben in der Jahresabrechnung grundsätzlich nicht aufzutauchen, zum Beispiel Geldschulden säumiger Miteigentümer. Wohngeldvorauszahlungen sind nur in tatsächlicher geleisteter Höhe in die Jahresabrechnung einzustellen. Die Jahresabrechnung muss die Gesamteinnahmen und Gesamtausgaben ausweisen.

Auch unberechtigte Ausgaben gehören in die Jahresabrechnung (BGH, 4.3.2011, V ZR 156/10, ZWE 2011, 256). Es kommt nicht darauf an, ob die Ausgaben getätigt werden dürfen oder nicht; maßgeblich ist allein, ob die Ausgaben tatsächlich erfolgt sind. Dies ist Folge des Zu- und Abflussprinzips. Selbst wenn der Verwalter unberechtigte Ausgaben getätigt hat, müssen diese in der Jahresabrechnung erscheinen.

Sind diese Kosten allerdings nur einem oder mehreren Eigentümern zuzuordnen, dürfen die Kosten auch nur auf diese Eigentümer verteilt werden. Anderenfalls ist die Abrechnung auf Anfechtung hin für ungültig zu erklären.

Hat der Verwalter Ausgaben getätigt und gibt es dafür keine gesetzliche Grundlage oder keinen Beschluss der Eigentümer, so macht er sich möglicherweise schadenersatzpflichtig. Dennoch gehören entsprechende Ausgaben in die Jahresabrechnung und berühren die formale Richtigkeit der Abrechnung nicht.

> **! Praxis-Tipp**
>
> Will sich ein Einzeleigentümer gegen die Aufnahme unberechtigter Ausgaben in die Jahresabrechnung durch den Verwalter wehren, so ist nicht die Jahresabrechnung, sondern ggf. die Verwalterentlastung anzufechten. Dazu genügt kein einfaches Schreiben an den Verwalter. Vielmehr muss hier wie bei allen Beschlussfassungen eine Anfechtungsklage beim zuständigen Amtsgericht innerhalb der Frist von einem Monat nach Beschlussfassung – nicht Übersendung des Protokolls – erhoben werden.

Die Rechtsprechung fordert im Rahmen der Genehmigung der Jahresabrechnung eine geordnete und übersichtliche Zusammenstellung aller Einnahmen und Ausgaben. Die Abrechnung muss im Übrigen klar und übersichtlich, zum aus sich heraus verständlich und nachprüfbar sein.

4.5.2 Verteilerschlüssel

Die Jahresabrechnung muss für jede einzelne Kostenposition den Kostenverteilerschlüssel erkennen lassen. Es muss der nach der Gemeinschaftsordnung geltende Kostenverteilerschlüssel oder – sofern ein solcher nicht besteht – der gesetzliche Kostenverteilerschlüssel (§ 16 WEG) angewendet werden. Wird der Jahresabrechnung ein unzutreffender Verteilerschlüssel zugrunde gelegt, so ist die Abrechnung auf Anfechtung hin für ungültig zu erklären.

4.5.3 Gesamt- und Einzelabrechnung

Die Jahresabrechnung besteht aus einer Gesamtabrechnung sowie den Einzelabrechnungen. Die Einzelabrechnung weist das Ergebnis konkret für die jeweilige einzelne Wohnung aus: Darin werden die Ausgaben unter Mitteilung des jeweiligen Verteilerschlüssels auf die einzelnen Wohnungseigentümer aufgeteilt (BayObLG, 9.8.1990, NJW-RR 1991, 15).

Gleichzeitig mit der Einzelabrechnung muss der jeweilige Eigentümer eine Heizkosteneinzelabrechnung erhalten. Die Einzelabrechnung wird aus der Jahresgesamtabrechnung abgeleitet.

4.5.4 Kontenstand

Eine vollständige Jahresabrechnung muss den Stand der gemeinschaftlichen Konten zu Anfang und zu Ende des Wirtschaftsjahres mitteilen. Die Jahresabrechnung ist rechnerisch nachvollziehbar und schlüssig, wenn der Saldo zwischen den tatsächlichen Einnahmen und Ausgaben mit dem Saldo der Kontenstände von Jahresanfang und Jahresende übereinstimmt. Die Darstellung der Kontenentwicklung ist deshalb wesentlicher Bestandteil einer Jahresabrechnung. Eine Übersicht über die Entwicklung der Bankkonten ist notwendiger Teil einer Jahresabrechnung. Sie dient der Plausibilitätskontrolle der Abrechnung. Nur so kann der Wohnungseigentümer überprüfen, ob die in der Abrechnung gelisteten Ausgaben und Einnahmen mit der Realität übereinstimmen, das heißt mit der Entwicklung des Gemeinschaftskontos (LG München I, 10.11.2008, 1 T 4472/08, ZWE 2009, 218). Teilt der Verwalter Stand und Entwicklung der Bankkonten nicht mit, ist die Abrechnung nicht ordnungsgemäß. Der Genehmigungsbeschluss ist auf Anfechtung hin für ungültig zu erklären. Eine bloße Ergänzung kommt nicht in Betracht (Hügel/Elzer, Wohnungseigentumsgesetz, 2015, § 28 Rn. 107).

Der einzelne Wohnungseigentümer hat aber keinen Anspruch auf Ergänzung der Jahresabrechnung um eine Aufstellung über Forderungen und Verbindlichkeiten der Wohnungseigentümergemeinschaft (Vermögensstatus),eine solche Aufstellung gehört nicht zu den wesentlichen Bestandteilen der Jahresabrechnung (BGH, 11.10.2013, V ZR 271/12, NJW 2014, 145).

Forderungen und Verbindlichkeiten gehören ebenso wenig in die Jahresabrechnung wie Zahlungen, die im Vorjahr eingegangen sind oder erst im nächsten Jahr erwartet werden. Dennoch ist es sinnvoll, aber nicht zwingend und nicht Gegenstand des Genehmigungsbeschlusses über die Jahresabrechnung, dass der Verwalter diese Kosten mitteilt (BayObLG, 21.12.1999, 2 Z BR 79/99, NZM 2000, 280).

4.5.5 Sonderfälle

4.5.5.1 Anwalts- und Gerichtskosten

Grundsätzlich gilt § 16 Abs. 8 WEG: Die Kosten eines gerichtlichen Beschlussanfechtungsverfahrens gehören nicht zu den Kosten der Verwaltung im Sinne des § 16 Abs. 2 WEG. Maßgeblich ist grundsätzlich die gerichtliche Entscheidung über die Verteilung der Kosten.

Nach früherem Recht bestand der Grundsatz, dass jedenfalls in erster Instanz unabhängig vom Ausgang eines Beschlussanfechtungsverfahrens jede Partei ihre außergerichtlichen Kosten (Rechtsanwaltskosten) selbst zu tragen hat. Die Gerichtskosten wurden in der Regel demjenigen auferlegt, der im gerichtlichen Verfahren unterlag.

Dieser Grundsatz hat durch die Änderung des Wohnungseigentumsgesetzes eine entscheidende Änderung erfahren: Wohnungseigentumsrechtliche Streitigkeiten sind künftig nicht mehr nach dem Verfahren der freiwilligen Gerichtsbarkeit, sondern nach dem Erkenntnisverfahren (vgl. Kapitel 9.1) der Zivilprozessordnung durchzuführen. Für die gerichtliche Kostenentscheidung folgt daher, dass derjenige, der im Gerichtsverfahren unterliegt, künftig die gesamten Gerichtskosten, die Rechtsanwaltskosten der Gegenseite und auch die eigenen Rechtsanwaltskosten zu tragen hat.

Vorrang vor einer Verteilung der Kosten im Innenverhältnis der Wohnungseigentümer untereinander hat immer die gerichtliche Kostenentscheidung. Wenn also das richterliche Urteil im Kostenpunkt lautet: »Die Beklagten tragen die Kosten des Rechtsstreits«, so darf der Kläger weder über die Jahresabrechnung noch über eine Sonderumlage oder Ähnliches an den Kosten des Rechtsstreits – auch nicht anteilsmäßig – beteiligt werden.

Etwas anderes gilt, wenn Beschlussanfechtungsklagen zu erwarten sind. In diesem Fall sind die Wohnungseigentümer befugt, im Wirtschaftsplan Mittel für die Rechtsverteidigung der übrigen Wohnungseigentümer anzusetzen. Hierdurch soll der Verwalter in die Lage versetzt werden, bei einer Beschlussanfechtungsklage einen Rechtsanwalt mit der Verteidigung der übrigen Wohnungseigentümer zu beauftragen, da er aufgrund § 27 Abs. 2 Nr. 2 WEG kraft Gesetzes hierzu verpflichtet ist. Nachdem der Rechtsanwalt berechtigt ist, Vorschuss für seine Gebühren und Auslagen zu verlangen, kann der Verwalter diese absehbar entstehenden Kosten für die Rechtsverteidigung in den Wirtschaftsplan einstellen und beschließen lassen (BGH, 17.10.2014, V ZR 26/14, ZWE 2015, 91). Dies führt dazu, dass sich der Beschlussanfechtungskläger aufgrund seiner Zahlungsverpflichtung nach dem beschlossenen Wirtschaftsplan – vorübergehend – an der Finanzierung der gegen ihn gerichteten Rechtsverfolgung beteiligen muss. Dies ist nach der zitierten Entscheidung des BGH hinzunehmen, damit der Verwalter seine Verpflichtung aus § 27 Abs. 2 Nr. 2 WEG zur Beauftragung eines Rechtsanwalts wahrnehmen kann. Den Beschlussanfechtungskläger trifft diese Verpflichtung zur Mitfinanzierung seiner Prozessgegner und Einzahlung in eine solche »Kriegskasse« aber eben nur vorübergehend. In der folgenden Jahresabrechnung sind die Vorschüsse allein auf diejenigen Wohnungseigentümer zu verteilen, die Beklagte des Rechtsstreits sind. Nach Abschluss des Rechtsstreits gilt im Übrigen der Vorrang der gerichtlichen Kostenentscheidung. Die Kosten des Rechtsstreits sind dann so zu verteilen, wie es das Gericht entschieden hat.

Gewinnt der Beschlussanfechtungskläger, so haben die übrigen Wohnungseigentümer als Beklagte die Kosten des Rechtsstreits zu tragen. Der Anfechtungskläger darf in diesem Fall mit keinerlei Kosten – weder Anwalts- noch Gerichtskosten – beteiligt werden. Erfolgt eine Kostenbeteiligung dennoch im Rahmen einer Jahresabrechnung, so muss der Eigentümer, um diese für ihn nachteilige Folge zu verhindern, den Beschluss über die Jahresabrechnung in diesem Punkt innerhalb der Klagefrist von einem Monat durch Erhebung einer Anfechtungsklage angreifen.

Wenn der teilrechtsfähige Verband am Verfahren beteiligt ist und verurteilt wird, die Kosten des Rechtsstreits zu tragen, hat die Verteilung der Anwalts- und Gerichtskosten im Innenverhältnis der Wohnungseigentümer grundsätzlich nach dem gültigen Kostenverteilerschlüssel zu erfolgen.

4.5.5.2 Instandhaltungsrücklage

Die Entwicklung der Instandhaltungsrücklage, insbesondere die Höhe sowie die Verwendung der Mittel, ist ebenfalls in der Jahresabrechnung darzustellen. Früher wurden teilweise Ausnahmen vom Zu- und Abflussprinzip zugelassen, es war zulässig, die Instandhaltungsrücklage in der Jahresabrechnung mit demselben Betrag anzusetzen wie im Wirtschaftsplan. Das gilt auch, wenn einzelne Eigentümer ihre Beiträge zur Instandhaltungsrücklage nicht oder nicht vollständig bezahlt haben. Deshalb war es möglich, dass die Instandhaltungsrücklage mit dem Sollbetrag wie im Wirtschaftsplan vorgesehen in die Jahresgesamtabrechnung aufgenommen und in den Einzelabrechnungen die jeweiligen Rückstände der Einzeleigentümer dargestellt wurden (BayObLG, 9.8.1990, 2Z BR 79/90, NJW-RR 91, 15).

Diese Praxis wurde durch Urteil des BGH vom 4.12.2009 (V ZR 44/09) aufgegeben.

Danach dürfen bei der Verbuchung von Zahlungen auf die Instandhaltungsrücklage nur die tatsächlichen Zahlungen berücksichtigt werden. Diese sind weder als Ausgabe noch als sonstige Kosten auf der Aufgabenseite zu verbuchen, sondern ausschließlich als Einnahme. Sollbeträge dürfen nun nicht mehr eingestellt werden, sondern ausschließlich tatsächlich erfolgte Zahlungen. Zuvor war es üblich, Zahlungen, die von Wohnungseigentümern auf das Gemeinschaftskonto geleistet wurden, im Rahmen der Jahresabrechnung als Ausgabe des Gemeinschaftskontos und als Einnahme bei der Instandhaltungsrücklage zu verbuchen. Sofern die Jahresabrechnung diesen Grundsätzen nicht entspricht, kann sie jedenfalls im Hinblick auf die Position »Darstellung der Instandhaltungsrücklage – sonstige Kosten« mit der Anfechtungsklage angefochten werden.

Muster: Jahresgesamt- und Einzelabrechnung (Quelle: Hausbank München)

Hausverwaltung Muster GmbH

Musterstr. 4
81234 Musterstadt
Tel. 089/777222
Fax 089/777333
E-Mail: info@hausverwaltung-muster.de

Hausverwaltung Muster GmbH, Musterstr. 4, 81234 Musterstadt

Herrn	Ihre gespeicherten Daten	
Dr. Gerhard Lehmann	m² Nutzfläche	33,16
Meierstr. 3	Anteil Wohnung	26,9500
80639 Musterstadt	Anteil Garage	2,0000
	Anzahl Wohnungen	1
	Anzahl Garagen	1
	Liftschlüssel	2,75

Musterstadt, den 13.05.2016

JAHRESGESAMT- UND EINZELABRECHNUNG
für die Zeit vom 01.01.2015–31.12.2015 Wohnungs-Nr.: 0015200010
Wirtschaftseinheit: WEG Schmidtstr. 9, 80804 Musterstadt

Nummern laut Teilungserklärung: Wohnung 1 – Garage 36

	Verteilerschlüssel	Insgesamt EUR	Ihr Anteil EUR
Ausgaben ohne Heizung			
Grundstücksgebühren	28,95/1.000-stel	6.421,68 -	185,91 -
Strom und Wasser	28,95/1.000-stel	7.802,52 -	225,88 -
Versicherungen	28,95/1.000-stel	3.976,00 -	115,11 -
Lfd. Instandhaltung	28,95/1.000-stel	3.957,98 -	114,58 -
Hausmeister	28,95/1.000-stel	13.380,18 -	387,36 -
Verwaltergebühr	1/30 Wohnungen	12.240,00 -	408,00 -
Hausreinigung	28,95/1.000-stel	1.295,40 -	37,50 -
Liftkosten Wartung/TÜV	2,75/100,00 %	1.908,00 -	52,47 -
Kapitalertragsteuer (KESt)	28,95/1.000-stel	557,54 -	16,14 -
Solidaritätszuschlag (SolZ)	28,95/1.000-stel	30,67 -	0,89 -
Sonstige Kosten	28,95/1.000-stel	465,76 -	13,48 -
Rückzahlungen Jahresabr. Vorjahr		692,54 -	
Summe Ausgaben ohne Heizung		52.728,27 -	1.557,32 -
Ausgaben nur Heizung			
Ölbestand Vorjahr 2.237,62 EUR	28,95/1.000-stel		64,78 +
Kosten Heizungsabrechnung Vorjahr		859,50 -	
Kauf Heizöl 24.544 l á 0,84 EUR		20.616,96 -	
Nebenkosten Heizung		987,65 -	
Heizkosten gemäß beigefügter Abrechnung	Fa. Brunata		747,51 -
Ölbestand Jahresende 2.789,64 EUR	28,95/1.000-stel		80,76 -
Summe Ausgaben nur Heizung		22.464,11 -	763,49 -

Hausverwaltung Muster GmbH

Musterstr. 4
81234 Musterstadt
Tel. 089/777222
Fax 089/777333
E-Mail: info@hausverwaltung-muster.de

Seite 2 zu Wohnungs-Nr.: 0015200010

	Verteilerschlüssel	Insgesamt EUR	Ihr Anteil EUR
Einnahmen			
Stellplatzmieten	28,95/1.000-stel	1.588,00 +	45,97 +
Einnahmen Waschhaus	28,95/1.000-stel	600,00 +	17,37 +
Zinserträge	28,95/1.000-stel	1.858,81 +	53,81 +
Instandhaltungsrückstellung			
Geleistete Zahlungen der Eigentümer	Laut Übersicht	81.642,70 +	2.520,00 +
Nachzahlungen Jahresabr. Vorjahr		432,10 +	
Summe Einnahmen		86.121,61 +	2.637,15 +
Instandhaltungsrückstellung			
Zuführung Instandhaltungsrückstellung	28,95/1.000-stel		208,44 -
Zuführung Einnahmen Waschhaus	28,95/1.000-stel		17,37 -
Zuführung Nettozinsen	28,95/1.000-stel		36,78 -
Summe Instandhaltungsrückstellung			262,59 -
Ergebniszusammenstellung			
Summe Ausgaben ohne Heizung		52.728,27 -	1.557,32 -
Summe Ausgaben nur Heizung		22.464,11 -	763,49 -
Summe Einnahmen		86.121,61 +	2.637,15 +
Saldo Ausgaben/Einnahmen		10.929,23 +	316,34 +
Summe Instandhaltungsrückstellung			262,59 -
Ergebnis		10.929,23 +	53,75 +

Erläuterungen zu einzelnen Positionen der Jahresgesamt- und Einzelabrechnung
----

An dieser Stelle sind vom Immobilienverwalter Erläuterungen zur Jahresabrechnung aufzu-
nehmen. Diese Erläuterungen müssen alle Positionen der Abrechnung umfassen, die für den
Eigentümer nicht sofort erkennbar und nachvollziehbar sind. Dies betrifft insbesondere die in
den letzten Jahren ergangenen Urteile des BGH.

Hier ist speziell das BGH-Urteil vom 17.2.2012 (V ZR 251/10) zu erwähnen:
1. Die Regelungen der Heizkostenverordnung gelten für die Wohnungseigentümergemeinschaft
* unmittelbar; einer Vereinbarung oder eines Beschlusses über ihre Geltung bedarf es nicht.*

Hausverwaltung Muster GmbH

Mustertr. 4
81234 Musterstadt
Tel. 089/777222
Fax 089/777333
E-Mail: info@hausverwaltung-muster.de

Seite 3 zu Wohnungs-Nr.: 0015200010

2. *In die Jahresgesamtabrechnung sind alle im Abrechnungszeitraum geleisteten Zahlungen, die im Zusammenhang mit der Anschaffung von Brennstoff stehen, aufzunehmen. Für die Verteilung in den Einzelabrechnungen sind dagegen die Kosten des im Abrechnungszeitraum tatsächlich verbrauchten Brennstoffs maßgeblich. Der Unterschiedsbetrag ist in der Abrechnung verständlich zu erläutern.*

Das ausgewiesene Guthaben über 53,75 EUR aus dieser Abrechnung wird zum 01.06.2016 auf Ihr Konto DE25700202706480039473 – HYVEDEMMXXX überwiesen.

Bestandsentwicklung Instandhaltungsrückstellung

	01.01.2015	Zugang	Abgang	Zinsen	KESt	SolZ	31.12.2015
Wohnungen	29.799,18	7.200,00		1.858,81	557,54 -	30,67 -	38.269,78
Waschhaus	9.019,76	600,00					9.619,76

Alle Eigentümer haben ihre Beiträge zur Instandhaltungsrückstellung bezahlt.

Darstellung der Bankkonten:

Girokonto DE88700901.000000123464

Anfangsbestand 01.01.2015	3.882,32 +
Ausgaben zulasten Girokonto	74.604,17 -
Einnahmen zugunsten Girokonto	84.262,80 +
Übertrag auf Sparkonto	7.800,00 -
Endbestand 31.12.2015	5.740,95 +

Sparkonto DE88700901.000060123464

Anfangsbestand 01.01.2015	33.818,94 +
Übertrag von Girokonto	7.800,00 +
Zinserträge abzgl. KESt und SolZ	1.270,60 +
Endbestand 31.12.2015	42.889,54 +

Auch die Kontoabstimmung ist in Verbindung mit dem Ergebnis der Gesamtabrechnung zu erläutern.

Hausverwaltung Muster GmbH

Musterstr. 4
81234 Musterstadt
Tel. 089/777222
Fax 089/777333
E-Mail: info@hausverwaltung-muster.de

Seite 4 zu Wohnungs-Nr.: 0015200010

Informationen zur JAHRESGESAMT- UND EINZELABRECHNUNG
für den Zeitraum vom 01.01.2015–31.12.2015 (365 Tage)
Wirtschaftseinheit: WEG Schmidtstr. 9, 80804 Musterstadt

Ihre Zahlungen für die Zeit vom 01.01.2015–31.12.2015

		EUR
Dauerauftrag	01.01.2015	210,00
Dauerauftrag	01.02.2015	210,00
Dauerauftrag	01.03.2015	210,00
Dauerauftrag	01.04.2015	210,00
Dauerauftrag	01.05.2015	210,00
Dauerauftrag	01.06.2015	210,00
Dauerauftrag	01.07.2015	210,00
Dauerauftrag	01.08.2015	210,00
Dauerauftrag	01.09.2015	210,00
Dauerauftrag	01.10.2015	210,00
Dauerauftrag	01.11.2015	210,00
Dauerauftrag	01.12.2015	210,00
		2.520,00

Der Saldo aus dem vorherigen Wirtschaftsjahr über 23,45 EUR wurde ausgeglichen.

Hausverwaltung Muster GmbH

4.5.6 Fehlerhafte Jahresabrechnungen

Ist eine Jahresabrechnung fehlerhaft, muss der Eigentümer, wenn er eine Bestandskraft der Abrechnung verhindern will, den Genehmigungsbeschluss innerhalb eines Monats durch Anfechtungsklage nach § 46 WEG beim zuständigen Amtsgericht angreifen. Sonst können Fehler in der Abrechnung generell nicht mehr korrigiert werden.

Grundsätzlich ist für die Kostenverteilung der in der Gemeinschaftsordnung festgelegte Kostenverteilerschlüssel maßgeblich. Hier kommen als zulässig vereinbarte Schlüssel in Betracht: Anzahl der Wohnungen, Anzahl der Nutzungsstellen, Anzahl der Bewohner und – wie am häufigsten – Verteilung nach Miteigentumsanteilen.

Wenn in der Gemeinschaftsordnung eine entsprechende Vereinbarung zur Kostenverteilung fehlt, gilt § 16 Abs. 2 WEG. Danach hat jeder Wohnungseigentümer die Lasten des gemeinschaftlichen Eigentums sowie die Kosten einer Instandhaltung, Instandsetzung sowie der Verwaltung nach dem Verhältnis seines Miteigentumsanteils zu tragen. Dann sind die Kosten, die der Gemeinschaft für die Bereitstellung oder den Bezug von Leistungen in Rechnung gestellt werden, zum Beispiel Kabelanschlussgebühren, nach Miteigentumsanteilen zu verteilen, auch wenn der Netzbetreiber diese pro Wohneinheit berechnet (BGH, 27.9.2007, V ZB 83/07).

Dies gilt gleichermaßen im folgenden häufig anzutreffenden Fall: Der Verwalter berechnet seine Verwaltergebühren nach Wohn- und Teileigentumseinheiten. Wenn die Gemeinschaftsordnung keine entsprechende Regelung zur Kostenverteilung nach Einheit vorsieht, sind auch die Verwalterkosten nach Miteigentumsanteilen zu verteilen.

Werden die Verwalterkosten dennoch in der Jahresabrechnung pro Einheit verteilt, kann ein Eigentümer diese Kostenposition durch Erhebung einer Beschlussanfechtungsklage zu Fall bringen und auf Kostenverteilung nach Miteigentumsanteilen bestehen. Eine entsprechende Beschlussanfechtungsklage ist aber auf die Kostenposition »Verwaltungskosten« zu beschränken, weiterhin auf die Beschlussfassung über die Genehmigung der Einzelabrechnungen. Denn die Gesamtkosten der Verwaltung wurden hier grundsätzlich zutreffend in die Jahresgesamtabrechnung eingestellt. Es geht lediglich um die Kostenverteilung der konkreten Position Verwaltungskosten in den jeweiligen Einzelabrechnungen. Um hier Nachteile in der gerichtlichen Kostenentscheidung zu vermeiden, sollte die Beschlussanfechtungsklage entsprechend auf die betreffenden Einzelpositionen sowie auf die Verteilung in den Jahreseinzelabrechnungen beschränkt werden.

! **Beispiel: Jahresabrechnung außerhalb eines Jahreszeitraums**
Eine Abrechnung gemäß § 28 Abs. 3 WEG muss das gesamte Kalenderjahr umfassen. Legt der Verwalter keine Gesamtjahresabrechnung vor, sondern stattdessen vier Quartalsabrechnungen, entspricht der Genehmigungsbeschluss der Eigentümergemeinschaft nicht ordnungsgemäßer Verwaltung (OLG Düsseldorf, 6.9.2006, 3 Wx 120/06).

! **Beispiel: Abweichungen von der Heizkostenverordnung**
Ein Beschluss, die Heizkosten – abweichend von § 7 HeizkV – zu 100 % nach Verbrauch umzulegen, entspricht nicht ordnungsgemäßer Verwaltung (OLG Hamm, 22.12.2005, 15 Wx 375/04).

> **Beispiel: Keine Möglichkeit zur Belegeinsicht**   !
>
> Ein Beschluss über die Genehmigung der Jahresabrechnung ist auf Anfechtungs
> klage hin für ungültig zu erklären, wenn zuvor keine Möglichkeit bestand, in
> zumutbarer und ausreichender Weise auch in die Einzelabrechnungen der anderen
> Wohnungseigentümer Einsicht zu nehmen (OLG Köln, 24.8.2005, 16 Wx 80/05).

> **Beispiele: Fehlende Posten**   !
>
> Ein ordnungsgemäßer Eigentümerbeschluss über die Jahresabrechnung muss die
> Gesamtabrechnung einschließlich aller Einzelabrechnungen zum Gegenstand haben.
> Zu diesen gehört auch die Mitteilung über die Kontostände der Gemeinschaftskon
> ten zu Beginn und am Ende des Abrechnungszeitraums sowie die Entwicklung der
> Instandhaltungsrücklage. Fehlt einer dieser Bestandteile, ist die erklärte Entlastung
> des Verwalters für ungültig zu erklären.
> Die Genehmigung einer Einzelabrechnung ist ferner anfechtbar, soweit sie Positio
> nen ausweist, die nicht aus der Gesamtabrechnung abgeleitet werden können.
> Fehlt die Angabe des Kostenverteilerschlüssels, die sich auf alle Einzelabrechnun
> gen auswirkt, führt dies zur Anfechtbarkeit im Ganzen (BayObLG, WuM 1994, 568).

In die Jahresabrechnungen müssen nach dem strengen Zu- und Abflussprinzip
sämtliche Einnahmen und sämtliche Ausgaben aufgenommen werden. Deshalb
sind auch die Ausgaben enthalten, die der Verwalter unberechtigterweise aus
Mitteln der Gemeinschaft getätigt hat (BGH, 4.3.2011, V ZR 156/10). In dem vom
BGH entschiedenen Fall hatte der Verwalter Kosten für die Reparatur einer Au
ßenglasscheibe einer Wohnung vom Konto der Eigentümergemeinschaft bezahlt, obwohl diese nach der Teilungserklärung alleine von dem Eigentümer der
betroffenen Wohnung zu tragen gewesen wären. Nachdem diese Kosten aus
gemeinschaftlichen Mitteln bezahlt wurden, musste diese Position zwingend in
die Jahresabrechnung aufgenommen werden (Zu- und Abflussprinzip). Dass der
Verwalter die Rechnung aus gemeinschaftlichen Geldern bezahlt hat, ändert
hieran nichts. Die Jahresabrechnung ist korrekt, da die Beträge tatsächlich vom
gemeinschaftlichen Konto bezahlt wurden.

Wird in einem solchen Fall der Verwalter durch Eigentümerbeschluss entlastet,
muss ein Eigentümer, um Rechtsnachteile zu vermeiden, diese Verwalterentlastung anfechten. Ansonsten kommen Rückgriffsansprüche gegen den Verwalter grundsätzlich nicht mehr in Betracht, da mit einer Verwalterentlastung
regelmäßig der Verzicht auf Schadenersatzansprüche verbunden ist. Wenn die
Entlastung allerdings nicht ausdrücklich beschlossen wird, muss ein Einzeleigentümer bei unberechtigten Ausgaben durch den Verwalter keine Beschlussanfechtungsklage erheben. Wie dargestellt, ist die Jahresabrechnung korrekt,
da auch unberechtigte Ausgaben wegen des strengen Zu- und Abflussprinzips
enthalten sein müssen. Die reine Genehmigung einer Jahresabrechnung bein

haltet nicht zugleich auch eine konkludente Billigung des Verwalterhandelns im betreffenden Wirtschaftsjahr. Die Annahme einer konkludenten Verwalterentlastung ist nur dann geboten, wenn sich hierfür im Rahmen der Beschlussauslegung entsprechende Anhaltspunkte finden. Ist dies nicht der Fall, bleibt für eine konkludente Verwalterentlastung regelmäßig kein Raum (LG München I, 11.9.2014, 1 T 15087/14, ZWE 2014, 419).

4.5.7 Durchsetzung des Anspruchs auf Jahresabrechnung

Der Verwalter ist verpflichtet, die Jahresabrechnung zu erstellen. Kommt er dieser Verpflichtung nicht nach, kann er dazu gerichtlich gezwungen werden. Außerdem kann die Weigerung des Verwalters, die Jahresabrechnung zu erstellen, seine Abberufung rechtfertigen.

Der ausscheidende Verwalter ist zur Erstellung der Jahresabrechnung nur verpflichtet, wenn sie zum Zeitpunkt des Ausscheidens bereits fällig war. Sofern die Jahresabrechnung noch nicht fällig ist, hat sie der neue Verwalter nach Rechnungslegung durch den alten Verwalter zu erstellen.

> **!** **Beispiel:Jahresabrechnung bei Abberufung**
>
> Die Verwaltertätigkeit endet zum 30.3.2016. Der ausscheidende Verwalter hat die Jahresabrechnung 2015 noch zu erstellen, da diese bereits fällig ist.

4.6 Aufrechnung/Zurückbehaltungsrecht von Wohngeldforderungen

Die Eigentümergemeinschaft ist aus Liquiditätsgründen darauf angewiesen, dass Wohnungseigentümer ihre Wohngelder pünktlich und vollständig bezahlen. Die Zahlungsfähigkeit darf daher nicht durch eine Auseinandersetzung mit Gegenansprüchen gefährdet werden. Deshalb ist die Aufrechnung eines Wohnungseigentümers gegen Beitragsansprüche (Wohngelder) nach gefestigter Rechtsprechung nicht zulässig (BayObLG, NZM 1999, 1059; BayObLG, NZM 1998, 918).

> **!** **Beispiel: Unzulässige Verrechnung**
>
> Ein Wohnungseigentümer ist der Ansicht, er hätte selbst einen Anspruch gegen die Wohnungseigentümergemeinschaft in Höhe von 500 EUR, und verrechnet diesen mit den laufenden Wohngeldern. Dies ist grundsätzlich nicht zulässig.

Die Einschränkung von Aufrechnung und Zurückbehaltungsrecht gilt nicht nur für Wohngeldvorschüsse, sondern auch für Nachforderungen aufgrund einer Jahresabrechnung (BayObLG, 28.9.2000, 2Z BR 102/00). Gegen Wohngeldforderungen kann wirksam nur mit anerkannten oder rechtskräftig festgestellten Gegenforderungen sowie mit Ansprüchen aus Notgeschäftsführung aufgerechnet werden (BayObLG, 23.4.1998, 2Z BR 162/97).

> **Praxis-Tipp**   **!**
>
> Ein Eigentümer, der meint, Ansprüche gegen die Eigentümergemeinschaft zu haben, sollte seine Ansprüche gerichtlich durchsetzen. Die Zurückbehaltung des Wohngeldes ist nicht zulässig.

Die Zurückbehaltung von Wohngeld birgt die Gefahr, dass die Eigentümergemeinschaft ihre Ansprüche auf Wohngeld/Nachzahlungen aus der Jahresabrechnung gerichtlich gegen den Eigentümer durchsetzt. In einem solchen Verfahren wird der Eigentümer mit behaupteten Zurückbehaltungsrechten/Aufrechnungen nicht gehört. Ihm werden regelmäßig die gesamten Verfahrenskosten einschließlich der Rechtsanwaltskosten auferlegt.

Nachzahlungsbeträge aus Jahresabrechnungen dürfen ebenfalls nicht zurückgehalten werden. Dies gilt auch dann, wenn die Jahresabrechnung angefochten ist. Denn ein Beschluss über die Jahresabrechnung ist so lange wirksam, bis er nicht rechtskräftig für ungültig erklärt wurde. Ausnahmen:

- Rechtskräftig festgestellte Ansprüche des Wohnungseigentümers.
- Von der Wohnungseigentümergemeinschaft durch Mehrheitsbeschluss anerkannte Ansprüche.
- Der Anspruch aus Notgeschäftsführung ergibt sich aus § 21 Abs. 2 und § 683 BGB. Danach ist jeder Wohnungseigentümer berechtigt, ohne Zustimmung der anderen Wohnungseigentümer diejenigen Maßnahmen zu treffen, die zur Abwendung eines dem gemeinschaftlichen Eigentum unmittelbar drohenden Schadens notwendig sind (Beauftragung eines Dachdeckers zur Noteindeckung nach einem Sturmschaden; Beauftragung eines Handwerkers zur Beseitigung eines Wasserrohrbruchs oder einer Rohrverstopfung; Beauftragung eines Gasnotdienstes; Beauftragung eines Schlüsseldienstes nach Einbruch und Beschädigung der Hauseingangstür).
- Jeder Eigentümer ist verpflichtet, das Betreten der in seinem Sondereigentum stehenden Gebäudeteile zu gestatten, soweit dies zur Instandhaltung und Instandsetzung des Gemeinschaftseigentums erforderlich ist (§ 14 Nr. 4 WEG). Nach § 14 Nr. 4 HS 2 WEG steht dem Wohnungseigentümer jedoch ein verschuldensunabhängiger Schadenersatzanspruch zu. Die Gemeinschaft hat dem Eigentümer alle Schäden zu ersetzen, die infolge der Arbeiten an seinem Sondereigentum entstehen. Dazu gehören nicht nur die Kosten

der Wiederherstellung des ursprünglichen Zustands – etwa der Neuverfliesung –, sondern auch der entgangene Gewinn, zum Beispiel Mietausfall.

! **Beispiel: Arbeiten nach Rohrverstopfung**

Werden infolge einer Rohrverstopfung Arbeiten im Sondereigentum erforderlich – etwa Abschlagen von Fliesen, Wandaufbrüche etc. –, ist der Einzeleigentümer verpflichtet, dies zu dulden.

Ein Zurückbehaltungsrecht eines Wohnungseigentümers gegen Wohngeldforderungen kann in der Gemeinschaftsordnung allerdings vollständig wirksam ausgeschlossen werden (BayObLG, 2Z BR 24/01, NZM 2001, 766). Eine Aufrechnung bzw. ein Zurückbehaltungsrecht ist in diesem Fall überhaupt nicht möglich.

4.7 Die Entlastung des Verwalters

Im Allgemeinen ist mit dem Beschluss über die Genehmigung der Jahresabrechnung auch die Beschlussfassung zur Entlastung des Verwalters verbunden. Durch den Entlastungsbeschluss bestätigt die Eigentümergemeinschaft, dass die Tätigkeit des Verwalters im zurückliegenden Zeitraum ordnungsgemäß war. Sie spricht dem Verwalter für die Zukunft gleichzeitig das Vertrauen aus.

Ein Anspruch des Verwalters auf Entlastung besteht jedoch nicht. Beschließt die Eigentümergemeinschaft aber (freiwillig) die Entlastung, so hat dies die Wirkung eines »negativen Schuldanerkenntnisses« (§ 397 Abs. 2 BGB). Dies hat zur Folge, dass Schadenersatzansprüche gegen den Verwalter nicht mehr geltend gemacht werden können (OLG München, 6.3.2006, 34 Wx 29/05).

Ein negatives Schuldanerkenntnis umfasst grundsätzlich alle Ersatzansprüche gegen den Verwalter – mit Ausnahme von Ansprüchen aus einer Straftat –, soweit sie den Wohnungseigentümern bekannt waren oder bei sorgfältiger Prüfung hätten erkannt werden können (BGH, NJW 2003, 3124; BGH, 17.7.2003, V ZB 11/03 = NZM 03/764). Ein Eigentümerbeschluss, der dem Verwalter Entlastung erteilt, widerspricht dann ordnungsgemäßer Verwaltung, wenn bereits erkennbar ist, dass Ansprüche gegen den Verwalter in Betracht kommen, und nicht aus besonderen Gründen Anlass besteht, auf diese Ansprüche zu verzichten (BGH, 25.9.2003, V ZB 40/03, NZM 2003, 951).

Wird dem Verwalter zusammen mit der Jahresabrechnung Entlastung erteilt, so widerspricht die Entlastung ordnungsgemäßer Verwaltung, wenn die Jahresabrechnung nicht korrekt ist. Fehlt zum Beispiel der Stand der Gemeinschafts konten, insbesondere der Instandhaltungsrücklage, ist die Jahresabrechnung nicht ordnungsgemäß (BGH, 25.9.2003, V ZB 40/03, NZM 2003, 950, [952]).

Praxis-Tipp !

Um zu einer ordnungsgemäßen Jahresabrechnung zu gelangen, ist dem Eigentümer zu empfehlen, sowohl die Jahresabrechnung als auch den Entlastungsbeschluss innerhalb eines Monats durch eine Anfechtungsklage beim zuständigen Amtsgericht anzufechten. Anderenfalls wird beides bestandskräftig, sodass der Einzeleigentümer weder eine Neuberechnung noch eine Ergänzung/Korrektur der Jahresabrechnung geltend machen kann.

4.8 Die Entlastung des Verwaltungsbeirats

Die Ausführungen zur Entlastung des Verwalters gelten gleichermaßen für die Entlastung des Verwaltungsbeirats. Zwar sind Beiratsmitglieder nicht verpflichtet, jede einzelne Rechnung, die der Jahresabrechnung zugrunde liegt, zu überprüfen. Es genügt eine stichprobenartige Rechnungs- und Belegprüfung. Ist die Jahresabrechnung allerdings nicht vollständig, etwa weil der Verwalter es versäumt hat, die Kontenstände zu Beginn und am Ende des Wirtschaftsjahres darzustellen, widerspricht auch die Entlastung des Verwaltungsbeirats ordnungsgemäßer Verwaltung (OLG Düsseldorf, 3.12.2004, 3 Wx 261/04). Die Entlastung des Verwaltungsbeirats ist nach § 21 Abs. 4 WEG rechtswidrig, wenn Ansprüche gegen den Verwaltungsbeirat in Betracht kommen und kein Grund ersichtlich ist, auf diese Ansprüche zu verzichten. Dieser Fall ist insbesondere dann anzunehmen, wenn die vom Beirat geprüfte Abrechnung fehlerhaft ist und geändert werden muss (BGH, 4.12.2009, V ZR 44/09, BGHZ 156, 19).

4.9 Begrenztes Vorrecht für Wohngeldforderungen in der Zwangsversteigerung

Es ist keine Seltenheit mehr, dass einzelne Wohnungseigentümer ihre Wohngelder nicht bezahlen. Hierdurch kann die Wohnungseigentümergemeinschaft erheblichen Schaden erleiden. Häufig mussten bisher Wohngeldausfälle durch Sonderumlagen von den übrigen Wohnungseigentümern mitgetragen werden. Durch die gesetzliche Regelung in § 10 Abs. 1 Nr. 2 Gesetz über die Zwangsversteigerung und Zwangsverwaltung (ZVG) hat die Eigentümergemeinschaft nun eine erhebliche Stärkung erfahren. Nach bisherigem Recht waren in der Zwangsversteigerung die Grundpfandgläubiger – das heißt in der Regel die finanzierenden Banken – bevorrechtigt. Nach der Neufassung des § 10 Abs. 1 Nr. 2 ZVG sind die Forderungen der Wohnungseigentümer, insbesondere Wohngelder, Zahlungen aus Jahresabrechnungen und Rückstellungen, bevorrechtigt. Das bedeutet: Aus dem Versteigerungserlös werden erstrangig diese Forderungen der Wohnungseigentümer bedient.

Es handelt sich allerdings um ein begrenztes Vorrecht. Es erfasst die laufenden und die rückständigen Beträge aus dem Jahr der Beschlagnahme und den letzten zwei Jahren. Das Vorrecht ist ferner begrenzt auf 5 % des im Zwangsversteigerungsverfahren festgesetzten Verkehrswerts. Darüber hinausgehende Forderungen können wie bisher nur nachrangig geltend gemacht werden.

! **Praxis-Tipp**

Sofern Wohngelder (§ 16 Abs. 2 WEG) oder Zahlungen aus dem laufenden Wirtschaftsplan (§ 28 Abs. 2, 5 WEG) tituliert werden sollen, ist unbedingt darauf zu achten, dass im Zahlungsantrag aufgenommen wird, dass es sich bei der Zahlung um Wohngelder/Gelder aus dem Wirtschaftsplan handelt. Wenn der Titel nur »Zahlung eines Geldbetrags« lautet, kann das Vollstreckungsgericht im Rahmen der Zwangsversteigerung nicht ohne Weiteres feststellen, dass es sich um bevorrechtigte Ansprüche im Sinne des § 10 ZVG handelt. Bei der Anmeldung zum Zwangsversteigerungsverfahren wird grundsätzlich nur der Zahlungstitel, nicht aber die Klageschrift berücksichtigt. Wenn in diesem Zahlungstitel ein entsprechender Vermerk nicht enthalten ist, dass es sich um bevorrechtigte Ansprüche im Sinne des § 10 ZVG handelt, riskiert man, dass die Ansprüche als nicht bevorrechtigt eingestuft und insoweit lediglich nachrangig berücksichtigt werden.

4.10 Beschlusskompetenz in Zahlungsangelegenheiten

Durch den im Rahmen der WEG-Novelle eingeführten § 21 Abs. 7 WEG kann die Eigentümergemeinschaft nun auch durch Mehrheitsbeschluss über

- Art und Weise von Zahlungen,
- Fälligkeit von Zahlungen (Jahresabrechnungen, Wirtschaftsplan, Sonderumlagen),
- Folgen des Verzugs,
- Bezahlung von Kosten für eine besondere Nutzung des gemeinschaftlichen Eigentums und
- Zahlungen für einen besonderen Verwaltungsaufwand
- beschließen.

! **Beispiel: Beschlüsse in Zahlungsangelegenheiten**

Beschluss über die Höhe von Verzugszinsen bei Wohngeldrückständen, Umsatzvergütungen des Verwalters für Sonderleistungen, Umzugskostenpauschale, Einführung des Lastschriftverfahrens.

Ein Mehrheitsbeschluss ist auch möglich, wenn die Gemeinschaftsordnung bereits Regelungen zu Zahlungsangelegenheiten enthält.

4.11 Wer haftet bei einem Eigentümerwechsel?

Wird Wohnungseigentum während eines laufenden Wirtschaftsjahres veräußert, stellt sich die Frage, wer – Veräußerer oder Erwerber – gegenüber der Eigentümergemeinschaft für Kosten und Lasten und ggf. zu welchem Anteil haftet. Oder umgekehrt: Wem steht ein Guthaben aus einer Jahresabrechnung zu, dem Veräußerer oder dem Erwerber? In diesem Zusammenhang sind folgende Grundsätze zu beachten:

- Monatliche Wohngeldzahlungen werden nur dann fällig, wenn die Eigentümergemeinschaft einen Wirtschaftsplan beschließt, wonach Wohngelder in bestimmter Höhe zu einem bestimmten Zeitpunkt fällig werden (vgl. Kapitel 4.4).
- Nachzahlungsbeträge oder Guthaben aus der Jahresabrechnung werden grundsätzlich erst durch den Beschluss der Wohnungseigentümer über die Jahresabrechnung fällig (vgl. Kapitel 4.5).
- Ein Eigentümerwechsel bewirkt eine Zäsur. Mit Eintragung des neuen Eigentümers im Grundbuch ist dieser verpflichtet, die Lasten des gemeinschaftlichen Eigentums zu tragen.

Der im Kaufvertrag vereinbarte Übergang von Besitz, Nutzen und Lasten ist für die Kostentragungspflicht des Eigentümers im Verhältnis zur Wohnungseigentümergemeinschaft nicht maßgeblich, sondern allein die Eintragung des neuen Eigentümers in das Grundbuch.

4.11.1 Fälligkeitstheorie

Nach der Fälligkeitstheorie hat der neue Eigentümer die Kosten, die nach der Eigentumsumschreibung fällig werden, zu tragen. Beschließt die Eigentümergemeinschaft über die Fälligkeit von Zahlungen nach Eigentumsumschreibung, hat der Erwerber, also der neue Eigentümer, diese Kosten zu tragen. Er ist zum Zeitpunkt der Beschlussfassung bereits Eigentümer, sodass die Kostenschuld während seiner Zeit als Eigentümer entstanden ist. Da er Eigentümer ist, kann er entsprechende Beschlüsse ggf. auch anfechten (vgl. Kapitel 9.3).

Wird eine Verpflichtung zur Kostentragung bereits vor Eintragung des neuen Eigentümers in das Grundbuch beschlossen, sieht der Beschluss aber eine Fälligkeit zu einen späteren Zeitpunkt vor – nach Eintragung in das Grundbuch –, haftet der neue Eigentümer ebenfalls für die bereits beschlossenen Kosten.

> **! Beispiel: Sonderumlage zur Fassadensanierung**
>
> Die Eigentümergemeinschaft beschließt eine Sonderumlage zur Fassadensanierung, die in monatlichen Raten von je 200 EUR zu bezahlen ist. Der Erwerber hat diese Raten zu bezahlen, sobald er im Grundbuch als Eigentümer eingetragen ist. Dies ergibt sich aus § 10 Abs. 6 WEG, da der neue Eigentümer als Sondernachfolger an die bereits gefassten Beschlüsse der Wohnungseigentümer gebunden ist.

Ein neuer Eigentümer ist ausnahmsweise an solche Beschlüsse dann nicht gebunden, wenn die Eigentümergemeinschaft die Fälligkeit treuwidrig auf einen späteren Zeitpunkt hinausgeschoben hat, um den Eintritt des neuen, finanzkräftigeren Eigentümers abzuwarten.

In der Regel wird sich der neue Eigentümer aber gegen solche Beschlüsse nicht wehren können, da ein entsprechender Beschluss innerhalb der Monatsfrist angefochten werden muss. Eine Anfechtung durch den neuen Eigentümer ist aber nur möglich, wenn er bereits im Grundbuch eingetragen ist.

4.11.2 Jahresabrechnung nach Eigentümerwechsel

Nach herrschender Rechtsprechung ist eine zeitanteilige Berechnung der Jahresabrechnung zwischen Veräußerer und Erwerber jedenfalls im Verhältnis gegenüber der Wohnungseigentümergemeinschaft nicht vorzunehmen.

> **! Praxis-Tipp**
>
> Im Innenverhältnis zwischen Käufer und Verkäufer empfiehlt es sich, im notariellen Kaufvertrag eine Regelung dazu aufzunehmen, dass der Erwerber bereits ab Besitzübergabe der Eigentumswohnung, die meistens deutlich vor der Eigentumsumschreibung liegt, verpflichtet ist, die monatlichen Wohngelder zu bezahlen. Einen solchen Anspruch kann der ehemalige Eigentümer an die Wohnungseigentümergemeinschaft abtreten. Letztere kann dann bei Bedarf direkt aufgrund des abgetretenen Anspruchs gegen den Erwerber vorgehen.

4.11.3 Abrechnungsspitze

Wie Erwerber und Veräußerer am Ergebnis einer Jahresabrechnung zu beteiligen sind, wird nach der sogenannten Abrechnungsspitze ermittelt. Unter dem Begriff »Abrechnungsspitze« ist die Differenz aus dem Ergebnis der Jahresabrechnung abzüglich der nach dem Wirtschaftsplan und den Beschlüssen über die Sonderumlagen erbrachten oder zu erbringenden Vorauszahlungen zu verstehen. An der Abrechnungsspitze haben sich Veräußerer und Erwerber je nach Fallkonstellation wie nachfolgend beschrieben zu beteiligen:

Beispiel: Alle Wohngeldzahlungen werden geleistet !

Das monatliche Wohngeld beträgt 200 EUR. Der Erwerber wird am 1.7.2015 als Eigentümer eingetragen. Bis zum 30.6.2015 hat der Voreigentümer alle Vorauszahlungen geleistet, somit 1.200 EUR. Ab dem 1.7.2015 hat der neue Eigentümer die Vorauszahlungen von monatlich 200 EUR aufgenommen. Die Jahresabrechnung endet mit einer auf die Eigentumswohnung entfallenden Nachzahlung von 2.600 EUR und wird im Januar 2016 beschlossen. Abzüglich der von Veräußerer und Erwerber geleisteten Vorauszahlungen von jeweils 1.200 EUR ergibt sich ein Nachzahlungsbetrag von 200 EUR.

Ergebnis: Der Erwerber hat den Nachzahlungsbetrag von 200 EUR in voller Höhe allein zu tragen.

Beispiel: Der Veräußerer schuldet Wohngeld für zwei Monate !

Der Erwerber hat wie oben nach Eintragung in das Grundbuch sämtliche Vorauszahlungen ab 1.7.2015, somit 1.200 EUR, bezahlt. Das Abrechnungsergebnis weist die gleiche Nachzahlung wie oben aus (200 EUR).

Der Veräußerer hat die monatlichen Wohngelder jedoch lediglich bis 30.4.2015 bezahlt. Der Eigentümergemeinschaft fehlen daher

- Wohngeld in Höhe von 400 EUR, das der ehemalige Eigentümer für Mai und Juni 2015 nicht bezahlt hat, sowie
- der Nachzahlungsbetrag aus der Jahresabrechnung von 200 EUR.

Ergebnis: Der Erwerber haftet wiederum für die sogenannte Abrechnungsspitze in Höhe von 200 EUR (2.600 EUR abzüglich des Wohngeldsolls in Höhe von 2.400 EUR = 200 EUR). Der ehemalige Eigentümer haftet aus dem gültigen Wirtschaftsplan für seine nicht erbrachten Vorauszahlungen Mai und Juni 2015 in Höhe von 400 EUR.

Beispiel: Erwerber zahlt Wohngeld nicht !

Der Veräußerer hat bis 1.7.2015 sämtliche Wohngelder, die er nach dem Wirtschaftsplan schuldet, erbracht, somit 1.200 EUR. Der neue Eigentümer hat nach Eintragung in das Grundbuch noch keine Wohngeldzahlungen geleistet. Die Jahresabrechnung endet wiederum mit einem Nachzahlungsbetrag von 200 EUR.

Ergebnis: Der Erwerber haftet für die Nachzahlung von 200 EUR und die von ihm nach dem Wirtschaftsplan geschuldeten Wohngeldvorauszahlungen, somit weitere 200 EUR × 6 = 1.200 EUR (Zeitraum 1.7.2015 bis 31.12.2015), insgesamt macht das also 1.400 EUR. Der Veräußerer muss nichts bezahlen, da er seine geschuldeten Wohngelder von monatlich jeweils 200 EUR in voller Höhe erbracht hat.

! **Beispiel: Erwerber und Veräußerer zahlen Wohngeld nicht**

Weder Erwerber noch ehemaliger Eigentümer haben Wohngelder geleistet. Die Jahresabrechnung endet mit einem Nachzahlungsbetrag von 200 EUR.

Ergebnis: Der Erwerber hat seine nicht bezahlten Wohngelder in Höhe von 200 EUR × 6 = 1.200 EUR zu bezahlen, ebenso den in der Jahresabrechnung festgestellten Nachzahlungsbetrag von 200 EUR, somit insgesamt 1.400 EUR. Der Verkäufer der Wohnung hat seine bisher nicht geleisteten Wohngelder zu zahlen, somit jeweils 200 EUR im Zeitraum 1.1.2015 bis 30.6.2015, insgesamt 1.200 EUR. Die Verpflichtung des ehemaligen Eigentümers ergibt sich aus dem beschlossenen Wirtschaftsplan.

! **Beispiel: Guthaben am Ende des Jahres**

Der ehemalige sowie der neue Eigentümer haben jeweils ihre Vorauszahlungen geleistet, insgesamt 2.400 EUR. Die Abrechnung ergibt ein Guthaben von 500 EUR.

Ergebnis: Das Guthaben steht allein dem Erwerber zu, weil der Veräußerer zum Zeitpunkt der Beschlussfassung über die Jahresabrechnung nicht mehr Eigentümer war. Deshalb hat der Beschluss über die Jahresabre88chnung keine Wirkung für den ehemaligen Eigentümer, er wird am Guthaben nicht beteiligt.

! **Beispiel: Neuer Eigentümer**

Der ehemalige Eigentümer hat sämtliche nach dem Wirtschaftsplan geschuldeten Wohngelder erbracht, somit monatlich 200 EUR im Zeitraum 1.1.2015 bis 30.6.2015. Der Käufer hat keine Wohngelder gezahlt. Die Abrechnungsspitze weist ein Guthaben aus.

Ergebnis: Die Eigentümergemeinschaft hat das Guthaben an den Erwerber auszuzahlen. Sie hat gleichzeitig einen Anspruch gegenüber dem neuen Eigentümer auf Zahlung seiner fälligen Wohngelder in Höhe von 1.200 EUR (1.7.2015 bis 31.12.2015). Die Eigentümergemeinschaft kann das an den neuen Eigentümer auszuzahlende Guthaben aus der Jahresabrechnung mit den fälligen Wohngeldern verrechnen.

! **Beispiel: Wenn kein Wirtschaftsplan existiert ...**

Es gibt keinen Wirtschaftsplan. Wohngelder wurden nicht bezahlt. Die Jahresabrechnung endet mit einem Fehlbetrag von 2.600 EUR.

Ergebnis: Diesen Betrag hat allein der Erwerber zu bezahlen, da es keinen Beschluss über den Wirtschaftsplan gibt und damit auch keine Wohngelder fällig waren. Im Ergebnis trägt damit der Erwerber auch diejenigen Kosten, die auf den Zeitraum entfallen, als er noch nicht Eigentümer war (1.1.2015 bis 30.6.2015).

4.11.4 Zusammenfassung

Im Fall eines Eigentümerwechsels bleibt der ausgeschiedene Miteigentümer zu den Wohngeldzahlungen nach dem Wirtschaftsplan verpflichtet. Nachzahlungen oder Guthaben aus der Jahresabrechnung stehen dem Erwerber zu, da er zum Zeitpunkt der Beschlussfassung über die Jahresabrechnung Alleineigentümer ist und ein nach Eigentumsübergang gefasster Beschluss den ehemaligen Eigentümer rechtlich nicht mehr binden kann. Deshalb ist der ausgeschiedene Wohnungseigentümer zur Beschlussanfechtung auch nicht mehr berechtigt, was sowohl für die Jahresabrechnung als auch für alle anderen Eigentümerbeschlüsse gilt.

5 Die Wohnungseigentümerversammlung

Die Wohnungseigentümerversammlung ist das oberste Verwaltungsorgan der Wohnungseigentümergemeinschaft. Gemäß § 23 WEG werden dort die Angelegenheiten geregelt, über die die Wohnungseigentümer nach dem Gesetz oder nach Vereinbarung der Wohnungseigentümer durch Beschluss entscheiden können. Darüber hinaus dient die Versammlung dem Informations- und Meinungsaustausch zwischen den Wohnungseigentümern und dem Verwalter und schafft die Gelegenheit, Konflikte und Meinungsverschiedenheiten auszutragen.

5.1 Wie wird die Eigentümerversammlung einberufen?

5.1.1 Wann und durch wen wird die Versammlung einberufen?

Die Eigentümerversammlung muss gemäß § 24 Abs. 1 WEG mindestens einmal im Jahr vom Verwalter einberufen werden. Außerdem kommt eine Einberufung in Betracht, wenn

- eine Vereinbarung der Wohnungseigentümer die Einberufung einer Versammlung für bestimmte Fälle vorsieht (§ 24 Abs. 2 HS 1 WEG) oder
- mehr als ein Viertel der Wohnungseigentümer schriftlich unter Angabe des Zwecks und der Gründe die Einberufung verlangt (§ 24 Abs. 2 HS 2 WEG) – hier spricht man vom »Minderheitenquorum«. Bei der Bemessung von »einem Viertel« kommt es allein auf die Kopfzahl der Wohnungseigentümer an. Dies gilt auch dann, wenn die Gemeinschaftsordnung ein abweichendes Stimmrechtsprinzip vorsieht.
- die Versammlung beschlussunfähig ist und daher eine Wiederholungsversammlung neu einberufen werden und stattfinden muss (§ 24 Abs. 4 WEG).

> **Beispiel: Eigentümer wollen Verwalter kündigen** **!**
>
> Ein Viertel der Eigentümer plant, den Verwalter aus wichtigem Grund abzuberufen. Liegen die Voraussetzungen für die Einberufung durch das Minderheitenquorum gemäß § 24 Abs. 2 WEG vor, ist der Verwalter verpflichtet, die Versammlung einzuberufen. Tut er dies nicht, kann auch seine pflichtwidrige Weigerung einen wichtigen Grund zu seiner Abberufung darstellen.

MUSTER: Antrag auf Einberufung einer Eigentümerversammlung von mehr als einem Viertel der Wohnungseigentümer

An den Verwalter
der Wohnungseigentümergemeinschaft ....
[Anschrift]

Einberufung außerordentliche Eigentümerversammlung

Sehr geehrter Herr ...,

als Eigentümer der Wohnungseigentümergemeinschaft .... fordern wir Sie gemäß § 24 Abs. 2 WEG auf, eine außerordentliche Eigentümerversammlung der Wohnungseigentümergemeinschaft .... bis spätestens .... einzuberufen.

In die Tagesordnung sollen folgende Angelegenheiten aufgenommen werden:

1. Kündigung des Hausmeistervertrags
2. Neubestellung eines Hausmeisters

Begründung: In der Wohnungseigentumsanlage besteht seit längerer Zeit erhebliche Unzufriedenheit mit der Ausführung der Hausmeistertätigkeiten. Zudem wurde nun bekannt, dass der Hausmeister regelmäßig die Einnahmen aus Waschmünzen zum Teil veruntreut sowie seine eigene Waschmaschine an den Stromkreis der Eigentümergemeinschaft angeschlossen hat und dieser hiermit rechtswidrig Strom entzieht. Beide Sachverhalte haben strafrechtliche Relevanz und das Verhalten wird von der Eigentümergemeinschaft nicht länger hingenommen. Der Vertrag mit dem Hausmeister soll daher umgehend beendet werden.

Im Folgenden haben sechs von 20 Wohnungseigentümern unterzeichnet:

Unterschriften
Wohnungseigentümer 1 ....
Wohnungseigentümer 2 ....
Wohnungseigentümer 3 ....
Wohnungseigentümer 4 ....
Wohnungseigentümer 5 ....
Wohnungseigentümer 6 ....

Fehlt ein Verwalter oder weigert er sich pflichtwidrig, so kann der Vorsitzende eines bestellten Verwaltungsbeirats oder sein Stellvertreter die Versammlung einberufen (§ 24 Abs. 3 WEG). Die Einberufung einer Wohnungseigentümerversammlung durch einen Teil des Verwaltungsbeirats ist jedoch unbefugt, wenn im Zeitpunkt der Einladung eine Weigerung des Verwalters im Sinne von § 24 Abs. 3 WEG, die Versammlung einzuberufen, gar nicht vorliegt (LG München I, 28.6.2012, 36 S 17241/11). In dringenden Fällen kann auch das Wohnungseigentumsgericht bestimmen, dass der Verwalter zur Einberufung einer Versammlung verpflichtet ist. Das Gericht kann ebenso einen einzelnen Eigentümer, der einen entsprechenden Antrag gestellt hat, ermächtigen, die Versammlung einzuberufen.

Ausnahmsweise sind darüber hinaus die Eigentümer berechtigt, eine Eigentümerversammlung einzuberufen, sofern die Einberufung einvernehmlich durch alle Wohnungseigentümer erfolgt (BGH, 10.6.2011, V ZR 222/10).

MUSTER: Einberufung durch den Verwaltungsbeiratsvorsitzenden bei Fehlen eines Verwalters

ARBEITSHILFE ONLINE

An die Wohnungseigentümer
[Name und Anschrift]

[Ort, Datum]

Einladung zur Eigentümerversammlung der
Wohnungseigentümergemeinschaft ....

Sehr geehrte Eigentümer,

das Amtsgericht .... hat den Beschluss der Wohnungseigentümerversammlung vom .... unter TOP ..... über die Bestellung der Firma .... zur Wohnungseigentumsverwalterin durch .... für unwirksam erklärt. Das Urteil ist bestandskräftig.

Da ein Verwalter fehlt, berufe ich daher als Vorsitzender des Verwaltungsbeirats gemäß § 24 Abs. 3 WEG eine Wohnungseigentümerversammlung ein. Die Versammlung findet statt am:

Datum und Zeit: ....
Ort: ....

Die Eigentümerversammlung hat folgende Tagesordnung:

TOP 1: Bestimmung des Versammlungsleiters
TOP 2: Bestellung eines Verwalters
TOP 3: Abschluss des Verwaltervertrags

Der Verwaltungsbeiratsvorsitzende weist darauf hin, dass die Versammlung nur beschlussfähig ist, wenn die erschienenen stimmberechtigten Wohnungseigentümer mehr als die Hälfte der Miteigentumsanteile vertreten.

Mit freundlichen Grüßen

[Vorsitzender des Verwaltungsbeirats]

Rechtsfolgen bei Einladung durch einen Nichtberechtigten

Wird eine Eigentümerversammlung von einem Nichtberechtigten einberufen, zum Beispiel vom bereits abberufenen Verwalter oder von einem unbefugten einzelnen Eigentümer, und tritt daraufhin eine beschlussfähige Eigentümerversammlung zusammen, sind die dort gefassten Beschlüsse nicht nichtig, sondern nur anfechtbar (BayObLG, 30.6.2004, 2Z BR 113/04, ZMR 2005, 559). Dieser Einberufungsmangel kann allein dadurch geheilt werden, dass die gesamte Wohnungseigentümergemeinschaft zusammentritt, also mit einer Vollversammlung. Ein Verwalter, dessen Bestellung gerichtlich angefochten ist, kann wirksam eine Eigentümerversammlung einberufen und leiten, solange der Bestellungsbeschluss nicht für ungültig erklärt wurde (LG Köln, 21.6.2012, 29 S 225/11).

Sind bei Eröffnung der Erstversammlung nicht mehr als die Hälfte der stimmberechtigten Miteigentumsanteile vorhanden, bestimmt § 24 Abs. 4 WEG, dass eine sogenannte Zweitversammlung oder Wiederholungsversammlung mit gleichem Gegenstand einzuberufen ist. Die Einladung kann erst erfolgen, wenn die Beschlussunfähigkeit der ersten Eigentümerversammlung festgestellt wurde.

Diese Versammlung ist dann ohne Rücksicht auf die Höhe der vertretenen Anteile beschlussfähig. Hierauf ist in der Einladung zur Wiederholungsversammlung hinzuweisen.

> **! Achtung**
>
> Die Zweitversammlung muss mit dem gleichen Gegenstand einberufen werden, also mit der gleichen Tagesordnung.

Neben der ordentlichen Eigentümerversammlung, die nur einmal jährlich stattfindet, kann bei eilbedürftigen Entscheidungsprozessen eine außerordentliche Versammlung erforderlich werden.

> **! Beispiele: Gründe für eine außerordentliche Versammlung**
>
> - Bei einer beschlossenen und sich gerade in der Ausführung befindlichen Reparaturmaßnahme treten Probleme auf, mit denen ein erheblicher Kostenmehraufwand verbunden ist.
> - Über eine dringende Sonderumlage muss ein Beschluss gefasst werden.
> - Es stellt sich die Frage, ob ein Rechtsmittel eingelegt oder ob ein gerichtlicher Vergleich geschlossen werden soll.
> - Nach einer Kündigung müssen neue Verwalter- oder Hausmeisterverträge abgeschlossen werden.

MUSTER: Einladung zur Eigentümerversammlung

Josef Steinmann Hausverwaltungs GmbH | Arnoldstr. 30 | 80123 München

Tel. 089 123456 | Fax 089 123457

Herrn
Max Mustereigentümer
Tannstr. 100
80123 München

München, 31.3.2016

Wohnungseigentümergemeinschaft Tannstr. 100, 80123 München
Einladung zur ordentlichen Eigentümerversammlung 2016

Sehr geehrter Herr Mustereigentümer,

als Verwalter laden wir Sie zu der

am Donnerstag, 21.4.2016 um 18:00 Uhr
in der Gaststätte »Zur Eiche«, Tannstr. 1, 80123 München, Nebenraum

tagenden Eigentümerversammlung ein.

Die Tagesordnung ist rückseitig vermerkt. Wenn Sie an der Versammlung nicht teilnehmen können, bitten wir, mit dem beigefügten Vordruck eine Vertretungsvollmacht zu erteilen.

Nur soweit in der Teilungserklärung eine entsprechende Regelung enthalten ist: Für den Fall, dass diese Eigentümerversammlung nicht beschlussfähig ist, weil weniger als die Hälfte aller Miteigentumsanteile anwesend oder ordnungsgemäß vertreten sind, wird jetzt schon gemäß § 11 Ziffer 5 der Teilungserklärung/Gemeinschaftsordnung eine Zweitversammlung am 21.4.2016 um 18:45 Uhr in der Gaststätte »Zur Eiche«, Tannstraße 1, 80123 München, Nebenraum, anberaumt. Es wird ausdrücklich darauf hingewiesen, dass diese Zweitversammlung nach § 25 Abs. 4 WEG ohne Rücksicht auf das Erreichen der Beschlussfähigkeitsmehrheit beschlussfähig ist.

Alternativ

Gemäß § 11 Ziffer 6 der Teilungserklärung ist die Eigentümerversammlung unabhängig von den erschienenen oder vertretenen Miteigentumsanteilen beschlussfähig. Hierauf wird ausdrücklich hingewiesen.

Mit freundlichen Grüßen

Josef Steinmann Hausverwaltungs GmbH

Anlagen
- Jahresgesamt- und Einzelabrechnung 2015
- Gesamt- und Einzelwirtschaftsplan 2016
- Vollmachtsvordruck

5.1.2 Wer muss eingeladen werden?

Zur Eigentümerversammlung einzuladen sind:
- Wohnungseigentümer
- Insolvenzverwalter
- Testamentsvollstrecker
- Nachlassverwalter
- Zwangsverwalter
- Gesetzlicher Vertreter bei Minderjährigen oder Betreuten
- Gesetzlicher oder rechtsgeschäftlich bestellter Vertreter bei Kapital- oder Personengesellschaften

Nicht zu laden sind:
- Nießbrauchsberechtigte
- Grundschuld- und Hypothekengläubiger, denen kein Stimmrecht zusteht
- Mieter oder Pächter
- Grundstückseigentümer mit Erbbaurechtsbelastung und nachfolgend begründeten Wohnungserbbaurechten
- Dauerwohnungsberechtigte oder Wohnungsrechtsinhaber im Sinne des § 1093 BGB

Zur Wohnungseigentümerversammlung sind alle im Grundbuch eingetragenen Wohnungseigentümer einzuladen. Dies gilt, wenn es die Teilungserklärung nicht anders vorsieht, auch für Teileigentum – also sind auch Gewerbe- und Garageneigentümer einzuladen. Bei minderjährigen und betreuten Wohnungseigentümern muss deren gesetzlicher Vertreter eingeladen werden. Im Fall des Versterbens eines Wohnungseigentümers sind dessen Erben zu laden, wenn sie ihre Rechtsnachfolge durch Erbschein ordnungsgemäß nachgewiesen haben. Handelt es sich um eine Erbengemeinschaft und ist dem Verwalter kein Zustellungsvertreter genannt worden, so sind alle Mitglieder der Erbengemeinschaft zu laden.

Steht das Eigentumsrecht mehreren Personen gemeinschaftlich zu, sind diese alle einzeln zu laden.

! **Beispiel**

Ein Ehepaar besitzt ein Wohnungseigentum in Bruchteilsgemeinschaft je zur Hälfte oder drei Kinder zu je einem Drittel. In diesem Fall sind alle zwei bzw. drei Eigentümer einzeln zu laden, sofern dem Verwalter kein bevollmächtigter Zustellungsvertreter genannt wurde.

Bei einer juristischen Person als Eigentümer ist der gesetzliche Vertreter zu laden. Dies ist bei

- einer Aktiengesellschaft oder einem Verein der Vorstand,
- einer GmbH der Geschäftsführer,
- einer GmbH & Co. KG der Geschäftsführer der Komplementär-GmbH.

Der Erwerber einer Eigentumswohnung, der noch nicht im Grundbuch eingetragen ist, ist nicht einzuladen, selbst dann nicht, wenn sein Anspruch auf Übereignung durch eine Vormerkung im Grundbuch gesichert ist und Besitz, Nutzen und Lasten auf ihn übergegangen sind (BGH, 1.2.1988, V ZB 6/88). Jedoch kann der zukünftige Eigentümer vom Veräußerer mit der Vertretung und Ausübung des Stimmrechts bevollmächtigt werden.

Achtung !

Eine Einladung des Erwerbers von Wohnungs- oder Teileigentum durch den Wohnungseigentumsverwalter zur Eigentümerversammlung hat erst dann zu erfolgen, wenn der Verwalter über den Eigentumsübergang »in geeigneter Form« unterrichtet wurde, insbesondere durch Übersendung eines Grundbuchauszugs (LG München I, 20.2.2013, 36 T 1970/13).

Abweichendes gilt für den sogenannten Ersterwerber. Ein Ersterwerb liegt vor beim Kauf vom teilenden Alleineigentümer, zum Beispiel vom Bauträger. Liegt zwischen dem Alleineigentümer und dem Erwerber ein gültiger Erwerbsvertrag vor, ist der Übergang von Nutzen und Lasten auf den Erwerber erfolgt und hat er die Wohnung in Besitz genommen, ist er als Mitglied der künftigen Wohnungseigentümergemeinschaft als sogenannter faktische Eigentümer zur Versammlung einzuladen (BGH, 5.6.2008, V ZB 85/07). Weitere Voraussetzung ist jedoch, dass die Wohnungsgrundbücher angelegt sind und darin für den Erwerber eine Auflassungsvormerkung eingetragen ist.

Dem Eigentümer, dessen Wohnung unter Zwangsverwaltung steht, ist es untersagt, die Verwaltung selbst vorzunehmen. Daher ist es erforderlich, den Zwangsverwalter einzuladen (BayObLG, 5.11.1998, 2 Z BR 131/98). Wenn über das Vermögen des Eigentümers das Insolvenzverfahren beantragt oder eröffnet ist oder wenn eine zum Nachlass gehörende Wohnung unter die Testamentsvollstreckung fällt, muss der Insolvenzverwalter bzw. Testamentsvollstrecker eingeladen werden.

! Achtung

Ist über ein Wohnungseigentum die Zwangsversteigerung angeordnet, muss der jeweilige Eigentümer noch so lange geladen werden, bis durch Zuschlag in der Versteigerung der Eigentumswechsel stattfindet.

Wird die Versammlung nicht durch den Verwalter einberufen, sondern durch den Vorsitzenden des Verwaltungsbeirats oder den hierzu gerichtlich ermächtigten Wohnungseigentümer, so ist der Verwalter dennoch zu laden, denn er hat gemäß § 24 Abs. 5 WEG den Vorsitz in der Versammlung zu führen.

Ansonsten gilt der Grundsatz der Nichtöffentlichkeit der Versammlung: Dritte Personen haben regelmäßig keinen Zugang zur Versammlung. Interne Angelegenheiten der Wohnungseigentümergemeinschaft sollen vertraulich behandelt werden. Dies gilt insbesondere für Nießbrauchsberechtigte (vgl. BGH, 7.3.2002, V ZB 24/01, WuM 2002, 277) sowie Grundschuld- und Hypothekengläubiger, denen kein Stimmrecht zusteht; weiterhin Mieter oder Pächter, Erbbauverpflichtete (BayObLG, NZM 2001, 141), Dauerwohnungsberechtigte oder Wohnungsrechtsinhaber im Sinne des § 1093 BGB (siehe hierzu auch Kapitel 5.4).

Rechtsfolge bei Nichteinladung

Werden Eigentümer vergessen oder vorsätzlich nicht eingeladen, sind die in der Eigentümerversammlung getroffenen Beschlüsse zwar deshalb nicht nichtig, sie sind jedoch gerichtlich anfechtbar (BGH, 20.7.2012, V ZR 235/11). Die Anfechtung führt dann zum Erfolg, wenn durch die ordnungsgemäße Einladung und Stimmrechtsausübung des Betroffenen das Zustandekommen des Beschlusses hätte beeinflusst werden und dessen Beteiligung zu einem anderen Ergebnis hätte führen können. Teilt ein Wohnungseigentümer seine ladungsfähige Anschrift nicht oder falsch mit und misslingt seine Ladung zu der Eigentümerversammlung aus diesem Grund ohne Verschulden der Verwaltung, muss er sich die unterbliebene Ladung als Folge seiner Obliegenheitsverletzung zurechnen lassen; in der Versammlung gefasste Beschlüsse können dann nicht wegen der unterbliebenen Ladung angefochten werden (BGH, 5.7.2013, V ZR 241/12).

5.1.3 Form und Frist

> **§ 24 Abs. 4 WEG**
>
> *»Die Einberufung erfolgt in Textform. Die Frist der Einberufung soll, sofern nicht ein Fall besonderer Dringlichkeit vorliegt, mindestens zwei Wochen betragen.«*

Bei der Ladung zur Eigentümerversammlung sind bestimmte Formalitäten zu beachten. Zunächst ist immer zu prüfen, ob die Gemeinschaftsordnung hierzu besondere Vereinbarungen enthält – sie können auch von den gesetzlichen Regelungen abweichen.

Die Ladung bedarf gemäß § 24 Abs. 4 Satz 1 WEG i.V.m. § 126b BGB der Textform. Erforderlich ist, dass die Person des Einladenden erkennbar ist, die Einladung muss jedoch nicht eigenhändig unterschrieben sein. Ausreichend ist daher die maschinelle Erstellung der Einladung und Versendung als Kopie, Fax, SMS oder E-Mail. Die elektronische Übermittlung genügt allerdings nur dann, wenn der Empfänger durch Übermittlung seiner Faxnummer, Handynummer, E-Mail-Adresse oder in sonstiger Weise zu erkennen gegeben hat, dass er mit dieser Form der Übermittlung einverstanden ist.

Die Ladung muss den Absender erkennen lassen, die Wohnungseigentümergemeinschaft, für welche die Eigentümerversammlung einberufen wird, genau bezeichnen sowie Ort, Datum, Uhrzeit und die Tagesordnung der Eigentümerversammlung beinhalten.

Die Einladung muss dem Wohnungseigentümer zugehen (§ 130 Abs. 1 BGB). Dies bedeutet, dass die Einladung so zum Empfänger gelangen muss, dass unter normalen Umständen mit der Kenntnisnahme gerechnet werden kann. Ein Aushang der Einladung in der Wohnungseigentumsanlage genügt nicht.

> **Praxis-Tipp** !
>
> Eine Vereinbarung in der Gemeinschaftsordnung, nach der die Einladung als zugegangen gilt, wenn sie der Verwalter an die ihm zuletzt benannte Adresse versendet (Zugangsfiktion), ist zulässig und empfehlenswert.

Die Einberufungsfrist beträgt gemäß § 24 Abs. 4 WEG zwei Wochen. Im Inland sind hierbei Postlaufzeiten bis zu drei Tagen einzurechnen. Für die Berechnung der Frist gelten die §§ 186 ff. BGB, die Frist beginnt erst mit dem Zugang des Schreibens beim Wohnungseigentümer. Durch Vereinbarung der Wohnungseigentümer – nicht durch Beschluss – kann geregelt werden, dass eine längere Einberufungsfrist einzuhalten ist.

Wenn ein Fall besonderer Dringlichkeit vorliegt, kann die Zweiwochenfrist verkürzt werden.

> **Beispiel**
>
> ■ Der Verwalter ist gemäß § 27 Abs. 1 Nr. 7 WEG verpflichtet, die Wohnungseigentümer unverzüglich zu unterrichten, wenn ein Rechtsstreit gemäß § 43 WEG anhängig ist. Um weitere Weisungen zu erhalten und ggf. die anwaltliche Vertretung zu beschließen, kann ein Fall der besonderen Dringlichkeit gegeben sein, wenn Fristabläufe drohen.
> ■ Bei einer sich in der Ausführung befindlichen Instandsetzungsmaßnahme treten unvorhersehbare Komplikationen auf, die zu einem erheblichen Kostenmehraufwand führen.

Rechtsfolgen bei Nichteinhaltung der Ladungsfrist

Wird die Ladungsfrist nicht eingehalten, führt dies nicht zur Unwirksamkeit der Beschlüsse. Eine Beschlussanfechtung kann in diesem Fall mit der Begründung erfolgen, dass die Nichteinhaltung der Frist ursächlich für das Zustandekommen eines bestimmten Beschlusses war. Dies allein führt jedoch noch nicht zum Erfolg der Anfechtung. Es müssen weitere Gründe vorliegen, auf deren Verletzung die Ungültigerklärung des Beschlusses gestützt werden kann, da es sich bei der Zweiwochenfrist nur um eine gesetzliche Sollvorschrift handelt, die nicht zwingend eingehalten werden muss. Ein Beschluss wird nicht für ungültig erklärt werden, wenn feststeht, dass der angefochtene Beschluss auch unter Einhaltung der Ladungsfrist getroffen worden wäre (BGH, 7.3.2002, V ZB 24/01; LG München I, 6.11.2014, 36 S 25536/13).

5.1.4 Inhalt

In der Einladung sind der Ort, die Zeit und die Tagesordnung mitzuteilen. Über diese Punkte darf der Verwalter im Rahmen einer ordnungsgemäßen Verwaltung nach eigenem Ermessen entscheiden.

Die Wahl des Versammlungsortes darf die Teilnahme nicht erschweren. Der Ort muss für die Teilnehmer erreichbar sein (BGH, 7.3.2002, V ZB 24/01, NZM 2002, 450). Bei der Auswahl ist auf die Verkehrsüblichkeit und Zumutbarkeit, den Ort zu erreichen, zu achten. Daher sollte die Versammlung am Ort der Wohnanlage oder in der näheren Umgebung stattfinden. Wegen des Grundsatzes der Nichtöffentlichkeit der Versammlung ist zu beachten, dass die Versammlung unter Ausschluss Dritter abgehalten werden kann.

> **Praxis-Tipp** !
>
> Achten Sie als Verwalter oder als bei der Wahl des Versammlungsortes mitwirkender Eigentümer darauf, dass es sich um einen Raum handelt, der geschlossen werden kann, in Gaststätten beispielsweise ein abgetrennter Nebenraum. Ein Biergarten eignet sich also nicht.

Rechtsfolge bei ungeeignetem Versammlungsort

Wählt der Verwalter einen ungeeigneten Versammlungsort und wird hierdurch die Teilnahme von Wohnungseigentümern erheblich erschwert oder gar unmöglich gemacht, kann dies die Anfechtbarkeit der gefassten Beschlüsse begründen. Kommt ein Beschluss unter Nichteinhaltung des Grundsatzes der Nichtöffentlichkeit zustande, ist er für ungültig zu erklären, wenn nicht ausgeschlossen werden kann, dass sich dieser Verstoß auf das Beschlussergebnis ausgewirkt hat (OLG Hamm, 27.9.2006, 15 W 98/60, ZMR 2007, 133 m.w.N.). Ist dem Verwalter bekannt, dass ein Eigentümer aus persönlichen Gründen, zum Beispiel wegen körperlicher Behinderung, den Versammlungsort nicht aufsuchen kann, da kein behindertengerechter Zugang vorhanden ist, kann dies einer vorsätzlichen Nichtladung gleichkommen.

Bei der Wahl des Zeitpunkts ist auf berufstätige Wohnungseigentümer Rücksicht zu nehmen. Daher muss eine verkehrsübliche Zeit gewählt werden. Zulässig ist unter Abwägung der Belange aller Eigentümer grundsätzlich auch ein Sonnoder Feiertag, beispielsweise wenn sich die Wohnanlage in einem Urlaubsgebiet befindet und die Eigentümer die Wohnungen überwiegend als Ferienwohnungen nutzen. Auf die Urlaubsplanung einzelner Eigentümer muss der Verwalter seine Terminierung nicht zwingend abstimmen. Wählt der Verwalter allerdings einen ungewöhnlichen Zeitpunkt, so kann dieser Einberufungsmangel dazu führen, dass der Beschluss angefochten und für ungültig erklärt wird.

> ### § 23 Abs. 2 WEG
> *»Zur Gültigkeit eines Beschlusses ist erforderlich, dass der Gegenstand bei der Einberufung bezeichnet ist.«*

Ergänzend zum Einladungsschreiben ist den Wohnungseigentümern bei der Einberufung der Eigentümerversammlung die Tagesordnung zu übersenden. Für die Gültigkeit von Beschlüssen ist es erforderlich, dass ihr Gegenstand in der Einladung zur Versammlung ausreichend bezeichnet ist. Anderenfalls kann dieser Mangel eine Beschlussanfechtung begründen. Es müssen die Tagesordnungspunkte (TOP) und die vorgesehenen Beschlüsse so genau bezeichnet werden, dass die Wohnungseigentümer verstehen und überblicken können, was in tatsächlicher und rechtlicher Hinsicht erörtert und beschlossen werden soll und welche Auswirkungen der vorgesehene Beschluss insoweit auf die Gemeinschaft und sie selbst hat; eine schlagwortartige Bezeichnung reicht regelmäßig aus (BGH, 13.1.2012, V ZR 129/11).

Die Wohnungseigentümer sollen so vor Überraschungen bewahrt werden und die Möglichkeit haben, sich vorzubereiten. Der Beschlussgegenstand ist umso genauer in der Einladung zu bezeichnen, je größer seine Bedeutung und je geringer der Wissensstand des einzelnen Eigentümers hierzu ist (OLG München, 14.9.2006, 34 Wx 49/06, NZM 2006, 934).

Die Auswahl und Bezeichnung der Tagesordnungspunkte obliegt dem Verwalter. Der einzelne Eigentümer hat jedoch in Fällen, bei denen es sich um Maßnahmen ordnungsmäßiger Verwaltung gemäß § 21 Abs. 4 WEG handelt, einen Anspruch auf die Aufnahme bestimmter Beschlussgegenstände (OLG Frankfurt/Main, 18.8.2008, 20 W 426/05; LG Hamburg, 27.6.2012, 318 S 196/11). Der Anspruch entfällt, wenn die Ladungsfrist des § 24 Abs. 4 Satz 2 WEG nicht mehr gewahrt und auf diese Frist auch nicht ausnahmsweise verzichtet werden kann. Weigert sich der Verwalter pflichtwidrig zur Aufnahme weiterer Tagesordnungspunkte, die ordnungsmäßiger Verwaltung entsprechen, ist der Vorsitzende des Verwaltungsbeirats berechtigt, die Tagesordnung entsprechend zu ergänzen.

! **Beispiel: Beschlussfassung über Jahresabrechnung**

Die Aufnahme der Beschlussfassung über die Jahresabrechnung auf die Tagesordnung kann von jedem einzelnen Eigentümer verlangt und notfalls gerichtlich geltend gemacht werden.

! **Beispiele: Maßnahmen ordnungsgemäßer Verwaltung**

- Instandhaltung und Instandsetzung von Gemeinschaftseigentum
- Aufstellung eines Wirtschaftsplans oder einer Hausordnung
- Verfolgung von Hausgeldrückständen
- Ansammlung einer angemessenen Instandhaltungsrücklage
- Die Geltendmachung von Mängelansprüchen bei Mängeln am Gemeinschaftseigentum

Der Verwalter ist auch verpflichtet, einen bestimmten Punkt auf die Tagesordnung zu setzen, wenn ein Viertel aller Wohnungseigentümer die Aufnahme schriftlich beantragt. Weigert sich der Verwalter dennoch, so kann dieses Verlangen gerichtlich geltend gemacht werden und sogar zu einer Schadenersatzpflicht des Verwalters führen, wenn die Weigerung pflichtwidrig war (so das LG München I, 16.5.2011, 1 S 5166/11 zu den Kosten einer außerordentlichen Eigentümerversammlung).

Praxis-Tipp !

Hat ein einzelner Eigentümer ein bestimmtes Anliegen, sollte er sich frühzeitig um die Aufnahme in die Tagesordnung bemühen und einen schriftlichen Antrag beim Verwalter stellen. Lehnt dieser ab, kann die Aufnahme ggf. noch rechtzeitig gerichtlich erwirkt werden. Ein solcher Anspruch ist prozessual gegen den Verwalter selbst zu richten. In der Regel rechtfertigt das Bestreben eines Wohnungseigentümers, einen bestimmten Punkt auf die Tagesordnung setzen zu lassen, jedoch keine die Hauptsache vorwegnehmende Leistungsverfügung (einstweiliger Rechtsschutz) (LG München I, 30.8.2011, 36 T 6199/11). Dies könnte nur dann der Fall sein, wenn die Behandlung eines bestimmten Punktes so dringend ist, dass ein Eigentümer, der bei seinem Einberufungsverlangen ein ordentliches Hauptsacheverfahren abwartet, unverhältnismäßig großen, gar irreparablen Schaden erleidet (LG München I, 16.5.2011, 1 S 5166/11).

Wurde bei Einberufung der Versammlung die Nennung eines Tagesordnungspunkts vergessen oder wurde er erst nachträglich beantragt, ist eine Ergänzung der Tagesordnung durch eine »Nachtragseinladung« grundsätzlich zulässig. Allerdings muss dies grundsätzlich in einer Frist erfolgen, in der der Verwalter den Tagesordnungspunkt noch unter Einhaltung der Ladungsfrist von zwei Wochen nachreichen kann (LG Frankfurt/Main, 12.6.2014, 2-9 S 79/13). Beantragt ein Wohnungseigentümer nachträglich die Aufnahme eines bestimmten Tagesordnungspunkts, kann der Verwalter diesen ablehnen, wenn die Ladungsfrist nicht mehr gewahrt werden kann (LG Düsseldorf, 16.3.2011, 25 S 56/10).

Unter dem Tagesordnungspunkt »Verschiedenes« oder »Sonstiges« kann die Wohnungseigentümergemeinschaft keine Beschlüsse fassen. Er dient vielmehr der Beratung von Angelegenheiten und der allgemeinen Aussprache. Werden dennoch Beschlüsse gefasst, so sind diese binnen eines Monats anfechtbar, da sie nicht ausreichend angekündigt wurden. Auf die Möglichkeit der Anfechtung muss der Verwalter hinweisen.

MUSTER: Tagesordnung

Tagesordnung

zur ordentlichen Eigentümerversammlung der Wohnungseigentümergemeinschaft Tannstr. 100, 80123 München am 21.4.2016, 18:00 Uhr

1. Begrüßung, Feststellung der ordnungsgemäßen Einberufung und der Beschlussfähigkeit der Versammlung
2. Bericht des Verwalters und des Verwaltungsbeirats über die Jahresabrechnung 2015, Genehmigung der Gesamt- und Einzelabrechnungen 2015
   Beschlussvorschlag: Die vorgelegten Gesamt- und Einzelabrechnungen 2015 werden genehmigt.
3. Entlastung der Verwaltung für das Wirtschaftsjahr 2015
   Beschlussvorschlag: Der Verwaltung wird für das Wirtschaftsjahr 2015 Entlastung erteilt.
4. Entlastung des Verwaltungsbeirats für das Wirtschaftsjahr 2015
   Beschlussvorschlag: Die Mitglieder des Verwaltungsbeirats werden für das Wirtschaftsjahr 2015 entlastet.
5. Genehmigung des Wirtschaftsplans 2016
   Beschlussvorschlag: Der vorgelegte Gesamtwirtschaftsplan und die Einzelwirtschaftspläne 2016 werden genehmigt. Das in diesen Einzelwirtschaftsplänen ausgewiesene Wohngeld wird ab dem 1.6.2016 fällig gestellt. Dieser Wirtschaftsplan gilt auch für das Folgejahr fort, bis ein neuer beschlossen wird.
6. Sicherheitstechnische Bewertung durch TÜV/Mängelbeseitigung
   Beschlussvorschlag: Noch in diesem Jahr wird mit dem Aufzugsdienst, dem Verwaltungsbeirat und der Verwaltung bei einem Ortstermin erörtert, welche Mängel zwingend in diesem Jahr zu beheben sind. Diese Arbeiten werden in Absprache mit dem Verwaltungsbeirat in Auftrag gegeben. Im Hinblick auf die übrigen Mängel soll ein Zeitplan mit Kostenübersicht in der nächsten ordentlichen Eigentümerversammlung vorgelegt werden.
7. Instandhaltungsmaßnahme hofseitige Fassade: Art, Umfang, Ausführungszeitraum und Auftragsvergabe der Maßnahme; Finanzierung der Maßnahme
   Beschlussvorschlag: Die Verwaltung wird beauftragt, die Firma Blitzsanierung mit der Sanierung der hofseitigen Fassade laut vorliegendem Angebot zu beauftragen. Die Arbeiten sollen im Juni 2016 beginnen. Die Finanzierung der Maßnahme erfolgt aus der Rücklage.
8. Streichen des Treppenhauses
   Beschlussvorschlag: Der Verwalter wird beauftragt, die Malerarbeiten zum Streichen des Treppenhauses bis zu einem Kostenaufwand in Höhe von 6.000 EUR in Auftrag zu geben.
9. Mängelgewährleistung Tiefgarage: Reparaturbedarf, Investitionsvolumen, Auftragsvergabe
   Beschlussvorschlag: Der Verwalter wird beauftragt, einen vereidigten Bausachverständigen mit der Begutachtung der Feuchtigkeitsschäden in der Tiefgarage zu beauftragen. Er wird vorsorglich ermächtigt, ein selbstständiges Beweissicherungsverfahren im eigenen Namen oder im Namen der Wohnungseigentümergemeinschaft einzuleiten sowie Gewährleistungsansprüche gegen die Firma Bandel geltend zu machen.

10. Neuwahl/Wiederwahl des Verwalters zum 1.1.2017
    Beschlussvorschlag: Die Josef Steinmann Hausverwaltungs GmbH wird für die Zeit
    vom 1.1.2017 bis 31.12.2020 zu Kosten in Höhe von monatlich 17,30 EUR je Wohneigen-
    tum und 3,50 EUR je Teileigentum zzgl. MwSt. zum Verwalter bestellt. Der beste-
    hende Verwaltervertrag verlängert sich entsprechend.
11. Sonstiges

MUSTER: Antrag auf Aufnahme in die Tagesordnung

ARBEITSHILFE
ONLINE

[Absender]

An den Verwalter
der Wohnungseigentümergemeinschaft ....
[Anschrift]

[Ort, Datum]

Aufnahme eines Tagesordnungspunkts

Sehr geehrte/r Frau/Herr ....,

als Eigentümer der Wohnungseigentümergemeinschaft .... fordere ich
Sie auf, den zusätzlichen Tagesordnungspunkt **Sanierung der hofseitigen Fassade
wegen Feuchtigkeitsschäden und Schimmelbefalls** auf die Tagesordnung der
nächsten Eigentümerversammlung aufzunehmen.

Begründung: Bereits mehrfach ist es in meinem sowie dem darunterliegenden
Sondereigentum zu Feuchtigkeitsschäden und Schimmelbefall gekommen. Nach
Stellungnahme eines Sachverständigen handelt es sich hierbei nicht um Schäden
infolge falschen Lüftens und Heizens, sondern infolge der Schadhaftigkeit des
nunmehr doch schon sehr alten Mauerwerks und der fehlenden Wärmedämmung.
Die Ursache der seit Jahren immer wieder auftretenden Schäden liegt im Gemeinschaftseigentum. Daher ist für die Mängelbeseitigung die Gemeinschaft im Rahmen
einer Instandsetzungsmaßnahme verantwortlich.

Mit freundlichen Grüßen

....
[Wohnungseigentümer]

5.1.5 Einberufungsmangel/Kausalität

Enthält die Einberufung einen sogenannten formellen Mangel, so kommt dieser nur zum Tragen, wenn er sich auf das Beschlussergebnis ausgewirkt hat.
Ladungsmängel sind als formelle Beschlussmängel nur beachtlich, wenn die Be-

schlussfassung auf ihnen beruht. Die Kausalität und im Gefolge die Anfecht-barkeit eines mit einem formellen Mangel behafteten Beschlusses ergibt sich bereits daraus, dass sich der Mangel auf das Ergebnis der Beschlussfassung zumindest ausgewirkt haben könnte. Eine Ungültigerklärung von Beschlüssen scheidet in der Regel nur dann aus, wenn feststeht, dass sich ein Beschlussman-gel auf das Abstimmungsergebnis nicht ausgewirkt hat (LG München I, 6.11.2014, 36 S 25536/13; BGH, 7.3.2002, V ZB 24/01).

Von Ursächlichkeit ist regelmäßig auszugehen, wenn einzelne Wohnungseigen-tümer an der Versammlung nicht teilgenommen haben, weil sie die Einberufung für unwirksam hielten, da dann nicht ausgeschlossen werden kann, dass deren Diskussionsbeiträge zu einem anderen Ergebnis geführt hätten. Die fehlende Kausalität eines Einberufungsmangels kann nur dann festgestellt werden, wenn klar zutage tritt, dass der Beschluss bei ordnungsgemäßer Einberufung und Durchführung der Versammlung gleichfalls zustande gekommen wäre (LG Köln, 8.12.2011, 29 S 121/11 zur Einberufung durch einen nicht berechtigten Verwalter). Ein weiter Beurteilungs- bzw. Ermessensspielraum der Eigentümerversammlung rechtfertigt eine Ausnahme von der Kausalitätsvermutung dann, wenn fest-steht, dass der angegriffene Beschluss auch ohne den Einberufungsmangel (Verkürzung der Ladungsfrist oder ein drittes oder viertes Alternativangebot) ebenso bzw. ergebnisgleich gefasst worden wäre (AG Hamburg-Blankenese, 5.2.2014, 539 C 18/13; AG Hamburg-Altona, 6.12.2013, 303a C 3/13, ZMR 2015, 73). Hierbei kommt es auf die konkrete Situation bei der Eigentümerversammlung an. Eine Kausalitätsvermutung ist widerleglich und insbesondere auch einer Beweis-erhebung darüber zugänglich, wie die Eigentümer bei ordnungsmäßiger Ankün-digung des Beschlussgegenstands abgestimmt hätten (LG Hamburg, 29.9.2011, 319 T 40/11; OLG Hamburg, 11.4.2007, 2 Wx 2/07).

Lässt sich ein Wohnungseigentümer auf einer Vollversammlung aller Eigentümer widerspruchslos auf eine Abstimmung zu einem formal nicht korrekt angekün-digten Tagesordnungspunkt ein, kann er nicht die Rüge eines Einberufungs-mangels erheben (LG Hamburg, 25.5.2011, 318 S 21/11).

5.2   Die Beschlussfähigkeit

§ 25 Abs. 3 WEG

»Die Versammlung ist nur beschlussfähig, wenn die erschienenen stimmberechtigten Wohnungseigentümer mehr als die Hälfte aller Miteigentumsanteile, berechnet nach der im Grundbuch eingetragenen Größe dieser Anteile, vertreten.«

Zu Beginn einer jeden Versammlung sollte der Verwalter, der den Vorsitz der Versammlung führt, feststellen, ob diese ordnungsgemäß einberufen wurde. Außerdem muss er überprüfen, ob die Versammlung beschlussfähig ist. Dies ist gemäß § 25 Abs. 3 WEG dann der Fall, wenn die erschienenen stimmberechtigten Wohnungseigentümer mit mehr als der Hälfte der Miteigentumsanteile vertreten sind. Hierbei sind diejenigen Eigentümer nicht mitzuzählen, die nicht erschienen bzw. vertreten, aber nicht stimmberechtigt sind.

> **Praxis-Tipp**   !
>
> Es ist zu überwachen, ob Personen die laufende Versammlung verlassen, und dann erneut zu überprüfen, ob die Versammlung noch beschlussfähig ist (ohne deren Miteigentumsanteile).

Sind bei Eröffnung der Versammlung nicht mehr als die Hälfte der stimmberechtigten Miteigentumsanteile vorhanden, bestimmt § 24 Abs. 4 WEG, dass eine sogenannte Zweitversammlung oder Wiederholungsversammlung mit demselben Gegenstand einberufen wird. Diese ist dann ohne Rücksicht auf die Höhe der vertretenen Anteile beschlussfähig, worauf bei der Einberufung hinzuweisen ist.

Für die Einberufung der Zweitversammlung müssen erneut die regulären Einberufungsmodalitäten beachtet werden. Es ist daher unzulässig, ohne Einhaltung dieser Modalitäten für den Fall der fehlenden Beschlussfähigkeit der Erstversammlung kurzfristig eine Wiederholungsversammlung einzuberufen. Das bedeutet, dass insbesondere die Ladungsfrist auch für die Zweitversammlung eingehalten werden muss.

Oftmals sehen Gemeinschaftsordnungen vor, dass jede Eigentümerversammlung ohne Rücksicht auf die erschienenen Miteigentumsanteile beschlussfähig ist. Eine solche Regelung in der Gemeinschaftsordnung ist zulässig, kann jedoch nicht durch Beschluss der Eigentümer erfolgen. Ein entsprechender Mehrheitsbeschluss wäre, selbst wenn er nicht angefochten wird, als gesetzesändernder Mehrheitsbeschluss nichtig (BGH, 20.9.2000, V ZB 58/99).

Rechtsfolge bei mangelnder Beschlussfähigkeit
Werden Beschlüsse trotz mangelnder Beschlussfähigkeit gefasst, sind diese
nicht nichtig, aber binnen Monatsfrist gerichtlich anfechtbar.

5.3 Das Stimmrecht

§ 25 Abs. 2 WEG
»Jeder Wohnungseigentümer hat eine Stimme. Steht ein Wohnungseigentum
mehreren gemeinschaftlich zu, so können sie das Stimmrecht nur einheitlich
ausüben.«

Das Stimmrecht der Wohnungseigentümer ist wesentlicher Bestandteil ihrer
Mitgliedschaftsrechte in der WEG und zählt zum unabdingbaren Kernbereich
des Wohnungseigentums. Mit ihrem Stimmrecht können die Wohnungseigentümer an der Gestaltung der Verwaltung der Wohnungseigentümergemeinschaft
mitwirken und auf diese Einfluss nehmen.

5.3.1 Wer ist Inhaber des Stimmrechts?

Inhaber des Stimmrechts ist der zum Zeitpunkt der Eigentümerversammlung im
Grundbuch eingetragene Wohnungseigentümer.

Der Erwerber einer Eigentumswohnung, der noch nicht im Grundbuch eingetragen
ist, ist nicht stimmberechtigt, selbst dann nicht, wenn sein Anspruch auf Übereignung durch eine Vormerkung im Grundbuch gesichert ist und Besitz, Nutzen und
Lasten auf ihn übergegangen sind (BGH, 1.12.1998, V ZB 6/88, NJW 1989, 1087). Denn
der eingetragene Wohnungseigentümer bleibt bis zur Umschreibung des Eigentums nach § 16 Abs. 2 WEG verpflichtet, die Lasten und Kosten des gemeinschaftlichen Eigentums zu tragen. Aus diesem Grund muss er auch die Möglichkeit haben,
mit seinem Stimmrecht auf die Verwaltung des gemeinschaftlichen Eigentums Einfluss zu nehmen. Jedoch kann der werdende Eigentümer vom Veräußerer mit der
Vertretung und Ausübung des Stimmrechts bevollmächtigt werden.

Abweichendes gilt für den sogenannten Ersterwerber. Ein Ersterwerb liegt beim
Kauf vom teilenden Alleineigentümer, zum Beispiel von einem Bauträger, vor.
Liegt zwischen dem Alleineigentümer und dem Erwerber ein gültiger Erwerbsvertrag vor, ist der Übergang von Nutzen und Lasten auf den Erwerber erfolgt
und hat er die Wohnung in Besitz genommen, so ist auch dieser als Mitglied der
werdenden Wohnungseigentümergemeinschaft bei der Eigentümerversammlung stimmberechtigt. Weitere Voraussetzung ist jedoch, dass die Wohnungs-

grundbücher angelegt sind und für den Erwerber eine Auflassungsvormerkung darin eingetragen ist.

Achtung !

Eine werdende Eigentümergemeinschaft kann erst entstehen, wenn der Anspruch mindestens eines Erwerbers auf Eigentumsverschaffung an einzelnen Einheiten durch Auflassungsvormerkung gesichert ist. Sie entsteht nicht, wenn das in Wohnungseigentum aufgeteilte Eigentum insgesamt an einen Erwerber übertragen wird (OLG München, 9.1.2006, 34 Wx 089/05).

Kein Stimmrecht besitzt der Nießbraucher (BGH, 7.3.2002, V ZB 24/01). Das Stimmrecht verbleibt hier allein beim Eigentümer.

Dem Eigentümer, dessen Wohnung unter Zwangsverwaltung steht, ist es untersagt, die Verwaltung selbst vorzunehmen. Daher ist es erforderlich, den Zwangsverwalter einzuladen. Dem Zwangsverwalter steht grundsätzlich das Stimmrecht in der Eigentümerversammlung zu (LG Düsseldorf, 3.2.2009, 16 S 54/08; LG Berlin, 29.11.2005, 55 T 152/04). Dem Wohnungseigentümer verbleibt auch kein Teilnahmerecht; dies steht allein dem Zwangsverwalter zu, soweit nicht der Kernbereich des Wohnungseigentums betroffen ist (LG Berlin, 19.9.2008, 85 T 404/07).

Wenn über das Vermögen des Eigentümers das Insolvenzverfahren beantragt oder eröffnet ist oder eine zum Nachlass gehörende Wohnung der Testamentsvollstreckung oder Nachlassverwaltung unterfällt, so übt der Insolvenzverwalter bzw. Testamentsvollstrecker bzw. Nachlassverwalter das Stimmrecht für den Wohnungseigentümer aus (LG Düsseldorf, 29.2.2012, 25 S 139/11).

Zu den Stimmrechtsinhabern zählen folgende Personen:
- Der aktuell im Grundbuch eingetragene Wohnungseigentümer
- Der werdende Eigentümer bei Ersterwerb; nicht bei Zweiterwerb
- Anstelle des jeweiligen Wohnungseigentümers: Nachlassverwalter, Zwangsverwalter, Insolvenzverwalter oder Testamentsvollstrecker

Kein Stimmrecht haben Grundschuld- und Hypothekengläubiger, Nießbraucher, Mieter oder Pächter.

5.3.1.1 Was gilt, wenn eine Wohnung mehreren Eigentümern gehört?

Das Stimmrecht steht den im Grundbuch eingetragenen Eigentümern zu (§ 25 Abs. 2 WEG). Sind mehrere Personen gemeinsam als Eigentümer im Grundbuch eingetragen, so können diese ihr Stimmrecht nur einheitlich ausüben. Eine anteilige Aufspaltung des Stimmrechts ist nicht zulässig. Wird eine Einigung nicht erzielt, entfällt die Stimme.

Auch wenn eine Teilungserklärung bestimmt, dass jeder Miteigentümer eine Stimme hat, führt das Bruchteilseigentum mehrerer an einer Wohnungseigentumseinheit nicht zu einer Vermehrung der Stimmrechte. Eine einheitliche Stimmrechtsausübung ist erforderlich bei

- Bruchteilsgemeinschaften,
- Erbengemeinschaften und
- ehelichen Gütergemeinschaften.

Die einheitliche Stimmrechtsausübung kann entweder durch übereinstimmende Mitwirkung aller Mitberechtigten in der Versammlung erfolgen oder dadurch, dass die Mitberechtigten einen gemeinsamen Vertreter benennen, der die Stimme abgibt.

Allerdings kann die Stimmabgabe ungültig sein, wenn an der Ermächtigung durch den oder die übrigen Mitberechtigten Zweifel bestehen und eine Vollmacht nicht vorgelegt wird. Im Fall von Eheleuten kann die Erklärung des einen mitberechtigten Ehegatten nur dann Wirkungen für und gegen den anderen mitberechtigten Ehegatten entfalten, wenn er die Erklärung zugleich in dessen Namen abgibt. Dies muss nicht ausdrücklich geschehen; vielmehr genügt es nach § 164 Abs. 1 Satz 2 BGB, wenn sich dies aus den Umständen ergibt (BGH, 19.7.2013, V ZR 109/12).

5.3.2 Welche Stimmrechtsprinzipien gibt es?

Es existieren verschiedene Stimmrechtsprinzipien. Neben dem gesetzlich verankerten Kopfprinzip sehen Gemeinschaftsordnungen häufig das Objektprinzip oder das Wertprinzip vor. Durch einen Mehrheitsbeschluss kann das geltende Stimmprinzip nicht abgeändert werden. Selbst wenn die Teilungserklärung/Gemeinschaftsordnung ein abweichendes Stimmprinzip vorsieht, ist bei Abstimmungen, für die das Gesetz eine bestimmte Mehrheit vorsieht – zum Beispiel über die Verteilung von Kosten einer Instandhaltungs- oder Instandsetzungsmaßnahme, einer Modernisierung und einer baulichen Veränderung nach § 16 Abs. 4 WEG –, zwingend das Kopfprinzip anzuwenden. Dies gilt gleichfalls für Beschlussfassungen über Modernisierungen des gemeinschaftlichen Eigentums oder dessen Anpassung an den Stand der Technik nach § 22 Abs. 2 WEG. Bei der Bestellung oder der Abberufung des Verwalters stellt es jedoch keine unzulässige Beschränkung dar, wenn das Kopfprinzip durch Vereinbarung zugunsten des Objekt- oder des Wertprinzips abbedungen wurde (BGH, 28.10.2011, V ZR 253/10).

Praxis-Tipp !

Beim Erwerb von Sonder- oder Teileigentum ist stets darauf zu achten, welches Stimmprinzip gilt, also welches Gewicht das Stimmrecht hat. Je größer die Einheit ist, desto höher wird die wirtschaftliche Belastung sein und umso wichtiger ist die Beeinflussbarkeit von Beschlüssen.

5.3.2.1 Kopfprinzip

In § 25 Abs. 2 Satz 1 WEG ist das sogenannte Kopfprinzip verankert. Dies bedeutet, dass die gesetzliche Regelung davon ausgeht, dass jedem Wohnungseigentümer unabhängig von der Größe und dem Wert seines Miteigentumsanteils eine Stimme zusteht. Ein Eigentümer hat hiernach auch dann nur eine Stimme, wenn er mehrere nach dem Grundbuch selbstständige Wohnungsrechte an einem Grundstück besitzt. Veräußert ein Wohnungseigentümer, dem mehrere Wohnungen gehören, einzelne davon, kommt es bei Geltung des Kopfprinzips zu einer Vermehrung der Stimmrechte (OLG München, 23.8.2006, 34 Wx 58/06, ZWE 2007, 153; BayObLG, 19.12.2001, 2 Z BR 15/01, ZMR 2002, 527). Teilt jedoch ein Miteigentümer in einer Wohnungseigentümergemeinschaft, in der das Kopfstimmrecht gilt, seinen Miteigentumsanteil ohne die Zustimmung der übrigen Miteigentümer auf und veräußert den neu hinzugewonnenen Anteil an einen Dritten, führt das nicht zu einer Stimmrechtsmehrung, obwohl die Wohnungseigentümergemeinschaft nun aus einem Miteigentümer mehr besteht (BGH, 27.4.2012, V ZR 211/11; LG München I, 19.10.2009, 1 S 21731/08).

Beispiele: Stimmrechtsverteilung !

Sind mehrere Personen gemeinsam Eigentümer einer Eigentumswohnung, zum Beispiel Eheleute, so können diese ihr Stimmrecht nur gemeinschaftlich ausüben, da ihnen nur eine Stimme zusteht. Gleiches gilt, wenn Eheleuten zwei Eigentumseinheiten als Mitberechtigten je zur Hälfte zustehen.
Ausnahme: Gehört eine Wohnung einem Ehegatten allein und eine andere je zur Hälfte beiden, so können zwei Stimmrechte gelten gemacht werden, da es sich um verschiedene Rechtsträger handelt. Steht ein Wohnungseigentum zwei Wohnungseigentümern je zur Hälfte zu und teilen diese dasselbe in der Weise auf, dass einer von ihnen zugleich Alleineigentümer einer weiteren Wohnung wird, so kommt bei gesetzlichem Kopfstimmrecht zu dem der Rechtsgemeinschaft zustehenden Stimmrecht ein durch die Alleinberechtigung begründetes weiteres Stimmrecht hinzu (OLG Düsseldorf, 3.2.2004, I-3 Wx 364/03).

Bei unterschiedlichen Auffassungen müssen sich die Berechtigten einigen, da eine Aufspaltung des Stimmrechts nicht möglich ist.

Eine Abweichung vom gesetzlichen Kopfprinzip durch Vereinbarung in der Gemeinschaftsordnung ist zulässig. In Betracht kommen hierfür das Wert- oder das Objektprinzip. Ein Mehrheitsbeschluss reicht hierfür jedoch nicht aus (vgl. BGH, 20.9.2000, V ZB 58/99, NJW 2000, 3500). Ein solcher wäre nichtig, da der Kernbereich des Wohnungseigentums betroffen ist.

> **! Achtung**
>
> Auch wenn die Teilungserklärung/Gemeinschaftsordnung ein abweichendes Stimmprinzip vorgibt, ist bei Abstimmungen über die Verteilung von Kosten einer Instandhaltungs- oder Instandsetzungsmaßnahme, einer Modernisierung und einer baulichen Veränderung nach § 16 Abs. 4 WEG zwingend das Kopfprinzip anzuwenden. Dies gilt gleichfalls für Beschlussfassungen über Modernisierungen des gemeinschaftlichen Eigentums oder dessen Anpassung an den Stand der Technik nach § 22 Abs. 2 WEG.

5.3.2.2 Wertprinzip

Eine Abweichung vom gesetzlichen Kopfprinzip durch Vereinbarung in der Gemeinschaftsordnung ist zulässig. Ein Mehrheitsbeschluss reicht hierfür jedoch nicht aus.

Wurde das Wertprinzip in der Teilungserklärung oder Gemeinschaftsordnung vereinbart, richtet sich die Stimmkraft nach der Größe der im Grundbuch eingetragenen Miteigentumsanteile. Die Wahl des Wertprinzips ist in der Praxis der häufigste Fall und beruht vor allem darauf, dass der Eigentümer mit dem größeren Miteigentumsanteil auch einen höheren Anteil an den Lasten und Kosten des gemeinschaftlichen Eigentums zu tragen hat und ihm daher eine größere Stimmkraft zugebilligt werden soll. Sieht die Teilungserklärung ein Stimmrecht in der Eigentümerversammlung nach Miteigentumsanteilen vor, so führt die Unterteilung eines Wohnungseigentums nicht zu einer Stimmrechtsvermehrung (OLG Hamm, 12.3.2002, 15 W 358/01).

5.3.2.3 Objektprinzip

Es besteht die Möglichkeit, das Stimmrecht von der Anzahl der Wohnungs- und Teileigentumseinheiten abhängig zu machen. Jeder Eigentümer hat dann so viele Stimmen, wie er Sondereigentumsrechte hat. Auf die Größe der Einheiten wird hierbei keine Rücksicht genommen. Dies kann dazu führen, dass ein Garageneigentümer über die gleiche Stimmkraft verfügt wie der Eigentümer einer großen Wohnung. Denn ist in einer Gemeinschaftsordnung das Objektprinzip vereinbart, besitzt auch der Teileigentümer eine Stimme in der Eigentümerversammlung (AG Wiesbaden, 13.1.2012, 92 C 4523/11). Obgleich dies zunächst ungerecht erscheint, da den Eigentümer der Wohnung eine erheblich größere Kostenlast trifft, ist die Vereinbarung des Objektprinzips zulässig, denn auch das gesetzliche Kopfprinzip trennt zwischen der wirtschaftlichen Belastung und dem Wert des Stimmrechts.

Die mit dem Objektprinzip verbundene Gefahr einer Majorisierung der Mehrzahl der Wohnungseigentümer durch einen Wohnungseigentümer oder durch eine kleine Gruppe von Wohnungseigentümern führt, für sich allein betrachtet, noch nicht zur Aufhebbarkeit eines gefassten Beschlusses. Eine Anfechtungsklage hat allenfalls dann Aussicht auf Erfolg, wenn missbräuchlich von der Stimmmacht Gebrauch gemacht wurde (LG Saarbrücken, 23.7.2012, 5 S 28/11).

> **Achtung** !
>
> Die Unterteilung einer Wohnungseigentumseinheit in zwei Einheiten führt auch im Fall der Veräußerung nicht zu einer Stimmrechtsvermehrung (BGH, 7.10.2004, V ZB 22/04).

5.3.3 Majorisierung

Eine majorisierende Stimmenmehrheit liegt dann vor, wenn ein einzelner Eigentümer die Mehrheit aller berechtigten Stimmen auf sich vereinigt. Nach der gesetzlichen Vorgabe des § 25 Abs. 2 WEG hat jeder Eigentümer bei der Abstimmung nur eine Stimme. Hiervon kann jedoch durch Vereinbarung in der Teilungserklärung/Gemeinschaftsordnung abgewichen werden. Die Stimmrechtsausübung nach dem Wert- oder Objektprinzip kann unter Umständen dazu führen, dass ein Eigentümer, der viele Sondereigentumseinheiten besitzt, die Mehrheit der Stimmrechte auf sich vereinigt. Übt dieser Eigentümer seine Stimmenmehrheit rechtsmissbräuchlich aus, kann der Beschluss im Rahmen einer Anfechtungsklage binnen Monatsfrist gerichtlich überprüft und ggf. für ungültig erklärt werden.

Die Problematik stellt sich oftmals bei der Verwalterwahl. Von einer rechtsmissbräuchlichen Stimmrechtsausübung ist dann auszugehen, wenn ein Mehrheitseigentümer einen ihm verbundenen Verwalter bestellt,

- dessen persönliche und fachliche Ungeeignetheit ihm bekannt ist.
- obwohl bereits in diesem Zeitpunkt Interessensgegensätze offenkundig sind und deshalb von vornherein nicht mit der Begründung eines unbelasteten, für die Ausübung des Verwalteramts erforderlichen Vertrauensverhältnisses gegenüber allen Wohnungseigentümern zu rechnen ist (OLG Düsseldorf, 16.4.1999, 3 Wx 77/99).

Eine rechtsmissbräuchliche Majorisierung durch einen Mehrheitseigentümer liegt dann vor, wenn neben der Ausübung des Mehrheitsstimmrechts weitere Umstände hinzutreten, die sich als Verstoß gegen die Pflicht zur Rücksichtnahme auf die Interessen der Gemeinschaft und damit gegen die Grundsätze ordnungsgemäßer Verwaltung darstellen. Ein solcher Verstoß kann schon anzunehmen sein, wenn der Mehrheitseigentümer eine erheblich teurere Verwaltung wählt, obwohl kein sachlicher Grund für die Bevorzugung bestand (LG Berlin, 23.9.2014, 55 S 302/12). Die Verfolgung privater Sonderinteressen eines Eigentümers bei der Wahl des Verwalters schließt diesen grundsätzlich nicht nach § 25 Abs. 5 WEG von der Abstimmung aus, wenn zur Majorisierung nicht weitere Umstände hinzutreten, die eine unangemessene Bevorteilung darstellen (LG Frankfurt/Oder, 18.9.2012, 16 S 9/12).

Eine unzulässige Majorisierung liegt zwar nicht schon dann vor, wenn der Mehrheitseigentümer mit seinen Stimmen einen Beschluss gegen die Stimmen aller anderen Wohnungseigentümer durchsetzt. Nutzt er jedoch ein ihm zustehendes Stimmenübergewicht, wie es sich insbesondere aus der Vereinbarung eines Objektstimmrechts ergeben kann, um eine eigennützige, sachlich nicht gerechtfertigte, insbesondere gegen die Grundsätze ordnungsgemäßer Verwaltung verstoßende oder gesetzwidrige Entscheidung herbeizuführen, begründet dies den Vorwurf rechtmissbräuchlichen Verhaltens. Die unter Missbrauch des Stimmrechts abgegebenen Stimmen sind unwirksam, müssen also bei der Feststellung des Beschlussergebnisses unberücksichtigt bleiben (LG Mainz, 15.8.2011, 306 T 129/08).

Ein Stimmrechtsmissbrauch liegt nicht schon deshalb vor, weil ein Mehrheitseigentümer bereits allein 90 % der Stimmen innehat. Auch dann nicht, wenn er selbst oder ein von ihm favorisierter Kandidat als Verwalter zu Wahl steht (vgl. BGH, 19.9.2002, V ZB 30/02). Gleichfalls ist das Abstimmungsverhalten eines Wohnungseigentümers, der über eine Stimmenmehrheit verfügt, dann nicht rechtsmissbräuchlich, wenn für die Stimmabgabe nachvollziehbare und verständliche Gründe vorliegen (BayObLG, 3.5.2005, 2Z BR 143/04, hier zur Ablehnung der Genehmigung der Jahresabrechnung).

Nur wenn (ausnahmsweise) konkrete Umstände in der Versammlung hervorgetreten sind, die die Annahme eines Stimmrechtsmissbrauchs nahe legen, ist der Verwalter als Versammlungsleiter berechtigt und verpflichtet, die wegen Missbrauchs nichtige Stimme des Mehrheitseigentümers nicht mitzuzählen (BGH, a.a.O.). Wird in einem solchen Fall ein Beschlussantrag gegen den Willen des Mehrheitseigentümers abgelehnt, muss dieser den Beschluss fristgerecht anfechten, damit er nicht bestandskräftig wird.

5.3.4 Stimmenthaltung

Die Ermittlung des Abstimmungsergebnisses erfolgt durch Auszählung der Ja-Stimmen, Nein-Stimmen und Enthaltungen. Die Stimmenthaltungen werden bei der Feststellung, ob ein Beschluss zustande gekommen ist, nicht berücksichtigt. Für das Beschlussergebnis ausschließlich maßgeblich ist, ob die Anzahl der Ja-Stimmen die Anzahl der Nein-Stimmen übersteigt. Die Beschlussfähigkeit der Eigentümerversammlung wird durch Stimmenthaltungen nicht beeinträchtigt. Durch ausdrückliche Vereinbarung in der Gemeinschaftsordnung ist es jedoch möglich, Stimmenthaltungen als Nein-Stimmen zu werten. Im schriftlichen Umlaufverfahren gilt es zu beachten, dass ein Beschluss nur dann zustande kommt, wenn alle Miteigentümer positiv zustimmen; also nicht, wenn nur eine Enthaltung vorliegt.

5.3.5 Stimmrechtsausschluss

In bestimmten Fällen schreibt § 25 Abs. 5 WEG vor, dass ein Wohnungseigentümer von der Ausübung seines Stimmrechts ausgeschlossen ist. Dies ist dann der Fall, wenn die Beschlussfassung

- die Vornahme eines auf die Verwaltung des gemeinschaftlichen Eigentums bezüglichen Rechtsgeschäfts mit ihm betrifft,
- die Einleitung oder Erledigung eines Rechtsstreits der anderen Wohnungseigentümer gegen ihn beinhaltet oder
- er gemäß § 18 WEG rechtskräftig zur Veräußerung seines Wohnungseigentums verurteilt ist.

Beispiele: Stimmrechtsausschluss !

- Abschluss eines Rechtsgeschäfts (Kaufvertrag, Werkvertrag etc.) mit einem Miteigentümer, das auf die Vornahme von Instandsetzungs- und Instandhaltungsmaßnahmen am Gemeinschaftseigentum gerichtet ist.
- Von dem Stimmrechtsverbot nach § 25 Abs. 5 Alt. 2 WEG – Einleitung oder Erledigung eines Rechtsstreits – werden nur Abstimmungen über Beschlussgegenstände erfasst, die verfahrensrechtliche Maßnahmen betreffen. Darunter fallen insbesondere Beschlüsse über die Einleitung des Rechtsstreits, die Art und Weise der Prozessführung sowie die Frage der verfahrensrechtlichen Beendigung. Dass eine Beschlussfassung Auswirkungen auf den Rechtsstreit in materiell-rechtlicher Hinsicht hat oder haben kann, genügt nicht (BGH, 14.10.2011, V ZR 56/11). Ein Wohnungseigentümer unterliegt in entsprechender Anwendung von § 25 Abs. 5 Alt. 2 WEG einem Stimmverbot, wenn er einen Rechtsstreit gegen die Wohnungseigentümergemeinschaft führt und verfahrensbezogene Maßnahmen Gegenstand der Beschlussfassung sind (BGH, 6.12.2013, V ZR 85/13).

- Vermietung gemeinschaftlichen Eigentums an einen Miteigentümer.
- Bei einem Antrag eines Eigentümers, eine bauliche Veränderung vornehmen zu dürfen, ist er selbst nicht stimmberechtigt (BayObLG, 20.6.1974, 2 Z 22/74). Neuere Ansicht: Bei einem Beschluss über eine bauliche Veränderung, die überwiegend oder sogar ausschließlich einem Miteigentümer zugutekommt, ist dieser grundsätzlich nicht von seinem Stimmrecht ausgeschlossen (BayObLG, 25.9.2003, 2 Z BR 171/03, ZMR 2004, 209).
- Für einen zum Verwalter bestellten Wohnungseigentümer besteht bei der Beschlussfassung über seine Abberufung auch bei gleichzeitiger Entscheidung über die Beendigung des Verwaltervertrags nur bei Vorliegen eines wichtigen Grundes ein Stimmverbot (BGH, 19.9.2002, V ZB 30/02).
- Ein Wohnungseigentümer, der zugleich das Verwalteramt innehat, ist nicht stimmberechtigt und auch nicht befugt, einen anderen Wohnungseigentümer bei der Stimmabgabe zu vertreten, wenn seine Abberufung als Verwalter aus wichtigem Grund zur Beschlussfassung steht.
- Ein Nichtwohnungseigentümer kann einen Wohnungseigentümer dann nicht bei der Stimmabgabe wirksam vertreten, wenn der Vertreter (hier: der Verwalter) – wäre er selbst Wohnungseigentümer – einem Stimmverbot unterläge (OLG Düsseldorf, 20.7.2001, 3 Wx 174/01).
- Entlastung des verwaltenden Miteigentümers (BayObLG, 22.6.1995, 2Z BR 48/95, WE 1996, 235; OLG Karlsruhe, 27.5.2002, 14 Wx 91/01, ZMR 2003, 289).
- Der Verwalter, der einzelne Wohnungseigentümer vertritt, ist im Hinblick auf seine Entlastung bei der Beschlussfassung nicht stimmrechtsberechtigt (LG Itzehoe, 31.5.2013, 11 S 14/11; OLG Hamm, 20.7.2006, 15 W 142/05; AG Weimar, 1.3.2013, 5 C 839/11). Bei der Abstimmung über die Entlastung kann der Verwalter weder mit eigenen noch mit durch Vollmacht zur Ausübung übertragenen Stimmen mitwirken (AG Neuss, 28.1.2008, 101 C 442/07). Wird zugleich unter demselben Tagesordnungspunkt und in einem Verfahren über eine weitere Frage abgestimmt, zum Beispiel über die Jahresabrechnung, so erstreckt sich der Stimmrechtsausschluss des Verwalters auch auf die Abstimmung über diesen weiteren Punkt (OLG Köln, 18.11.2006, 16 Wx 165/06).
- Bei einem Antrag über die Entlastung des Verwaltungsbeirats ist dieser von der Abstimmung ausgeschlossen (OLG Zweibrücken, 11.3.2002, 3 W 184/01, NZM 2002, 345; LG Itzehoe, 31.5.2013, 11 S 14/11).
- Die gerichtliche Geltendmachung von Gewährleistungsansprüchen gegen den Bauträger, wenn er zugleich Miteigentümer ist (BayObLG, WE 1993, 27) oder die Einleitung eines Beweisverfahrens gegen ihn (BayObLG, 20.2.1978, 2 Z 5/77; OLG Köln, 10.12.1990, 16 Wx 134/90). In der Ausnutzung der Stimmenmehrheit kann ein nach § 242 BGB unzulässiger Rechtsmissbrauch liegen, wenn ein Wohnungseigentümer zum Verwalter bestellt wird, mit dem als früherem Bauträger Streitigkeiten wegen Baumängeln bestehen. Denn als Verwalter ist er nach § 27 Abs. 1 Nr. 2 WEG unter anderem dazu berufen, Maßnahmen zur ordnungsmäßigen Instandhaltung und Instandsetzung des gemeinschaftlichen Eigentums zu treffen. Dazu gehört auch die Beseitigung der Baumängel (BayObLG, 19.12.2001, 2Z BR 15/01; OLG München, 23.8.2006, 34 Wx 58/06).

- Einleitung eines Verfahrens auf Entziehung des Wohnungseigentums nach § 18 WEG.
- Einleitung eines Rechtsstreits gegen bestimmte Eigentümer wegen Beseitigung von Verunreinigungen an der Fassade (LG München I, 6.12.2010, 1 S 11024/10).
- Sind mehrere Personen nur gemeinsam stimmberechtigt und ist einer von der Stimmrechtsausübung ausgeschlossen, so gilt das auch für die anderen Miteigentümer.

Beispiele: Fälle, in denen kein Stimmrechtausschluss vorliegt   **!**

- Bei Hausgeldrückständen (BGH, 10.12.2010, V ZR 60/10): Ein Wohnungseigentümer, der mit der Zahlung von Beiträgen in Verzug ist, kann deswegen nicht von der Wohnungseigentümerversammlung ausgeschlossen werden; ihm kann auch nicht das Stimmrecht entzogen werden. Eine entsprechende Klausel in der Teilungserklärung ist nichtig.
- Kein Ausschluss des Verwalters von der Stimmrechtsausübung, wenn er einzelne Wohnungseigentümer bei der Beschlussfassung zu seiner Wiederbestellung vertritt (OLG Hamm, 20.7.2006, 15 W 142/05; OLG Köln, 18.11.2006, 16 Wx 165/06; OLG Hamburg, 16.7.2001, 2 Wx 116/00).
- Bestellung als Verwaltungsbeirat (BayObLG, WuM 1990, 322 und ZMR 2001, 996) sowie dessen Abberufung, soweit sie nicht aus wichtigem Grund erfolgt.
- Kann nach der Gemeinschaftsordnung die Nutzungsänderung eines zum Sondereigentum gehörenden Raums (hier: Keller) mit Mehrheit beschlossen werden, so ist der Wohnungseigentümer, dem dieses Sondereigentum zusteht, grundsätzlich nicht von der Beschlussfassung ausgeschlossen (BayObLG, 22.5.1997, 2Z BR 15/97).
- Beschluss über die Abrechnung, wenn der Verwalter auch Miteigentümer ist (BayObLG, 22.6.1995, 2Z BR 48/95, WE 1996, 234). Soweit der Verwalter in Ausübung ihm erteilter Vollmachten für die Genehmigung der Jahresabrechnung gestimmt hat, besteht kein Stimmrechtsausschluss (LG Hamburg, 11.5.2011, 318 S 171/10).
- Ein Stimmrechtsausschluss kann nicht allein aus dem Umstand abgeleitet werden, dass Wohnungseigentum an nahe Angehörige mit dem Ziel übertragen wird, sich weitere Stimmrechte (bei Kopfprinzip) in der Eigentümerversammlung zu sichern. Maßgeblich ist vielmehr, ob in der Ausnutzung der Stimmenmehrheit ein Rechtsmissbrauch zulasten der Minderheit liegt. Solcherart zustande gekommene Beschlüsse sind auf Antrag für ungültig zu erklären (OLG München, 23.8.2006, 34 Wx 58/06).

- Wenn ein Verwalter nicht selbst Wohnungseigentümer ist, sondern als Vertreter anderer Wohnungseigentümer auftritt und dabei über seine eigene Abberufung abstimmt, geht es um die Ausübung des Stimmrechts der Miteigentümer und damit um deren Recht zur Mitgestaltung der Gemeinschaftsangelegenheiten. Der Verwalter ist deshalb weder durch § 25 Abs. 5 WEG noch durch den allgemeinen Rechtsgedanken, wonach das Mitglied einer Personenvereinigung nicht an der Entscheidung über Maßnahmen beteiligt sein soll, die die Gemeinschaft ihm gegenüber aus wichtigem Grund vornehmen will, gehindert, an einer solchen Beschlussfassung mitzuwirken (OLG München, 15.9.2010, 32 Wx 16/10).
- Von dem Stimmrechtsverbot nach § 25 Abs. 5 Alt. 2 WEG werden nur Abstimmungen über Beschlussgegenstände erfasst, die verfahrensrechtliche Maßnahmen betreffen. Darunter fallen insbesondere Beschlüsse über die Einleitung des Rechtsstreits, die Art und Weise der Prozessführung sowie die Frage der verfahrensrechtlichen Beendigung; dass eine Beschlussfassung Auswirkungen auf den Rechtsstreit in materiell-rechtlicher Hinsicht hat oder haben kann, genügt nicht (BGH, 14.10.2011, V ZR 56/11).

Selbst wenn ein Eigentümer wegen § 25 Abs. 5 WEG kein Stimmrecht besitzt, schließt das nicht sein Teilnahme-, Rede- und Antragsrecht bei der Versammlung aus. Er ist auch berechtigt, die ohne seine Mitwirkung gefassten Beschlüsse gerichtlich anzufechten.

Soweit ein Wohnungseigentümer von seinem Stimmrecht ausgeschlossen ist, kann er auch keine dritte Person mit der Ausübung seines Stimmrechts bevollmächtigen. Wirkt ein Eigentümer, der eigentlich von seinem Stimmrecht ausgeschlossen ist, dennoch an der Beschlussfassung mit, darf die Stimme nicht gezählt werden. Übersieht der Verwalter dies, ist der Beschluss zunächst nicht nichtig, aber auf Anfechtung für ungültig zu erklären, wenn ohne die Stimme des Ausgeschlossenen keine Mehrheit zustande gekommen wäre.

Im umgekehrten Fall, dass einzelne Wohnungseigentümer zu Unrecht von der Beschlussfassung ausgeschlossen werden, sind diese Beschlüsse im Fall der Anfechtung unabhängig von der Frage, ob sich die Stimmrechtsausübung des Ausgeschlossenen auf das Beschlussergebnis ausgewirkt hat, für ungültig zu erklären.

Durch Vereinbarung kann eine Beschränkung des Stimmrechts dahingehend erfolgen, dass zur Vertretung in der Eigentümerversammlung nur bestimmte Personen ermächtigt werden können. Dies lässt sich auf den Grundsatz der Nichtöffentlichkeit der Versammlung zurückführen. Insbesondere ist hier zum Beispiel an den Mieter als Vertretungsberechtigten des Wohnungseigentümers zu denken. Ein mehrheitlicher Beschluss reicht hierfür jedoch nicht aus und wäre als gesetzesändernder Mehrheitsbeschluss nichtig.

5.3.6   Stimmrechtsvertretung

Jeder Wohnungseigentümer ist berechtigt, sich durch eine frei wählbare dritte Person bei der Eigentümerversammlung vertreten zu lassen.

Handelt es sich bei dem Vertretenen um ein geschäftsunfähige oder minderjährige Person, ist die Vertretung durch den Betreuer gemäß § 1902 BGB bzw. durch die Eltern gemäß §§ 1626, 1629 BGB bereits gesetzlich angeordnet. Minderjährige können ihr Stimmrecht nur dann selbst ausüben, wenn der Beschluss für sie lediglich rechtlich vorteilhaft ist (§ 107 BGB).

Bei juristischen Personen wie der Aktiengesellschaft und der Gesellschaft mit beschränkter Haftung vertritt der gesetzliche Vertreter gemäß § 78 Aktiengesetz (AktG) und § 35 Gesetz betreffend die Gesellschaften mit beschränkter Haftung (GmbHG) die Gesellschaft, bei Personengesellschaften wie der Kommanditgesellschaft (KG), offenen Handelsgesellschaft (OHG) und Gesellschaft bürgerlichen Rechts (GbR) der vertretungsberechtigte Gesellschafter oder ein Prokurist, der seine Vollmacht nachweist. Sind mehrere Personen zur Vertretung der Gesellschaft berechtigt, gilt auch hier, dass das Stimmrecht nur einheitlich ausgeübt werden kann.

Liegt eine gewillkürte Stellvertretung vor, so kann die Person des Vertreters frei gewählt werden. Ein Wohnungseigentümer kann sich bei der Ausübung seines Stimmrechts auch durch mehrere Bevollmächtigte vertreten lassen. Diese können jedoch nur einheitlich abstimmen, wenn sie gleichzeitig in der Versammlung anwesend sind (BGH, 30.3.2012, V ZR 178/11).

Die Gemeinschaftsordnung kann allerdings auch vorsehen, dass nur ein bestimmter Personenkreis, etwa Miteigentümer, Ehegatten oder Familienangehörige, vertretungsberechtigt sind. Eine solche Vertretungsbeschränkung gilt jedoch nicht in den Fällen der gesetzlichen Vertretung (Eltern bei minderjährigen Wohnungseigentümern oder der Betreuer eines Wohnungseigentümers) oder für juristische Personen. So kann sich eine Aktiengesellschaft durch einen beliebigen Firmenangehörigen vertreten lassen, da den Vorstandsmitgliedern einer Aktiengesellschaft nicht zugemutet werden kann, zu möglicherweise einer Vielzahl von Eigentümerversammlungen persönlich zu erscheinen.

> **! Beispiele: Vertreter**
>
> Als Vertreter können bestimmt werden: der Ehegatte, der Verwalter, ein Mitglied des Verwaltungsbeirats oder sonstige Miteigentümer, zudem Rechtsanwälte, Steuerberater, Vermögensverwalter. Sogar Mieter können bevollmächtigt werden, wobei dies nicht empfehlenswert ist, da hier Interessenkollisionen vorliegen können.

Ist ein Wohnungseigentümer mit seinem Stimmrecht ausgeschlossen, kann dies nicht durch eine Vertretung umgangen werden. Der Vertreter hat nur die Rechte, die er von dem Vertretenen ableitet (BGH, 6.12.2013, V ZR 85/13).

Dem Vertreter ist eine Vollmacht zu erteilen. Dies kann grundsätzlich formfrei erfolgen, also auch mündlich. Jedoch kann in der Gemeinschaftsordnung vereinbart werden, dass im Fall der Vertretung eine schriftliche Vollmacht vorgelegt werden muss. Sieht die Vereinbarung vor, dass die Vollmacht in Schriftform vorgelegt werden muss, bedeutet dies, dass die eigenhändige Unterzeichnung des Vollmachtgebers erforderlich ist. Ein Telegramm, eine E-Mail oder ein Fax reichen dann nicht aus. Ist dies der Fall und wird auf Verlangen eines Versammlungsteilnehmers das Original der Vollmachtsurkunde nicht vorgelegt, so ist vom Nichtbestand der Vollmacht auszugehen und der Verwalter kann den Vertreter zurückweisen. Eine gegenteilige Handhabung bedingt die Anfechtbarkeit der gefassten Beschlüsse, falls sich die Stimme auf das Beschlussergebnis ausgewirkt hat. Die einzelnen Wohnungseigentümer besitzen das Recht, die erteilten Vollmachten zu überprüfen (OLG München, 11.12.2007, 34 Wx 91/07). Dieses Recht gilt gleichfalls für den Verwaltungsbeirat (OLG München, 31.10.2007, 34 Wx 60/07).

Die Vollmacht umfasst üblicherweise nicht nur das Stimmrecht, sondern gibt dem Vertreter auch ein Rede- und Antragsrecht. Die Vollmacht sollte klar erkennen lassen, welchen Umfang sie zeitlich und inhaltlich hat. Dabei kann bestimmt werden, ob die Bevollmächtigung sich auf einzelne Tagesordnungspunkte oder die ganze Versammlung bezieht oder ob eine sogenannte Dauervollmacht vorliegt, die auch für alle künftigen Versammlungen gilt.

MUSTER: Stimmrechtsvollmacht

Vollmacht

Zur Vertretung meiner/unserer Rechte, insbesondere der Ausübung meines/unseres Stimmrechts bei der Eigentümerversammlung der Wohnungseigentümergemeinschaft Tannstr. 100, 80123 München am Donnerstag, den 21.4.2016 um 18:00 Uhr in den Nebenräumen der Gaststätte »Zur Eiche«, Tannstr. 1, 80123 München bevollmächtige(n) ich/wir

Herr/Frau ....,
das Mitglied des Verwaltungsbeirats
Frau Isolde Müller, Müllerstr. 1, 80234 München,
Herrn Balduin Maier, Tannstr. 100, 80123 München,
Herrn Eduard Stein, Tannstr. 100, 80123 München
oder
den Verwalter ....

Mir/uns gehören folgende Einheiten
Wohnung: ....
Garage: ....

Ich/wir erteile/n folgende Weisung(en):
....
....
....

....
(Ort, Datum)

....
(Unterschrift)

In der Vollmacht können auch bestimmte Weisungen, wie der Vertreter zu stimmen hat, aufgenommen werden. Enthält sie jedoch keine ausdrücklichen Weisungen, ist davon auszugehen, dass sich die Vollmacht auf alle auf der Tagesordnung genannten Punkte erstreckt.

Praxis-Tipp   !

Vollmachten sollten immer schriftlich und klar verständlich verfasst sein. Ist der Vertreter nicht in der Lage, seine Bevollmächtigung durch Vorlage einer Originalvollmachtsurkunde nachzuweisen, kann der Verwalter seine Stimme zurückweisen. Dies kann auch durch den Widerspruch eines einzelnen Eigentümers erfolgen.

Ein Eigentümerbeschluss, durch den der Vertreter von der Teilnahme an der Versammlung ausgeschlossen wurde, ist als sogenannter Geschäftsordnungsbeschluss nicht anfechtbar. Jedoch kann der Ausschluss die Anfechtbarkeit der in der Versammlung gefassten Beschlüsse begründen, wenn er zu Unrecht erfolgte und die Teilnahme und Abstimmung des Vertreters möglicherweise zu einem anderen Beschlussergebnis hätte führen können.

Es besteht die Möglichkeit, dass der Vertreter eine Untervollmacht erteilt. Dies ist grundsätzlich zulässig, wenn die Gemeinschaftsordnung keine abweichende Regelung enthält. Ob jedoch aus der Vollmachtsurkunde ersichtlich sein muss, ob die Unterbevollmächtigung gestattet oder generell zulässig ist, wird in der Rechtsprechung nicht einheitlich beurteilt. Im Einzelfall wird dies durch Auslegung zu ermitteln sein, wobei der höchstpersönliche Charakter einer Vollmacht meist dazu führen wird, dass die Berechtigung zur Erteilung einer Untervollmacht verneint wird.

Sieht die Gemeinschaftsordnung eine begrenzte Anzahl von Vertretungsmöglichkeiten vor, so muss die Erteilung einer Untervollmacht auf jeden Fall gestattet werden, weil ansonsten das Stimmrecht des bevollmächtigenden Eigentümers in der Versammlung verloren gehen würde, wenn einem Eigentümer mehr Vollmachten erteilt werden, als nach der Vereinbarung zulässig wäre.

Ist ein Wohnungseigentümer von seinem Stimmrecht ausgeschlossen (siehe hierzu Kapitel 5.3.3), kann dies nicht durch eine Vertretung umgangen werden. Der Vertreter hat nur die Rechte, die er vom Vertretenen ableiten kann. Ein Stimmrechtsverbot des Vertreters ergibt sich aus § 25 Abs. 5 WEG dann, wenn er selbst Miteigentümer und von der Stimmrechtsausübung ausgeschlossen ist.

Wird dem Verwalter die Vollmacht erteilt, ist das Selbstkontrahierungsverbot des § 181 BGB zu beachten. Vom »Selbstkontrahieren« spricht man, wenn jemand als Vertreter eines anderen im eigenen Namen mit sich selbst oder im Namen eines von ihm vertretenen Dritten ein Rechtsgeschäft abschließt. Wenn der Verwalter nicht von § 181 BGB befreit ist, ist er bei Beschlussfassungen über die Abrechnung, die Entlastung, die Kündigung des Verwaltervertrags und andere mit ihm abzuschließende Rechtsgeschäfte ausgeschlossen (siehe auch Kapitel 5.3.3, Beispiele).

5.4 Teilnahme Dritter an der Versammlung

Lässt die Gemeinschaftsordnung nicht ausdrücklich die Teilnahme dritter Personen an der Eigentümerversammlung zu, so sind außenstehende Dritte und

Berater wegen des Grundsatzes der Nichtöffentlichkeit von der Versammlung ausgeschlossen. Die Wohnungseigentümer haben ein schutzwürdiges Interesse daran, fremden Einfluss von der Versammlung fernzuhalten und dass interne Angelegenheiten nicht in die Öffentlichkeit getragen werden (BGH, 29.1.1993, V ZB 24/92).

Liegt eine Vereinbarung in der Gemeinschaftsordnung vor, so ist die Einhaltung dieser vom Verwalter zwingend zu überprüfen, er ist verpflichtet, im Rahmen seines Hausrechts Dritte von der Versammlung auszuschließen. Besteht keine Vereinbarung in der Gemeinschaftsordnung, kann der Verwalter den Ausschluss von der Versammlung vornehmen oder die Wohnungseigentümergemeinschaft kann durch einen Antrag zur Geschäftsordnung entscheiden, ob die Teilnahme geduldet wird oder ob die dritte Person die Versammlung verlassen muss.

MUSTER: Antrag auf Ausschluss einer dritten Person von der Versammlung

»Ich stelle den Antrag, dass der Besucher A/der Rechtsanwalt B/die dritte Person C wegen des Grundsatzes der Nichtöffentlichkeit der Eigentümerversammlung von der weiteren Durchführung der Versammlung ausgeschlossen und des Saales verwiesen wird.«

ARBEITSHILFE ONLINE

Wird der Beschluss dahingehend gefasst, dass der Externe der Versammlung nicht beiwohnen darf, muss der Versammlungsleiter dafür sorgen, dass dieser die Versammlung verlässt. Gegen solch einen Geschäftsordnungsbeschluss gibt es keinen Rechtsschutz, das heißt, er ist nicht anfechtbar.

Ein Ausschluss ist dann nicht möglich, wenn ein berechtigtes Interesse des Wohnungseigentümers an der Teilnahme der dritten Person besteht. Ob ein berechtigtes Interesse vorliegt, ist im Einzelfall nach Treu und Glauben und unter Abwägung der Interessen des einzelnen Wohnungseigentümers gegenüber dem Interesse der restlichen Wohnungseigentümer am Ausschluss der Öffentlichkeit zu beurteilen (BGH, 29.1.1993, V ZB 24/92, NJW 1993, 1329; BayObLG, 16.5.2002, 2 Z BR 32/02, ZMR 2002, 844).

Beispiele: Was »berechtigtes Interesse« bedeutet **!**

Ein berechtigtes Interesse des Wohnungseigentümers kann sich aus einem in der Person des Eigentümers liegenden Umstand ergeben – etwa hohes Alter, Blindheit, geistige Gebrechlichkeit, Krankheit oder dem besonderen Schwierigkeitsgrad der in der Tagesordnung angekündigten Beschlussgegenstände. Ein Ausländer hat ein berechtigtes Interesse daran, einen Dolmetscher mitzubringen.

Die Teilnahme eines Rechtsanwalts als Berater wird, selbst bei älteren Wohnungseigentümern, regelmäßig abgelehnt, wenn nicht ein besonderer Umstand – wie die besondere Schwierigkeit der Beratungsgegenstände – hinzukommt. Dem Wohnungseigentümer kann zugemutet werden, dass er sich bei Bedarf bereits im Vorfeld der Versammlung fachlichen Rat von einem Dritten einholt.

Die Zerstrittenheit einzelner Eigentümer in der Wohnungseigentümergemeinschaft allein begründet noch kein berechtigtes Interesse an der Zuziehung eines Rechtsbeistands.

Ein Beschluss, der die grundsätzliche Teilnahme von Mietern in der Eigentümerversammlung zulässt, ist anfechtbar (AG Bochum, 30.10.2008, C 26/08).

! **Achtung**

Der allgemeine Ausschluss von Beratern einzelner Miteigentümer ist oftmals nicht sachgerecht. Kompetente Berater können durch das Erteilen von Informationen und die Mitwirkung in den Diskussionen durchaus nützlich und daher für den zu entscheidenden Gegenstand dienlich sein. Solange daher keine Störungen zu erwarten sind, sollte ein Berater zunächst stillschweigend oder durch Geschäftsordnungsbeschluss zugelassen werden. Ein späterer Ausschluss, falls der Berater die Versammlung stört oder wenn dies von einem Eigentümer beantragt wird, ist immer noch möglich.

Weigert sich ein Verwalter von vornherein, einen Berater zuzulassen, kann der betreffende Eigentümer beantragen, dass ein Geschäftsordnungsbeschluss herbeigeführt wird, der entscheidet, ob der Berater zugelassen oder ausgeschlossen wird. Entscheidet sich die Eigentümerversammlung durch Geschäftsordnungsbeschluss für den Ausschluss des Beraters, kann ihn der jeweilige Miteigentümer mit seiner Vertretung beauftragen. Der Berater übt dann das Stimmrecht aus und kann nicht mehr von der Versammlung ausgeschlossen werden. Der Eigentümer selbst hat jedoch dann kein Stimmrecht mehr und muss die Versammlung ggf. auf Verlangen verlassen.

Eine Ausnahme zur Teilnahme dritter Personen lässt die Rechtsprechung im Hinblick auf Mitarbeiter des Verwalters oder einen ihn beratenden Dritten zu. So ist die Anwesenheit von Mitarbeitern der Verwaltung zulässig, da sie zum einen im Rahmen ihres Arbeitsverhältnisses zu Verschwiegenheit verpflichtet und zum anderen zum Führen einer ordnungsgemäßen Verwaltung insbesondere bei größeren Verwaltungsbüros erforderlich sind. So ist oftmals der für die Buchhaltung verantwortliche Mitarbeiter mit Einzelheiten der Jahresabrechnung vertrauter und kann Fragen der Wohnungseigentümer besser beantworten.

Der Verwalter darf zur Versammlung sach- oder rechtskundige Personen als Berater hinzuziehen, insbesondere dann, wenn aufgrund der Tagesordnung damit zu rechnen ist, dass Fragen an den Verwalter gestellt werden, zu deren Beantwortung er sachlicher oder rechtlicher Beratung bedarf. Der Grundsatz der Nichtöffentlichkeit der Wohnungseigentümerversammlung hindert den Verwalter nicht daran, im Interesse der Gesamtheit der Wohnungseigentümer zu bestimmten Tagesordnungspunkten einen Rechtsanwalt als Berater zur Information und Meinungsbildung hinzuzuziehen, solange nicht ein konkreter Interessengegensatz zwischen einem einzelnen Wohnungseigentümer hervorgetreten ist und kein Wohnungseigentümer der Anwesenheit des Dritten widerspricht. Notwendig, aber auch hinreichend für die Hinzuziehung ist, dass der Beratungsbedarf gerade in der Versammlung besteht, nur hier sachgerecht erfüllbar ist und die Beratung bei objektiver Betrachtung allen anwesenden Eigentümern zugutekommt (OLG Köln, 22.6.2009, 16 Wx 266/08; OLG München, 18.9.2006, 34 Wx 89/06). Darf der Verwalter aufgrund des Verwaltervertrags einen Rechtsanwalt beauftragen, so kann dieser nicht ausgeschlossen werden, selbst wenn er unangekündigt zur Eigentümerversammlung erscheint. In einem solchen Fall wird davon auszugehen sein, dass aus Gründen der »Waffengleichheit« dann auch der Berater eines einzelnen Eigentümers zur Versammlung zuzulassen ist. Nimmt ein Rechtsanwalt als Prozessbevollmächtigter zum Zweck der Beratung der in einem Anfechtungsverfahren beklagten Eigentümer an einer Eigentümerversammlung teil, liegt kein Verstoß gegen das Nichtöffentlichkeitsgebot vor (LG Frankfurt/Main, 21.9.2011, 2–13 S 118/10).

Rechtfolge bei unberechtigter Teilnahme

Nimmt eine Person an der Versammlung teil, obwohl sie hierzu nicht berechtigt ist, sind sämtliche Beschlüsse, die auf der Versammlung gefasst werden, anfechtbar. Die Teilnahme allein reicht jedoch für eine erfolgreiche Anfechtung nicht aus: Die Anwesenheit dieser Person muss sich vielmehr konkret auf das Abstimmungsergebnis ausgewirkt haben. Dies kann bereits dann der Fall sein, wenn feststeht, dass sich die Anwesenheit des Nichteigentümers auf die Meinungsbildung der übrigen Eigentümer so ausgewirkt hat, dass sie ihr Stimmverhalten verändert haben.

Der Widerspruch nur eines (anwesenden) Eigentümers gegen die Anwesenheit eines Gastes genügt, um diesen auszuschließen. Werden trotzdem Gäste zugelassen, sind alle auf der Versammlung in deren Gegenwart gefassten Beschlüsse für ungültig zu erklären, und zwar ohne Kausalitätsprüfung (LG Frankfurt/Main, 21.9.2011, 2-13 S 118/10; AG München, 19.12.2013, 483 C 33043/12).

Lässt sich ein Eigentümer in der Versammlung vertreten, hängt es von der Person des Vertreters ab, ob eine unzulässige Beeinflussung der Willensbildungs- und Entschließungsfreiheit durch den unberechtigten Versammlungsteilnehmer anzunehmen ist. War der Vertreter mit der Anwesenheit des Unberechtigten einverstanden, kann der vertretene Eigentümer sich nicht mehr auf einen

Verstoß gegen den Grundsatz der Nichtöffentlichkeit berufen (LG Berlin, 5.2.2013, 85 S 31/12).

Rechtsfolge bei unberechtigtem Ausschluss

Wurde jedoch ein Vertreter oder Begleiter, der zuzulassen wäre, ausgeschlossen und soll ein Eigentümer auf diese Weise gezielt von der Versammlung ausgeschlossen werden, kann jeder auf der Versammlung gefasste Beschluss angefochten und für nichtig erklärt werden (OLG Köln, 17.12.2004, 16 Wx 191/04, NZM 2005, 149). Gleiches gilt, wenn ein Beschluss gefasst wird, der den Ausschluss auch für künftige Eigentümerversammlungen vorsieht (BayObLG, 7.12.1995, 2Z BR 72/95,WuM 1996, 113).

5.5   Wie läuft die Versammlung ab?

Der Verwalter führt gemäß § 25 Abs. 4 WEG den Vorsitz in der Wohnungseigentümerversammlung, sofern die Wohnungseigentümer nichts anderes beschließen. Der Verwalter ist allerdings auch berechtigt, sich Erfüllungsgehilfen zu bedienen und die Aufgabe der Versammlungsleitung im Einzelfall auf eine dritte Person, zum Beispiel Mitarbeiter, Sachbearbeiter oder Rechtsberater, durch Bevollmächtigung zu übertragen, wenn sie in seinen Geschäftsbetrieb eingegliedert sind (OLG München, 7.6.2005, 32 Wx 32/05). Die Wohnungseigentümer können auch eine andere Person zum Vorsitzenden wählen. Dies kann dann sinnvoll sein, wenn in der Versammlung Vorwürfe gegen den Verwalter erörtert werden sollen oder gar geplant ist, den Verwalter abzuberufen. Die Übertragung der Versammlungsleitung muss nicht zwingend für die ganze Versammlung erfolgen. Sie kann auch nur für einzelne Tagesordnungspunkte an eine andere Person übergeben werden.

> **!**
>
> **Beispiele**
>
> Als Versammlungsleiter kommen neben dem Verwalter in Betracht:
> - Mitglied des Verwaltungsbeirats
> - Miteigentümer
> - Dritte Person, zum Beispiel ein Rechtsanwalt

Wie der Verwalter die Versammlung führt, liegt in seinem pflichtgemäßen Ermessen, das heißt, er muss für eine sachgerechte Behandlung der Tagesordnung und eine ungestörte Willensbildung der Wohnungseigentümer sorgen. Zu den Aufgaben des Vorsitzenden zählen die Eröffnung und die Schließung der Versammlung. Außerdem stellt der Verwalter fest, ob die Versammlung ordnungsgemäß einberufen wurde und ob mehr als die Hälfte der Repräsentanten der stimmberechtigten Miteigentumsanteile erschienen sind, die Versammlung also beschlussfähig ist.

Der Versammlungsleiter ruft die Punkte der Tagesordnung in der in der Einladung angekündigten Reihenfolge auf. Ein neuer Tagesordnungspunkt darf erst dann aufgerufen werden, wenn Diskussion und Abstimmung zum vorhergehenden Tagesordnungspunkt abgeschlossen sind.

In der Versammlung ist jeder Wohnungseigentümer berechtigt, einen Antrag zur Beschlussfassung zu stellen. Das Antragsrecht sowie das Rederecht des Wohnungseigentümers gehören zum Inhalt seines auf dem Mitverwaltungsrecht beruhenden Teilnahmerechts.

Durch ihr Rederecht können die Versammlungsteilnehmer Einfluss auf die Meinungsbildung nehmen. Jedem Teilnehmer muss es möglich sein, sich an der Diskussion und der Meinungsbildung zu beteiligen. Bei großen Wohnungseigentümergemeinschaften und vielen Wortmeldungen hat jedoch der Vorsitzende das Recht, die Redezeit der einzelnen Wohnungseigentümer zu begrenzen, um eine zumutbare Dauer der Versammlung sicherzustellen. Hierbei hat sich die Beschränkung der Redezeit an der Bedeutung und der Schwierigkeit des Diskussionsgegenstands zu orientieren.

Hält sich ein Versammlungsteilnehmer nicht an seine Redezeit, kann ihm nach vorheriger Abmahnung das Wort entzogen werden. Weiterhin kommt ein Wortentzug in Betracht, wenn sich ein Teilnehmer in beleidigender oder offenkundig unsachlicher Art und Weise äußert. Unangemessenes Benehmen und ein Verstoß gegen allgemeine Anstandsregeln können nicht nur zum Wortentzug führen, sondern auch zum Ausschluss des Wohnungseigentümers von der Versammlung. Dies darf jedoch nur als letztes Mittel in Betracht kommen, die Störung der Versammlung muss erheblich sein.

Beispiel: Ausschluss von der Versammlung !

Stört ein Wohnungseigentümer den Versammlungsablauf – etwa durch beleidigende Zwischenrufe, Lärm, Missachtung des Wortentzugs oder gar durch tätliche Angriffe auf andere Versammlungsteilnehmer –, sollte er zunächst mündlich ermahnt werden. Wenn der weitere ordnungsgemäße Ablauf der Eigentümerversammlung gefährdet ist, sollte die betreffende Person nach Androhung des Ausschlusses der Versammlung verwiesen werden.

Ist die Meinungsbildung zu einem Tagesordnungspunkt abgeschlossen, führt der Vorsitzende die Abstimmung zur Beschlussfassung durch. Er formuliert einen Beschlussvorschlag und lässt darüber abstimmen. Gesetzliche Regelungen zum Verfahren der Abstimmung existieren nicht. Wenn nicht bereits die Gemeinschaftsordnung eine Vereinbarung zum Abstimmungsverfahren enthält, können sie hierzu einen sogenannten Geschäftsordnungsbeschluss fassen.

Hierin können die Wohnungseigentümer das Verfahren der Abstimmung festlegen, beispielsweise die Reihenfolge der Fragen nach Zustimmung, Ablehnung oder Enthaltung, die Reihenfolge der Beschlussanträge sowie die Wahl einer geheimen Abstimmung mit Stimmzetteln oder einer offenen Abstimmung mit Stimmkarten oder Handzeichen. Liegt weder eine Vereinbarung noch ein Geschäftsordnungsbeschluss vor, entscheidet über Fragen zum Verfahren der Abstimmung der Versammlungsvorsitzende nach pflichtgemäßem Ermessen. Oftmals wird die zur Abstimmung gestellte Frage vom Vorsitzenden so gewählt, dass zur Ermittlung des Ergebnisses zunächst nach der Minderheit gefragt wird und dann eine Rückrechnung auf die verbliebene Mehrheit erfolgt. Diese »Subtraktionsmethode« ist zwar grundsätzlich zulässig (BGH, 19.9.2002, V ZB 37/02), solange ein Abstimmungsergebnis sicher festgestellt werden kann, sie ist jedoch nicht unbedenklich. Stimmrechtsverbote und Enthaltungen werden hier meist nicht berücksichtigt und oft wagen es einzelne zur Minderheit gehörende Wohnungseigentümer nicht, per Handzeichen gegen die Mehrheit zu stimmen.

Um solche Situationen zu vermeiden, kann ein Antrag gestellt werden, dass bestimmte Abstimmungsmodalitäten einzuhalten sind, beispielsweise dass erst alle Ja-Stimmen, dann die Nein-Stimmen und zuletzt die Enthaltungen gezählt werden. In Betracht kommt auch, vor der Abstimmung Stimmzettel zu verteilen und die Abstimmung geheim durchzuführen.

Es zählt zu den Pflichten des Verwalters, einen Beschlussantrag ordnungsgemäß zu formulieren. Verletzt er diese Pflicht schuldhaft, indem die Beschlussvorlage zu unbestimmt formuliert wird, kann er sich gegenüber der Wohnungseigentümergemeinschaft schadenersatzpflichtig machen und ihm können ggf. die Kosten eines gerichtlichen Verfahrens auferlegt werden (BGH, 9.10.1997, V ZB 3/97, NJW 1998, 755; OLG Oldenburg, 5.4.2005, 5 W 194/04, ZMR 2005, 814).

! **Praxis-Tipp**

Besonders bei schwierigen Beschlussfassungen sollte der Verwalter die Beschlussformulierung bereits vor der Versammlung gut durchdenken und – wenn erforderlich – verschiedene Beschlussvarianten vorbereiten. Bereits bei der Einberufung können die Beschlussvorschläge mit in die Tagesordnung aufgenommen werden.

Ist sich der Verwalter unschlüssig, zu welcher Meinung die Teilnehmer der Eigentümerversammlung neigen, kann er zunächst eine Probeabstimmung durchführen. Sie ist auch dann sinnvoll, wenn ein Beschluss nur mit qualifizierter Mehrheit gefasst werden kann. Dass es sich lediglich um eine Probeabstimmung handelt, sollte der Verwalter dies ausdrücklich vermitteln, um Unklarheiten zu vermeiden.

Nach Auszählung des Abstimmungsergebnisses stellt der Verwalter das Beschlussergebnis fest und gibt es bekannt. Außerdem muss er es in das Protokoll der Eigentümerversammlung aufnehmen. In der Praxis kommt es häufig vor, dass eine ausdrückliche Feststellung und Bekanntgabe des Beschlussergebnisses unterbleibt. In diesen Fällen kann bei einem eindeutigen Abstimmungsergebnis mangels entgegenstehender Anhaltspunkte von einer konkludenten Feststellung und Bekanntgabe des Beschlusses ausgegangen werden (BGH, 23.8.2001, V ZB 10/01, NZM 2001, 961).

Die Eigentümergemeinschaft kann über alle Angelegenheiten, die den Ablauf der Versammlung und die Geschäftsordnung betreffen – etwa die Reihenfolge der Behandlung der Tagesordnungspunkte, die Redezeit und die Abstimmungsmodalitäten – durch einen sogenannten Geschäftsordnungsbeschluss bestimmen (siehe hierzu auch Kapitel 5.6.4.10). Regeln über die Geschäftsordnung können bereits in der Gemeinschaftsordnung enthalten sein oder mehrheitlich beschlossen werden. Ein Beschluss über die Geschäftsordnung muss nicht in der Tagesordnung angekündigt werden und ist nicht selbstständig anfechtbar.

5.6 Die Beschlussfassung

§ 23 Abs. 1 WEG bestimmt, dass die Angelegenheiten, über die die Wohnungseigentümer nach dem Wohnungseigentumsgesetz oder nach einer Vereinbarung durch Beschluss entscheiden können, durch Beschlussfassung in einer Eigentümerversammlung geordnet werden. Ohne Versammlung ist ein Beschluss nur gültig, wenn alle Wohnungseigentümer ihre Zustimmung zu diesem Beschluss schriftlich erklären, und zwar in einem sogenannten Umlaufverfahren.

In seiner Rechtsnatur ist der Beschluss ein mehrseitiges Rechtsgeschäft eigener Art, ein »Gesamtakt« (BGH, 19.9.2002, NZM 2002, 992). Er ist kein Vertrag, sondern das in Worte gefasste Ergebnis der internen, kollektiven Willensbildung der Wohnungseigentümer.

5.6.1 Abgrenzung: Beschluss oder Vereinbarung?

Faustregel !

Was zu vereinbaren ist, kann nicht beschlossen werden, es sei denn, es liegt eine Vereinbarung vor, die den Wohnungseigentümern Beschlusskompetenz zuweist.

Zunächst ist zwischen einer Vereinbarung im Sinne des § 10 WEG und Beschlüssen gemäß § 23 WEG zu unterscheiden. Beschlüsse beruhen auf gleichgerichteten Willenserklärungen, Vereinbarungen haben gegenseitige (korrespondierende) Verpflichtungen zum Gegenstand. Bedeutung gewinnt die Frage der Abgrenzung dann, wenn ein allstimmiger Beschluss vorliegt. Ob nun eine von den Wohnungseigentümern einstimmig getroffene Regelung einen Beschluss oder eine Vereinbarung darstellt, ist durch Auslegung zu ermitteln. Hierbei ist nicht entscheidend, wie die Regelung bezeichnet ist (»Beschluss« oder »Vereinbarung«), sondern der jeweilige ihr Inhalt.

Eine Vereinbarung ist dann anzunehmen, wenn die Regelung eines Sachverhalts durch Mehrheitsbeschluss nicht möglich ist. Eine Vereinbarung wirkt aufgrund ihres schuldrechtlichen Charakters gegenüber in die Wohnungseigentümergemeinschaft neu eintretenden Wohnungseigentümern (»Sonderrechtsnachfolger«) nur dann, wenn sie in das Grundbuch eingetragen ist (§ 10 Abs. 3 WEG).

Wirksame Beschlüsse der Wohnungseigentümer gemäß § 23 WEG und gerichtliche Entscheidungen in einem Rechtsstreit gemäß § 43 WEG dagegen binden den Sonderrechtsnachfolger eines Wohnungseigentümers auch ohne Grundbucheintragung (§ 10 Abs. 4 Satz 1 WEG).

! **Beispiele: Gegenstände, für die eine Vereinbarung erforderlich ist**

- Änderungen der Gemeinschaftsordnung, sofern keine Öffnungsklausel oder Beschlusskompetenz nach dem WEG besteht
- Begründung oder Entzug von Sondernutzungsrechten
- Veränderung der Zweckbestimmung von Gemeinschaftseigentum, zum Beispiel Bestimmung der Nutzung des Fahrradkellers als Hobbyraum
- Aufstellung einer Mobilfunksendeanlage auf dem Gemeinschaftsdach
- Zählung von Stimmenthaltungen auf eine bestimmte Weise
- Einführung der »Zugangsfiktion« (siehe Kapitel 5.1.3)
- Dauerhafte Änderungen hinsichtlich Form und Frist der Einberufung von Eigentümerversammlungen
- Änderung der Beschlussfähigkeit
- Nachträgliche Einführung einer Veräußerungs- oder Vermietungszustimmung
- Einschränkung der nach der Teilungserklärung erlaubten gewerblichen Nutzung eines Teileigentums
- Abänderung des Stimmkraftprinzips, zum Beispiel vom Kopf- zum Wertprinzip

---

! **Beispiele: Gegenstände, für die Beschlusskompetenz besteht**

- Angelegenheiten der ordnungsgemäßen Verwaltung wie Jahresabrechnung, Wirtschaftsplan, Reparaturen am Gemeinschaftseigentum, Bestellung des Verwalters

- Regelungen des ordnungsgemäßen Gebrauchs gemäß § 15 Abs. 2 WEG wie Nutzungsregelungen für Gemeinschaftsflächen oder Regelungen der Hausordnung
- Benutzung von Waschküche, Spiel- und Hofflächen
- Einbau von Kaltwasserzählern und Einführung der verbrauchsabhängigen Abrechnung
- Aufhebung von Veräußerungsbeschränkungen (§ 12 Abs. 4 WEG)
- Bestellung des Verwaltungsbeirats (§ 29 Abs. 1 Satz 1 WEG)
- Kostenverteilung von Betriebs- und Verwaltungskosten (§ 16 Abs. 3 WEG)
- Kostenverteilung bei Instandhaltung, Instandsetzung und baulichen Veränderungen (§ 16 Abs. 4 WEG)
- Geldangelegenheiten (§ 21 Abs. 7 WEG)
- Bauliche Veränderungen (§ 22 Abs. 1 WEG)

Fehlt den Wohnungseigentümern die Beschlusskompetenz für einen bestimmten Sachverhalt, der eigentlich nur durch Vereinbarung geregelt werden kann, und trifft die Eigentümerversammlung hierzu dennoch Beschlüsse, können diese nichtig sein oder wirksam, aber anfechtbar.

5.6.2 Wichtige Beschlusskompetenzen

Im Zuge der WEG-Reform 2007 wurden für die Wohnungseigentümer erweiterte Beschlusskompetenzen geschaffen. Zu beachten ist, dass diese gemäß § 16 Abs. 5 WEG nicht durch eine Vereinbarung der Wohnungseigentümer eingeschränkt oder ausgeschlossen werden können.

5.6.2.1 Kostenverteilung der Betriebs- und Verwaltungskosten (§ 16 Abs. 3 WEG)

§ 16 Abs. 3 WEG ermöglicht die Änderung des Kostenverteilerschlüssels bei Betriebskosten des gemeinschaftlichen Eigentums oder des Sondereigentums im Sinne von § 556 Abs. 1 BGB, die nicht unmittelbar gegenüber Dritten abgerechnet werden, sowie bei Kosten der Verwaltung nach Verbrauch oder Verursachung oder einem anderen Maßstab durch einen einfachen Mehrheitsbeschluss. Der von der Wohnungseigentümergemeinschaft neu festgelegte Verteilerschlüssel muss dabei den Grundsätzen ordnungsmäßiger Verwaltung entsprechen. Ein (Mehrheits)Beschluss der Wohnungseigentümer über die Änderung des Kostenverteilerschlüssels gemäß § 16 Abs. 3 WEG erfordert keinen sachlichen Grund; die Änderung darf nur nicht gegen das Willkürverbot verstoßen. Den Wohnungseigentümern steht bei der Änderung ein weiter Gestaltungsspielraum zu (BGH, 16.9.2011, V ZR 3/11; BGH, 1.4.2011, V ZR 162/10).

Die Regelung betrifft Betriebskosten im Sinne des § 556 Abs. 1 BGB oder Kosten der Verwaltung. Als Betriebskosten nach § 556 BGB gelten diejenigen, die der jeweilige Eigentümer auf einen möglichen Mieter umlegen kann (§ 2 BetrKV). Der Begriff »Kosten der Verwaltung« ist nach herrschender Meinung weit auszulegen und umfasst neben den Verwalterkosten die Kosten für Eigentümerversammlung und Geldverkehr.

Der Mehrheitsbeschluss der Wohnungseigentümergemeinschaft zur Änderung des Verteilerschlüssels der oben genannten Betriebskosten und Kosten der Verwaltung setzt voraus, dass die Änderung am tatsächlichen Verbrauch und/oder an der Verursachung ausgerichtet wird. Eine am Verbrauch orientierte Kostenverteilung ist immer dann möglich, wenn Messeinrichtungen, zum Beispiel Wasseruhren, vorhanden sind. Fehlen Messeinrichtungen, um den Verbrauch zu erfassen, so können auch Zuordnungen nach der Verursachung bzw. dem Gebrauch vorgenommen werden, Letzteres zum Beispiel bei Aufzugsanlagen oder Tiefgaragenstellplätzen, die nicht jeder Wohnungseigentümer nutzen kann.

Ein Beschluss der Wohnungseigentümergemeinschaft zur Änderung der Kostenverteilung muss grundsätzlich in zwei Schritten erfolgen:
- In einem ersten Schritt hat die Wohnungseigentümergemeinschaft die Kosten nach Verursachung oder Verbrauch zu erfassen.
- In einem zweiten Schritt muss sie über den neuen Verteilerschlüssel beschließen.

Die Änderung des Verteilerschlüssels muss ausdrücklich beschlossen werden, der Beschluss muss klar und bestimmt sein und die einzelnen Kostenpositionen ausdrücklich enthalten. Der Rückgriff auf Sammelbegriffe wie »zuordnungsfähige Kosten« genügt nicht.

Der von der Wohnungseigentümergemeinschaft neu festgelegte Verteilermaßstab muss den Grundsätzen ordnungsgemäßer Verwaltung entsprechen. Dazu reicht es aus, wenn eine höhere Kostengerechtigkeit erreicht wird.

Oft schreibt die Gemeinschaftsordnung in Wohnungseigentümergemeinschaften den Verteilerschlüssel nach Miteigentumsanteilen vor, sodass einzelne Wohnungseigentümer, die über eine kleine Wohnfläche verfügen, einen Verteilerschlüssel nach Wohnfläche vorschlagen. Derartige Beschlüsse können, ohne dass sie eine wesentliche Veränderung der Zuordnung erreichen, auch dann gerechtfertigt sein, wenn die Umstellung auf den Wohnflächenschlüssel zu mehr Praktikabilität bei der Jahresabrechnung für mietrechtliche Betriebskosten führt. Die Regel, die Betriebskosten nach einem Personenzahlschlüssel zu verteilen, erscheint allerdings unzweckmäßig, da die tatsächliche Nutzerzahl, vor allem bei größeren Wohnungseigentumsanlagen, weder überprüfbar noch feststellbar ist.

Beispiele: Zulässige Änderung der Kostenverteilung   **!**

- Änderung der Kostenverteilung von Miteigentumsanteilen auf die Fläche der jeweiligen Sondereigentumseinheiten (BGH, 16.9.2011, V ZR 3/11).
- Änderung der Verteilung der Heizkosten ausschließlich nach Verbrauch und unter Berücksichtigung der Heizkostenverordnung (BGH, 16.7.2010, V ZR 221/09).
- Änderung der Umlage der Aufzugskosten nach Häusern und Stockwerken, verbrauchsabhängige Wasserkostenabrechnung, Kabelgebühren nach Einheiten, Umlage der Verwaltungsvergütung, Kosten des Geldverkehrs.
- Durch Beschluss der Wohnungseigentümergemeinschaft werden die Kosten der Müllentsorgung durch ein modernes Wiegesystem erfasst. Auch hier besteht ein sachlicher Grund für die Änderung des Verteilerschlüssels nach dem tatsächlichen Verbrauch.
- Die Eigentümer beschließen, dass die Verwaltervergütung künftig nicht nach Miteigentumsanteilen, sondern pro Wohnung abgerechnet wird.

Achtung! Eine Änderung des Verteilerschlüssels der Instandhaltungsrücklage ist nicht möglich.

Die Änderung des Verteilerschlüssels kann immer nur Wirkung für die Zukunft haben. Beschließen die Wohnungseigentümergemeinschaften dennoch eine rückwirkende Änderung des Verteilerschlüssels, sind die entsprechenden Beschlüsse anfechtbar.

§ 16 Abs. 3 WEG räumt lediglich die Beschlusskompetenz ein, im Rahmen einer dem Grunde nach bereits bestehenden Kostentragungsverpflichtung einen anderen Verteilungsmaßstab zu wählen. Die Bestimmung begründet hingegen nicht die Befugnis, einen Wohnungseigentümer, der nach einer bestehenden Vereinbarung von bestimmten Kosten oder der Kostentragungspflicht insgesamt befreit ist, durch Beschluss erstmals an den Kosten zu beteiligen (BGH, 1.6.2012, V ZR 225/11).

Ein (Mehrheits)Beschluss der Wohnungseigentümer über die Änderung des Kostenverteilerschlüssels gemäß § 16 Abs. 3 WEG bedarf keines sachlichen Grundes; sie darf nur nicht gegen das Willkürverbot verstoßen. Den Wohnungseigentümern steht aufgrund ihres Selbstorganisationsrechts ein weiter Gestaltungsspielraum zu. So dürfen sie jeden Maßstab wählen, der den Interessen der Gemeinschaft und der einzelnen Wohnungseigentümer angemessen ist und insbesondere nicht zu einer ungerechtfertigten Benachteiligung einzelner Eigentümer führt (BGH, 16.9.2011, V ZR 3/11).

5.6.2.2 Kostenverteilung bei Instandhaltung, Instandsetzung und baulichen Veränderungen (§ 16 Abs. 4 i. V. m. § 22 Abs. 1, 2 WEG)

§ 16 Abs. 4 WEG ermöglicht die Änderung des Kostenverteilerschlüssels abweichend von der Gemeinschaftsordnung bei folgenden Maßnahmen:

- Instandhaltungen
- Instandsetzungen
- Modernisierende Instandsetzungen
- Bauliche Veränderungen
- Modernisierungen und Anpassungen des Gemeinschaftseigentums an den Stand der Technik

Sofern die Gemeinschaftsordnung eine Vereinbarung zum Kostenverteilerschlüssel enthält, kann dieser aufgrund der Beschlusskompetenz der Eigentümer nach § 16 Abs. 4 WEG abgeändert werden. Ist in der Gemeinschaftsordnung keine Vereinbarung über den Kostenverteilerschlüssel zu finden, gilt dies ebenso für den gesetzlichen Kostenverteilerschlüssel (§ 16 Abs. 2 WEG). Voraussetzungen für einen entsprechenden Beschluss nach § 16 Abs. 4 WEG sind:

- Es muss sich um einen konkreten Einzelfall handeln, es können also keine generellen Regelungen mit Wirkung für die Zukunft beschlossen werden.
- Der abweichende Kostenverteilungsmaßstab muss dem Gebrauch oder der Möglichkeit des Gebrauchs Rechnung tragen.
- Bei der Abstimmung wird die doppelt qualifizierte Mehrheit erreicht.

! **Beispiele: Mögliche Verteilung von Kosten**

- Anbringung von Markisen nach Anzahl
- Änderung von Bodenbelägen, Wandanstrichen oder Verkleidungen in gemeinschaftlichen Räumen
- Kosten des Neueinbaus oder Anstrichs von Fenstern nach Anzahl
- Einbau von Aufzügen nach Anzahl
- Anbringung von Balkonen und Verteilung dieser Kosten nur auf Wohnungen, die über einen Balkon verfügen
- Instandhaltungsarbeiten an Garagen oder Stellplätzen und Verteilung der Kosten dafür nach Wohneinheiten, die über einen Garagen- oder Stellplatz verfügen

Der Kostenverteilerschlüssel kann also nicht generell geändert werden, sondern nur im Hinblick auf einen ganz bestimmten, aktuell zu regelnden Einzelfall. Für generelle Regelungen fehlt die Beschlusskompetenz, sodass derartige Beschlüsse nichtig sind (BGH, 9.7.2010, V ZR 202/09; LG München I, 13.2.2012, 1 S 8790/11). Ein solcher Einzelfall im Sinne des § 16 Abs. 4 WEG liegt nicht vor, wenn die Kosten der Instandhaltung, zum Beispiel von Terrassenfenstern und -türen, nicht nur für die eine konkret anstehende Reparatur, sondern dauerhaft auf die einzelnen Wohnungseigentümer abgewälzt werden sollen. Solche Regelungen umfasst die Beschlusskompetenz nach § 16 Abs. 4 WEG nicht. Den Wohnungseigentümern fehlt die Kompetenz, Beschlüsse dieser Art zu treffen. Nachdem hierdurch unzulässigerweise die Teilungserklärung geändert werden würde, sind entsprechende Beschlüsse nichtig (BGH, 25.9.2009, V ZR 33/09).

Ein Beschluss über die abweichende Verteilung der Kosten einer einzelnen Instandsetzungsmaßnahme ist nicht schon dann von § 16 Abs. 4 WEG gedeckt, wenn er dem dort vorgeschriebenen Gebrauchsmaßstab entspricht und die in § 16 Abs. 4 Satz 2 WEG bestimmte Mehrheit findet. Vielmehr muss nach § 21 Abs. 3, 4 WEG das Handeln der Wohnungseigentümergemeinschaft insgesamt den Grundsätzen ordnungsgemäßer Verwaltung entsprechen. Diesen genügt ein Beschluss dann nicht, wenn er auf eine verdeckte dauernde Änderung der Teilungsklärung hinausläuft, die § 16 Abs. 4 WEG nicht erlaubt (BGH, 18.6.2010, V ZR 164/09 zur Unzulässigkeit der Auferlegung von Kosten für eine Dachsanierung an einem von mehreren Häusern nur auf die Eigentümer des zu sanierenden Hauses).

Ordnungsgemäßer Verwaltung entspräche eine nach § 16 Abs. 4 WEG im Einzelfall abweichende Kostenverteilung nur dann, wenn für alle gleichgelagerten Instandsetzungsmaßnahmen unter dem Gesichtspunkt der Maßstabskontinuität eine entsprechende abweichende Kostenverteilung beschlossen würde. Dies soll jedoch mit der Regelung des § 16 Abs. 4 WEG gerade nicht erreicht werden, sodass ein solcher Beschluss nicht den Grundsätzen ordnungsgemäßer Verwaltung entspricht. Ein Beschluss nach § 16 Abs. 4 WEG, der gegen die Grundsätze ordnungsgemäßer Verwaltung verstößt, ist nicht nichtig, sondern lediglich anfechtbar (BGH, 18.6.2010, V ZR 164/09).

Weitere Voraussetzung für einen Beschluss nach § 16 Abs. 4 WEG ist, dass die Kosten bei einer abweichenden Regelung nach dem Gebrauch oder der Möglichkeit des Gebrauchs durch die Wohnungseigentümer verteilt werden müssen. Der maßgebliche Gebrauch stellt nicht auf den alleinigen Gebrauch ab, sondern auf die tatsächliche Gebrauchshäufigkeit und die Gebrauchsmöglichkeit, auf die Anzahl der nutzenden Personen oder auf vergleichbare Umstände (BGH, 18.6.2010, V ZR 164/09; BGH, 15.1.2010, V ZR 114/09). Die Belastung nur einzelner

Eigentümer mit Kosten ist daher lediglich zulässig, wenn diese eigennützigen Gebrauch machen oder machen können, was den von den Kosten freigestellten Eigentümern nicht oder so nicht möglich ist (BGH, 18.6.2010, V ZR 164/09; LG Hamburg, 25.5.2011, 318 S 21/11).

Die Änderung des Verteilerschlüssels für die oben genannten Maßnahmen der Instandhaltung, Instandsetzung und baulichen Veränderung bedarf einer sogenannten doppelt qualifizierten Mehrheit. Das bedeutet Folgendes:

- Dem Beschluss müssen drei Viertel aller stimmberechtigten Wohnungseigentümer zustimmen. Dabei ist zu beachten, dass die Abstimmung nach dem gesetzlichen Kopfprinzip gemäß § 25 Abs. 2 WEG zu erfolgen hat.
- Gleichzeitig müssen diese Wohnungseigentümer mehr als die Hälfte aller Miteigentumsanteile repräsentieren.

Fehlt es bei einem Beschluss nach § 16 Abs. 4 WEG an der erforderlichen doppelt qualifizierten Mehrheit oder entspricht er nicht ordnungsmäßiger Verwaltung, so ist ein dennoch gefasster und verkündeter Beschluss wirksam, wenn er nicht innerhalb eines Monats nach Beschlussfassung bei dem zuständigen Wohnungseigentumsgericht angefochten wird.

! **Beispiele aus der Rechtsprechung**

- Die Verteilung der Kosten für das Streichen von Fenstern nach Anzahl der Fenster oder Verteilung der Sanierungskosten der im Gemeinschaftseigentum stehenden Balkone nur auf die Eigentümer, deren Wohnungen auch Balkone besitzen (BGH, 15.1.2010, V ZR 114/09), ist zulässig.
- Einer wirksamen Änderung des Kostenverteilerschlüssels zur Ansammlung der Instandhaltungsrücklage steht bereits entgegen, dass die Regelung nicht lediglich einen Einzelfall im Sinne von § 16 Abs. 4 WEG betrifft. Der angefochtene Beschluss regelt nicht nur eine einzelne Maßnahme und erschöpft sich nicht in deren Vollzug (BGH, 9.7.2010, V ZR 202/09).
- Beim Anbau eines Außenlifts für einen gehbehinderten Nutzer handelt es sich um eine bauliche Veränderung. In diesem Fall ist eine Kostentragungsregelung für den Außenlift zulasten des Bauwilligen selbst mit dessen Einverständnis nichtig; insoweit bedarf es einer Vereinbarung, da es sich um eine Dauerregelung handelt (LG München I, 23.6.2014, 1 S 13821/13).
- Die Wohnungseigentümer haben bei der Bestimmung eines abweichenden Kostenverteilerschlüssels nach § 16 Abs. 4 WEG zwar ein nur eingeschränkt überprüfbares Gestaltungsermessen. Das ist aber dann überschritten, wenn der Kostenverteilerschlüssel nicht vom Gebrauchsmaßstab, sondern von anderen Gesichtspunkten bestimmt wird (BGH, 18.6.2010, V ZR 164/09).

5.6.2.3 Bauliche Veränderungen und instandhaltende/ instandsetzende Aufwendungen (§ 22 Abs. 1 WEG)

Handelt es sich um bauliche Veränderungen oder Aufwendungen, die über die ordnungsmäßige Instandhaltung oder Instandsetzung des gemeinschaftlichen Eigentums hinausgehen und gerade keine Modernisierung oder Anpassung an den Stand der Technik darstellen, können diese beschlossen oder verlangt werden, wenn jeder Wohnungseigentümer zustimmt, dessen Rechte durch die Maßnahme über das in § 14 WEG bestimmte Maß hinaus beeinträchtigt werden. Wichtig ist dabei, dass nur die Zustimmung derjenigen Eigentümer erforderlich ist, die in ihren Rechten beeinträchtigt werden. Handelt es sich jedoch beispielsweise um eine Maßnahme an der Außenfassade und verändert diese den optischen Gesamteindruck des Anwesens, sind regelmäßig die Interessen aller Eigentümer betroffen und alle müssen zustimmen. (siehe hierzu Kapitel 3.3 und 3.4.1)

5.6.2.4 Beschluss über Veräußerungsbeschränkung

Existiert in der Gemeinschaftsordnung eine Vereinbarung gemäß § 12 Abs. 1 WEG, nach der ein Wohnungseigentümer für die Veräußerung seines Wohnungseigentums die Zustimmung aller anderen Wohnungseigentümer oder eines Dritten bedarf, kann diese Veräußerungsbeschränkung inzwischen durch Beschluss aufgehoben werden (§ 12 Abs. 4 WEG).

5.6.2.5 Erweiterte Beschlusskompetenz in Zahlungsangelegenheiten

Eine weitere Beschlusskompetenz zur Änderung des gesetzlichen oder des in der Gemeinschaftsordnung vereinbarten Kostenverteilerschlüssels ist in § 21 Abs. 7 WEG geregelt. Hiernach können die Wohnungseigentümer mit Stimmenmehrheit über die Regelung von Geldangelegenheiten beschließen. Ein entsprechender Beschluss muss jedoch ordnungsmäßiger Verwaltung entsprechen, anderenfalls ist er anfechtbar.

Art und Weise von Zahlungen
Die Wohnungseigentümer können beschließen, in welcher Art und Weise die Beitragszahlungen, darunter Hausgeld, Saldo aus der Jahresabrechnung oder Sonderumlagen, an die Gemeinschaft zu leisten sind. So kann zum Beispiel beschlossen werden, dass ein Dauerauftrag eingerichtet oder eine Einzugsermächtigung erteilt werden muss oder generell das Lastschriftverfahren eingeführt wird.

Fälligkeit

Die Wohnungseigentümer können über die Fälligkeit der Beitragszahlungen an die Gemeinschaft beschließen. Es ist möglich, dass sie diese Bestimmungen aufgrund der bestehenden Beschlusskompetenz gemäß § 21 Abs. 7 WEG mit einer Verfallklausel oder einer Vorfälligkeitsregelung versehen. Eine Verfallklausel ordnet grundsätzlich die Fälligkeit der gesamten Hausgelder nach dem Wirtschaftsplan gleich zu Beginn des Jahres an, billigt den Wohnungseigentümern aber – regelmäßig monatliche – Teilzahlungen zu, solange sie nicht mit einer bestimmten Menge von Raten in Rückstand geraten (LG Köln, 20.2.2014, 29 S 181/13). So kann zum Beispiel auch beschlossen werden, dass das gesamte Hausgeld für das Abrechnungsjahr fällig wird, sobald ein Wohnungseigentümer mit der Zahlung von drei Hausgeldraten in Verzug kommt. Die Wohnungseigentümer können Guthaben/Nachzahlungen auch sofort fälligstellen und bei den Eigentümern, die am Lastschriftverfahren teilnehmen, Auszahlungen/Verrechnungen bzw. Abbuchungen mit der nächsten Lastschrift vorsehen (LG Köln, 8.5.2014, 29 S 241/13).

Folgen des Verzugs

Die Wohnungseigentümer können zudem Verzugsfolgen vereinbaren, zum Beispiel Vertragsstrafen oder die Bestimmung, dass bei Verzug übergesetzliche oder pauschalierte Verzugszinsen anfallen, die unabhängig von Eintritt und Höhe eines tatsächlichen Schadens über den in § 288 BGB vorgesehenen Prozentsatz hinausgehen. Eine solche Regelung entspricht selbst dann ordnungsmäßiger Verwaltung, wenn sie über einen tatsächlich zu erwartenden Schaden hinaus einen gewissen Abschreckungseffekt erzielen soll. Hingegen sind Beschlüsse zu sittenwidrig überhöhten Zinsen gemäß § 138 BGB nichtig.

Kosten für besondere Nutzung des gemeinschaftlichen Eigentums

Besondere Nutzungen im Sinne von § 21 Abs. 7 WEG sind solche, die mit einer gesteigerten Inanspruchnahme des Gemeinschaftseigentums einhergehen und zumindest bei typisierender Betrachtung den Anfall besonderer Kosten wahrscheinlich machen (BGH, 1.10.2010, V ZR 220/09). Bezugsgröße ist dabei der sich hinsichtlich des gemeinschaftlichen Eigentums besonders schonend und sparsam verhaltende Wohnungseigentümer. Es kommt nicht entscheidend darauf an, ob die Nutzung den nach § 13 Abs. 2 WEG zulässigen Gebrauch übersteigt (BGH, a.a.O.). So kann zum Beispiel eine Umzugskostenpauschale beschlossen werden, da Umzüge in Treppenhäusern und Aufzügen gewöhnlich zu stärkeren Verschmutzungen und Beschädigungen führen. Solche Pauschalen müssen jedoch angemessen sein und dürfen nicht zu einer ungerechtfertigten Ungleichbehandlung der Wohnungseigentümer führen (BGH, a.a.O.).

Kosten für besonderen Verwaltungsaufwand

Entstehen der Wohnungseigentümergemeinschaft Kosten durch einen übermäßigen Verwaltungsaufwand, der deutlich über das übliche Maß hinausgeht, können die Wohnungseigentümer beschließen, dass der Wohnungseigentümer, der dies verursacht, die Kosten ersetzen muss. Hierbei kann es sich um folgende Ausgaben handeln:

- Mahngebühr
- Gebühr für die gerichtliche Geltendmachung von Hausgeldforderungen
- Gebühr für die prozessbedingte Zusatzarbeit bei Rechtsanwaltsbeauftragungen
- Gebühr für die Erteilung einer Veräußerungszustimmung nach § 12 WEG
- Gebühr für die Erstellung von Bescheinigungen aus steuerlichen Gründen
- Kosten, die durch das Anfertigen und Versenden gesondert erbetener Kopien von Verwaltungsunterlagen im Rahmen des Einsichtsrechts entstanden sind
- Rücklastschriftgebühren
- Kosten für die Tätigkeit eines Ersatzzustellungsvertreters

Sind diese Tätigkeiten des Verwalters durch die gemäß § 27 WEG festgelegten Aufgaben bereits mit der normalen Vergütung abgegolten, liegt kein besonderer Verwaltungsaufwand vor (LG München I, 8.3.2012, 36 T 26007/11).

Die Festsetzung einer Sondervergütung für das Ausweisen haushaltsnaher Dienstleistungen in der Jahresabrechnung in Höhe von 1 EUR pro Wohnung/Abrechnungseinheit und Monat ist zumindest bei einer relativ kleinen Wohnungseigentümergemeinschaft nicht überzogen und entspricht daher ordnungsgemäßer Verwaltung. Die Festsetzung einer Sondervergütung für die Bearbeitung von Zahlungen, die nicht per Lastschrift eingezogen werden, entspricht nur dann ordnungsgemäßer Verwaltung, wenn sie sich der Höhe nach in angemessenem Rahmen hält. Das ist nicht mehr der Fall, wenn sie pro Wohnung und Monat mehr als 5 EUR beträgt. Eine Vergütung von 3 EUR pro Buchung lässt die Möglichkeit offen, dass pro Wohnung und Monat mehr als 5 EUR fällig werden, und wird daher dem Angemessenheitserfordernis nicht gerecht (LG Karlsruhe, 16.6.2009, 11 S 25/09).

5.6.3 Öffnungsklauseln

Oftmals enthalten Gemeinschaftsordnungen Öffnungsklauseln, in deren Rahmen durch qualifizierten Mehrheitsbeschluss, zum Beispiel mit Zweidrittel- oder Dreiviertelmehrheit, von den abdingbaren gesetzlichen Bestimmungen oder den getroffenen Vereinbarungen in der Teilungserklärung oder der Gemeinschaftsordnung abgewichen werden kann. Solche Öffnungsklauseln erleichtern die Neuregelung von Gegenständen, die sonst nur durch Vereinbarung geregelt werden dürfen, sie sind grundsätzlich zulässig. Soll eine Vereinbarung aufgrund einer Öffnungsklausel geändert werden, ist jedoch zwingend erforderlich,

- dass die Öffnungsklausel hinreichend bestimmt ist,
- dass ein sachlicher Grund für die Änderung vorliegt,
- dass kein Eigentümer gegenüber der bisherigen Regelung unbillig benachteiligt wird und
- dass die Änderung den Grundsätzen ordnungsmäßiger Verwaltung entspricht (BGH, 10.6.2011, V ZR 2/10; BGH, 1.4.2011, V ZR 162/10; BGH, 27.6.1985, VII ZB 21/84).

Fehlt es an diesen Voraussetzungen, ist der Beschluss zwar nicht von vornherein nichtig, jedoch erfolgreich anfechtbar (BGH, 12.12.2014, V ZR 53/14). Gleiches gilt, wenn die Öffnungsklausel ein qualifiziertes Stimmenquorum voraussetzt, dieses bei der Beschlussfassung aber nicht erreicht wird und der Versammlungsvorsitzende demnach einen positiven Beschluss verkündet (LG München I, 3.11.2010, 36 S 12714/10). Ob die aufgrund einer Öffnungsklausel getroffene Vereinbarung billig ist, kann gerichtlich überprüft werden.

❗ Beispiele: Vereinbarungsänderungen durch Öffnungsklausel

- Im Rahmen eines auf einer Öffnungsklausel beruhenden qualifizierten Mehrheitsbeschlusses wird dem Wohnungseigentümer A ein ihm eingeräumtes Sondernutzungsrecht entzogen. A hat jedoch im Vertrauen auf das ihm eingeräumte Sondernutzungsrecht erhebliche Vermögensdispositionen getroffen. A kann nun die Billigkeit, insbesondere die Verletzung von Treuepflichten und des Rücksichtnahmegebots der anderen Wohnungseigentümer, gerichtlich überprüfen lassen.
- Stimmrechtsfragen (Wert-/Kopfprinzip).
- Änderung der Kostenverteilung für die Fälle, die nicht bereits von § 16 Abs. 3, 4 WEG erfasst sind.

Um keine Öffnungsklausel handelt es sich bei der Regelung, dass zum Beispiel der Alleineigentümer nach Entstehung der Wohnungseigentümergemeinschaft Gemeinschafts- in Sondereigentum oder Teil- in Wohnungseigentum umwidmen kann. Will der Alleineigentümer nach Entstehung der Wohnungseigentümergemeinschaft das Recht behalten, die Teilungserklärung einseitig zu verändern, kann er sich dies in den Erwerbsverträgen durch eine entsprechende Vollmacht einräumen lassen (OLG Hamburg, 6.12.2002, 2 Wx 27/99, ZMR 2003, 697; BayObLG, 12.9.2002, 2Z BR 75/02, ZMR 2002, 953; OLG Hamm, 9.9.1999, 15 W 157/99, ZWE 2000, 83).

Eine Öffnungsklausel kann abstrakt-generell (allgemeine Öffnungsklausel) formuliert sein, zum Beispiel: »Die Bestimmungen der Gemeinschaftsordnung können durch die Zustimmung von drei Vierteln aller im Grundbuch eingetragenen Wohnungseigentümer abgeändert werden.« Oder die Öffnungsklausel kann sich auf bestimmte Bereiche (konkrete Öffnungsklausel) beschränken, so zum Beispiel: »Die Verteilung der Verwalterkosten kann durch Zustimmung von zwei Dritteln der im Grundbuch eingetragenen Wohnungseigentümer abweichend von der in dieser Vereinbarung bestimmten Kostenverteilung abgeändert werden.«

Die durch eine Öffnungsklausel legitimierte Mehrheitsmacht wird materiell-rechtlich unter anderem durch unentziehbare, aber verzichtbare Mitgliedschaftsrechte begrenzt. Ein in solche Rechte ohne Zustimmung der nachteilig betroffenen Wohnungseigentümer eingreifender Beschluss ist schwebend unwirksam. Zu den unentziehbaren, aber verzichtbaren Mitgliedschaftsrechten gehört das sogenannte Belastungsverbot, das jeden Wohnungseigentümer vor der Aufbürdung neuer (originärer) Leistungspflichten – also solcher, die sich weder aus dem Gesetz noch aus der bisherigen Gemeinschaftsordnung ergeben – schützt. Auch eine Öffnungsklausel erlaubt es daher nicht, Wohnungseigentümern gegen ihren Willen zusätzliche Leistungen aufzuerlegen (BGH, 10.10.2014, V ZR 315/13 zu einem Beschluss, der den Sondernutzungsberechtigten sehr großer Gartenflächen die alleinige Instandhaltungsverpflichtung übertragen sollte).

> ### § 10 Abs. 4 WEG
> *»Beschlüsse der Wohnungseigentümer gemäß § 23 und gerichtliche Entscheidungen in einem Rechtsstreit gemäß § 43 bedürfen zu ihrer Wirksamkeit gegen den Sondernachfolger eines Wohnungseigentümers nicht der Eintragung in das Grundbuch. Dies gilt auch für die gemäß § 23 Abs. 1 aufgrund einer Vereinbarung gefassten Beschlüsse, die vom Gesetz abweichen oder eine Vereinbarung ändern.«*

§ 10 Abs. 4 Satz 2 WEG stellt klar, dass aufgrund einer Vereinbarung gefasste Beschlüsse, die vom Gesetz abweichen oder eine Vereinbarung ändern, nicht ins Grundbuch eingetragen werden müssen. Vielmehr sind sie erst gar nicht eintragungsfähig (OLG München, 13.11.2009, 34 Wx 100/09). Wird jedoch aufgrund einer Öffnungsklausel eine Vereinbarung in der Gemeinschaftsordnung durch Beschluss abgeändert, so ist dieser Beschluss gemäß § 26 Abs. 7 Satz 2 Nr. 1 WEG in die Beschlusssammlung einzutragen. Er wirkt auch ohne Eintragung in das Grundbuch bei Ausscheiden eines Wohnungseigentümers aus der Gemeinschaft gegen den neuen Wohnungseigentümer.

Im Hinblick auf vorhandene Öffnungsklauseln ist im Fall einer Beschlussfassung zur abweichenden Kostenverteilung gemäß § 16 Abs. 4 oder § 22 Abs. 2 WEG zu beachten, dass, falls die Öffnungsklausel geringere Anforderungen an die Abänderung der Kostenverteilung stellt, zum Beispiel eine Zweidrittelmehrheit, diese Regelung einschlägig ist. Werden jedoch nach der Öffnungsklausel höhere Anforderungen an eine Abänderung der Kostenverteilung gestellt, so ist die Bestimmung des § 16 Abs. 4 oder § 22 Abs. 2 WEG vorrangig anzuwenden (LG Berlin, 2.7.2010, 85 S 47/10).

Öffnungsklauseln können auch nachträglich vereinbart werden, um eine leichtere Abänderbarkeit und Anpassung der Teilungserklärung oder Gemeinschaftsordnung zu ermöglichen. Die nachträgliche Vereinbarung bedarf der Zustimmung aller im Grundbuch eingetragenen Eigentümer und der Eintragung in das Grundbuch. Die Zustimmung eines Drittberechtigten, zum Beispiel eines Grundpfandrechtsgläubigers, ist nicht notwendig, da dessen dingliche Rechtsposition durch die Öffnungsklausel nicht beeinträchtigt wird (OLG Düsseldorf, 30.1.2004, I-3 Wx 329/03, ZMR 2004, 284).

! **Beispiel: Formulierung für eine Öffnungsklausel**

Liegt eine nach dem Gesetz oder dieser Gemeinschaftsordnung vereinbarungsbedürftige Angelegenheit vor, können die Wohnungseigentümer die Angelegenheit durch Beschluss regeln, wenn eine Mehrheit von mindestens drei Vierteln der abgegebenen Stimmen und mehr als der Hälfte der im Grundbuch eingetragenen Miteigentumsanteile (alternativ: eine Mehrheit von mindestens zwei Dritteln aller im Grundbuch eingetragenen Miteigentumsanteile) vorliegt, für die Änderung ein sachlicher Grund besteht und kein Eigentümer unbillig benachteiligt wird.

! **Beispiele aus der Rechtsprechung**

- Besteht eine allgemeine Öffnungsklausel in der Gemeinschaftsordnung, kann beschlossen werden, dass eine Vermietung für weniger als 14 Tage nicht zulässig sein soll. Dies greift nicht unzulässig in den Kernbereich des Sondereigentümers ein (LG Berlin, 23.9.2014, 55 S 89/13).
- Eine Öffnungsklausel mit Vierfünftelmehrheit kann auch Beschlusskompetenz für die Änderung des Kostenverteilerschlüssels bei Instandsetzungen verleihen. Wird das nach der Gemeinschaftsordnung erforderliche Quorum (vier Fünftel) nicht erreicht und dennoch ein positiver Beschluss verkündet, ist dieser nicht nichtig. Allein der Umstand, dass die Öffnungsklausel ein bestimmtes Mehrheitserfordernis vorgibt und damit ein gewisser Bestandsschutz der bestehenden Regelungen erreicht werden soll, führt nicht dazu, dass eine Öffnungsklausel stets dahingehend auszulegen wäre, dass die Beschlusskompetenz als solche bereits an das Erreichen des Quorums geknüpft wäre (LG München I, 13.1.2014, 1 S 1817/13; BGH, 10.10.2014, V ZR 315/13).
- Beschlüsse, die aufgrund einer in der Gemeinschaftsordnung enthaltenen Öffnungsklausel eine Vereinbarung der Wohnungseigentümer abändern, sind im Grundbuch weder eintragungsbedürftig noch eintragungsfähig (OLG München, 13.11.2009, 34 Wx 100/09).

■ Ist in der Teilungserklärung/Gemeinschaftsordnung keine Bezugsbasis für die nach der Öffnungsklausel erforderliche qualifizierte Mehrheit genannt, ist eine Auslegung dahingehend vorzunehmen, dass zur Erreichung des Quorums die Mehrheit aller im Grundbuch eingetragenen Wohnungseigentümer und nicht nur die Mehrheit der bei der Versammlung anwesenden Eigentümer erforderlich ist (BGH, 10.6.2011, V ZR 2/10).

Um keine Öffnungsklausel handelt es sich bei der Regelung, dass zum Beispiel der Alleineigentümer nach Entstehung der Wohnungseigentümergemeinschaft Gemein- schafts- in Sondereigentum oder Teil- in Wohnungseigentum umwidmen kann. Will der Alleineigentümer nach Entstehung der Wohnungseigentümergemeinschaft das Recht behalten, die Teilungserklärung einseitig zu verändern, so kann er sich dies in den Erwerbsverträgen durch eine entsprechende Vollmacht einräumen lassen (OLG Hamburg, 6.12.2002, 2 Wx 27/99).

5.6.4 Welche Arten von Beschlüssen gibt es?

Es können folgende Beschlussarten unterschieden werden:
- Einfacher Mehrheitsbeschluss
- Qualifizierter Mehrheitsbeschluss
- Mehrheitsbeschluss bei baulichen Veränderungen
- Allstimmiger Beschluss
- Einstimmiger Beschluss
- Nichtbeschluss
- Positiver Beschluss
- Negativer Beschluss
- Zweitbeschluss
- Geschäftsordnungsbeschlüsse
- Organisationsbeschlüsse
- Standardbeschlüsse

5.6.4.1 Einfacher Mehrheitsbeschluss

Angelegenheiten des Gebrauchs des Gemeinschaftseigentums und der lau- fenden Verwaltung können grundsätzlich mit einfacher Mehrheit beschlossen werden. Ein einfacher Mehrheitsbeschluss kommt dann zustande, wenn für einen Beschlussantrag mehr Ja- als Nein-Stimmen abgegeben werden. Hierfür maßgeblich sind allein die in der Eigentümerversammlung abgegebenen Stim- men. Eine nachträglich zu einem Beschluss erklärte Zustimmung ist ohne Belang (BayObLG, 22.5.1998, 2Z BR 38/98). Bei der Feststellung des Abstimmungsergeb- nisses kommt es nur auf die abgegebenen Ja- und Nein-Stimmen an. Stimmenthaltungen bleiben außer Betracht, sie sind bei der Bestimmung der Mehrheit nicht mitzuzählen (BGH, 8.12.1988, V ZB 3/88).

> **! Beispiel: Geltung des Kopfprinzips**
>
> Bei der Eigentümerversammlung sind 16 von 20 Wohnungseigentümern erschienen. Zwei sind nicht stimmberechtigt und dürfen bei der Abstimmung zur Genehmigung der Jahresabrechnung nicht mitwirken. Von den restlichen 14 Wohnungseigentümern stimmen acht mit Ja, vier mit Nein und zwei enthalten sich der Stimme. *Abstimmungsergebnis:* acht Ja-Stimmen, vier Nein-Stimmen und zwei Enthaltungen. *Verkündung des Beschlussergebnisses:* Der Antrag ist mehrheitlich angenommen.

Allerdings kann durch Vereinbarung abweichend geregelt werden, dass Stimmenthaltungen grundsätzlich als abgegebene Stimmen zu berücksichtigen und als Nein-Stimmen zu werten sind. Wird ein Beschlussantrag angenommen, so liegt ein sogenannter positiver Beschluss vor, wird er abgelehnt, handelt es sich um einen sogenannten negativen Beschluss.

Durch einfachen Mehrheitsbeschluss können insbesondere folgende Angelegenheiten geregelt werden:

- Wirtschaftsplan, Genehmigung der Jahresabrechnung und Rechnungslegung des Verwalters (§ 28 Abs. 5 WEG)
- Verlangen nach Rechnungslegung durch den Verwalter (§ 28 Abs. 4 WEG)
- Maßnahmen zur ordnungsgemäßen Instandhaltung und Instandsetzung des Gemeinschaftseigentums (§ 21 Abs. 3 WEG)
- Beschlüsse über die Kostenverteilung von Betriebs- und Verwaltungskosten (§ 16 Abs. 3 WEG)
- Einleitung eines Verfahrens zur Entziehung des Wohnungseigentums (§ 18 Abs. 3 WEG)
- Gebrauchsregeln bezüglich des Sondereigentums und des Gemeinschaftseigentums, wenn die Gemeinschaftsordnung keine entgegenstehende Regelung enthält (§ 15 WEG)
- Bestellung des Verwaltungsbeirats (§ 29 Abs. 1 Satz 1 WEG)
- Maßnahmen ordnungsgemäßer Verwaltung des Gemeinschaftseigentums, zum Beispiel Aufstellung der Hausordnung, Abschluss von Sach- und Haftpflichtversicherungen der Wohnungseigentümer
- Bildung, Höhe und Anlage einer Instandhaltungsrücklage
- Bestellung und Abberufung des Verwalters (§ 26 Abs. 1 Satz 1 WEG)
- Beschlüsse zur Geschäftsordnung in der Eigentümerversammlung
- Beschlüsse über die Verfolgung und Durchsetzung von Baumängelgewährleistungsansprüchen bezüglich des Gemeinschaftseigentums

5.6.4.2 Qualifizierter Mehrheitsbeschluss

Anders als der einfache Mehrheitsbeschluss erfordert der qualifizierte Mehrheitsbeschluss eine bestimmte entweder durch Gesetz oder Vereinbarung geregelte Mehrheit. Die Gemeinschaftsordnung kann auch qualifizierte Mehrheitserfordernisse bestimmen, dann ist der sogenannte qualifizierte Mehrheitsbeschluss nötig. In diesem Fall reicht für das Zustandekommen eines Beschlusses die einfache Mehrheit nicht aus.

Das Gesetz sieht Beschlusskompetenzen vor, bei denen eine sogenannte doppelt qualifizierte Mehrheit erforderlich ist.

- § 22 Abs. 2: Modernisierungsmaßnahmen oder Anpassung an den Stand der Technik des Gemeinschaftseigentums
- § 16 Abs. 4 WEG: Kostenverteilung bei Instandhaltungs-, Instandsetzungs-, Modernisierungsmaßnahmen und baulichen Veränderungen im konkreten Einzelfall

Bei der qualifizierten Beschlussfassung gemäß § 16 Abs. 4 und § 22 Abs. 2 WEG ist zwingend zu beachten, dass nicht nur eine Dreiviertelmehrheit der in der Eigentümerversammlung erschienenen bzw. vertretenen Wohnungseigentümer ausreicht, sondern vielmehr eine Dreiviertelmehrheit sämtlicher im Grundbuch eingetragenen und stimmberechtigten Wohnungseigentümer erforderlich ist (LG Hamburg, 29.12.2010, 318 S 206/09; LG Köln, 4.10.2012, 29 S 91/12). Diese müssen gleichzeitig mehr als die Hälfte der Miteigentumsanteile repräsentieren.

Darüber hinaus muss die Abstimmung zwingend nach dem Kopfprinzip des § 25 Abs. 2 WEG erfolgen. Auch wenn die Gemeinschaftsordnung das Objektprinzip beim Stimmrecht regelt, ist wegen § 16 Abs. 5 WEG die doppelt qualifizierte Mehrheit nach § 16 Abs. 4 WEG mit 75 % nach Köpfen und mehr als 50 % nach Miteigentumsanteilen zu berechnen (LG Köln, 4.10.2012, 29 S 91/12; LG Stuttgart, 29.6.2011, 10 S 19/10). Ist ein Eigentümer vom Stimmrecht ausgeschlossen, berechnet sich die qualifizierte Mehrheit aus den »verbleibenden« Köpfen.

Erfordert eine bestimmte Beschlussfassung die (doppelt) qualifizierte Mehrheit, sollte der Verwalter in der Eigentümerversammlung vor der Abstimmung darüber aufklären, welche Mehrheit für das Zustandekommen vorausgesetzt wird. Kann die erforderliche Mehrheit nicht erreicht werden, liegt ein negativer Beschluss vor. Das Beschlussergebnis lautet dann zum Beispiel: »Ein nach § 16 Abs. 3 WEG erforderlicher qualifizierter Mehrheitsbeschluss ist nicht zustande gekommen.«

Wurde die qualifizierte Mehrheit nicht erreicht, der Beschluss dennoch positiv verkündet, so ist der Beschluss nicht nichtig, sondern lediglich binnen Monatsfrist anfechtbar (LG München, 13.1.2014, 1 S 1817/13). Gleiches gilt, wenn entgegen § 25 Abs. 2 WEG nicht nach dem Kopfprinzip abgestimmt, vom Versammlungsvorsitzenden aber dennoch ein positiver Beschluss festgestellt und verkündet wird. Hingegen wäre ein selbst mit qualifizierter Mehrheit zustande gekommener Beschluss nichtig, der die Kostenverteilung von Modernisierungsmaßnahmen, baulichen Veränderungen oder Instandsetzungsmaßnahmen dauerhaft abweichend vom Gesetz oder einer Vereinbarung regeln würde. Eine Beschlussfassung nach § 16 Abs. 4 WEG darf immer nur für einen konkreten Einzelfall erfolgen (BGH, 9.7.2010, V ZR 202/09; BGH, 25.9.2009, V ZR 33/09; LG München I, 13.2.2012, 1 S 8790/11).

Neben den gesetzlichen Beschlusskompetenzen kann das Erfordernis einer qualifizierten Mehrheit zu bestimmten Beschlussgegenständen durch Vereinbarung in der Gemeinschaftsordnung in Form einer sogenannten Öffnungsklausel (siehe Kapitel 5.6.3) enthalten sein. Öffnungsklauseln sind in der Teilungserklärung/Gemeinschaftsordnung enthaltene Vereinbarungen, nach denen durch qualifizierten Mehrheitsbeschluss von den abdingbaren gesetzlichen Bestimmungen oder den getroffenen Vereinbarungen in der Teilungserklärung oder der Gemeinschaftsordnung abgewichen werden kann.

Sieht eine Öffnungsklausel strengere Anforderungen an eine bestimmte Beschlussfassung vor als das Wohnungseigentumsgesetz, ist allein die gesetzliche Regelung maßgeblich, zum Beispiel § 16 Abs. 3, 4 und § 22 Abs. 2 WEG. Legt die Öffnungsklausel hingegen geringere Anforderungen an die Beschlussfassung fest, gilt der Inhalt der Öffnungsklausel als maßgeblich. Wird dieses geringere Quorum nicht erreicht, ist der Beschluss zwar nicht nichtig, jedoch anfechtbar (BGH, 10.6.2011, V ZR 2/10).

5.6.4.3 Mehrheitsbeschluss (bei baulichen Veränderungen)

Nach § 22 Abs. 1 WEG können bauliche Veränderungen beschlossen oder verlangt werden, wenn jeder Wohnungseigentümer zustimmt, dessen Rechte durch die Maßnahme über das in § 14 Nr. 1 WEG bestimmte Maß hinaus beeinträchtigt werden. Als Beeinträchtigung im Sinne des § 14 WEG gilt hier jeder nicht ganz unerhebliche Nachteil, infrage kommen zum Beispiel:

- Immissionen in Form von Gerüchen oder Geräuschen
- Beeinträchtigungen von Stabilität und konstruktiver Sicherheit
- Deutliche und nachteilige Veränderungen des äußeren Erscheinungsbilds der Wohnanlage, auch ästhetische Kriterien sind mit einzubeziehen
- Beeinträchtigung des Mitgebrauchs

Bauliche Veränderungen, die nicht die Rechte aller Wohnungseigentümer beeinträchtigen, bedürfen daher gemäß § 22 Abs. 1 WEG der Zustimmung nur derjenigen Wohnungseigentümer, die von der beabsichtigten Maßnahme in ihren Rechten betroffen sind. Insofern reicht ein Mehrheitsbeschluss dieser Wohnungseigentümer aus. Wird von der Eigentümerversammlung ein Beschluss gefasst, zum Beispiel über eine bauliche Veränderung, der nicht alle hierdurch beeinträchtigten Wohnungseigentümer zugestimmt haben, und wird dieser Beschluss als positiver Mehrheitsbeschluss verkündet, so ist er nicht von vornherein nichtig, sondern binnen Monatsfrist gerichtlich anfechtbar. Ohne Anfechtung wird der Beschluss bestandskräftig.

Beispiel: Geltung des Kopfprinzips   !

Bei der Eigentümerversammlung sind alle 14 Wohnungseigentümer erschienen. Eigentümer A möchte eine Pergola anbauen. Der Verwalter weist darauf hin, dass wegen des Grundsatzes der Einheitlichkeit der Fassade durch den Beschlussantrag des Miteigentümers A alle Wohnungseigentümer beeinträchtigt sein können.

Beschlussantrag: Dem Wohnungseigentümer A wird gestattet, auf seiner Terrasse eine Pergola gemäß der beigefügten Planskizze nach den anerkannten Regeln des Handwerks und der Technik von einer Fachfirma anbringen zu lassen.

Abstimmungsergebnis: acht Ja-Stimmen, vier Nein-Stimmen, zwei Enthaltungen.

Verkündung des Beschlussergebnisses: Der Beschlussantrag ist wegen fehlender Allstimmigkeit abgelehnt.

5.6.4.4 Allstimmige Beschlüsse

Der allstimmige Beschluss ist von der Vereinbarung abzugrenzen. Erfordert ein bestimmter Beschluss Allstimmigkeit, so scheitert ein Beschlussantrag bereits an einer einzigen Stimmenthaltung. Er setzt die Zustimmung aller Wohnungseigentümer voraus, nicht nur die Zustimmung derjenigen, die bei der Versammlung anwesend sind. Ein allstimmiger Beschluss ist bei folgenden Angelegenheiten erforderlich:

- Vereinbarungen, für die die Zustimmung aller Wohnungseigentümer gefordert ist

- Gebrauchsregelungen und Verwaltungsmaßnahmen, die über den ordnungsgemäßen Gebrauch gemäß § 15 Abs. 2 WEG bzw. über die ordnungsmäßige Verwaltung gemäß § 21 Abs. 3 WEG hinausgehen

- Bauliche Veränderungen und Aufwendungen gemäß § 22 Abs. 1 WEG, die über die ordnungsmäßige Instandhaltung oder Instandsetzung des gemeinschaftlichen Eigentums hinausgehen, jedoch keine Modernisierung oder Anpassung an den Stand der Technik gemäß § 22 Abs. 2 WEG darstellen und alle Wohnungseigentümer in dem in § 14 WEG bestimmten Maß beeinträchtigen

Durch entsprechende Vereinbarung in der Gemeinschaftsordnung ist es grundsätzlich möglich, dass die Wohnungseigentümer abweichend von dem Mehrheitsprinzip ein Einstimmigkeitsprinzip vereinbaren, zum Beispiel bei sehr kleinen Wohnungseigentumsanlagen. Hiervon ausgenommen sind nur die Fälle, in denen nach dem Gesetz das Mehrheitsprinzip nicht ausgeschlossen werden kann (OLG Hamm, 19.8.2008, I-15 Wx 89/08). Zwingendes Recht in Bezug auf das Mehrheitsprinzip ist in folgenden Regelungen enthalten:

- § 12 Abs. 4 Satz 1 WEG zur Veräußerungsbeschränkung (§ 12 Abs. 4 Satz 2 WEG)
- § 16 Abs. 3, 4 WEG zur abweichenden Kostenverteilung bei Betriebskosten, Instandhaltungen und Instandsetzungen (gemäß § 16 Abs. 5 WEG)
- Anspruch nach § 22 Abs. 2 Satz 1 WEG bei Maßnahmen der Modernisierung oder Anpassung an den Stand der Technik (§ 22 Abs. 2 Satz 2 WEG)
- Anspruch hinsichtlich der Bestellung und Abberufung des Verwalters nach § 26 Abs. 1 WEG (§ 26 Abs. 1 Satz 5 WEG)

5.6.4.5 Einstimmiger Beschluss

Um einen einstimmigen Beschluss handelt es sich, wenn alle in der Versammlung vertretenen Stimmen sich für den Beschlussantrag aussprechen. Dabei ist nicht entscheidend, ob alle Eigentümer in der Versammlung vertreten sind.

> **!**
>
> **Beispiel: Einstimmiger Beschluss**
>
> Bei der Eigentümerversammlung sind 16 von 20 Wohnungseigentümern erschienen. Bei der Abstimmung stimmen 16 Wohnungseigentümer mit Ja. Nein-Stimmen oder Enthaltungen gibt es nicht. Das Abstimmungsergebnis lautet: *Der Antrag ist mit 16 Ja-Stimmen einstimmig angenommen*.

5.6.4.6 Nichtbeschluss

Vom Negativbeschluss ist der sogenannte Nichtbeschluss abzugrenzen. Im Fall des sogenannten Nichtbeschlusses oder Scheinbeschlusses liegt ein Beschluss gar nicht vor. Dies kann der Fall sein, wenn das Verfahren der Beschlussfassung unter erheblichen Mängeln leidet. Einer Anfechtung bedarf es hier nicht, da der Nichtbeschluss keinerlei rechtliche Wirkung erzeugt (BayObLG, 10.10.1996, 2Z BR 108/96). Wird ein Nichtbeschluss irrtümlich als negativer Beschluss verkündet, liegt wegen der konstitutiven Wirkung der Beschlussfeststellung zunächst ein wirksamer Beschluss vor. Dieser ist der gerichtlichen Überprüfung zugänglich; so entschieden im Fall eines Beschlussantrags, bei dem sich alle Versammlungsteilnehmer der Stimme enthalten haben, gleichwohl festgestellt und verkündet wurde, dass der Beschlussantrag abgelehnt worden sei (OLG München, 21.2.2007, 34 Wx 100/03).

Beispiele: Nichtbeschlüsse   **!**

- Ein Beschluss wurde außerhalb einer ordnungsgemäßen Eigentümerversammlung gefasst, zum Beispiel im Rahmen einer bloßen Zusammenkunft aller Wohnungseigentümer.
- Es handelte sich um eine Probeabstimmung.
- Eine Abstimmung lag gar nicht vor.
- Eine Abstimmung wurde durchgeführt, aber alle haben sich der Stimme enthalten.
- Im schriftlichen Verfahren nach § 23 Abs. 3 WEG liegt die Zustimmung nicht von allen Wohnungseigentümern vor.

5.6.4.7 Positiver Beschluss

Um einen positiven Beschluss handelt es sich, wenn der zur Abstimmung gestellte Antrag mehrheitlich angenommen wurde. Dabei kann der Beschlussantrag entweder positiv oder negativ formuliert sein. Ob eine positive Beschlussfassung tatsächlich zustande gekommen ist, hängt davon ab, ob der Beschluss die erforderliche Mehrheit erreicht hat, zum Beispiel die einfache oder qualifizierte.

Beispiel: Positiver Beschluss mit einfacher Mehrheit (Wertprinzip)   **!**

Beschlussantrag: Die Gesamt- sowie die Einzelabrechnungen 2015 werden genehmigt.
Abstimmungsergebnis: 566/1.000stel Ja-Stimmen, 142/1.000stel Nein-Stimmen, 80/1.000stel Enthaltungen.
Beschlussverkündung: Der Beschluss ist mehrheitlich angenommen.

Beispiel: Positiver Beschluss mit doppelt qualifizierter Mehrheit   **!**

Vor der Abstimmung sind zwingend die anwesenden oder vertretenen Miteigentümer und die Miteigentumsanteile festzustellen.
Anwesende oder vertretene Miteigentümer: 14 von 16
Anwesende oder vertretene Miteigentumsanteile: 750 von 1.000 MEA
Beschlussantrag: Die Kosten der unter TOP 6 beschlossenen Terrassensanierung werden abweichend von dem in der Gemeinschaftsordnung vereinbarten Kostenverteilerschlüssel (nach MEA) zu gleichen Teilen auf die sechs Wohnungseinheiten, die eine Terrasse aufweisen, umgelegt.
Abstimmungsergebnis: 13 Ja-Stimmen, eine Nein-Stimme; 711 MEA Ja-Stimmen, 39 MEA Nein-Stimmen; null Enthaltungen.
Beschlussverkündung: Der Beschlussantrag ist mit der gemäß § 16 Abs. 4 WEG erforderlichen doppelt qualifizierten Mehrheit angenommen.

5.6.4.8 Negativbeschluss

Ein Negativbeschluss liegt vor, wenn die Mehrheit den Beschlussantrag abgelehnt hat oder die erforderliche Mehrheit bei der Abstimmung nicht erreicht wurde. Hierbei handelt es sich um einen echten Beschluss (BayObLG, 25.7.2002, 2Z BR 63/02; BGH, 20.11.2003, 2Z BR 133/03), nur hat die Willensbildung der Wohnungseigentümer dazu geführt, dass sie den Beschlussantrag ablehnen möchten. Ein Negativbeschluss ist anfechtbar (BGH, 15.1.2010, V ZR 114/09) und kann mit dem Feststellungsantrag verbunden werden, dass ein positiver Beschluss zustande gekommen ist, wenn beispielsweise ein Wohnungseigentümer die Feststellung eines ablehnenden Beschlussergebnisses aufgrund einer fehlerhaften Stimmenauszählung für unrichtig hält (BGH, 23.8.2001, V ZB 10/01; BGH, 19.9.2002, V ZB 30/2).

Eine Anfechtung des Beschlusses ist auch dann möglich, wenn der Wohnungseigentümer geltend machen kann, dass die Ablehnung ordnungsmäßiger Verwaltung widerspricht und er einen Anspruch auf eine positive Beschlussfassung hat (LG Hamburg, 23.7.2014, 318 S 78/13). Begehrt ein Wohnungseigentümer beispielsweise die Zustimmung zur Durchführung einer baulichen Veränderung und erreicht der Beschluss nicht die erforderliche Mehrheit, muss der Wohnungseigentümer den Beschluss mit einer Anfechtungsklage bei Gericht anfechten und den Antrag stellen, die übrigen Wohnungseigentümer zur Zustimmung zu verurteilen.

> **!** **Beispiel: Geltung des Wertprinzips**
>
> *Beschlussantrag:* Der Anstrich im Treppenhaus des Anwesens Tannstraße 100 wird erneuert. Die Kosten betragen circa 4.100 EUR. Die Finanzierung erfolgt aus der Instandhaltungsrücklage.
> *Abstimmungsergebnis:* 21/1.000stel Ja-Stimmen, 767/1.000stel Nein-Stimmen, null Enthaltungen.
> *Beschlussverkündung:* Der Beschluss ist mehrheitlich abgelehnt.

> **!** **Beispiel: Negativer Beschluss mit doppelt qualifizierter Mehrheit**
>
> Vor der Abstimmung sind zwingend die anwesenden oder vertretenen Miteigentümer und die Miteigentumsanteile festzustellen.
> Anwesende oder vertretene Miteigentümer: 14 von 16
> Anwesende oder vertretene Miteigentumsanteile: 750 von 1.000 MEA
> *Beschlussantrag:* Die Kosten der unter TOP 6 beschlossenen Terrassensanierung werden abweichend von dem in der Gemeinschaftsordnung vereinbarten Kostenverteilerschlüssel (nach Miteigentumsanteilen) zu gleichen Teilen auf die sechs Wohnungseinheiten, die eine Terrasse aufweisen, umgelegt.

Abstimmungsergebnis: acht Ja-Stimmen, drei Nein-Stimme; 635 MEA Ja-Stimmen; 115 MEA Nein-Stimmen, drei Enthaltungen.
Beschlussverkündung: Der Beschlussantrag ist mangels Vorliegen der gemäß § 16 Abs. 4 WEG erforderlichen doppelt qualifizierten Mehrheit abgelehnt.

5.6.4.9 Zweitbeschluss

Ein Zweitbeschluss – auch Wiederholungsbeschluss genannt – liegt vor, wenn die Wohnungseigentümer zu einer bereits durch Beschluss geregelten Angelegenheit erneut einen Beschluss fassen. Die Bestandskraft des Erstbeschlusses steht einer erneuten Beratung, Willensbildung und Beschlussfassung der Wohnungseigentümer in derselben Angelegenheit grundsätzlich nicht entgegen. Es spielt keine Rolle, aus welchen Gründen eine Wohnungseigentümergemeinschaft über die Angelegenheit erneut beschließen will. Der neue Beschluss kann mit dem Erstbeschluss inhaltsgleich sein, ihn ergänzen oder abändern. Es ist durch objektiv-normative Auslegung zu ermitteln, ob ein Zweitbeschluss den Erstbeschluss in jedem Fall aufheben will oder nur verstärken soll (LG Hamburg, 23.7.2014, 318 S 19/14).

Von einem bestätigenden Zweitbeschluss spricht man, wenn er inhaltlich mit einem bereits gefassten Beschluss identisch ist. Mit dem bestätigenden Zweitbeschluss sollen in der Regel formelle oder materielle Mängel bei der früheren Beschlussfassung korrigiert werden. Eine inhaltsgleiche Beschlussfassung ist jedoch dann nicht möglich, wenn der Erstbeschluss in einem gerichtlichen Anfechtungsverfahren rechtskräftig aufgehoben wurde und sich die tatsächlichen oder rechtlichen Umstände nicht wesentlich geändert haben. Gab es beim Erstbeschluss formelle Fehler und wurde dieser daraufhin im Rahmen einer Anfechtungsklage für ungültig erklärt, steht dies einer erneuten inhaltsgleichen Beschlussfassung nicht entgegen (LG Köln, 21.6.2012, 29 S 225/11).

Beispiel: Zweitbeschluss !

Bei der Beschlussfassung zu einem bestimmten Antrag sind formelle Fehler aufgetreten, zum Beispiel wurde ein Wohnungseigentümer bei der Abstimmung ausgeschlossen, obwohl tatsächlich kein Stimmrechtsverbot vorlag, oder ein solches wurde auf der Tagesordnung zur Eigentümerversammlung nicht hinreichend berücksichtigt. Die Wohnungseigentümer fassen daraufhin einen neuen Beschluss gleichen Inhalts, um den Rechtsfehler des Erstbeschlusses zu beseitigen. Erhält dieser Wiederholungsbeschluss Bestandskraft, weil er nicht angefochten wird, ersetzt der Zweitbeschluss den Erstbeschluss.

Ein ergänzender Zweitbeschluss liegt vor, wenn dieser einen bereits gefassten Beschluss nicht abändert oder wiederholt, jedoch inhaltlich auf ihn Bezug nimmt oder in bestimmter Weise von diesem abhängt.

> **!** **Beispiel: Ergänzender Zweitbeschluss**
>
> *Beschlussantrag:* In der letzten Eigentümerversammlung wurde die bislang noch nicht ausgeführte Sanierung der Südbalkone gemäß Kostenvoranschlag der Firma Maier beschlossen. Die Finanzierung soll zulasten der Instandhaltungsrücklage erfolgen. Die Sanierung soll auf die Nordbalkone gemäß ergänzendem Gesamtangebot der Firma Maier erweitert werden. Die Kosten der Gesamtsanierung gehen zulasten der Instandhaltungsrücklage.

Unter einem abändernden Zweitbeschluss versteht man einen Beschluss, der denselben Gegenstand wie ein früherer Beschluss hat und die durch den Erstbeschluss getroffene Regelung ändert oder aufhebt.

> **!** **Beispiel: Abändernder Zweitbeschluss**
>
> Einem Miteigentümer wurde durch einen rechtmäßig zustande gekommenen rechtskräftigen Beschluss eine bauliche Veränderung genehmigt. Im Nachhinein möchte ihm die Eigentümerversammlung durch Zweitbeschluss Auflagen für die Durchführung der damit verbundenen Maßnahmen machen. Ein solcher Zweitbeschluss wäre nur dann rechtmäßig, wenn ein sachlicher Grund vorliegt und die Interessen des betreffenden Miteigentümers nicht unzumutbar beeinträchtigt werden, zum Beispiel weil er schon erhebliche Aufwendungen getätigt hat, die sich mit dem Zweitbeschluss als nutzlos erweisen würden.

Wird ein Erstbeschluss durch einen Wiederholungsbeschluss ergänzt oder abgeändert, kann jeder Wohnungseigentümer verlangen, dass schutzwürdige Belange hinsichtlich Inhalt und Wirkung des Erstbeschlusses zu berücksichtigen sind (BGH, 20.12.1990, V ZB 8/90). Das bedeutet, kein Eigentümer im Vergleich mit der zunächst beschlossenen Regelung unbillig benachteiligt werden. Schutzwürdige Belange können insbesondere dann beeinträchtigt sein, wenn der Erstbeschluss ein subjektives Recht eines Wohnungseigentümers begründet, das durch den Zweitbeschluss wieder entzogen werden soll. Dies ist dann der Fall, wenn der Wohnungseigentümer einen rechtlichen Nachteil im Verhältnis zum Erstbeschluss erleidet. Das bedeutet jedoch nicht, dass durch den abändernden Beschluss etwaige tatsächliche Vorteile erhalten bleiben müssen, die ein Wohnungseigentümer nach dem Erstbeschluss gehabt hätte (LG Hamburg, 23.7.2014, 318 S 43/14). Ob schutzwürdige Belange vorliegen, richtet sich nach den Umständen des Einzelfalls, wobei auch der Grundsatz von Treu und Glauben nach § 242 BGB zu berücksichtigen ist.

Beispiele aus der Rechtsprechung !

- Nach Ansicht des OLG Frankfurt/Main (24.2.2006, 20 W 229/03) ist das Vorliegen eines sachlichen Grundes erforderlich, der jedenfalls dann vorliegt, wenn der aufzuhebende Erstbeschluss der Gemeinschaftsordnung widerspricht.
- Ist in der Vergangenheit (zeitlich vor dem Beschluss des BGH vom 20.9.2000) ein mehrheitlicher Eigentümerbeschluss gefasst worden, demzufolge jeder Wohnungseigentümer die Kosten für die Sanierung seines Balkons bis zur Betonplatte selbst zu tragen hat, ist die Gemeinschaft auch dann nicht gehindert, im Wege eines abändernden Zweitbeschlusses die Instandhaltungslast insoweit wieder in eigene Regie zu übernehmen, wenn ein einzelner Miteigentümer Kosten für die Sanierung des zu seiner Wohnung gehöhrenden Balkons zwischenzeitlich bereits aufgewendet hat. Eine solche Beschlussfassung entspricht dann ordnungsgemäßer Verwaltung, wenn sie sich nicht darauf beschränkt, die geänderte Regelung für die Zukunft in Kraft zu setzen. Vielmehr muss sie zusätzlich eine Übergangsregelung für die bereits durchgeführte Balkonsanierung treffen, die dem Grundsatz der notwendigen Gleichbehandlung der Miteigentümer sowie der Gewährung von Vertrauensschutz gegenüber früher getroffenen gemeinschaftlichen Regelungen Rechnung trägt. Eine danach erforderliche Regelung über die Erstattung der von einem einzelnen Wohnungseigentümer bereits aufgewendeten Kosten kann nicht abgewehrt und nicht durch gerichtliche Entscheidung nach § 43 Abs. 2 WEG ersetzt werden (OLG Hamm, 20.11.2006, 15 W 166/06).
- Schutzwürdige Belange werden nicht verletzt, wenn im Wege eines Zweitbeschlusses eine Jahresabrechnung korrigiert wird, die die Heizkosten wegen fehlerhaft arbeitender Messgeräte falsch verteilte. Gegenüber diesem abändernden Zweitbeschluss kann sich der durch die fehlerhafte Abrechnung Begünstigte nicht auf Vertrauensschutz zulasten der Gemeinschaft berufen (OLG Düsseldorf, 22.10.1999, 3 Wx 141/99).
- Eine Abänderung der Kostenverteilung durch Zweitbeschluss ist für eine bestandskräftig beschlossene Sanierungsmaßnahme nicht möglich (LG Itzehoe, 16.8.2011, 11 S 42/10).
- Wird eine Veräußerungsbeschränkung durch Beschluss gemäß § 12 Abs. 4 WEG aufgehoben, so kann diese nicht durch einen Zweitbeschluss wieder eingeführt werden (OLG München, 4.4.2014, 34 Wx 62/14).

5.6.4.10 Geschäftsordnungsbeschluss

Enthält die Gemeinschaftsordnung keine Vereinbarungen über den Ablauf der Versammlung, können sich die Wohnungseigentümer auf Antrag des Versammlungsleiters oder eines Eigentümers durch einfachen Mehrheitsbeschluss selbst eine Geschäftsordnung geben. Anträge zur Geschäftsordnung können insbesondere zu folgenden Angelegenheiten gestellt werden:

- Wer den Vorsitz der Versammlung führt (§ 24 Abs. 5 WEG)
- Erneute Feststellung der Beschlussfähigkeit vor weiteren Abstimmungen
- Teilnahmeberechtigung dritter Personen
- Abstimmungsmodalitäten
- Ausschluss eines Wohnungseigentümers oder dritter Personen von der Teilnahme an der Eigentümerversammlung
- Reihenfolge der Behandlung der Tagesordnungspunkte
- Vertagung über die Beschlussfassung zu einem bestimmten Tagesordnungspunkt
- Beschränkung der Redezeit/Entzug des Rederechts
- Unterbrechung, Abbruch und Fortsetzung der Versammlung

Ein Beschluss über die Geschäftsordnung muss nicht in der Tagesordnung angekündigt werden und ist nicht selbstständig anfechtbar, da er mit Beendigung der Eigentümerversammlung gegenstandslos wird (BayObLG, 10.7.1987, BReg 2 Z 47/87; BayObLG, 19.2.2004, 2Z BR 219/03; KG Berlin, 15.1.2003, 24 W 129/01; LG Köln, 30.6.2011, 29 S 246/10). So kann die Eigentümerversammlung mit einfacher Mehrheit durch Geschäftsordnungsbeschluss über die Zulassung eines Dritten zur Versammlung (unanfechtbar) befinden, sogar ohne Verkündung und Beschlussfeststellung, da lediglich der Folgebeschluss anfechtbar wäre (LG Karlsruhe, 27.7.2010, 11 S 70/09). Wird zum Beispiel ein Vertreter durch Geschäftsordnungsbeschluss nicht zur Versammlung zugelassen, muss nicht der Geschäftsordnungsbeschluss, sondern müssen die nach ordnungswidrigem Ausschluss gefassten Beschlüsse angegriffen werden. Handelt es sich jedoch um einen Geschäftsordnungsbeschluss, der eine für die Wohnungseigentümerversammlung grundsätzliche Frage betrifft und auch für die Zukunft wirken soll, kann dieser isoliert angefochten werden (LG Frankfurt/Main, 5.6.2014, 2-09 S 6/13 zur Anfechtbarkeit eines Beschlusses über die generelle Beschränkung der Redezeit bei Wohnungseigentümerversammlungen).

Ist die getroffene Regelung rechtswidrig, so kann sie, wenn sich der Fehler entsprechend auf sonstige Beschlüsse auswirkt, bei rechtzeitiger Anfechtung zur Ungültigkeit der sonstigen in der Versammlung gefassten Beschlüsse führen (BayObLG, 16.5.2002, 2Z BR 32/02; OLG Köln, 16.8.2000, 16 Wx 87/00). Maßnahmen der Geschäftsordnung können ausnahmsweise in folgenden Fällen gerichtlich überprüft werden:

- Es handelt sich um eine in der Gemeinschaft aufgetretene grundsätzliche Frage,
- die aller Voraussicht nach auch künftig immer wieder auftreten wird und
- daher eine gerichtliche Überprüfung erfordert (KG Berlin, 15.1.2003, 24 W 129/01; BayObLG, 7.12.1995, 2Z BR 72/95).

Beispiele: Rechtswidrige Geschäftsordnungsbeschlüsse !

- Zulassung nicht teilnahmeberechtigter Personen an der Versammlung
- Ausschluss von der Abstimmung
- Ergänzung der Tagesordnung durch Geschäftsordnungsbeschluss; die ergänzende Beschlussfassung ist anfechtbar, da sie nicht ordnungsgemäß angekündigt wurde (OLG München, 19.9.2005, 34 Wx 76/05)

5.6.4.11 Organisationsbeschluss

Mit sogenannten Organisationsbeschlüssen wird die Verwaltung strukturiert, insbesondere was folgende Belange angeht:
- Vorgehensweise bei Abrechnungsguthaben
- Mitwirkungspflichten von Wohnungseigentümern bei Schadenseintritten
- Vertretungsregelungen, Vertretungs-/Zustellvollmachten, Vorlagepflicht von Vollmachten
- Art und Weise der Geldanlagen
- Beschlüsse in Geldangelegenheiten gemäß § 21 Abs. 7 WEG
- Ermächtigung des Verwalters, die Wohnungseigentümer vor Gericht zu vertreten (§ 27 Abs. 2 Nr. 3 WEG)
- Ermächtigung zur Rechtsanwaltsbeauftragung durch den Verwalter
- Bestimmungen zur Form von Jahresabrechnung und Wirtschaftsplan
- Regelung zur Aufbewahrung von Verwaltungsunterlagen

5.6.4.12 Standardbeschluss

Unter einem Standardbeschluss versteht man solche Beschlüsse, die regelmäßig bei der ordentlichen Eigentümerversammlung auf der Tagesordnung stehen.

Beispiel: Themen für Standardbeschlüsse !

- Jahresabrechnung
- Wirtschaftsplan
- Verwalter- und Verwaltungsbeiratswahl
- Instandhaltungs- und Instandsetzungsmaßnahmen
- Hausordnung

5.6.4.13 Die schriftliche Beschlussfassung

§ 23 Abs. 3 WEG

»Auch ohne Versammlung ist ein Beschluss gültig, wenn alle Wohnungseigentümer ihre Zustimmung zu diesem Beschluss schriftlich erklären.«

Die Wohnungseigentümergemeinschaft hat gemäß § 23 Abs. 3 WEG die Möglichkeit, ihre Willensbildung auch außerhalb der Eigentümerversammlung vorzunehmen, und zwar im sogenannten Umlaufverfahren. Steht nur ein einziger Tagesordnungspunkt zur Debatte, für den anderenfalls eine außerordentliche Eigentümerversammlung einberufen werden müsste, so ist dieses Verfahren zweckmäßig, da es die Verwaltung erheblich erleichtert.

Die schriftliche Beschlussfassung kann von jedem Eigentümer oder dem Verwalter initiiert werden. Für jeden Eigentümer muss ersichtlich sein, dass eine verbindliche Entscheidung und nicht nur eine unverbindliche Meinungsäußerung herbeigeführt werden soll. Eine angemessene Fristsetzung zur Abgabe der Erklärung ist hierbei zulässig und aus Gründen der Rechtssicherheit zu empfehlen.

Bei Abgabe der Erklärung können alle Eigentümer auf einer einheitlichen Urkunde ihre Unterschrift leisten. Ebenso kann jeder einzelne Eigentümer eine eigene Erklärung abgeben. Um eine unvoreingenommene Stimmabgabe zu ermöglichen, ist letztere Variante vorzuziehen.

Die Erklärung muss sich allerdings eindeutig als Zustimmung zu einem bestimmten Beschlussantrag zuordnen lassen können. Die Zustimmung muss eigenhändig unterzeichnet sein. Ob ein Telefax oder ein Telegramm hierfür ausreicht, ist strittig.

Neben der Zustimmung zum Beschlussantrag ist auch erforderlich, dass sich die Wohnungseigentümer ausdrücklich mit der Beschlussfassung im schriftlichen Verfahren einverstanden erklären. Allerdings wird man in der schriftlichen Zustimmung zum Beschlussinhalt zugleich die konkludente Zustimmung zur schriftlichen Beschlussfassung sehen müssen.

Rechtswirksam ist ein schriftlicher Beschluss dann, wenn alle Zustimmungserklärungen in schriftlicher Form durch eigenhändige Unterzeichnung dem Empfangsberechtigten (im Regelfall dem Verwalter) zugegangen sind. Maßgeblicher Zeitpunkt für das Zustandekommen des Beschlusses dürfte daher der Eingang der letzten Zustimmungserklärung sein. Nach neuerer Ansicht ist dies erst dann der Fall, wenn eine Mitteilung an die Wohnungseigentümer über das Beschlussergebnis ergangen ist (OLG Celle, 8.6.2006, 4 W 82/06; BGH, 23.8.2001, V ZB 10/01,

ZWE 2001, 530, 532). Die Verkündung des Umlaufbeschlusses erfolgt durch Mitteilung des Verwalters an die Eigentümer, beispielsweise in Form eines Rundschreibens.

Die Zustimmungserklärung im schriftlichen Beschlussverfahren ist widerruflich, bis der Beschlussinitiator das Zustandekommen des Beschlusses festgestellt und eine an alle Wohnungseigentümer gerichtete Mitteilung über das Beschlussergebnis veranlasst hat (§ 23 Abs. 3 WEG).

> **Achtung** !
>
> Im schriftlichen Verfahren ist es erforderlich, dass alle Wohnungseigentümer zustimmen (LG München I, 18.7.2013, 36 S 20429/12). Dies gilt auch dann, wenn die Angelegenheit durch Mehrheitsbeschluss geregelt werden könnte. Die von § 23 Abs. 3 WEG geforderte Allstimmigkeit stellt eine Rechtsvorschrift dar, auf deren Einhaltung rechtswirksam nicht verzichtet werden kann. Daher ist ein Beschluss, bei dem es an Allstimmigkeit fehlt, gemäß § 23 Abs. 4 Satz 1 WEG nichtig (BayObLG, 26.7.2001, 2Z BR 73/01; OLG Zweibrücken, 21.11.2002, 3 W 179/02).

Streitig ist, wie sich ein Stimmrechtsverbot im schriftlichen Verfahren auswirkt. Einerseits wird vertreten, dass die Teilnahme einer nicht stimmrechtsberechtigten Person nicht erforderlich ist, da sie auch im mündlichen Beschlussverfahren nicht zur Abstimmung berechtigt sei. Jedoch könne sie hier wenigstens auf die allgemeine Willensbildung in der Wohnungseigentümerversammlung Einfluss nehmen. Daher hält die herrschende Rechtsauffassung das Stimmrechtsverbot im schriftlichen Verfahren nicht für anwendbar, sodass auch der nicht stimmberechtigte Wohnungseigentümer zustimmen muss (BayObLG, 26.7.2001, 2Z BR 73/01, ZMR 2002, 138).

> **Praxis-Tipp** !
>
> Zweckmäßig ist die Durchführung des schriftlichen Beschlussverfahrens oftmals in kleineren Wohnungseigentümergemeinschaften, da so der Aufwand und die Kosten für eine außerordentliche Eigentümerversammlung nicht anfallen. In größeren Wohnungseigentümergemeinschaften kann das Verfahren nicht empfohlen werden, denn es ist unwahrscheinlich, dass alle Wohnungseigentümer ihre Zustimmung erklären, sodass hierdurch nur Kosten, aber keine Beschlüsse entstehen.

Dem schriftlichen Beschluss fehlt der Meinungsaustausch in der Eigentümerversammlung. Derjenige, der einen solchen Beschluss initiiert, sollte daher den Beschlussgegenstand und alles Wissenswerte hierzu möglichst konkret bezeichnen, damit sich die Wohnungseigentümer eine Meinung bilden können.

MUSTER: Beschlussfassung im schriftlichen Verfahren

Josef Steinmann Hausverwaltungs GmbH | Arnoldstr. 30 | 80123 München
Tel. 089 123456 | Fax 089 123457

Herrn
Max Mustereigentümer
Tannstr. 100
80123 München

München, 24.5.2016

Wohnungseigentümergemeinschaft Tannstr. 100, 80123 München
Beschluss im schriftlichen Umlaufverfahren gemäß § 23 Abs. 3 WEG

Beschlussfassung im schriftlichen Verfahren

Begründung: Den Wohnungseinheiten im Erdgeschoss der Wohnungseigentümergemeinschaft Tannstr. 100, 80123 München sind gemäß Teilungserklärung Grünflächen
als Sondernutzungsrecht zugeteilt. Wegen Eindringens von Personen und Tieren
von der Straße auf die Grünflächen haben mehrfach Eigentümer in der Vergangenheit ihre Bereiche eingezäunt. Eine entsprechende Regelung ist in der Teilungs-
erklärung/Gemeinschaftsordnung nicht vorgesehen. Eine Erlaubnis hierzu durch
die Wohnungseigentümergemeinschaft liegt bislang nicht vor. Daher haben die
Eigentümer Müller, Hauser und Kleingärtner folgenden Antrag gestellt:

»Die WEG duldet eine bislang nicht vorgesehene Einzäunung der den EG-Wohnungen zugeordneten Terrassenflächen (Sondernutzungsrecht) mit grünem Maschendrahtzaun. Die Kosten der erstmaligen Errichtung sowie der Instandsetzung und
Instandhaltung trägt der jeweilige Sondernutzungsberechtigte.«
Mit meiner/unserer Unterschrift erkläre(n) ich/wir die Zustimmung/Ablehnung zu
dem vorstehenden Beschluss und zur Beschlussabgabe im schriftlichen Verfahren.

....

[Ort, Datum]

....

[Wohnungseinheiten]

....

[Unterschrift(en)]

Hinweise: Ein Beschluss im schriftlichen Umlaufverfahren wird nur wirksam, wenn
sämtliche Wohnungseigentümer diesem zustimmen. Die Rücksendung des unter-
zeichneten Beschlussantrags erbitten wir bis 9.7.2016. Gehört eine Wohnungseinheit
mehreren Eigentümern, müssen entweder alle von ihnen unterschreiben oder die
Unterzeichner gemäß einer beizufügenden Originalvollmacht bevollmächtigt sein.

Kommt der Beschluss im schriftlichen Umlaufverfahren wirksam zustande, bindet er die Wohnungseigentümer und ihre Rechtsnachfolger ebenso wie ein in einer Eigentümerversammlung gefasster Beschluss. Der Verwalter wird das Beschlussergebnis feststellen und an alle Wohnungseigentümer mittels Rundschreiben versenden.

Mit freundlichen Grüßen

Josef Steinmann Hausverwaltungs GmbH

MUSTER: Mitteilung Ergebnis des Umlaufbeschlusses 1

ARBEITSHILFE
ONLINE

Josef Steinmann Hausverwaltungs GmbH | Arnoldstr. 30 | 80123 München
Tel. 089 123456 | Fax 089 123457

Herrn
Max Mustereigentümer
Tannstr. 100
80123 München

München, 10.6.2016

Sehr geehrte Damen und Herren,

unter Bezugnahme auf unser Schreiben vom 24.5.2016 teilen wir Ihnen mit, dass alle Miteigentümer Ihre Zustimmung zu dem Beschlussantrag schriftlich erklärt haben.

Nachfolgend nochmals aufgeführter Umlaufbeschluss ist somit gemäß § 23 Abs. 3 WEG zustande gekommen:

Beschlussfassung: Die WEG duldet eine bislang nicht vorgesehene Einzäunung der den EG-Wohnungen zugeordneten Terrassenflächen (Sondernutzungsrecht) mit grünem Maschendrahtzaun. Die Kosten der erstmaligen Errichtung sowie der Instandsetzung und Instandhaltung trägt der jeweilige Sondernutzungsberechtigte.«
Abstimmungsergebnis: Stimmberechtigt sind 28 Eigentümer, Zustimmungen 28 Eigentümer, Ablehnungen null Eigentümer, Enthaltungen null Eigentümer.

Mit freundlichen Grüßen

Hausverwaltung

Alternativ

MUSTER: Mitteilung Ergebnis des Umlaufbeschlusses 2

Josef Steinmann Hausverwaltungs GmbH | Arnoldstr. 30 | 80123 München
Tel. 089 123456 | Fax 089 123457

Herrn
Max Mustereigentümer
Tannstr. 100
80123 München

München, 10.6.2016

Sehr geehrte Damen und Herren,

unter Bezugnahme auf unser Schreiben vom 24.5.2016 haben wir Ihnen nachfolgend das Ergebnis des Umlaufbeschlusses aufgeführt:

Abstimmungsergebnis: Stimmberechtigt sind 28 Eigentümer, Zustimmungen 26 Eigentümer, Ablehnungen null Eigentümer, Enthaltungen zwei Eigentümer.

Aufgrund der eingegangenen Enthaltungen wurde die erforderliche Allstimmigkeit nicht erreicht. Der Beschlussantrag ist somit abgelehnt, da die Bestimmungen des § 23 Abs. 3 WEG nicht erfüllt sind.

Die Einberufung einer außerordentlichen Eigentümerversammlung ist somit unumgänglich. Eine entsprechende Einladung inklusive Tagesordnung wird Ihnen in den nächsten Tagen zugesandt.

Mit freundlichen Grüßen

Hausverwaltung

5.6.5   Der Bestimmtheitsgrundsatz

Ein Beschluss muss inhaltlich hinreichend bestimmt sein. Sowohl der Beschlussantrag als auch der verkündete Beschluss muss bei einer Auslegung »aus sich heraus«, also objektiv und normativ (vgl. BGH, 10.9.1998, V ZB 11/98), inhaltlich ausreichend bestimmt sein. Schon aufgrund des Antrags müssen sich die Eigentümer sorgfältig auf die Eigentümerversammlung und die Abstimmung vorbereiten können, damit sie wissen, was auf sie zukommt. Ferner muss der Beschluss einen durchführungsfähigen Inhalt haben, damit er nach – positiver – Abstimmung in die Praxis umgesetzt werden kann; es dürfen keine Zweifel bestehen bleiben. Jedenfalls bei größeren (Bau)Maßnahmen am gemeinschaftlichen Eigentum, wozu sowohl (modernisierende) Instandsetzungs- oder Instandhaltungsmaßnahmen gemäß § 21 Abs. 5 Nr. 2 und § 22 Abs. 3 WEG als auch Modernisierungen gemäß § 22 Abs. 2 WEG zählen können, müssen die Eigentümer ebenfalls über deren Finanzierung Beschluss fassen, also darüber entscheiden, ob die Kosten der jeweiligen Maßnahme durch Erhebung einer Sonderumlage oder durch Rückgriff auf die gebildete Instandhaltungsrücklage gedeckt werden sollen. Auch müssen sie festlegen, welcher Verteilerschlüssel zur Anwendung gelangt (LG Hamburg, 28.3.2012, 318 S 17/11).

Rechtsfolge bei nicht hinreichend bestimmten Beschlüssen

Ein unbestimmter Beschluss entspricht nicht ordnungsgemäßer Verwaltung. Lässt sich mangels Klarheit und Bestimmtheit auch durch Auslegung nicht der Sinn des Beschlusses ermitteln, so wird die Frage, ob ein solcher Beschluss nichtig oder nur anfechtbar ist, in der Rechtsprechung unterschiedlich beantwortet (nichtig: herrschende Meinung; BayObLG, 10.3.2004, 2Z BR 016/04; BayObLG, 6.6.2002, 2Z BR 124/01; anfechtbar: vgl. BayObLG, 24.6.1992, 2Z BR 28/93; OLG Düsseldorf, 14.10.1998, 3 Wx 169/98).

Um Schwierigkeiten zu vermeiden, sollten folgende Anforderungen erfüllt sein:

- Der Beschluss ist klar, bestimmt, vollständig und möglichst auslegungsfrei formuliert.
- Der Beschlussgegenstand ist exakt erfasst.
- Die Art und Weise der Ausführung ist genau bestimmt.
- Ein Kostenrahmen und die Finanzierung wurden festgelegt.
- Eine Kostentragungsregelung ist ggf. enthalten.

5.6.6 Wann haben Beschlüsse Bindungswirkung für einen Rechtsnachfolger?

§ 10 Abs. 4 Satz 1 WEG
»Beschlüsse der Wohnungseigentümergemeinschaft gemäß § 23 und gerichtliche Entscheidungen in einem Rechtsstreit gemäß § 43 bedürfen zu ihrer Wirksamkeit gegen den Sondernachfolger eines Wohnungseigentümers nicht der Eintragung in das Grundbuch.«

Die von einer Wohnungseigentümergemeinschaft gefassten Beschlüsse wirken auch gegen Dritte, die in die Wohnungseigentümergemeinschaft neu eintreten. Hierzu ist es nicht erforderlich, dass die Beschlüsse in das Grundbuch eingetragen werden. Sinn und Zweck der Regelung ist es, dass einmal gefasste Beschlussgegenstände nicht bei Eintritt eines neuen Miteigentümers umgeworfen werden können oder sogar hinfällig werden.

Beschlüsse müssen aber in die im Rahmen der WEG-Reform 2007 geschaffene Beschlusssammlung nach § 24 Abs. 7, 8 WEG eingetragen werden. Hierdurch wird dem Informationsbedürfnis eines in die Wohnungseigentümergemeinschaft Eintretenden hinreichend Rechnung getragen, da das ordnungsgemäße Führen der Beschlusssammlung zwingend ist.

Handelt es sich allerdings um Beschlüsse, die Vereinbarungscharakter haben, so ist ein solcher Beschluss nichtig und der Sondernachfolger nicht an ihn gebunden. Eine Ausnahme gilt hierbei gemäß § 10 Abs. 4 Satz 2 WEG für Beschlüsse, die aufgrund einer Öffnungsklausel in der Gemeinschaftsordnung gefasst wurden. Hierbei handelt es sich nicht um Vereinbarungen, sondern um echte Beschlüsse, sodass auch hierbei eine Eintragung in das Grundbuch nicht stattfindet. Mit der Eintragung in die Beschlusssammlung ist dem Informationsbedürfnis von Sondernachfolgern Genüge getan.

Werden Beschlussanträge abgelehnt – sogenannter Negativbeschluss – hat dies Beschlussqualität. Ein Negativbeschluss kann dementsprechend angefochten werden, obwohl er oftmals keine sachliche Regelung enthält und keine Sperrwirkung und damit keine Bindungswirkung für eine spätere Beschlussfassung über denselben Gegenstand entfaltet (BGH, 15.1.2010, V ZR 114/09; LG Hamburg, 23.7.2014, 318 S 78/13).

5.6.7 Rede- und Antragsrecht

Das Antrags- und Rederecht des Wohnungseigentümers oder dessen Vertreters gehören zum Inhalt seines auf dem Mitverwaltungsrecht beruhenden Teilnahmerechts.

In der Versammlung ist jeder Wohnungseigentümer berechtigt, einen Antrag zur Beschlussfassung zu stellen. Im Regelfall sollten die Wohnungseigentümer die Beschlussantragsformulierung aber dem Verwalter überlassen, da zumindest ein professioneller Verwalter Übung in der Abfassung von verständlichen und hinreichend bestimmten Beschlüssen haben sollte.

Durch ihr Rederecht können die Versammlungsteilnehmer Einfluss auf die Meinungsbildung nehmen. Jedem Teilnehmer muss es möglich sein, sich an der Diskussion und der Meinungsbildung zu beteiligen und die Argumente vorzutragen, die seiner Ansicht nach für oder gegen den Beschlussantrag sprechen.

Auch Stimmrechtsvertreter und diejenigen Eigentümer, die mit ihrem Stimmrecht ausgeschlossen sind, haben das Antrags- und Rederecht. Letztere dürfen bei der Abstimmung allerdings nicht mitwirken.

Bei großen Wohnungseigentümergemeinschaften und vielen Wortmeldungen hat der Vorsitzende das Recht, die Redezeit des einzelnen Wohnungseigentümers zu beschränken, um eine zumutbare Dauer der Versammlung sicherzustellen. Hierbei hat sich die Beschränkung der Redezeit an der Bedeutung und der Schwierigkeit des Diskussionsgegenstands sowie an der Anzahl der Versammlungsteilnehmer zu orientieren. In seltenen Fällen enthält bereits die Gemeinschaftordnung eine Vereinbarung über die Dauer der Redezeit.

> **Praxis-Tipp**   !
>
> Eine Beschränkung der Redezeit zu einem einzelnen Tagesordnungspunkt auf fünf Minuten dürfte sachgerecht und zulässig sein.

Hält sich ein Versammlungsteilnehmer nicht an seine Redezeit, kann ihm nach vorheriger Abmahnung das Wort entzogen werden. Des Weiteren kommt ein Wortentzug dann in Betracht, wenn sich ein Teilnehmer in beleidigender oder offenkundig unsachlicher Art und Weise äußert. Unangemessenes Benehmen und ein Verstoß gegen allgemeine Anstandsregeln können nicht nur zum Wortentzug führen, sondern der Wohnungseigentümer kann auch von der Teilnahme an der Wohnungseigentümerversammlung ausgeschlossen werden. Dies darf jedoch nur als letztes Mittel in Betracht gezogen werden, die Störung der Versammlung muss erheblich sein.

> **Beispiele: Saalverweis**   !
>
> Stört ein Wohnungseigentümer den Versammlungsablauf, etwa durch beleidigende Zwischenrufe, Lärmen, Missachtung des Wortentzugs oder gar durch tätliche Angriffe auf andere Versammlungsteilnehmer, kann er nach mündlichen Ermahnungen, wenn der weitere ordnungsgemäße Ablauf der Eigentümerversammlung gefährdet ist, bei vorheriger Androhung des Ausschlusses aus der Versammlung verwiesen werden.
> Werden von einem Eigentümer heimlich Tonbandmitschnitte vorgenommen und weigert er sich, diese einzustellen und vorhandene nachprüfbar zu löschen, kann er des Saales verwiesen werden. Die heimliche Vornahme von Mitschnitten ist unzulässig. Eine Aufzeichnung der Versammlung ist nur zulässig, wenn alle Versammlungsteilnehmer dem zustimmen. Liegt eine Zustimmung nicht vor, so kann der Vorsitzende die Aufnahme herausverlangen.

Der Saalverweis ist der schwerwiegendste Eingriff in die Rechte eines Wohnungseigentümers und sollte daher nur als letztes Mittel gewählt werden, wenn anders der störungsfreie Ablauf der Versammlung nicht gewährleistet werden kann.

5.7 Die Beschlussfeststellung und -verkündung

Nach Auszählung des Abstimmungsergebnisses stellt der Versammlungsleiter das Beschlussergebnis fest, gibt es bekannt und nimmt es in das Protokoll der Eigentümerversammlung auf. Bei der schriftlichen Beschlussfassung (Umlaufverfahren) findet die Verkündung des Beschlusses durch eine entsprechende Mitteilung des Verwalters an die Eigentümer statt. Dies kann in Form eines Rundschreibens erfolgen.

Der Beschluss kommt regelmäßig erst mit der Feststellung und Bekanntgabe des Beschlussergebnisses durch den Versammlungsleiter zustande (BGH, 23.8.2001, V ZB 10/01, NZM 2001, 961). Die Feststellung und Bekanntgabe des Beschlusses hat damit konstitutive Wirkung. Das bedeutet: Erst mit der Beschlussfeststellung wird aus einer Willensäußerung der Wohnungseigentümer ein Beschluss der Eigentümerversammlung. Dies gilt sowohl für positive als auch für negative Beschlüsse.

Bereits in der Versammlung soll für die Wohnungseigentümer erkennbar sein, mit welchem Ergebnis der Beschluss zustande gekommen ist. Wegen der kurzen Anfechtungsfrist von einem Monat sollen die Eigentümer bereits in der Versammlung beurteilen können, ob der Beschluss in ihrem Interesse liegt oder ob sie ihn anfechten wollen. Hierzu einige Formulierungsbeispiele:

- »Der Beschlussantrag wurde angenommen.«
- »Der Beschlussantrag wurde abgelehnt.«
- »Der Beschluss wurde mit der vorgeschriebenen doppelt qualifizierten Mehrheit angenommen.«
- »Der Beschluss wurde mangels Erreichens der vorgeschriebenen doppelt qualifizierten Mehrheit abgelehnt.«

Die konstitutive Verkündung des Beschlussergebnisses ist von der anschließenden Protokollierung in der Niederschrift zu unterscheiden. Die Protokollierung ist für die Entstehung eines Beschlusses nicht konstitutiv, also keine Voraussetzung für das wirksame Zustandekommen eines Beschlusses. Die Missachtung einer Regelung der Gemeinschaftsordnung, wonach zur Gültigkeit eines Wohnungseigentümerbeschlusses die Eintragung des Beschlusses in ein Beschlussbuch erforderlich ist, führt grundsätzlich nicht zur Nichtigkeit, sondern lediglich zur Anfechtbarkeit des nicht in das Beschlussbuch eingetragenen Wohnungseigentümerbeschlusses (LG Saarbrücken, 27.10.2010, 5 S 7/10).

In der Praxis kommt es häufig vor, dass eine ausdrückliche Feststellung und Bekanntgabe des Beschlussergebnisses unterbleibt. In diesen Fällen kann bei einem eindeutigen Abstimmungsergebnis mangels entgegenstehender Anhaltspunkte von einer konkludenten Feststellung und Bekanntgabe des Beschlusses ausgegangen werden (BGH, 23.8.2001, V ZB 10/01, NZM 2001, 961; LG Hamburg, 29.2.2012, 318 S 96/11).

Wurde ein Beschluss fehlerhaft verkündet, ist er im Interesse der Rechtssicherheit dennoch vorläufig verbindlich, solange er nicht auf fristgerechte Klage im gerichtlichen Beschlussmängelverfahren für ungültig erklärt wird.

> **Achtung** !
>
> Um Haftungsrisiken zu vermeiden, sollte auf bestehende Zweifel in der Versammlung hingewiesen werden, dies ist auch im Protokoll zu vermerken. Zur Vermeidung von Streitigkeiten muss der Versammlungsleiter darauf achten, das Beschlussergebnis ausdrücklich und eindeutig zu verkünden.

In Fällen, in denen der Verwalter nicht weiß, ob Stimmen treuwidrig, entgegen einem Stimmverbot oder aufgrund einer möglicherweise nicht ausreichenden Vollmacht abgegeben wurden, darf er ausnahmsweise von einer Beschlussfeststellung absehen und die Wohnungseigentümer auf den Weg einer positiven Beschlussfeststellungsklage verweisen.

Handelt es sich um offensichtlich nichtige Beschlüsse, zum Beispiel wegen mangelnder Beschlusskompetenz, so darf und sollte der Verwalter auf eine Beschlussfeststellung verzichten. (Nur) rechtswidrige Beschlüsse müssen vom Versammlungsleiter grundsätzlich festgestellt und verkündet werden (strittig). Dieser Verpflichtung darf er sich nur entziehen, wenn er sich hierzu wegen tatsächlicher oder rechtlicher Schwierigkeiten bei der Bewertung des Abstimmungsergebnisses außerstande sieht.

Gleiches gilt für Fälle, in denen die erforderliche Mehrheit für eine positive Beschlussfassung nicht erzielt werden konnte. Stellt der Verwalter dennoch ein positives Beschlussergebnis fest und verkündet es, ist der Beschluss zwar nicht nichtig, aber anfechtbar.

Weigert sich der Versammlungsleiter pflichtwidrig, einen Beschluss festzustellen, können die Eigentümer im Wege eines sogenannten Geschäftsordnungsbeschlusses einen anderen Versammlungsleiter wählen. Dieser stellt dann den Beschluss fest oder veranlasst die Feststellung des Beschlusses durch das Gericht.

> **! Achtung**
>
> Der Verwalter trägt als Versammlungsleiter das Risiko, dass ihm bei einer fehlerhaften oder pflichtwidrig unterlassenen Beschlussverkündung die Kosten eines dadurch veranlassten Beschlussmängelverfahrens auferlegt werden (§ 49 Abs. 2 WEG), falls die Pflichtverletzung auf grobem Verschulden beruht (BGH, 18.8.2010, V ZB 164/09). Eine grobe Pflichtverletzung soll jedoch nicht vorliegen, wenn der Verwalter auf erforderliche Stimmrechtserfordernisse hingewiesen hat, sich aber dem ausdrücklichen Willen der Mehrheit der Wohnungseigentümer gebeugt und trotz des Nichterreichens der erforderlichen Stimmenmehrheit einen Beschluss als angenommen verkündet hat (LG Berlin, 17.2.2009, 55 T 34/08).

> **! Beispiele: Keine Beschlussverkündung**
>
> - Die Eigentümer möchten mehrheitlich eine bauliche Veränderung beschließen. Wegen Abwesenheit einiger Eigentümer kann der Beschluss nicht mit der erforderlichen Zustimmung all der Eigentümer gefasst werden, die in ihren Rechten betroffen sind, worauf der Versammlungsleiter auch hinweist. Gleichwohl wird dieser rechtswidrige – aber nicht nichtige, sondern nur anfechtbare – Beschluss von der Eigentümerversammlung gefasst. Der Verwalter darf und sollte in diesem Fall die Feststellung und Verkündung des Beschlussergebnisses verweigern, wenn die erforderlichen Zustimmungen nicht vorliegen. Kommt bei einem Beschlussantrag über eine bauliche Veränderung zwar ein Mehrheitsbeschluss zustande, stimmen aber nicht alle beeinträchtigten Wohnungseigentümer zu, ist der Versammlungsleiter nicht verpflichtet, den Beschluss positiv zu verkünden (LG München I, 27.4.2009, 1 S 19129/08).
> - Die Eigentümergemeinschaft möchte beschließen, dass für künftige Eigentümerbeschlüsse nicht das in der Gemeinschaftsordnung für das Stimmrecht verankerte Wertprinzip, sondern das Objektprinzip gelten soll. Ein solcher Beschluss wäre mangels Beschlusskompetenz der Eigentümergemeinschaft nichtig und der Verwalter muss und sollte diesen Beschluss nicht feststellen und verkünden.

Welche Möglichkeiten gibt es, wenn der Versammlungsleiter sich weigert, einen Beschluss festzustellen?

- Die Eigentümer können im Wege eines sogenannten Geschäftsordnungsbeschlusses einen anderen Versammlungsleiter wählen und diesen den Beschluss feststellen lassen.
- Die Eigentümer können die Feststellung des Beschlusses durch das Gericht veranlassen (BayObLG, 13.3.2003, 2Z BR 85/02, ZMR 2004, 125; LG Berlin, 18.12.2001, 85 T 182/01, ZMR 2003, 139). Ein solcher Antrag an das Gericht ist nicht fristgebunden.

5.8   Wann sind Beschlüsse nichtig oder anfechtbar?

§ 23 Abs. 4 WEG

»Ein Beschluss, der gegen eine Rechtsvorschrift verstößt, auf deren Einhaltung rechtswirksam nicht verzichtet werden kann, ist nichtig. Im Übrigen ist ein Beschluss gültig, solange er nicht durch rechtskräftiges Urteil für ungültig erklärt ist.«

Es ist zu unterscheiden zwischen den Beschlüssen, die von vornherein nichtig sind und keiner Anfechtung bedürfen, und Beschlüssen, die erst im Rahmen eines gerichtlichen Anfechtungsverfahrens durch rechtskräftiges Urteil für ungültig erklärt werden müssen. § 23 Abs. 4 WEG stellt fest, dass ein Beschluss, der gegen eine Rechtsvorschrift verstößt, auf deren Einhaltung rechtswirksam nicht verzichtet werden kann, nichtig ist. Solche Beschlüsse verstoßen gegen unabdingbare Vorschriften und Grundsätze des Wohnungseigentumsgesetzes oder Regelungen des übrigen privaten oder öffentlichen Rechts. Sonstige Beschlüsse sind endgültig, solange sie nicht durch rechtskräftiges Urteil für ungültig erklärt sind.

5.8.1   Verstoß gegen gesetzliche Verbote

Verstöße gegen gesetzliche Verbote umfassen Verbote des privaten (§ 134 BGB) und des öffentlichen Rechts und insbesondere die unabdingbaren Vorschriften des Wohnungseigentumsgesetzes. Beschlüsse, die die nachfolgenden Vorschriften nicht einhalten, sind daher nichtig.

Vorschriften des WEG
- § 5 Abs. 2 WEG: zum Gemeinschaftseigentum gehörende Gebäudeteile
- § 6 WEG: keine Trennung von Sondereigentum und Grundstück
- § 11 WEG: Unauflöslichkeit der Eigentümergemeinschaft, außer bei teilweiser oder völliger Zerstörung des Gebäudes
- § 12 Abs. 1, 2 WEG: Die Zustimmung zur Veräußerung von Wohnungseigentum darf nur aus wichtigem Grund verweigert werden. Keine Einschränkung der Beschlusskompetenz zur Aufhebung einer solchen Veräußerungsbeschränkung
- § 16 Abs. 5 WEG: keine Einschränkung der Beschlusskompetenz zur Änderung der Kostenverteilung gemäß § 16 Abs. 3, 4 WEG
- § 18 WEG: keine Beschränkung des Anspruchs auf Entziehung von Wohnungseigentum bei schwerer Pflichtverletzung eines Wohnungseigentümers
- § 20 Abs. 2 WEG: kein Ausschluss der Verwalterbestellung
- § 22 Abs. 2 Satz 4 WEG: keine Einschränkung der Beschlusskompetenz zu Modernisierungen
- § 23 Abs. 3 WEG: schriftliche Beschlussfassung

- § 24 Abs. 2 WEG: keine Einschränkung des Rechts auf eine Eigentümerversammlung auf Verlangen von einem Viertel aller Wohnungseigentümer
- § 26 WEG: Zeiträume für Bestellung und Abberufung des Verwalters
- § 27 Abs. 4 WEG: keine Einschränkung der Aufgaben und Befugnisse des Verwalters gemäß § 27 Abs. 1 bis 3 WEG

Beispiele für sonstige Verbotsvorschriften

- Verstoß gegen Strafgesetze
- Verstoß gegen eine Baumschutzverordnung
- Verstoß gegen öffentlich-rechtliche Ruhezeiten
- Verstöße gegen baurechtliche Vorschriften, die Heizkosten- oder Energieeinsparverordnung

5.8.2 Sittenwidrigkeit

Verstößt ein Beschluss gegen die guten Sitten gemäß § 138 BGB, ist er nichtig.

! **Beispiele: Sittenwidrige Beschlüsse**

- Generelles Musizierverbot
- Beschluss mit unbestimmtem oder tatsächlich unmöglichem Inhalt

5.8.3 Fehlende Beschlusskompetenz

Mangelnde Beschlusskompetenz bei dauerhaft gesetzes- bzw. vereinbarungsändernden Beschlüssen führt zur Nichtigkeit der Beschlüsse (zur Abgrenzung von Beschluss und Vereinbarung siehe auch Kapitel 5.6.1).

! **Beispiele: Fehlende Beschlusskompetenz**

- Nachträgliche Umwandlung von Gemeinschaftseigentum in Sondereigentum
- Zweckbestimmungsänderungen des Gemeinschaftseigentums
- Begründung oder Beschränkung von Sondernutzungsrechten
- Zusammenfassung mehrerer Wohnungseigentümergemeinschaften zu einer
- Gebrauchsentzug von Gemeinschaftseigentum zulasten einzelner Wohnungseigentümer
- Dauerhafte Einführung einer Eventualeinberufung oder von Stimmrechtsbeschränkungen
- Generelle Regelung über eine vom Gesetzestext abweichende Anzahl von Beiräten (gesetzlich: drei) oder von Außenstehenden als Mitglieder des Beirats
- Bestimmung, Stimmenthaltungen in bestimmter Weise zu zählen, zum Beispiel als Nein-Stimmen

- Dauerhafte Änderungen hinsichtlich Form und Frist der Einberufung von Eigentümerversammlungen und Einführung einer Ladungsfiktion
- Änderung der Beschlussfähigkeit
- Abänderung des Stimmkraftprinzips, zum Beispiel von Kopf- zu Wertprinzip
- Nachträgliche Einführung oder Abschaffung einer Veräußerungs- oder Vermietungszustimmung
- Einschränkung der nach der Teilungserklärung erlaubten gewerblichen Nutzung eines Teileigentums

5.9 Die Versammlungsniederschrift

§ 24 Abs. 6 WEG

»*Über die in der Versammlung gefassten Beschlüsse ist eine Niederschrift aufzunehmen. Die Niederschrift ist von dem Vorsitzenden und einem Wohnungseigentümer und, falls ein Verwaltungsbeirat bestellt ist, auch von dessen Vorsitzendem oder seinem Vertreter zu unterschreiben. Jeder Wohnungseigentümer ist berechtigt, die Niederschrift einzusehen.*«

Über die Wohnungseigentümerversammlung ist eine Niederschrift anzufertigen, jedoch ist die Protokollierung nicht für die Wirksamkeit der Beschlüsse erforderlich (BayObLG, 13.10.2004, 2Z BR 152/04, ZMR 2005, 462; BGH, 23.8.2001, V ZB 10/01, NZM 2001, 961). Macht jedoch die Teilungserklärung die Gültigkeit der Beschlüsse der Gemeinschaft von der Protokollierung und der Unterzeichnung des Protokolls von zwei Wohnungseigentümern abhängig, muss das Protokoll von zwei verschiedenen natürlichen Personen unterzeichnet werden, die entweder selbst Wohnungseigentümer sind oder für sich oder andere Wohnungseigentümer handeln (BGH, 30.3.2012, V ZR 178/11).

Mangels anders lautender Regelung in der Gemeinschaftsordnung ist lediglich ein Ergebnisprotokoll zu erstellen, das heißt, der Verlauf oder etwa auch Wortbeiträge einzelner Wohnungseigentümer müssen nicht in das Protokoll aufgenommen werden.

Wer für die Erstellung der Niederschrift zuständig ist, ist nicht gesetzlich geregelt. Jedoch ist anzunehmen, dass der Vorsitzende der Wohnungseigentümerversammlung zur Anfertigung der Niederschrift berechtigt und verpflichtet ist, solange die Wohnungseigentümer nicht durch Mehrheitsbeschluss eine andere Person bestimmt haben.

Die Protokollurschriften der Versammlung nebst Teilnehmerliste und Stimmrechtsvollmachten gehören zu den Verwaltungsunterlagen der Wohnungseigentümergemeinschaft. Sämtliche Protokolle sind unbefristet aufzubewahren.

5.9.1 Inhalt

Die Niederschrift dient der Information über Inhalt und Zustandekommen von Beschlüssen. Sie hat Beweisfunktion und ist daher möglichst sorgfältig zu erstellen. Hierbei wird dem Versammlungsleiter ein Ermessensspielraum eingeräumt, solange die Protokollierung den Grundsätzen ordnungsgemäßer Verwaltung im Sinne von § 21 Abs. 4 WEG entspricht. Folgende Punkte sollten in der Niederschrift festgehalten werden:

- Bezeichnung der Wohnungseigentümergemeinschaft
- Versammlungstag und -ort
- Zeitpunkt der Eröffnung der Versammlung
- Angabe des Versammlungsleiters
- Feststellung der ordnungsgemäßen Einberufung der Versammlung und Beschlussfähigkeit
- Bezeichnung des Tagesordnungspunkts
- Kurze Inhaltsangabe des Tagesordnungspunkts und zum Verständnis erforderliche Erläuterungen oder Diskussionsbeiträge
- Genaue Formulierung des Beschlussantrags
- Feststellung des Abstimmungsergebnisses (Ja-, Nein-Stimmen, Enthaltungen)
- Beschlussfeststellung durch den Versammlungsleiter
- Zeitpunkt der Schließung der Versammlung

! **Praxis-Tipp**

Bei knappen oder schwierigen Abstimmungen sowie bei Beschlüssen über bauliche Veränderungen sollten die Namen der einzelnen Wohnungseigentümer und ihr Stimmverhalten genau festgehalten werden.

5.9.2 Form und Frist

Das Protokoll ist gemäß § 24 Abs. 6 WEG schriftlich zu verfassen und vom Vorsitzenden der Eigentümerversammlung, einem Wohnungseigentümer und, soweit ein Verwaltungsbeirat vorhanden ist, vom Vorsitzenden oder seinem Vertreter zu unterschreiben. Ist eine dieser Personen in Doppelfunktion tätig, muss sie nur einmal unterschreiben. Die erforderliche Unterschrift eines Wohnungseigentümers kann auch von einem Mitglied des Verwaltungsbeirats geleistet werden (OLG Hamm, 8.7.2011, I-15 W 183/11). Sie sind aber nur dann zur Leitung der Unterschrift verpflichtet, wenn sie auch selbst an der Eigentümerversammlung teilgenommen haben. Denn durch die Unterschrift der genannten Personen soll die inhaltliche Richtigkeit des Protokolls bestätigt werden. Fehlen auf dem Protokoll Unterschriften, mindert das ihren Beweiswert.

Achtung !

Nimmt der Verwalter oder der Verwaltungsbeiratsvorsitzende an der Versammlung nicht teil, kann er auch nicht das Protokoll unterzeichnen. Ist der Vorsitzende des Verwaltungsbeirats zugleich Versammlungsleiter, reicht seine Unterschrift als Versammlungsleiter aus, er muss nicht noch in seiner Funktion als Beiratsvorsitzender unterschreiben. Die Unterschrift kann in diesem Fall sein Stellvertreter leisten, sofern dieser an der Versammlung teilgenommen hat.

Fehlt die Unterschrift eines Wohnungseigentümers oder des Verwaltungsbeiratsvorsitzenden oder seines Stellvertreters, kommt ein gefasster Beschluss dennoch zustande. Die Unterzeichnung des Protokolls ist hierfür keine Wirksamkeitsvoraussetzung. Etwas anderes gilt, wenn die Gemeinschaftsordnung der Wohnungseigentümergemeinschaft eine Vereinbarung darüber enthält, dass die Protokollierung und Unterzeichnung Gültigkeitsvoraussetzung der Beschlussfassung ist. Ein Verstoß gegen diese Bestimmung führt dann zur Anfechtbarkeit und Ungültigerklärung des Beschlusses (BGH, 30.3.2012, V ZR 178/11).

Beispiele: Formfehler !

Fehler bei der Unterzeichnung
Die Gemeinschaftsordnung enthält die Regelung, dass für die Gültigkeit der in der Versammlung gefassten Beschlüsse das Versammlungsprotokoll vom Verwalter und einem von der Versammlung bestimmten Wohnungseigentümer zu unterzeichnen ist. Tatsächlich wird das Protokoll nicht von einem von der Versammlung bestimmten Eigentümer unterzeichnet, sondern von einem nicht bestellten Verwaltungsbeirat.
Folge: Auf Anfechtung hin sind die Beschlüsse für ungültig zu erklären (OLG Hamburg, 7.2.2005, 2 Wx 45/02).
Fehlende Unterschrift
Die Gemeinschaftsordnung bestimmt, dass zur Gültigkeit eines Beschlusses die Unterschrift des Versammlungsvorsitzenden und auch die Unterschrift von zwei Miteigentümern oder Verwaltungsbeiräten auf dem Protokoll erforderlich sind. Tatsächlich hat nur ein Wohnungseigentümer das Protokoll unterschrieben.
Folge: Die gefassten Beschlüsse sind auf Anfechtung hin für ungültig zu erklären, wenn nicht die Unterschrift im gerichtlichen Verfahren nachgeholt wird (OLG München, 7.8.2007, 34 Wx 3/05, NZM 2007, 772).

Gleichermaßen kann durch Vereinbarung geregelt werden, dass die Niederschrift notariell beurkundet werden muss oder die Unterschriften zu beglaubigen sind. Enthält die Gemeinschaftsordnung die Regelung, dass im Fall der Veräußerung eines Sondereigentums die Zustimmung des Verwalters erforderlich ist, muss dieser seine Verwalterstellung gemäß § 29 GBO in notariell beglaubigter Form nachweisen können. Bei den Kosten der Unterschriftsbeglaubigung handelt es sich um Gemeinschaftskosten.

5.9.3 Fehlerhafte Niederschrift

Wird die Versammlungsniederschrift nicht richtig oder unvollständig erstellt, kann jeder Wohnungseigentümer einen Anspruch auf Berichtigung geltend machen, erforderlichenfalls auch einen Berichtigungsantrag beim Wohnungseigentumsgericht stellen. Ein Berichtigungsanspruch besteht, wenn

- ein Wohnungseigentümer durch den Inhalt des Protokolls rechtswidrig beeinträchtigt wird, zum Beispiel bei Verletzung des Persönlichkeitsrechts gemäß §§ 823, 1004 BGB oder
- eine von ihm abgegebene rechtsgeschäftliche erhebliche Willenserklärung falsch protokolliert wurde oder
- der Inhalt der Niederschrift nicht den Grundsätzen ordnungsgemäßer Verwaltung entspricht.

Bei jedem Berichtigungsbegehren muss geprüft werden, ob ein falsch wiedergegebener Beschlusstext Auswirkung auf das Beschlussergebnis hat; falls nicht, ist das Berichtigungsbegehren unerheblich, es fehlt das Rechtsschutzbedürfnis (LG Hamburg, 31.8.2012, 318 S 8/12). Ein Rechtsschutzinteresse an der gerichtlichen Geltendmachung eines Protokollberichtigungsanspruchs gegen den Leiter der Wohnungseigentümerversammlung ist nur gegeben, wenn sich die Rechtsposition durch die begehrte Änderung verbessern oder zumindest rechtlich erheblich ändern würde. Dies ist insbesondere nicht der Fall, wenn wegen Bagatellen inhaltlicher oder formeller Art Berichtigungen verlangt werden, die auf die Auslegung von Wohnungseigentümerbeschlüssen keine Auswirkung haben (LG Dresden, 22.5.2013, 2 S 311/12).

Kein Berichtigungsanspruch besteht wegen unerheblicher sprachlicher Feinheiten, zudem bei falscher Wiedergabe der abgegebenen Ja- und Nein-Stimmen, wenn sich dies nicht auf das Abstimmungsergebnis ausgewirkt hat (BayObLG, 28.2.1991, 2Z 144/90). Dem Verwalter ist es gestattet, Schreibfehler in der Niederschrift zu korrigieren.

Ob auch für den Berichtigungsanspruch die Monatsfrist des § 46 Abs. 1 WEG gilt, ist umstritten. Im Fall der Geltendmachung eines Berichtigungsanspruchs sollte sie daher jedenfalls vorsorglich eingehalten werden. Ebenso gilt es zu beachten, dass in diesem Fall Beklagter die Verwaltung ist und nicht die Wohnungseigentümergemeinschaft, da diese mangels Beschlusskompetenz hierfür überhaupt nicht zuständig ist (AG Freising, 14.1.2005, 2 UR II 9/04, WE 2005, 152; AG Kassel, 28.4.2004, 800 II 114/03, ZMR 2004, 711).

Verstoß gegen den Grundsatz ordnungsgemäßer Verwaltung

Wird der Beschlussinhalt im Protokoll völlig falsch, unvollständig oder überhaupt nicht wiedergegeben, liegt ein Verstoß gegen den Grundsatz der ordnungsgemäßen Verwaltung gemäß § 21 Abs. 4 WEG und dem hieraus abgeleiteten Ermessen des Versammlungsleiters zur Erstellung der Niederschrift vor (BayObLG, 21.2.1991, 2Z BR 2/91).

MUSTER: Protokoll

ARBEITSHILFE
ONLINE

Josef Steinmann Hausverwaltungs GmbH | Arnoldstr. 30 | 80123 München
Tel. 089 123456 | Fax 089 123457

An die
Eigentümer der WEG
Tannstr. 100
80123 München

München, 21.4.2016

Protokoll der ordentlichen Eigentümerversammlung der Wohnungseigentümergemeinschaft Tannstraße 100, 80123 München vom Donnerstag, 21.4.2016 um 18:00 Uhr in der Gaststätte »Zur Eiche«, Tannstraße 1, 80123 München.

Teilnehmer: die Josef Steinmann Hausverwaltungs GmbH als Verwalterin, vertreten durch Herrn Steinmann (Versammlungsleiter) und Frau Müller, sowie Teilnehmer gemäß Anwesenheitsliste und Vollmachten, die dem Originalprotokoll beiliegen.

Tagesordnung laut Einladung
1. Begrüßung, Feststellung der ordnungsgemäßen Einberufung und der Beschlussfähigkeit der Versammlung
2. Bericht des Verwalters und des Verwaltungsbeirats über die Jahresabrechnung 2015, Genehmigung der Gesamt- und Einzelabrechnungen 2015
3. Entlastung der Verwaltung für das Wirtschaftsjahr 2015
4. Entlastung des Verwaltungsbeirats für das Wirtschaftsjahr 2015
5. Genehmigung des Wirtschaftsplans 2016
6. Sicherheitstechnische Bewertung durch TÜV/Mängelbeseitigung
7. Instandhaltungsmaßnahme hofseitige Fassade
   – Art, Umfang, Ausführungszeitraum und Auftragsvergabe der Maßnahme
   – Finanzierung der Maßnahme
8. Streichen des Treppenhauses
9. Mängelgewährleistung Tiefgarage
   – Reparaturbedarf, Investitionsvolumen, Auftragsvergabe
10. Neuwahl/Wiederwahl des Verwalters zum 1.1.2017
11. Sonstiges

Zu TOP 1

Herr Steinmann stellt fest, dass die Einladung zur Eigentümerversammlung
form- und fristgerecht mit Schreiben vom 31.3.2016 erfolgte. Es sind 543/1.000stel
Miteigentumsanteile und hiermit 24 von 40 Wohnungseigentümern anwesend
bzw. durch Vollmachten vertreten. Die Versammlung ist daher zu Beginn um
18:15 Uhr beschlussfähig. Ab 18:55 Uhr sind 590/1.000stel Miteigentumsanteile und
hiermit 26 von 40 Wohnungseigentümern vertreten. Ab 21:05 Uhr sind nur noch
520/1.000stel Miteigentumsanteile und 23 von 40 Wohnungseigentümern anwesend
oder vertreten. Beschlussfähigkeit lag bis zum Ende der Versammlung vor. Für die
vertretenen Miteigentumsanteile wurden dem Versammlungsvorsitzenden Vollmachten vorgelegt, die dem Originalprotokoll als Anhang beigefügt werden.

Zu TOP 2

Der Verwaltungsbeiratsvorsitzende Herr Meier berichtet über die Prüfung der
Abrechnungsunterlagen, die am 16.1.2016 vorgenommen wurde. Beanstandungen
wurden, soweit vorhanden, von der Verwaltung berichtigt. Der Verwalter erläutert
im Weiteren die den Eigentümern vorab übersandte Abrechnung, insbesondere die
Positionen mit Kostensteigerungen, und beantwortet Fragen einzelner Eigentümer.
Beschluss Nr. 1: Die vorgelegten Gesamt- und Einzelabrechnungen 2015 werden
genehmigt.
Abstimmung: Ja-Stimmen: 543/1.000stel, Nein-Stimmen: 0, Enthaltungen: 0.
Beschlussfeststellung: Der Beschluss ist einstimmig angenommen.

Zu TOP 3

Pflichtverletzungen des Verwalters oder Schadenersatzansprüche gegen den
Verwalter aus seiner Amtstätigkeit im Jahr 2015 sind nicht ersichtlich. Daher ist es
angemessen, dem Verwalter Entlastung zu erteilen.
Beschluss Nr. 2: Der Verwaltung wird für das Wirtschaftsjahr 2015 Entlastung erteilt.
Abstimmung: Ja-Stimmen: 543/1.000stel, Nein-Stimmen: 0, Enthaltungen: 0.
Beschlussfeststellung: Der Beschluss ist einstimmig angenommen.

Zu TOP 4

Pflichtverletzungen des Verwaltungsbeirats oder Schadenersatzansprüche gegen
den Verwaltungsbeirat aus seiner Amtstätigkeit im Jahr 2015 sind nicht ersichtlich.
Daher ist es angemessen, dem Verwaltungsbeirat Entlastung zu erteilen. Der Ver-
walter bedankt sich für das große Engagement und die gute Zusammenarbeit von
Verwaltung und Beirat.
Beschluss Nr. 3: Die Mitglieder des Verwaltungsbeirats werden für das Wirtschafts-
jahr 2015 entlastet.
Abstimmung: Ja-Stimmen: 427/1.000stel, Nein-Stimmen: 29/1.000stel, Enthaltungen:
87/1.000stel (Beirat).
Beschlussfeststellung: Der Beschluss ist mehrheitlich angenommen.

Zu TOP 5

Gemäß dem den Eigentümern vorab übersandten vorliegenden Wirtschaftsplan für 2016 sind Einnahmen in Höhe von 100.000 EUR vorgesehen, denen Ausgaben von circa 120.000 EUR gegenüberstehen. Daraus ergibt sich ein Fehlbetrag in Höhe von 20.000 EUR, der primär aus der Erhöhung der Heizkosten resultiert. Es wird empfohlen, das Wohngeld gemäß den vorliegenden Einzelwirtschaftsplänen anzupassen. Der Verwalter stellt fest, dass nunmehr 190/1.000stel Miteigentumsanteile anwesend bzw. vertreten sind.

Beschluss Nr. 4: Der Gesamtwirtschaftsplan und die Einzelwirtschaftspläne 2016 werden genehmigt. Das in den Einzelwirtschaftsplänen ausgewiesene Wohngeld wird ab dem 1.6.2016 fälliggestellt. Dieser Wirtschaftsplan gilt auch für das Folgejahr fort, bis ein neuer beschlossen wird.

Abstimmung: Ja-Stimmen: 571/1.000stel, Nein-Stimmen: 0, Enthaltungen: 19/1.000stel.

Beschlussfeststellung: Der Beschluss ist ohne Gegenstimmen angenommen.

Zu TOP 6

Die Empfehlung des TÜV zur Beseitigung der festgestellten Mängel sieht eine Frist von fünf Jahren vor. In Betracht kommt eine Voll- oder Teilsanierung des Aufzugs. Hierzu ist ein Ortstermin mit dem Aufzugsdienst zur Beratung der weiteren Vorgehensweise ratsam.

Beschluss Nr. 5: Noch in diesem Jahr wird mit dem Aufzugsdienst, dem Verwaltungsbeirat und der Verwaltung bei einem Ortstermin erörtert, welche Mängel zwingend in diesem Jahr zu beheben sind. Diese Arbeiten werden in Absprache mit dem Verwaltungsbeirat in Auftrag gegeben. Im Hinblick auf die übrigen Mängel soll ein Zeitplan mit Kostenübersicht in der nächsten ordentlichen Eigentümerversammlung vorgelegt werden.

Abstimmung: Ja-Stimmen: 590/1.000stel, Nein-Stimmen: 0, Enthaltungen: 0.

Beschlussfeststellung: Der Beschluss ist einstimmig angenommen.

Zu TOP 7

Die Verwaltung erläutert, dass die Sanierung der hofseitigen Fassade dringend erforderlich ist. Herr Kober von der Firma Blitzsanierung wurde zur Versammlung eingeladen, um Fragen der Wohnungseigentümer zu erläutern. Laut Vorgabe in der letzten Eigentümerversammlung liegt ein Angebot für die Sanierung in Höhe von circa 65.000 EUR vor.

Der Eigentümer Meier erläutert seine Ansicht, dass eine Sanierung erst in fünf Jahren fällig sei, und bemängelt, dass keine weiteren Angebote eingeholt wurden. Das vorgelegte Angebot gehe von völlig falschen Abmessungen aus, und die Art und Weise der Ausführung entspräche nicht den neuesten Methoden. Er kündigt bereits jetzt an, dass er eine positive Beschlussfassung anfechten werde.

Nach eingehender Diskussion ergeht dennoch folgender Antrag:

Beschluss Nr. 6: Die Verwaltung wird beauftragt, die Firma Blitzsanierung mit der Sanierung der hofseitigen Fassade laut vorliegendem Angebot zu beauftragen. Die Arbeiten sollen im Juni 2016 beginnen. Die Finanzierung der Maßnahme erfolgt aus der Rücklage.

Abstimmung: Ja-Stimmen: 512/1.000stel, Nein-Stimmen: 78/1.000stel, Enthaltungen: 0.
Beschlussfeststellung: Der Beschluss ist mehrheitlich angenommen.

Zu TOP 8

Das Treppenhaus braucht einen neuen Anstrich. Die Kosten für das Streichen von Decken und Wänden betragen circa 6.000 EUR. Von den Eigentümern wird angesprochen, dass primär eine Erneuerung der Haustür notwendig ist. Aufgrund der derzeitigen finanziellen Lage der Eigentümergemeinschaft wäre die Durchführung der Arbeiten nur durch eine Sonderumlage finanzierbar.
Beschluss Nr. 7: Der Verwalter wird beauftragt, die Malerarbeiten zum Streichen des Treppenhauses bis zu einem Kostenaufwand in Höhe von 6.000 EUR in Auftrag zu geben.
Abstimmung: Ja-Stimmen: 72/1.000stel, Nein-Stimmen: 498/1.000stel, Enthaltungen: 20/1.000stel.
Beschlussfeststellung: Der Beschluss ist mehrheitlich abgelehnt.

Zu TOP 9

Der Verwalter erläutert, dass nach der Großsanierung der Tiefgarage im Jahr 2014 an den Wänden zum Nachbaranwesen Tannstr. 102 immer wieder großflächige Feuchtigkeitsflecken auftreten. Die Mängelgewährleistungsfrist gegenüber der die Sanierung durchführenden Firma Bandel ist noch nicht abgelaufen. Zunächst wäre es empfehlenswert, einen Sachverständigen mit der Mängelbegutachtung zu beauftragen.
Beschluss Nr. 8: Der Verwalter wird beauftragt, einen vereidigten Bausachverständigen mit der Begutachtung der Feuchtigkeitsschäden in der Tiefgarage zu beauftragen. Er wird vorsorglich ermächtigt, ein selbstständiges Beweissicherungsverfahren im eigenen Namen oder im Namen der Wohnungseigentümergemeinschaft einzuleiten sowie Gewährleistungsansprüche gegen die Firma Bandel außergerichtlich sowie gerichtlich mithilfe eines zu beauftragenden Rechtsanwalts geltend zu machen.
Abstimmung: Ja-Stimmen: 590/1.000stel, Nein-Stimmen: 0, Enthaltungen: 0.
Beschlussfeststellung: Der Beschluss ist einstimmig angenommen.

Zu TOP 10

Der bestehende Verwaltervertrag läuft zum 31.12.2016 aus. Die Josef-Steinmann-Hausverwaltungs-GmbH würde die Verwaltung gerne weiter fortführen und bietet die Verlängerung zu folgenden Konditionen an: Verwaltervergütung in Höhe von 17,30 EUR pro Wohneinheit und 3,50 EUR pro Teileigentum zuzüglich der gesetzlichen Mehrwertsteuer für die Zeit vom 1.1.2017 bis 31.12.2019. Der Verwaltungsbeirat erläutert, dass die Firma Josef-Steinmann-Hausverwaltungs-GmbH großartige Arbeit leiste und aus diesem Grund keine Alternativangebote eingeholt wurden. Einzelne Eigentümer äußern sich zur Arbeit der Verwaltung. Sie sind im Großen und Ganzen zufrieden, möchten jedoch die Verlängerung des Verwaltervertrags auf zwei Jahre beschränken.

Die Eigentümer Bauer, Gruber und Müller verlassen noch vor der Beschlussfassung die Eigentümerversammlung. Der Versammlungsleiter stellt fest, dass nunmehr noch 520/1.000stel Miteigentumsanteile und 23 von 40 Wohnungseigentümern anwesend oder vertreten sind, die Versammlung damit nach wie vor beschlussfähig ist.

Beschluss Nr. 9: Die Josef-Steinmann-Hausverwaltungs-GmbH wird für die Zeit vom 1.1.2017 bis 31.12.2018 zu Kosten in Höhe von monatlich 17,30 EUR je Wohneigentum und 3,50 EUR je Teileigentum zuzüglich Mehrwertsteuer zum Verwalter bestellt. Der bestehende Verwaltervertrag verlängert sich entsprechend.

Abstimmung: Ja-Stimmen: 480/1.000stel, Nein-Stimmen: 40/1.000stel, Enthaltungen: 0.

Beschlussfeststellung: Der Beschluss ist mehrheitlich angenommen.

Zu TOP 11

1. Es wird darum gebeten, alle drei Müllcontainer gleichmäßig zu befüllen und nicht den Müll neben den Containern abzustellen.
2. Die Eigentümer werden aufgefordert, die Ruhezeiten gemäß Hausordnung einzuhalten. Dies gilt auch, wenn Wohnungen renoviert werden. Vermietende Eigentümer informieren bitte entsprechend ihre Mieter.
3. Der Eigentümer Herr Schlau weist darauf hin, dass mittelfristig die Sanierung der straßenseitigen Balkone erforderlich werden wird.

Eine Beschlussfassung erfolgt im TOP »Sonstiges« nicht.

Nachdem keine weiteren Wortmeldungen mehr erfolgen, bedankt sich der Verwalter bei den anwesenden Eigentümern für die rege Teilnahme an der Versammlung und schließt diese um 21:46 Uhr.

....
[Ort, Datum]

....
[Unterschrift Verwalter]

....
[Ort, Datum]

....
[Unterschrift Beiratsvorsitzender]

....
[Ort, Datum]

....
[Unterschrift Eigentümer]

5.10   Die Beschlusssammlung

Nach § 24 Abs. 7, 8 WEG ist der Verwalter verpflichtet, die sogenannte Beschluss-sammlung zu führen. Sie dient der Information und der besseren Übersicht über die in einer Wohnungseigentümergemeinschaft gefassten Beschlüsse. Insbesondere Rechtsnachfolger können sich durch die Beschlusssammlung vor ihrem Eintritt in die Wohnungseigentümergemeinschaft über ihre Rechte und Pflichten informieren. Dies ist umso wichtiger bei Beschlüssen, die die Gemein-schaftsordnung abgeändert haben oder aufgrund einer Öffnungsklausel ge-fasst wurden und mangels der Verpflichtung zur Eintragung in das Grundbuch für den Rechtsnachfolger nicht offensichtlich sind, zum Beispiel Änderung der Kostenverteilung oder Regelungen zu Zahlungsverpflichtungen. Aber auch allen anderen Wohnungseigentümern gibt die Beschlusssammlung Aufschluss über Beschlüsse, die sie nicht mehr nachvollziehen können.

Die Verpflichtung zur Eintragung gilt erst für ab dem 1.7.2007 gefasste Be-schlüsse, sodass über Altbeschlüsse nur die Protokollsammlung einen Überblick geben kann. Die vorhandenen Altbeschlüsse müssen nicht in die Beschluss-sammlung aufgenommen werden.

!   Achtung

Die Führung der Beschlusssammlung entbindet den Versammlungsvorsitzenden nicht von seiner Verpflichtung, ein ordnungsgemäßes Protokoll über die Eigentü-merversammlung zu erstellen. Das Protokoll ergänzt die Beschlusssammlung, da sie umfangreichere Informationen zu den Beschlussgegenständen wiedergibt.

!   Praxis-Tipp

Auch wenn es der Gesetzgeber nicht vorschreibt, dass alte Beschlüsse in die Be-schlusssammlung aufgenommen werden müssen, empfiehlt sich diese Vorgehens-weise trotz des erheblichen Verwaltungsaufwands. In vielen Fällen können Verwal-ter alte Beschlüsse der Gemeinschaft selbst nicht mehr nachvollziehen, vor allem wenn der Verwalter gewechselt hat und möglicherweise die Verwaltungsunterlagen nicht vollständig sind. Ein eindeutiger Überblick über die Beschlusslage in der Ei-gentümergemeinschaft kann Fehler vermeiden und die Verwaltung erleichtern. Ferner können die Wohnungseigentümer einen Beschluss fassen und dem Verwal-ter diese Aufgabe übertragen, auch wenn der Verwalter nicht zur Aufnahme von Altbeschlüssen in die Beschlusssammlung verpflichtet ist. Ein solcher Beschluss entspricht ordnungsgemäßer Verwaltung. Da diese Aufgabe aber nicht zu den regelmäßigen Verwalteraufgaben zählt, wird ihm hierfür eine Sondervergütung zuzubilligen sein.

Gemäß § 24 Abs. 8 WEG hat der Verwalter die Aufgabe, die Beschlusssammlung zu führen. Der Verwalter kann diese Aufgabe auch an Hilfspersonen seines Geschäftsbetriebs delegieren. Das Führen der Beschlusssammlung kann nicht durch Mehrheitsbeschluss der Wohnungseigentümergemeinschaft auf eine andere Person übertragen werden. Wechselt der Verwalter, so ist auch die Beschlusssammlung nebst aller anderen Verwaltungsunterlagen an den neuen Verwalter herauszugeben. Nach Niederlegung seines Amts hat der alte Verwalter ebenso Berichtigungen und Ergänzungen der Beschlusssammlung aus seiner Amtszeit, für die er zuständig war, durchzuführen. Existiert kein Verwalter, muss der Vorsitzende der Eigentümerversammlung die Beschlusssammlung führen oder die Wohnungseigentümer bestimmen hierzu eine Person durch Mehrheitsbeschluss.

5.10.1 Inhalt

In die Beschlusssammlung müssen gemäß § 24 Abs. 7 Satz 2 WEG

- alle in Wohnungseigentümerversammlungen verkündeten Beschlüsse mit Angabe von Ort und Datum der Versammlung,
- alle schriftlichen Beschlüsse gemäß § 23 Abs. 3 WEG und
- alle Urteilsformeln wohnungseigentumsrechtlicher Entscheidungen gemäß § 43 WEG

eingetragen werden.

5.10.1.1 Beschlüsse

In die Beschlusssammlung sind alle Beschlüsse der Wohnungseigentümergemeinschaft mit ihrem genauen Wortlaut einzutragen. Dies gilt unabhängig davon, ob sie auf einer ordentlichen oder außerordentlichen Eigentümerversammlung oder im schriftlichen Umlaufverfahren zustande gekommen sind. Hiervon erfasst sind auch die sogenannten Negativbeschlüsse. Es müssen nicht nur die Beschlüsse eingetragen werden, die positiv zustande gekommen sind, sondern auch die Beschlussanträge, die abgelehnt wurden. Nichtige Beschlüsse müssen nicht eingetragen werden. Da der Verwalter oftmals nicht zweifelsfrei erkennen kann, ob ein Beschluss bereits nichtig oder nur anfechtbar ist, sollte im Zweifel auch ein kritischer Beschluss in die Beschlusssammlung aufgenommen werden.

Bei den Beschlüssen sind Angaben zu Ort und Datum der Eigentümerversammlung einzutragen. Bei schriftlichen Beschlüssen werden der Ort und das Datum der Verkündung, zum Beispiel die Versendung des Rundschreibens an die Eigentümer, angegeben. Zudem hat eine Eintragung zu erfolgen, ob der Beschluss angenommen oder abgelehnt, bestandskräftig, aufgehoben oder gelöscht ist.

> **! Achtung**
>
> Beschlüsse, die aufgrund einer Öffnungsklausel gefasst werden, ändern abdingbare gesetzliche Regelungen oder Vereinbarungen der Teilungserklärung/Gemeinschaftsordnung und sind daher von ganz wesentlicher Bedeutung. Auch bei Beschlüssen, die aufgrund einer Öffnungsklausel gefasst werden, handelt es sich um Beschlüsse, die in die Beschlusssammlung eingetragen werden müssen. § 10 Abs. 4 WEG könnte diesbezüglich in die Irre führen, die Regelung stellt jedoch lediglich klar, dass solche Beschlüsse auch gegen Sondernachfolger wirken, ohne dass eine Eintragung in das Grundbuch zu erfolgen hat. Die Eintragung in die Beschlusssammlung ist in jedem Fall erforderlich. Solche Beschlüsse sollten in der Beschlusssammlung besonders hervorgehoben werden, etwa durch Fettdruck.

Ausnahme für Geschäftsordnungsbeschlüsse?
Beschlüsse zur Geschäftsordnung erledigen sich in der Regel mit Ende der Eigentümerversammlung und haben aus diesem Grund keine wesentliche Bedeutung für die Zukunft. Daher erscheint es fraglich, ob auch Geschäftsordnungsbeschlüsse der Eintragung in die Beschlusssammlung bedürfen.

Eine isolierte Anfechtung von Geschäftsordnungsbeschlüssen wird zumindest dann für zulässig erachtet, wenn ihr Inhalt in die Zukunft wirkt. Wird ein gerichtliches Verfahren angestrengt und ein Urteil gefällt, so liegt eine gerichtliche Entscheidung vor, die in jedem Fall in die Beschlusssammlung aufzunehmen ist. Zudem sieht der Wortlaut des § 24 Abs. 7 Satz 2 Nr. 1 WEG keine Differenzierung von Geschäftsordnungsbeschlüssen und sonstigen Beschlüssen vor.

Wegen des geringen Aufwands empfiehlt es sich daher, auch Geschäftsordnungsbeschlüsse, sofern sie nicht völlig bedeutungslos sind, aus Gründen der Vollständigkeit in die Beschlusssammlung mit aufzunehmen. Damit die Beschlusssammlung übersichtlich bleibt, ermöglicht es § 24 Abs. 7 Satz 6 WEG, dass Eintragungen, die für die Wohnungseigentümer keine Bedeutung mehr haben, gelöscht werden, zum Beispiel nach Ablauf der Anfechtungsfrist.

5.10.1.2 Gerichtliche Entscheidungen

In die Beschlusssammlung sind alle Gerichtsentscheidungen gemäß § 43 Nr. 1 bis 5 WEG unabhängig von ihrer Rechtskraft aufzunehmen. Hierzu zählen Streitigkeiten

- über die sich aus der Gemeinschaft der Wohnungseigentümer und aus der Verwaltung des gemeinschaftlichen Eigentums ergebenden Rechte und Pflichten der Wohnungseigentümer untereinander,
- über die Rechte und Pflichten zwischen der Gemeinschaft der Wohnungseigentümer und einzelnen Wohnungseigentümern,
- über die Rechte und Pflichten des Verwalters bei der Verwaltung des gemeinschaftlichen Eigentums,
- über die Gültigkeit von Beschlüssen der Wohnungseigentümer und
- über Klagen Dritter, die sich gegen die Gemeinschaft der Wohnungseigentümer oder gegen einzelne Wohnungseigentümer richten und sich auf das gemeinschaftliche Eigentum, seine Verwaltung oder das Sondereigentum beziehen.

Die teilrechtsfähige Gemeinschaft der Wohnungseigentümer kann auch gemäß § 43 Nr. 6 WEG ein gerichtliches Mahnverfahren einleiten, zum Beispiel bei rückständigen Hausgeldern. Wird ein Mahnbescheid erlassen, handelt es sich hierbei nicht um ein Urteil. Jedoch steht ein hierauf zu beantragender Vollstreckungsbescheid einem vorläufig vollstreckbar erklärten Versäumnisurteil gemäß § 700 Abs. 1 ZPO gleich. Insoweit ist deshalb die Eintragung von erwirkten Vollstreckungsbescheiden geboten.

In die Beschlusssammlung muss nur die Urteilsformel, also der Tenor des Urteils eingetragen werden. Hierzu gehören die Sachentscheidung, die Kostenentscheidung sowie die Entscheidung über die vorläufige Vollstreckbarkeit. Ergänzend müssen Angaben zum Datum der Entscheidung, zum Gericht und zu den Parteien gemacht werden. Die Angabe der Parteien kann dabei durch namentliche Bezeichnung erfolgen. Eine Angabe der Anschrift ist nicht notwendig. Ist die Wohnungseigentümergemeinschaft als rechtsfähiger Verband Partei, wird sie mit »Wohnungseigentümergemeinschaft (Grundstücksanschrift)« bezeichnet. Nicht nach den gesetzlichen Vorschriften erforderlich ist die Angabe des Aktenzeichens, der Vollständigkeit halber empfiehlt sie sich aber. Nur die genaue Bezeichnung einer gerichtlichen Entscheidung ermöglicht auch ihr Auffinden.

Beispiel: Eintrag zu einem Urteil !

AG München, 21.6.2016, Az.: 245 C 87/16,
in Sachen Müller ./. Wohnungseigentümergemeinschaft Tannstr. 100, 80123 München, zugestellt am 28.6.2016:
I. Der Beschluss der Eigentümerversammlung vom 21.4.2016 zu TOP 14 wird für ungültig erklärt.
II. Die Kosten des Verfahrens werden der Beklagten auferlegt.
III. Das Urteil ist vorläufig vollstreckbar.

> **! Praxis-Tipp**
>
> Handelt es sich um Urteile, durch die eine Klage abgewiesen wird, so lautet die Entscheidung: »Die Klage wird abgewiesen.« Allein die Eintragung dieses Tenors lässt nicht erkennen, worum gestritten wurde. In solchen Fällen ist ergänzend der Klageantrag in die Beschlusssammlung einzutragen, damit die Rechtslage erkennbar wird.

5.10.1.3 Vergleiche

Ob neben den gerichtlichen Entscheidungen auch Vergleiche mit in die Beschlusssammlung aufzunehmen sind, ist gesetzlich nicht geregelt. Wird ein gerichtlicher Vergleich geschlossen, sind hieran nur die Parteien des Rechtsstreits gebunden, allerdings nicht Sondernachfolger der Wohnungseigentümergemeinschaft.

Aus diesem Grund lässt sich die Ansicht vertreten, Vergleiche seien nicht in die Beschlusssammlung einzutragen, denn aus ihr allein wäre nicht ersichtlich, wem gegenüber der Vergleich überhaupt noch rechtsverbindlich ist. Die Aufnahme könnte allenfalls zur Unübersichtlichkeit der Beschlusssammlung führen. Nach anderer Ansicht bestimmt auch ein Vergleich die Rechtslage der Wohnungseigentümergemeinschaft, zum Beispiel wenn er den Ausgangsbeschluss abändert. Vergleiche können sogar durch Beschlussgenehmigung Bindungswirkung entfalten, sodass sie einzutragen sind.

> **! Praxis-Tipp**
>
> Solange Uneinigkeit zur Frage besteht, ob Vergleiche einzutragen sind oder nicht, wird daher empfohlen, sie vorsorglich in die Beschlusssammlung aufzunehmen. Das gilt vor allem, wenn es sich um (schuldrechtliche) Vereinbarungen zwischen allen Wohnungseigentümern handelt oder eine Partei des Vergleichs die Wohnungseigentümergemeinschaft selbst ist. Aus der Eintragung sollte sich klar und deutlich ergeben, dass es sich um einen Vergleich und eben nicht um eine gerichtliche Entscheidung handelt. Zur Bindung der Sonderrechtsnachfolger der Wohnungseigentümer kann im Rahmen der Beschlusskompetenz der Wohnungseigentümer ein entsprechender Mehrheitsbeschluss gefasst werden. Dieser müsste dann ohnehin in die Beschlusssammlung aufgenommen werden.

5.10.1.4 Vermerke

Wurden Beschlüsse oder gerichtliche Entscheidungen angefochten oder aufgehoben, so ist dies nach § 24 Abs. 7 Satz 4 WEG anzumerken. Eine solche Anmerkung dient der Aktualität der Sammlung.

Angefochten ist ein Beschluss, wenn Klage auf Erklärung seiner Ungültigkeit gemäß § 46 WEG erhoben ist. Eine gerichtliche Entscheidung ist angefochten, wenn gegen sie ein Rechtsmittel eingelegt wurde.

Aufgehoben ist ein Beschluss, wenn er wiederum durch Beschluss der Wohnungseigentümer ausdrücklich aufgehoben wurde; auch durch einen Zweitbeschluss kann die Regelung eines früheren Beschlusses aufgehoben werden. Wird ein Beschluss durch gerichtliche Entscheidung für ungültig erklärt, ist dies zwar keine Aufhebung in wohnungseigentumsrechtlicher Terminologie. Versteht man aber den Begriff »Aufhebung« als Oberbegriff für außergerichtliche und gerichtliche Gestaltungen, kann auch die gerichtliche Ungültigerklärung eines Beschlusses hierunter gefasst werden. Ein entsprechender Vermerk beim angefochtenen Beschluss ist daher nicht nur erforderlich, sondern auch sinnvoll, denn er dient der Übersichtlichkeit der Sammlung.

Eine gerichtliche Entscheidung ist aufgehoben, wenn sie durch die Rechtsmittelinstanz aufgehoben, etwa durch Klageabweisung, oder geändert wird. Für den einzutragenden Vermerk reicht der Hinweis, dass ein Beschluss angefochten, durch Beschluss aufgehoben, durch Urteil für ungültig erklärt oder gegen eine gerichtliche Entscheidung ein Rechtsmittel, etwa Berufung, eingelegt wurde. Die Anmerkung ist bei dem Beschluss oder der Entscheidung anzubringen, der von ihr betroffen ist. Bei einer entsprechenden Anmerkung lässt sich so der Stand der aktuellen Beschluss- und Rechtslage aus der Beschlusssammlung ersehen.

Beispiele: Für den Vermerk ausreichende Bezeichnungen   !

- »Aufgehoben durch Zweitbeschluss vom 4.7.2016«
- »Angefochten mit Klage vom 28.3.2016 vor dem AG München, 245 C 87/08, zugestellt am 31.3.2016«
- Zu einer Gerichtsentscheidung: »Zugestellt am 28.4.2016, rechtskräftig« oder »Zugestellt am 28.4.2016, rechtshängig in 2. Instanz«
- »Gelöscht aufgrund rechtskräftiger gerichtlicher Ungültigkeitserklärung«

5.10.1.5 Löschungen

Aus Gründen der Übersichtlichkeit der Beschlusssammlung eröffnet § 24 Abs. 7 Satz 5, 6 WEG die Möglichkeit, unter bestimmten Voraussetzungen Eintragungen aus der Beschlusssammlung zu löschen. Ob der Verwalter einen Eintrag löschen möchte, steht in seinem pflichtgemäßen Ermessen.

Eine Löschung darf dann erfolgen, wenn ein Beschluss oder eine gerichtliche Entscheidung aufgehoben wird oder eine Eintragung für die Wohnungseigentümer keine Bedeutung mehr hat. Bedeutungslos werden kann eine Eintragung, wenn sie durch eine spätere Regelung überholt ist oder sich durch Ausführung oder Zeitablauf erledigt hat.

> **!** **Beispiele: Vermerk einer Löschung**
>
> - »Gelöscht am …«
> - »Gelöscht aufgrund rechtskräftiger gerichtlicher Ungültigkeitserklärung«
> - »Gelöscht, da bedeutungslos geworden«

Wurde eine Eintragung gelöscht, so ist dies gemäß § 24 Abs. 7 Satz 7 WEG unter Datumsangabe zu vermerken. Die laufende Nummer in der Beschlusssammlung bleibt bestehen. Wird eine Beschlusssammlung in Papierform geführt, kann der Text der Eintragung durchgestrichen, bei einer elektronischen Sammlung vollständig gelöscht werden. In beiden Fällen ist es wichtig, die Löschung zu vermerken.

> **!** **Praxis-Tipp**
>
> Die Löschung einer Eintragung bei Bedeutungslosigkeit sollte nur dann vorgenommen werden, wenn die Eintragung offensichtlich keinerlei Bedeutung mehr für die Wohnungseigentümergemeinschaft hat. In Zweifelsfällen ist hiervon eher abzusehen, denn auch die Bewertung, ob eine Eintragung noch Bedeutung hat oder haben kann, ist oftmals schwierig.

5.10.2 Zeitpunkt und Form der Eintragung

Den Zeitpunkt, zu dem die Beschlüsse nach ihrer Entstehung in die Beschlusssammlung einzutragen sind, legt § 24 Abs. 7 Satz 7 WEG nicht klar fest. Die erforderlichen Eintragungen sollen vom Verwalter unverzüglich vorgenommen und mit Datum versehen werden. »Unverzüglich« bedeutet, dass die Eintragung ohne schuldhaftes Zögern (§ 121 Abs. 1 Satz 1 BGB) vorgenommen werden muss. Ob die Formulierung »unverzüglich« nur den Tag der Versammlung, den darauffolgenden Werktag oder bis zu drei Tage danach ausreichen lässt, wurde bislang nicht höchstrichterlich entschieden. Das LG Karlsruhe (21.2.2012, 11 S 46/11) erachtet einen Zeitraum von maximal drei Tagen als unverzüglich. Nach anderer Ansicht ist die Eintragung eines Beschlusses der Wohnungseigentümergemeinschaft in die Beschlusssammlung binnen einer Woche noch als unverzüglich zu erachten (LG Berlin, 7.10.2009, 85 S 101/08; LG München I, 6.2.2008, 1 T 22613/07). Ein Zeitraum von sechs Wochen ist hingegen keinesfalls mehr als unverzüglich anzusehen (LG Hamburg, 23.3.2011, 318 S 72/10).

Praxis-Tipp !

Eigentümerversammlungen dauern oft bis in den späten Abend. Die Eintragung der Beschlüsse am selben Abend kann daher nicht verlangt werden. Die Eintragung der Beschlüsse am folgenden Werktag erscheint aber als durchaus angemessen und sollte daher auch so vorgenommen werden.

Die Eintragung in die Beschlusssammlung ist nicht an die Erstellung des Protokolls gekoppelt. Der Verwalter kann sich nicht dadurch entschuldigen, dass die erforderlichen Unterschriften zum Protokoll noch nicht vorgelegen haben.

Auch eine gerichtliche Anfechtung eines Beschlusses oder die Ankündigung dieses Vorhabens eines Wohnungseigentümers macht die unverzügliche Eintragung nicht entbehrlich. Beschlüsse sind so lange gültig, bis sie durch eine gerichtliche Entscheidung aufgehoben werden.

Bei der Form der Eintragung ist zunächst der Zweck der Beschlusssammlung zu beachten. Sie dient der Übersicht und der Information zur Rechtslage in der Wohnungseigentümergemeinschaft. Daher sollte sie auch klar strukturiert und übersichtlich sein. Überflüssige Informationen und Anmerkungen sind zu vermeiden. Die Beschlüsse und gerichtlichen Entscheidungen sind fortlaufend in zeitlicher Reihenfolge einzutragen und zu nummerieren. Dies erleichtert die Kontrolle der Vollständigkeit der Beschlusssammlung.

Wurden Beschlüsse angefochten oder aufgehoben, so ist dies anzumerken. Im Fall einer Aufhebung kann jedoch von einer Anmerkung abgesehen und die Eintragung gelöscht werden. Dies kommt dann in Betracht, wenn ein Beschluss rechtskräftig für ungültig oder nichtig erklärt wurde. Eine Eintragung kann auch gelöscht werden, wenn sie aus anderen Gründen für die Wohnungseigentümer keine Bedeutung mehr hat, beispielsweise dann, wenn sich die Angelegenheit wegen Zeitablaufs erledigt hat.

Bei Beschlüssen sind der Beschlusswortlaut sowie die Angabe zur Versammlung mit Art, Datum und jeweiligem Tagesordnungspunkt einzutragen. Handelt es sich um eine schriftliche Beschlussfassung, müssen die Angaben zu Zeitpunkt, Ort und Form der Verkündung des Umlaufbeschlusses vermerkt werden. Im Fall der gerichtlichen Entscheidung sind das Gericht, das Datum der Entscheidung, das Aktenzeichen, die Parteien sowie der Tenor einzutragen. Ergänzend ist jeweils ein Vermerk vorzunehmen, durch wen und zu welchem Zeitpunkt eine Eintragung stattgefunden hat.

Praxis-Tipp !

Eintragungen, die für die Wohnungseigentümergemeinschaft von besonderer Bedeutung sind, sollten optisch hervorgehoben werden, zum Beispiel durch Fettdruck oder andere Markierungen.

Weitere Formvorschriften sind gesetzlich nicht normiert. Daher steht es dem Verwalter frei, ob er die Beschlusssammlung handschriftlich oder elektronisch führt. Bei elektronischer Führung der Beschlusssammlung ist in jedem Fall darauf zu achten, dass sich der Verwalter ausreichend vor Datenverlust, -vernichtung und -veränderung schützt.

5.10.3 Einsichtsrecht

Das Recht zur Einsichtnahme in die Beschlusssammlung gemäß § 24 Abs. 7 Satz 8 WEG ist dem Recht zur Einsicht in das Versammlungsprotokoll dem Wortlaut nach gleich ausgestaltet. Jeder Wohnungseigentümer hat das Recht, die Beschlusssammlung einzusehen. Dieses Recht kann er auf Dritte übertragen, beispielsweise auf Kaufinteressenten. Die Einsichtnahme findet im Büro des Verwalters statt (OLG Köln, 7.6.2006, 16 Wx 241/05, NZM 2006, 702). Hierzu bedarf es der vorherigen Terminabsprache.

Ein Anspruch auf Herausgabe der Beschlusssammlung besteht aufgrund des damit verbundenen Risikos von Verlust oder Manipulation nicht. Von der Beschlusssammlung darf der Wohnungseigentümer oder der Bevollmächtigte jedoch selbst Abschriften vornehmen oder Ausdrucke oder Kopien vom Verwalter verlangen. Hierfür darf der Verwalter, ggf. über Vorkasse, ein Sonderhonorar verlangen. Für die Anfertigung von Kopien aus Verwaltungsunterlagen wird pro Kopie ein Betrag von 0,50 EUR zzgl. MwSt. als zulässig erachtet (BayObLG, 19.12.2002, 2Z BR 104/02). Ab erwünschter 51. Kopie ist eine Ermäßigung entsprechend dem Rechtsanwaltsvergütungsgesetz (RVG) auf 0,15 EUR angemessen (OLG Hamm, 19.10.2000, 15 W 133/00). Für Farbkopien sieht es 1 EUR für die ersten 50 Seiten und 0,30 EUR für die weiteren Seiten vor.

Wird die Einsichtnahme verweigert, kann gegen den Verwalter gemäß § 43 Nr. 3 WEG auf Gewährung der Einsicht geklagt werden.

5.10.4 Fehler in der Beschlusssammlung

Ist eine Beschlusssammlung inhaltlich fehlerhaft, so muss sie berichtigt werden. Hierzu ist der Verwalter verpflichtet und berechtigt. Nimmt der Verwalter die Berichtigung nicht selbstständig vor, besteht die Möglichkeit, ihn dazu in einem Verfahren nach § 43 Nr. 3 WEG anzuhalten. Die Geltendmachung des Berichtigungsanspruchs steht jedem Wohnungseigentümer zu und richtet sich gegen denjenigen, der bei Geltendmachung des Anspruchs zur Führung der Beschlusssammlung verpflichtet ist.

Als Fehler kommen in Betracht:

- Schreibfehler
- Eintragung von Redebeiträgen
- Eintragung von nichtigen Beschlüssen und sonstige unzulässige Eintragungen
- Sonstige offenbare Unrichtigkeiten
- Nichteintragung oder falsche Eintragung eines Beschlusses

Die Nichteintragung eines Beschlusses berührt allerdings dessen Wirksamkeit nicht. Die Eintragung in die Beschlusssammlung hat keine konstitutive Wirkung. Ein Beschluss wird zu dem Zeitpunkt, zu dem er festgestellt und verkündet wird, wirksam.

5.10.5 Folgen bei nicht ordnungsgemäß geführter Beschlusssammlung

Kommt der Verwalter seiner Aufgabe zur ordnungsgemäßen Führung der Beschlusssammlung nicht nach, so stellt dies nach der gesetzlichen Regelung des § 26 Abs. 1 Satz 4 WEG einen wichtigen Grund für seine Abberufung dar (§ 26 Abs. 1 Satz 4 WEG). Die Rechtsprechung legt die Vorschrift jedoch eng aus. Verzögerungen bei der Führung einer Beschlusssammlung sind kein Grund für die Abberufung eines Verwalters, wenn der Eigentümergemeinschaft kein Nachteil entsteht. Ein Wohnungseigentümer kann die Abberufung eines Verwalters nicht immer bei Vorliegen eines wichtigen Grundes gemäß § 26 Abs. 1 WEG verlangen. Einer Eigentümergemeinschaft steht insoweit ein Ermessensspielraum zu, ob der Verwalter abberufen werden soll oder nicht (BGH, 10.2.12, V ZR 105/11).

Geringste Fehler rechtfertigen nicht die sofortige Abberufung, Mängel bei der Führung der Beschlusssammlung müssen ein gewisses Gewicht haben (LG Hamburg, 13.11.2013, 318 S 23/13; LG Berlin, 7.10.2009, 85 S 101/08). Ein Verwalter kann abberufen werden, wenn er entgegen seiner Verpflichtung zum Führen der Beschlusssammlung gegen ihn ergangene Entscheidungen nicht in die Beschlusssammlung aufgenommen hat (LG Karlsruhe, 21.2.2012, 11 S 46/11).

Generell kann ein wichtiger Grund zur vorzeitigen Abberufung des Hausverwalters gegeben sein, wenn er die erforderliche Beschlusssammlung nicht ordnungsgemäß führt. Wenn sonstige Umstände hinzukommen, zum Beispiel die Missachtung einer einstweiligen Verfügung, stellt dies sogar einen derart schwerwiegenden Grund dar, dass ein Anspruch des einzelnen Mitglieds der Wohnungseigentümergemeinschaft auf Abberufung besteht (AG München, 28.7.2008, 485 C 602/07; LG München I, 36 S 17544/08).

Der Verwalter haftet gegenüber den Wohnungseigentümern bei nicht ordnungsmäßiger Führung der Beschlusssammlung. Enthält die Beschlusssammlung Fehler, zum Beispiel falsche Eintragungen, oder fehlen gar Beschlüsse, kommt eine Schadenersatzpflicht des Verwalters in Betracht, wenn er diese Pflichtverletzung zu vertreten hat. Den Schadenersatzanspruch sollen aber nur Wohnungseigentümer und nicht (Neu-)Erwerber geltend machen können, da zwischen dem Verwalter und dem Erwerber bei der Einsicht in die Beschlusssammlung noch keine schuldrechtlichen Beziehungen bestanden haben.

ARBEITSHILFE ONLINE **Muster: Beschlusssammlung**

Lfd. Nr.	Beschluss	Eigentümerversammlung (Art/Ort/Datum/TOP) bzw. Umlaufbeschluss (Datum der Verkündung)	Gerichtsentscheidung (Gericht/Datum/Az./Tenor/Parteien)	Vermerke (angenommen/ abgelehnt, bestandskräftig, aufgehoben, gelöscht, bedeutungslos/ rechtskräftig)	Eintragungsvermerk (Name des Verwalters bzw. Versammlungsleiters, Datum, Unterschrift)
1	»Die vorgelegten Gesamt- und Einzelabrechnungen 2015 werden genehmigt.«	Ordentliche Eigentümerversammlung am 21.4.2016, Tannstr. 1, 80123 München, zu TOP 2		Einstimmig angenommen	Verwalter (Name), 22.4.2016 (Datum), (Unterschrift)
2	»Der Verwaltung wird für das Wirtschaftsjahr 2015 Entlastung erteilt.«	Ordentliche Eigentümerversammlung am 21.4.2016, Tannstr. 1, 80123 München, zu TOP 3		Einstimmig angenommen	Verwalter (Name), 22.4.2016 (Datum), (Unterschrift)
3	»Die Mitglieder des Verwaltungsbeirats werden für das Wirtschaftsjahr 2015 entlastet.«	Ordentliche Eigentümerversammlung am 21.4.2016, Tannstr. 1, 80123 München, zu TOP 4		Mehrheitlich angenommen	Verwalter (Name), 22.4.2016 (Datum), (Unterschrift)

4	»Der Gesamt-wirtschaftsplan und die Einzel-wirtschaftspläne 2016 werden genehmigt. Das in den Einzelwirt-schaftsplänen ausgewiesene Wohngeld wird ab dem 1.6.2016 fällig gestellt. Dieser Wirtschaftsplan gilt auch für das Folgejahr fort, bis ein neuer be-schlossen wird.«	Ordentliche Eigen-tümerversamm-lung am 21.4.2016, Tannstr. 1, 80123 München, zu TOP 5		Angenommen ohne Gegenstim-men	Verwalter (Name), 22.4.2016 (Datum), (Unterschrift)
5	»Noch in diesem Jahr wird mit dem Aufzugsdienst, dem Verwaltungs-beirat und der Verwaltung bei einem Ortstermin erörtert, welche Mängel zwingend in diesem Jahr zu beheben sind. Diese Arbeiten werden in Abspra-che mit dem Ver-waltungsbeirat in Auftrag gegeben. Im Hinblick auf die übrigen Mängel soll ein Zeitplan mit Kostenüber-sicht in der nächs-ten ordentlichen Eigentümerver-sammlung vorge-legt werden.«	Ordentliche Eigen-tümerversamm-lung am 21.4.2016, Tannstr. 1, 80123 München, zu TOP 6		Einstimmig angenommen	Verwalter (Name), 22.4.2016 (Datum), (Unterschrift)

6	»Die Verwaltung wird beauftragt, die Fa. Blitzsanierung mit der Sanierung der hofseitigen Fassade laut vorliegendem Angebot zu beauftragen. Die Arbeiten sollen im Juni 2016 beginnen. Die Finanzierung der Maßnahme erfolgt aus der Rücklage.«	Ordentliche Eigentümerversammlung am 21.4.2016, Tannstr. 1, 80123 München, zu TOP 7		Mehrheitlich angenommen	Verwalter (Name), 22.4.2016 (Datum), (Unterschrift)
				Angefochten mit Klage vom 17.5.2016 vor dem AG München, 481 UR II 89/08, zugestellt am 26.5.2016	Verwalter (Name), 26.5.2016 (Datum), (Unterschrift)
				Aufgehoben gemäß lfd. Nr.	Verwalter (Name), 10.6.2016 (Datum), (Unterschrift)
7	»Der Verwalter wird beauftragt, die Malerarbeiten zum Streichen des Treppenhauses bis zu einem Kostenaufwand in Höhe von 6.000 EUR in Auftrag zu geben.«	Ordentliche Eigentümerversammlung am 21.4.2016, Tannstr. 1, 80123 München, zu TOP 8		Mehrheitlich abgelehnt	Verwalter (Name), 22.4.2016 (Datum), (Unterschrift)

8	»Der Verwalter wird beauftragt, einen vereidigten Bausachverständigen mit der Begutachtung der Feuchtigkeitsschäden in der Tiefgarage zu beauftragen. Er wird vorsorglich ermächtigt, ein selbstständiges Beweissicherungsverfahren im eigenen Namen oder im Namen der Wohnungseigentümergemeinschaft einzuleiten sowie Gewährleistungsansprüche gegen die Firma Bandel außergerichtlich sowie gerichtlich mithilfe eines zu beauftragenden Rechtsanwalts geltend zu machen.«	Ordentliche Eigentümerversammlung am 21.4.2016, Tannstr. 1, 80123 München, zu TOP 9		Einstimmig angenommen	Verwalter (Name), 22.4.2016 (Datum), (Unterschrift)
9	»Die J. Steinmann HV GmbH wird für die Zeit vom 1.1.2017 bis 31.12.2018 zu Kosten in Höhe von mtl. 17,30 EUR je Wohneigentum und 3,50 EUR je Teileigentum zzgl. MwSt. zum Verwalter bestellt. Der bestehende Verwaltervertrag verlängert sich entsprechend.«	Ordentliche Eigentümerversammlung am 21.4.2016, Tannstr. 1, 80123 München, zu TOP 10		Mehrheitlich angenommen	Verwalter (Name), 22.4.2016 (Datum), (Unterschrift)

				Notarielle Beglaubigung der Unterschriften auf dem Protokoll erfolgt am 12.5.2016	Verwalter (Name), 13.5.2016 (Datum), (Unterschrift)
10	Zu lfd. Nr. 6		AG München, 2.8.2016, 481 UR II 89/07, in Sachen Meier ./. WEG Tannstr. 100, München, zugestellt am 9.8.2016: I. Der Beschluss der Eigentümerversammlung vom 21.4.2016 zu TOP 7 wird für ungültig erklärt. II. Die Kosten des Verfahrens werden der Beklagten auferlegt. III. Das Urteil ist vorläufig vollstreckbar.		Verwalter (Name), 10.8.2016 (Datum), (Unterschrift)
				rechtskräftig	Verwalter (Name), 14.6.2016 (Datum), (Unterschrift)
11	»Die WEG duldet eine bislang nicht vorgesehene Einzäunung der den EG-Wohnungen zugeordneten Terrassenflächen (Sondernutzungsrecht) mit grünem Maschendrahtzaun. Die Kosten der erstmaligen Errichtung sowie der Instandsetzung und Instandhaltung trägt der jeweilige Sondernutzungsberechtigte.«	Umlaufbeschluss im schriftlichen Verfahren, verkündet durch Schreiben an alle Wohnungseigentümer vom 10.6.2016		Einstimmig angenommen	Verwalter (Name), 14.6.2016 (Datum), (Unterschrift)

Checkliste: Eigentümerversammlung

Einberufung der Versammlung

Einberufungsberechtigte

- Der Verwalter muss einmal pro Jahr einberufen; unterlässt er dies, kann der Verwaltungsbeiratsvorsitzende oder sein Stellvertreter einberufen.
- Ein einzelner Wohnungseigentümer hat kein Einberufungsrecht.
- Ausnahme: bei gerichtlicher Ermächtigung hierzu.
- Ein Viertel aller Wohnungseigentümer kann durch schriftlichen Antrag und unter Angabe der Gründe und des Zwecks die Einberufung verlangen.

Einberufungsfrist

Die Einberufungsfrist soll zwei Wochen betragen. Ein Verstoß dagegen führt nicht zwingend zur Ungültigerklärung von Beschlüssen. In dringenden Fällen ist eine kürzere Frist zulässig.

Ort und Zeitpunkt der Versammlung

Am Ort der Wohnanlage oder ihrer näheren Umgebung. Die Wahl des Zeitpunkts darf die Teilnahme an der Versammlung nicht erschweren, sollte daher verkehrsüblich sein.

Form und Inhalt der Einberufung

Die Einladung muss in Textform erfolgen (auch Kopie, Fax, E-Mail) und Angaben über den Ort, die Zeit und die Tagesordnung enthalten. Die Tagesordnung muss den Beschlussgegenstand genau bezeichnen, wobei eine stichpunktartige Formulierung ausreicht.

Sieht die Gemeinschaftsordnung eine Eventualeinberufung vor, kann bei Beschlussunfähigkeit der ursprünglich einberufenen Versammlung zum Beispiel eine halbe Stunde später die Zweitversammlung einberufen werden, die dann in jedem Fall beschlussfähig ist. Ist eine dahingehende Vereinbarung nicht vorhanden, müssen bei der Einberufung der Zweitversammlung sämtliche Formalia, zum Beispiel Frist und Form, eingehalten werden.

Ablauf der Versammlung

Versammlungsleiter

Der Verwalter führt regelmäßig den Vorsitz in der Versammlung. Durch einen sogenannten Geschäftsordnungsbeschluss können die Wohnungseigentümer aber bestimmen, dass der Verwaltungsbeiratsvorsitzende, sein Stellvertreter oder ein Eigentümer den Vorsitz führt.

Teilnehmer der Versammlung

- Alle im Grundbuch eingetragenen Wohnungseigentümer oder deren Vertreter.
- Der Verwalter und, wenn erforderlich, Angestellte der Verwaltung.
- Dritte oder Berater haben grundsätzlich kein Teilnahmerecht an der Versammlung. Ausnahme: Es liegt ein berechtigtes Interesse an deren Teilnahme vor.

Eröffnung und Feststellung der Beschlussfähigkeit

Stimmrechtsfragen

- Stimmrechtsprinzipien: Gesetzlich vorgesehen ist das Kopfprinzip (jeder Eigentümer hat eine Stimme). Es kann jedoch auch das Objektprinzip (pro Sonder-/Teileigentumseinheit je eine Stimme) oder das Wertprinzip (nach Miteigentumsanteilen) in der Gemeinschaftsordnung vereinbart werden.
- Stimmrechtsausschlüsse oder -beschränkungen: können vorliegen bei einem Rechtsgeschäft mit einem Wohnungseigentümer, wenn ein Rechtsstreit gegen einen Wohnungseigentümer geführt wird; weiterhin wenn das Wohnungseigentum gemäß § 18 WEG entzogen worden ist. Ist der Verwalter selbst Eigentümer oder vertritt er Eigentümer, kann im konkreten Fall auch sein Stimmrecht ausgeschlossen sein.
- Jeder Teilnehmer hat ein Rede- und Antragsrecht.

Beschlussfassung

- Beschlusskompetenz oder Vereinbarung erforderlich
- Einstimmiger Beschluss oder (qualifizierter) Mehrheitsbeschluss
- Abstimmung/ggf. Probeabstimmung
- Ja-Stimmen, Nein-Stimmen und Enthaltungen
- Beschlussfeststellung

Niederschrift

- Der Versammlungsleiter erstellt ein Ergebnisprotokoll.
- Die Niederschrift muss schriftlich erfolgen (Schriftform).
- Achtung: Der Verwalter muss das Protokoll nicht zwingend versenden, sondern nur zur Einsicht zur Verfügung stellen. Etwas anderes gilt nur dann, wenn der Verwaltervertrag oder die Gemeinschaftsordnung die Versendung regelt oder dies jahrelange Übung in der Wohnungseigentümergemeinschaft ist.
- Jedem Eigentümer stehen ein Einsichtsrecht sowie das Recht zur Fertigung von Abschriften/Kopien (gegen Kostenerstattung) zu.
- Unterschriften: Vorsitzender der Versammlung, ein Eigentümer, Vorsitzender des Verwaltungsbeirats (falls Beirat vorhanden).

Beschlusssammlung

- Inhalt: alle Beschlüsse, auch Umlaufbeschlüsse und gerichtliche Urteile.
- Der Verwalter ist zur Erstellung verpflichtet.
- Angaben: laufende Nummerierung der Eintragungen, Eigentümerversammlung oder Umlaufbeschluss, Tenor der gerichtlichen Entscheidung, Vermerk der Rechtsfolge, Eintragungsvermerk mit Datum und Unterschrift.
- Jedem Eigentümer stehen ein Einsichtsrecht sowie das Recht zur Fertigung von Abschriften/Kopien (gegen Kostenerstattung) zu.

6 Teilrechtsfähigkeit, Haftung und Insolvenz

6.1 Teilrechtsfähigkeit

§ 10 Abs. 6 WEG

regelt die beschränkte Rechtsfähigkeit der Wohnungseigentümergemeinschaft:

»Die Gemeinschaft der Wohnungseigentümer kann im Rahmen der gesamten Verwaltung des gemeinschaftlichen Eigentums gegenüber Dritten und Wohnungseigentümern selbst Rechte erwerben und Pflichten eingehen. Sie ist Inhaberin der als Gemeinschaft gesetzlich begründeten und rechtsgeschäftlich erworbenen Rechte und Pflichten. Sie übt die gemeinschaftsbezogenen Rechte der Wohnungseigentümer aus und nimmt die gemeinschaftsbezogenen Pflichten der Wohnungseigentümer wahr, ebenso sonstige Rechte und Pflichten der Wohnungseigentümer, soweit diese gemeinschaftlich geltend gemacht werden können oder zu erfüllen sind. Die Gemeinschaft muss die Bezeichnung »Wohnungseigentümergemeinschaft« gefolgt von der bestimmten Angabe des gemeinschaftlichen Grundstücks führen. Sie kann vor Gericht klagen und verklagt werden.«

6.1.1 Was bedeutet Teilrechtsfähigkeit?

Teilrechtsfähigkeit bedeutet die Fähigkeit, als Rechtssubjekt am Rechtsverkehr aktiv teilnehmen zu können, Träger von Rechten und Pflichten zu sein, im gerichtlichen Verfahren klagen und verklagt werden zu können.

Vor der Entscheidung des BGH (2.6.2005, V ZB 32/05) zur Teilrechtsfähigkeit der Wohnungseigentümergemeinschaft und ihrer gesetzlichen Verankerung im Rahmen der WEG-Reform 2007 waren die Wohnungseigentümer persönlich Träger sämtlicher Rechte und Pflichten, die sich aus der Verwaltung des gemeinschaftlichen Vermögens einer Wohnungseigentümergemeinschaft ergaben. Die Teilrechtsfähigkeit der Wohnungseigentümergemeinschaft ist nunmehr in § 10 Abs. 6 WEG gesetzlich verankert. Sinn und Zweck ist es, die Verwaltung zu erleichtern. Die Wohnungseigentümergemeinschaft hat folgende Rechte und Pflichten:

- Sie kann im Rahmen der gesamten Verwaltung des gemeinschaftlichen Eigentums gegenüber Dritten und Wohnungseigentümern selbst Rechte erwerben und Pflichten eingehen.

- Sie kann Inhaberin der von der Gemeinschaft gesetzlich begründeten und rechtsgeschäftlich erworbenen Rechte und Pflichten sein.
- Sie kann die gemeinschaftsbezogenen Rechte der Wohnungseigentümer ausüben.
- Sie kann die gemeinschaftsbezogenen Pflichten der Wohnungseigentümer wahrnehmen.
- Sie kann sonstige Rechte und Pflichten der Wohnungseigentümer wahrnehmen, soweit diese gemeinschaftlich geltend gemacht werden können oder zu erfüllen sind.

Hiernach ist zwischen den folgenden Rechtssubjekten zu unterscheiden:
- der teilrechtsfähigen Wohnungseigentümergemeinschaft als Verband,
- der nicht rechtsfähigen Wohnungseigentümergemeinschaft als Teileigentümergemeinschaft nach Bruchteilen und
- dem Wohnungseigentümer als rechtsfähiger Einzelperson.

> **! Hinweis**
>
> Tritt die Wohnungseigentümergemeinschaft als Verband auf, so muss sie gemäß § 10 Abs. 6 Satz 4 WEG die Bezeichnung »Wohnungseigentümergemeinschaft« führen, gefolgt von der bestimmten Angabe des gemeinschaftlichen Grundstücks, zum Beispiel Wohnungseigentümergemeinschaft Tannstr. 100, 80123 München.

6.1.2 Welche Rechte und Pflichten ergeben sich für die Wohnungseigentümergemeinschaft?

Die Rechte und Pflichten der Wohnungseigentümergemeinschaft beziehen sich auf die gesamte Verwaltung des gemeinschaftlichen Eigentums, des Gebrauchs des gemeinschaftlichen Eigentums (§ 15 WEG) sowie auf die gemeinschaftliche Verwaltung im Zusammenhang mit Maßnahmen zur Entziehung des Wohnungseigentums (§ 18 WEG). Dies betrifft zum einen das Außenverhältnis der Gemeinschaft zu Dritten, zum anderen das Innenverhältnis zu den Wohnungseigentümern.

Mit Außenverhältnis sind diejenigen Rechtsverhältnisse gemeint, in denen die Wohnungseigentümergemeinschaft gegenüber Dritten auftritt. Hierzu zählen die von der Gemeinschaft gesetzlich begründeten und von ihr rechtsgeschäftlich erworbenen und eingegangenen Rechte und Pflichten. Vertragspartner sind nicht die einzelnen Wohnungseigentümer, sondern die Wohnungseigentümergemeinschaft als Verband. Dem Verwalter obliegt hierbei gemäß § 27 Abs. 3 WEG als Organ der Wohnungseigentümergemeinschaft deren Vertretung.

Angelegenheiten der WEG als Verband im Außenverhältnis sind insbesondere:

- Verwaltervertrag.
- Beauftragung von Handwerkern im Rahmen von Maßnahmen der Instandhaltung, Instandsetzung oder Modernisierung des Gemeinschaftseigentums.
- Einholen von Kostenvoranschlägen für Sanierungsmaßnahmen.
- Abschluss von Wartungs- oder Dienstleistungsverträgen.
- Bestellung von Heizöl bzw. Abschluss von Energielieferungsverträgen.
- Abschluss eines Hausmeistervertrags.
- Abschluss von Darlehensverträgen.
- Mängelansprüche aus Erwerbsverträgen mit Bauträgern, soweit sie grundsätzlich der Gemeinschaft zustehen. Halten jedoch die einzelnen Wohnungseigentümer als Erwerber gegenüber dem Bauträger bereits einen den Vorschussbetrag für Mängelbeseitigung deutlich übersteigenden Betrag zurück, ist der Verband nicht berechtigt, zusätzlich einen Vorschuss zu verlangen (LG Bonn, 20.5.2014, 7 O 351/13).
- Individuelle Mängelansprüche der Wohnungseigentümer, die die teilrechtsfähige Wohnungseigentümergemeinschaft durch Mehrheitsbeschluss an sich gezogen hat. Die Wohnungseigentümer können im Rahmen der ordnungsgemäßen Verwaltung des Gemeinschaftseigentums die Ausübung der auf die ordnungsgemäße Herstellung des Gemeinschaftseigentums gerichteten Rechte der einzelnen Erwerber aus den Verträgen mit dem Veräußerer, die nicht ihrer Natur nach gemeinschaftsbezogen sind, durch Mehrheitsbeschluss auf die rechtsfähige Wohnungseigentümergemeinschaft übertragen (sogenanntes Ansichziehen). Diese ist dann dafür zuständig, die auf die Beseitigung von Mängeln am Gemeinschaftseigentum gerichteten Ansprüche durchzusetzen. Die Eigentümergemeinschaft kann auch dazu ermächtigt werden, eine nur im Verhältnis zu einem Eigentümer vereinbarte Beschaffenheit, die das Gemeinschaftseigentum betrifft, einzufordern (OLG Köln, 30.6.2014, I-11 U 69/14).
- Mängelrechte bzw. Schadenersatzansprüche, die aus Verträgen resultieren, die die Wohnungseigentümergemeinschaft als Verband geschlossen hat, zum Beispiel gegenüber dem Verwalter oder Handwerkern.
- Pflicht zur Verkehrssicherung des gemeinschaftlichen Eigentums, zum Beispiel Räum- und Streupflicht sowie ausreichende Beleuchtung im Anwesen (OLG München, 24.10.2005, 34 Wx 82/05).
- Erwerb von Immobilien (OLG Hamm, 20.10.2009, I-15 Wx 81/09); im Rahmen der einer Wohnungseigentümergemeinschaft verliehenen Teilrechtsfähigkeit ist auch von ihrer Grundbuchfähigkeit auszugehen (OLG Celle, 26.2.2008, 4 W 213/07; siehe Kapitel 6.1.4).

- Nachbarrechtliche Verstöße; geht eine nachbarliche Eigentumsstörung vom Gemeinschaftseigentum aus, ist die Wohnungseigentümergemeinschaft zu verklagen (LG Berlin, 3.9.2014, 8 O 258/12).
- Vermietung von im gemeinschaftlichen Eigentum stehenden Grundstücksflächen.

Die teilrechtsfähige Gemeinschaft ist auch Inhaberin von Rechten und Pflichten im Innenverhältnis, also gegenüber einzelnen Mitgliedern der Wohnungseigentümergemeinschaft. Angelegenheiten der WEG als Verband im Innenverhältnis sind insbesondere:

- Ansprüche auf Zahlung anteiliger Lasten- und Kostenbeiträge, zum Beispiel Hausgeld, Sonderumlagen, Beiträge zur Instandhaltungsrücklage, Nachzahlungen aus Jahresabrechnungen.
- Rückforderung zu viel gezahlter Hausgeldbeiträge.
- Schadenersatzansprüche gegen den Verwalter.
- Klagen auf Entziehung des Wohnungseigentums gemäß §§ 18, 19 WEG.
- Schadenersatzansprüche gegen einzelne Eigentümer wegen Beschädigung gemeinschaftlichen Eigentums, zum Beispiel im Rahmen baulicher Veränderungen eines einzelnen Eigentümers. Eine von einem Wohnungseigentümer eigenmächtig vorgenommene bauliche Maßnahme (hier: Terrassenüberdachung) begründet einen Nachteil für alle Wohnungseigentümer, wenn sie die Instandsetzung des gemeinschaftlichen Eigentums erschwert. Eine angebotene finanzielle Kompensation lässt den Nachteil nicht entfallen, sondern kann nur als Mittel dienen, um die anderen Wohnungseigentümer zur Erteilung der Zustimmung zu bewegen. Schadenersatzansprüche, die auf die Verletzung des Gemeinschaftseigentums gestützt werden, sind im Interesse einer geordneten Verwaltung des Gemeinschaftseigentums einheitlich geltend zu machen. Anders als bei Ansprüchen gemäß § 1004 BGB besteht eine geborene Ausübungsbefugnis der Wohnungseigentümergemeinschaft, und zwar auch für Wiederherstellungsansprüche gemäß § 823 Abs. 1 i.V.m. § 249 Abs. 1 BGB (BGH, 7.2.2014, V ZR 25/13).
- Klage auf Beseitigung baulicher Veränderungen nach Mehrheitsbeschluss.
- Klage auf Unterlassung einer zweckbestimmungswidrigen Nutzung nach Mehrheitsbeschluss.
- Ein Wohnungseigentümer verliert mit der beschlossenen Vergemeinschaftung von Störungsbeseitigungsansprüchen seinen diesbezüglichen Individualanspruch, sofern die Störung ausschließlich das gemeinschaftliche Eigentum betrifft und sein Sondereigentum nur indirekt betroffen ist. Den Anspruch kann dann nur noch der teilrechtsfähige Verband geltend machen (BGH, 5.12.2014, V ZR 85/14).

Achtung   **!**

Bei Unterlassungs- oder Beseitigungsansprüchen oder bei der Wiederherstellung nach Veränderung des gemeinschaftlichen Eigentums handelt es sich um Individualansprüche der Wohnungseigentümer. Das bedeutet, jeder einzelne Eigentümer als Mitglied der nicht rechtsfähigen Bruchteilsgemeinschaft kann diesen Anspruch geltend machen (OLG München, NJW 2005, 3006). Daneben kann jedoch auch die Wohnungseigentümergemeinschaft als Verband die Individualansprüche der Wohnungseigentümer durch Mehrheitsbeschluss geltend machen. Man spricht hier vom »Ansichziehen« der Rechte einzelner Wohnungseigentümer durch Beschluss. Diese Ausübungsbefugnis der Wohnungseigentümergemeinschaft überlagert sodann die individuelle Rechtsverfolgung durch einzelne Miteigentümer und begründet ihre alleinige Zuständigkeit (BGH, 12.4.2007, VII ZR 236/05; OLG Celle, 25.10.2012, 5 U 44/12). Fehlt es an einem ausdrücklichen Beschluss der Wohnungseigentümergemeinschaft über das Ansichziehen der entsprechenden Ansprüche, zum Beispiel die Geltendmachung von Mängelgewährleistungsansprüchen gegenüber dem Bauträger, fehlt es der Wohnungseigentümergemeinschaft auch an der Aktivlegitimation für deren gerichtliche Geltendmachung (OLG München, 3.7.2012, 13 U 2506/11 Bau).

6.1.3 Individualansprüche der Wohnungseigentümer

Neben den gemeinschaftsbezogenen Ansprüchen, die die Wohnungseigentümergemeinschaft nach entsprechender Mehrheitsbeschlussfassung geltend machen kann, stehen die Individualansprüche der einzelnen Wohnungseigentümer. Ihre Geltendmachung unterliegt nicht der Beschlusskompetenz der Wohnungseigentümergemeinschaft. Grundsätzlich kann jeder Wohnungseigentümer gemäß § 15 Abs. 3 WEG den Gebrauch der im Sondereigentum stehenden Gebäudeteile und des gemeinschaftlichen Eigentums verlangen, der dem Gesetz, den Vereinbarungen und Beschlüssen und, soweit sich daraus eine Regelung nicht ergibt, dem Interesse der Gesamtheit der Wohnungseigentümer nach billigem Ermessen entspricht.

Sind diese Voraussetzungen nicht gegeben, bedeutet das eine Eigentumsbeeinträchtigung, die Unterlassungs- oder Beseitigungsansprüche begründet. Derartige Ansprüche können als Individualansprüche von jedem einzelnen Wohnungseigentümer geltend gemacht werden, ggf. auch gerichtlich.

Diese Einzelansprüche kann die Wohnungseigentümergemeinschaft aufgrund entsprechender Beschlussfassung als gekorene Ansprüche an sich ziehen, wenn es um Beeinträchtigungen des gemeinschaftlichen Eigentums geht. Durch die beschlossene Vergemeinschaftung von Störungsbeseitigungsansprüchen verliert ein Wohnungseigentümer seinen diesbezüglichen Individualanspruch, sofern die Störung ausschließlich das gemeinschaftliche Eigentum und sein

Sondereigentum nur indirekt betrifft. Die Wohnungseigentümergemeinschaft begründet damit ihre alleinige Zuständigkeit für die gerichtliche Geltendmachung. Das hat zur Folge, dass der einzelne Wohnungseigentümer nicht mehr prozessführungsbefugt und der Rechtsverfolgung der Individualansprüche durch den einzelnen Eigentümer die Rechtsgrundlage entzogen ist (BGH, 5.12.2014, V ZR 5/14).

Zu den Individualansprüchen der Wohnungseigentümer zählen:
- Beschlussanfechtungen (§ 46 Abs. 1 WEG).
- Beseitigungs- und Unterlassungsansprüche (§ 1004 BGB).
- Ansprüche auf ordnungsmäßige Verwaltung im Sinne von § 21 Abs. 4 WEG, zum Beispiel Anspruch auf Vorlage von Wirtschaftsplan und Jahresabrechnung gegenüber dem Verwalter und Anspruch auf Bestellung oder Abberufung des Verwalters gegen die anderen Wohnungseigentümer.
- Anspruch auf Änderung des Kostenverteilerschlüssels bei Unbilligkeit (§ 10 Abs. 2 Satz 3 WEG).
- Schadenersatzansprüche gegen den Verwalter, zum Beispiel wenn dieser die Zustimmung zur Veräußerung des Sondereigentums zu Unrecht verweigert oder seine Sorgfaltspflicht verletzt und dies allein bei einem Wohnungseigentümer zu einem Schaden geführt hat, zum Beispiel durch Erteilung einer falschen Auskunft (BGH, 2.10.1991, V ZB 9/91) oder Schädigung des Sondereigentums (OLG Düsseldorf, 29.9.2006, I 3 Wx 281/05); der einzelne Wohnungseigentümer kann vom Verwalter nicht Naturalrestitution – also die Wiederherstellung eines Zustands, der bestehen würde, wenn der zum Ersatz verpflichtende Umstand nicht eingetreten wäre – verlangen, wenn der Verwalter ohne Beschluss eine Hecke im Bereich einer Sondernutzungsfläche beseitigen ließ; nur wenn dem Sondereigentümer unmittelbar ein eigener Schaden entsteht, kann er vertragliche Ansprüche aus dem Verwaltervertrag mit dem Verband direkt gegen den Verwalter geltend machen (LG Hamburg, 25.2.2015, 318 S 110/14).
- Schadenersatzansprüche gegen Miteigentümer oder Dritte wegen Beschädigung des Sondereigentums; auch wenn die Beschädigung durch eine Einwirkung auf das gemeinschaftliche Eigentum verursacht wurde.

Zwingend gemeinschaftsbezogene Ansprüche, die nicht der einzelne Eigentümer geltend machen kann, liegen in folgenden Fällen vor:
- Deliktische Ansprüche auf Schadenersatz wegen Verletzung des gemeinschaftlichen Eigentums gegenüber Miteigentümern und Dritten, zum Beispiel bei Beschädigung des Garagentors.
- Gemeinschaftlicher Schadenersatzanspruch gegen den Verwalter wegen Pflichtverletzung.
- Vermietung von Gemeinschaftseigentum.

- Ansprüche wegen Mängel aus einer Instandsetzungsmaßnahme.
- Ausübung des Entziehungsrechts gemäß § 18 Abs. 1 Satz 2 WEG.
- Betretungsrecht gemäß § 14 Nr. 4 WEG.

Beispiele aus der Rechtsprechung !

- Bei Mängelbeseitigungsansprüchen gegenüber dem Bauträger gilt: Hat die Wohnungseigentümergemeinschaft den Anspruch auf Mängelbeseitigung durch mehrheitliche Beschlussfassung an sich gezogen, so begründet dies ihre alleinige Zuständigkeit (BGH, 12.4.2007, VII ZR 236/05).
- Der gegen den Verwalter gerichtete Anspruch auf Auskunft zur Jahresabrechnung und zum Wirtschaftsplan steht allen Wohnungseigentümern gemeinschaftlich als unteilbare Leistung zu. Nur wenn der Verband trotz des Verlangens eines einzelnen Eigentümers davon keinen Gebrauch macht, kann der betreffende Eigentümer allein die Auskunft verlangen. Außerdem besteht ein Individualanspruch des einzelnen Wohnungseigentümers dann, wenn sich das Auskunftsverlangen auf Angelegenheiten bezieht, die ausschließlich ihn betreffen (BGH, 11.2.2011, V ZR 66/10).
- Schadenersatzansprüche, die auf die Verletzung des Gemeinschaftseigentums gestützt werden, sind im Interesse einer geordneten Verwaltung des Gemeinschaftseigentums einheitlich geltend zu machen. Es besteht – anders als bei Ansprüchen nach § 1004 BGB – eine geborene Ausübungsbefugnis der Wohnungseigentümergemeinschaft, und zwar auch für Wiederherstellungsansprüche gemäß § 823 Abs. 1 i.V.m. § 249 Abs. 1 BGB (BGH, 7.2.2014, V ZR 25/13).
- Inhaber des Gemeinschaftseigentums sind die Wohnungseigentümer als Bruchteilsgemeinschaft. Schadenersatzansprüche wegen Beschädigung des Gemeinschaftseigentums (hier: durch das Fällen zweier gesunder Pappeln) gehören somit nicht zum Verwaltungsvermögen und können folglich nicht gegenüber der Eigentümergemeinschaft geltend gemacht werden (LG Köln, 10.3.2011, 29 S 60/10).
- Zieht die Wohnungseigentümergemeinschaft die Durchsetzung von Beseitigungs- oder Unterlassungsansprüchen wegen Störungen des Gemeinschaftseigentums durch Mehrheitsbeschluss an sich, so begründet sie damit ihre alleinige Zuständigkeit für die gerichtliche Geltendmachung (BGH, 5.12.2014, V ZR 5/14).
- Eine Vergemeinschaftung von Individualansprüchen ist nur im Beschlusswege möglich, sie kann auch nicht konkludent erfolgen (LG Hamburg, 2.5.2012, 318 S 79/11).
- Hat die Gemeinschaft durch Beschluss Individualansprüche »vergemeinschaftet«, besteht keine Anspruchskonkurrenz. Die ausschließliche und vorrangige Rechtsverfolgung liegt dann beim Verband (LG München I, 9.2.2012, 36 S 7324/11).
- Der Anspruch auf Beseitigung einer baulichen Veränderung steht allein den einzelnen Wohnungseigentümern gegen den jeweiligen Störer zu. Es kann jedoch eine Vergemeinschaftung des Beseitigungsanspruchs nach § 10 Abs. 6 Satz 3 WEG erfolgen, wenn die Wohnungseigentümer die Ausübung durch den Verband für richtig erachten. Dagegen kann ein einzelner Wohnungseigentümer ein Vorgehen

des Wohnungseigentümerverbandes nur in wenigen Ausnahmefällen verlangen, da ihm ein eigenes Vorgehen ohne die Vergemeinschaftung möglich ist (LG Köln, 28.8.2014, 29 S 233/13).

- Zum Verjährungsbeginn: Das Wissen des Verwalters kann den einzelnen Mitgliedern einer Wohnungseigentümergemeinschaft bei der Durchsetzung ihrer Ansprüche als eigene Kenntnis im Sinne von § 199 Abs. 1 Nr. 2 BGB entsprechend § 166 BGB nur zugerechnet werden, wenn es sich um gemeinschaftsbezogene Ansprüche im Sinne von § 10 Abs. 6 Satz 3 Fall 1 WEG handelt oder wenn die Gemeinschaft Ansprüche der Wohnungseigentümer nach § 10 Abs. 6 Satz 3 Fall 2 WEG an sich gezogen hat (BGH, 4.7.2014, V ZR 183/13).

- Es gibt keinen Individualanspruch auf Vornahme einer Modernisierungsmaßnahme (LG München I, 23.6.2014, 1 S 13821/13).

- Ein Wohnungseigentümer, der an seinem Wohnungseigentum einen Nießbrauch bestellt hat, kann grundsätzlich als mittelbarer Handlungsstörer von den übrigen Wohnungseigentümern auf Unterlassung in Anspruch genommen werden, wenn der Nießbraucher das Wohnungseigentum in einer Weise nutzt, die mit dem in der Teilungserklärung vereinbarten Zweck unvereinbar ist (BGH, 16.5.2014, V ZR 131/13).

- Ein Wohnungseigentümer kann gegenüber der Wohnungseigentümergemeinschaft keinen bereicherungsrechtlichen Anspruch auf Rückzahlung des von ihm monatlich erbrachten Hausgeldes mit der Begründung geltend machen, dass Wirtschaftspläne und Jahresabrechnungen für die betreffenden Jahre nicht vorlägen, weil die Beschlussfassungen der Wohnungseigentümer gerichtlich für nichtig erklärt worden seien. Die Erfüllung eines Bereicherungsanspruchs aus Mitteln der Gemeinschaft kann erst und nur dann verlangt werden, wenn eine durch Beschlussfassung der Gemeinschaft genehmigte Jahresabrechnung ein Guthaben für den betreffenden Wohnungseigentümer ausweist. Vor einer noch herbeizuführenden wirksamen Beschlussfassung oder einer sie ersetzenden gerichtlichen Entscheidung entsteht weder eine Nachzahlungspflicht noch ein Erstattungsanspruch bei Wohnungseigentümern (LG Düsseldorf, 7.11.2013, 19 S 77/12).

- Macht ein Wohnungseigentümer einen ihm allein zustehenden Schadenersatzanspruch gegen den Verwalter geltend, sind die anderen Wohnungseigentümer nicht Beteiligte. Der einzelne Wohnungseigentümer braucht zur Durchsetzung eines ihm als Einzelgläubiger gegen den Verwalter zustehenden Schadenersatzanspruchs keine Ermächtigung durch die Gemeinschaft. Teilt der Verwalter einem Wohnungseigentümer zu Unrecht mit, die von diesem beabsichtigte Baumaßnahme bedürfe nicht der Zustimmung der übrigen Wohnungseigentümer, muss er die einem anderen Wohnungseigentümer bei der Abwehr der hierdurch veranlassten Baumaßnahme entstandenen Rechtsverfolgungskosten ersetzen (BGH, 2.10.1991, V ZB 9/91, hier zur unberechtigten Genehmigung einer baulichen Veränderung durch den Verwalter).

- Der einzelne Wohnungseigentümer kann im Wohnungseigentumsverfahren wegen einer Beschädigung seiner Sachen einen Schadenersatzanspruch gegen den Verwalter auf die Schlechterfüllung des Verwaltervertrags stützen, obwohl nicht er gemeinsam mit den übrigen Wohnungseigentümern, sondern die Wohnungseigentümergemeinschaft als teilrechtsfähiger Verband Vertragspartner des Verwalters ist (OLG Düsseldorf, 29.9.2006, I-3 Wx 281/05).

Führt eine vom Verwalter ohne Eigentümerbeschluss angeordnete Instandsetzung zur individuellen Beeinträchtigung eines Sondereigentümers oder Sondernutzungsberechtigten, hat dieser gegen den Verwalter einen Individualanspruch auf Beseitigung der Störung (hier: Verkleinerung des Pkw-Stellplatzes durch Rohrführung). Der Verwalter persönlich kann aber nur auf die durch sein Vorgehen ohne Eigentümerbeschluss verursachten Mehrkosten in Anspruch genommen werden, wenn eine anderweitige Instandsetzung besondere Kosten verursacht hätte und von den Wohnungseigentümern nach den Grundsätzen ordnungsmäßiger Verwaltung hätte festgelegt werden müssen (KG Berlin, 26.11.2001, 24 W 20/01 zu Bauarbeiten unter der Fundamentsohle).

6.1.4 Verwaltungsvermögen

Gemäß § 10 Abs. 7 WEG gehört das Verwaltungsvermögen der Wohnungseigentümergemeinschaft. Es besteht aus den im Rahmen der gesamten Verwaltung des gemeinschaftlichen Eigentums gesetzlich begründeten und rechtsgeschäftlich erworbenen Sachen und Rechten sowie aus den entstandenen Verbindlichkeiten. In das Verwaltungsvermögen fallen insbesondere die Ansprüche und Befugnisse aus Rechtsverhältnissen mit Dritten und mit Wohnungseigentümern sowie die eingenommenen Gelder. Vereinigen sich sämtliche Wohnungseigentumsrechte in einer Person, geht das Verwaltungsvermögen auf den Eigentümer des Grundstücks über. Als Teile des Verwaltungsvermögens gelten im Einzelnen:

- Gegenstände wie Gartengeräte, Rasenmäher, Werkzeuge, Spielplatzgeräte, Schneeräummaschinen, Waschmaschinen und Trockner
- Waschmünzenerlöse
- Heizöl- und Gasvorräte
- Gemeinschaftliches Geldvermögen, zum Beispiel Guthaben bei Kreditinstituten, Instandhaltungsrücklagen, Festgelder, sonstige Geldanlagen, Zinserträge
- Einkünfte aus Vermietung des gemeinschaftlichen Eigentums
- Gemeinschaftliche Verwaltungsunterlagen
- Gemeinschaftliche Forderungen und Ansprüche gegenüber Dritten und Wohnungseigentümern
- Gemeinschaftliche Verbindlichkeiten
- Durch den Verband erworbene Immobilien

Das Sondereigentum und das Gemeinschaftseigentum gehören nicht zum Verwaltungsvermögen (OLG Hamm, 19.7.2011, 15 Wx 120/10).

Bei einem Eigentümerwechsel verbleiben die Gegenstände, Forderungen, Ansprüche und Verbindlichkeiten des Verwaltungsvermögens bei der teilrechtsfähigen Wohnungseigentümergemeinschaft. Das Verwaltungsvermögen besteht unabhängig vom jeweiligen Mitgliederbestand der Wohnungseigentümergemeinschaft, das heißt, eine gesonderte Übertragung auf den Sonderrechtsnachfolger findet nicht statt. Soll das Verwaltungsvermögen im Wege der Zwangsvollstreckung verwertet werden, muss ein Titel gegen die Gemeinschaft als Verband erwirkt werden. Der vollstreckbare Anspruch eines Gläubigers der Wohnungseigentümergemeinschaft beschränkt sich auf das Verwaltungsvermögen.

Nachdem die Wohnungseigentümergemeinschaft als Rechtssubjekt anerkannt ist, können Gläubiger im Hinblick auf gemeinschaftsbezogene Forderungen das Verwaltungsvermögen in Anspruch nehmen und ggf. ihre Forderungen gegen die Wohnungseigentümergemeinschaft als solche gerichtlich geltend machen. Haftungsmasse ist hierbei nicht das Gemeinschafts- oder Sondereigentum, sondern das Verwaltungsvermögen. Die Gläubiger der Wohnungseigentümergemeinschaft können jedoch auch weiterhin einzelne Wohnungseigentümer für die Verwaltungsschulden der Gemeinschaft in Anspruch nehmen.

Die beiden Herangehensweisen können nebeneinander verfolgt werden; es ist nicht erforderlich, dass zuerst ein erfolgloses Verfahren gegen die Wohnungseigentümergemeinschaft durchgeführt wird. Die Haftung des einzelnen Wohnungseigentümers beschränkt sich der Höhe nach anteilig auf seinen Miteigentumsanteil am Gemeinschaftseigentum. Der Umfang der Haftung bestimmt sich stets nach der Höhe des Miteigentumsanteils. Wurde ein einzelner Wohnungseigentümer von einem Gläubiger auf Zahlung anteilig in Höhe seines Miteigentumsanteils in Anspruch genommen, so steht ihm im Innenverhältnis gegenüber der Wohnungseigentümergemeinschaft ein Ausgleichsanspruch zu, soweit er seiner Verpflichtung zur Zahlung der fälligen Gelder (Hausgeld, Sonderumlage, Instandhaltungsrücklage etc.) nachgekommen ist.

6.2 Haftung

In direktem Zusammenhang mit der Anerkennung der Teilrechtsfähigkeit der Wohnungseigentümergemeinschaft steht das geltende Haftungssystem. Hiernach ist zwischen der Haftung der Wohnungseigentümergemeinschaft als Verband und der der einzelnen Eigentümer zu unterscheiden.

§ 10 Abs. 8 WEG

sieht die Haftung folgendermaßen vor:

»Jeder Wohnungseigentümer haftet einem Gläubiger nach dem Verhältnis seines Miteigentumsanteils (§ 16 Abs. 1 Satz 2) für Verbindlichkeiten der Gemeinschaft der Wohnungseigentümer, die während seiner Zugehörigkeit zur Gemeinschaft entstanden oder während dieses Zeitraums fällig geworden sind; für die Haftung nach Veräußerung des Wohnungseigentums ist § 160 des Handelsgesetzbuches entsprechend anzuwenden. Er kann gegenüber einem Gläubiger neben den in seiner Person begründeten auch die der Gemeinschaft zustehenden Einwendungen und Einreden geltend machen, nicht aber seine Einwendungen und Einreden gegenüber der Gemeinschaft. Für die Einrede der Anfechtbarkeit und Aufrechenbarkeit ist § 770 des Bürgerlichen Gesetzbuches entsprechend anzuwenden. Die Haftung eines Wohnungseigentümers gegenüber der Gemeinschaft wegen nicht ordnungsmäßiger Verwaltung bestimmt sich nach Satz 1.«

6.2.1 Wann haftet die Wohnungseigentümergemeinschaft?

Nachdem die Wohnungseigentümergemeinschaft als Rechtssubjekt anerkannt ist, können Gläubiger im Hinblick auf gemeinschaftsbezogene Forderungen das Verwaltungsvermögen in Anspruch nehmen und ggf. ihre Forderungen gegen die Wohnungseigentümergemeinschaft als solche gerichtlich geltend machen. Haftungsmasse ist hierbei nicht das Gemeinschafts- oder das Sondereigentum, sondern das Verwaltungsvermögen.

6.2.2 Wann haftet der einzelne Wohnungseigentümer?

Gemäß § 10 Abs. 8 WEG haftet zudem jeder einzelne Wohnungseigentümer gegenüber Gläubigern nach dem Verhältnis seines Miteigentumsanteils für Verbindlichkeiten der Gemeinschaft der Wohnungseigentümer, die während seiner Zugehörigkeit zur Gemeinschaft entstanden oder während dieses Zeitraums fällig geworden sind. Die Möglichkeiten, die Wohnungseigentümergemeinschaft sowie einen einzelnen Wohnungseigentümer in Anspruch zu nehmen, bestehen nebeneinander. Es ist nicht erforderlich, dass zuerst ein erfolgloses Verfahren gegen die Wohnungseigentümergemeinschaft geführt wird. Jedoch gilt, dass die Haftung des einzelnen Wohnungseigentümers der Höhe nach auf seinen Miteigentumsanteil beschränkt ist. Das heißt, der Umfang der Haftung richtet sich stets nach der Höhe des Miteigentumsanteils, selbst wenn innerhalb der Gemeinschaft ein abweichender Kostenverteilerschlüssel vereinbart wurde.

> **! Beispiel**
>
> Eine WEG hat den Auftrag zur Reparatur der Heizungsanlage an die Firma Blitztank erteilt. Nach entsprechendem Mehrheitsbeschluss sollte die Maßnahme mit Kosten in Höhe von 10.000 EUR durch Sonderumlage finanziert werden, die ein Großteil der Wohnungseigentümer auf das gemeinschaftliche Girokonto der Wohnungseigentümergemeinschaft geleistet hat. Nach Ausführung der Arbeiten gestaltet sich die finanzielle Lage der Wohnungseigentümergemeinschaft jedoch als äußerst schwierig, ihre Konten weisen Minusstände auf. Die Firma Blitztank befürchtet, dass sich die finanzielle Lage der Wohnungseigentümergemeinschaft kurzfristig nicht ändern wird, und fasst den Entschluss, zumindest die Hälfte der geschuldeten Vergütung bei den einzelnen Wohnungseigentümern einzuklagen. Die Firma Blitztank richtet ihre Klage gegen die Wohnungseigentümer 1 bis 5, die jeweils zu 100/1.000stel Miteigentümer der Wohnungseigentümergemeinschaft sind. Die Wohnungseigentümer 1 bis 5 werden daraufhin jeweils zur Zahlung von 1.000 EUR verurteilt. Im Lauf eines weiteren Jahres erfährt die Firma Blitztank, dass die Wohnungseigentümergemeinschaft wieder zahlungsfähig ist, und macht daraufhin ihre Restforderung in Höhe von 5.000 EUR erfolgreich gegen die Wohnungseigentümergemeinschaft als solche geltend.
>
> Die Wohnungseigentümer 1 und 2, die die Sonderumlage bereits vor Auftragsvergabe der Maßnahme geleistet hatten, möchten natürlich nicht doppelt bezahlen. Sie können im Innenverhältnis gegenüber der Wohnungseigentümergemeinschaft jeweils einen Ausgleichsanspruch in Höhe von 1.000 EUR geltend machen.

Gegenüber dem Gläubiger kann der in Anspruch genommene Eigentümer alle eigenen sowie die der Gemeinschaft zustehenden Einwendungen und Einreden geltend machen. Besteht also zum Beispiel bei einem einzelnen Eigentümer oder bei der Wohnungseigentümergemeinschaft eine Gegenforderung, kann diese geltend gemacht und mit dem eingeklagten Betrag aufgerechnet werden. Die Vorschrift des § 770 BGB ist entsprechend anzuwenden.

Grundsätzlich kann der Eigentümer von der Gemeinschaft in solchen Fällen Freistellung verlangen, da ihm gegen die Gemeinschaft ein Aufwendungsersatzanspruch zusteht (§ 257 BGB). Wurde aber ein einzelner Wohnungseigentümer von einem Gläubiger auf anteilige Zahlung in Höhe seines Miteigentumsanteils in Anspruch genommen, so steht ihm im Innenverhältnis gegenüber der Wohnungseigentümergemeinschaft ein Ausgleichsanspruch zu, soweit er seiner Verpflichtung zur Zahlung der fälligen Gelder wie Hausgeld, Sonderumlage und Instandhaltungsrücklage nachgekommen ist. Gegenüber den anderen Wohnungseigentümern steht ihm kein Ausgleichsanspruch zu.

Etwas anderes gilt nur, wenn ein Eigentümer die Verbindlichkeit der Gemeinschaft in voller Höhe beglichen hat. Soweit er also in diesem Fall über seine gesetzliche, quotale Verpflichtung hinaus Zahlungen leistet, steht ihm ein Aufwendungsersatzanspruch aus Notgeschäftsführung nach § 21 Abs. 2 WEG gegen die Gemeinschaft zu (KG Berlin, 24.4.2009, 24 W 55/08). Da der Eigentümer hinsichtlich dieses Anspruchs einem Drittgläubiger gleichsteht, haften neben der Gemeinschaft die übrigen Wohnungseigentümer für den Aufwendungsersatzanspruch des Eigentümers anteilig. Allerdings bestimmt sich der Haftungsanteil des einzelnen Eigentümers dann nicht nach § 10 Abs. 8 WEG, sondern nach § 16 Abs. 2 WEG bzw. nach dem vereinbarten oder beschlossenen Kostenverteilerschlüssel (KG Berlin, 24.11.2009, 24 W 18/08; a.A. AG Charlottenburg, 15.6.2011, 72 C 141/10; OLG München, 15.1.2008, 32 Wx 129/07).

Den umgekehrten Fall regelt § 10 Abs. 8 Satz 4 WEG. Der einzelne Wohnungseigentümer hat gegenüber der Wohnungseigentümergemeinschaft die Mitwirkungspflicht zu einer ordnungsmäßigen Verwaltung. Verweigert beispielsweise ein Wohnungseigentümer schuldhaft seine Mitwirkung an der Beschlussfassung, mit der die Wohnungseigentümergemeinschaft wieder zahlungsfähig gemacht werden soll, etwa an dem Beschluss zu einer Sonderumlage, macht er sich gegenüber der Wohnungseigentümergemeinschaft schadenersatzpflichtig. Das gilt auch im Fall der Nichtzahlung beschlossener Hausgelder (OLG München, 18.2.2009, 32 Wx 120/08; LG Saarbrücken, 7.9.2012, 5 S 23/11). Auch in diesem Fall haftet der Wohnungseigentümer der Gemeinschaft gegenüber nur anteilig in Höhe seines Miteigentumsanteils.

Eine gesamtschuldnerische Haftung der Wohnungseigentümer zusätzlich zur teilrechtsfähigen Wohnungseigentümergemeinschaft kommt regelmäßig nur dann in Betracht, wenn sich diese nicht nur der Gemeinschaft, sondern auch klar und eindeutig persönlich verpflichtet haben, oder wenn der Gesetzgeber dies anordnet (BGH, 20.1.2010, VIII ZR 329/08). Besonderheiten können bei einer durch Landesgesetz angeordneten gesamtschuldnerischen persönlichen Haftung der Wohnungseigentümer in ihrer Eigenschaft als Miteigentümer des Grundstücks bezüglich der Entgelte für Abfallentsorgung und Straßenreinigung gelten (BGH, 18.6.2009, VII ZR 196/08).

Die Haftung für Kommunalabgaben, also für öffentlich-rechtliche Beiträge, richtet sich nach dem jeweiligen öffentlichen Gesetz, das die Körperschaft oder Behörde berechtigt, solche Beiträge oder Gebühren durch Verwaltungsakt einzuziehen. Die anteilige quotale Haftung der einzelnen Eigentümer kommt in diesem Falle nur zum Tragen, wenn das öffentliche Recht eine Haftung der Gemeinschaft anordnet (Sächsisches OVG, 29.10.2012, 5 B 329/12; OLG Hamm, 20.1.2009, 15 Wx 164/08). Anders liegt der Fall bei Versorgungsunternehmen: Werden für eine Wohnanlage Versorgungsleistungen (hier in Form von Strom, Gas und Wasser) bezogen, kommt aufgrund der Allgemeinen Versorgungsbedingungen des Versorgungsunternehmens ein faktischer Vertrag mit der Wohnungseigentümergemeinschaft zustande (LG München I, 7.12.2006, 26 O 13359/06).

6.2.3 Haftung bei Eigentümerwechsel

Nach dem Austritt eines Wohnungseigentümers aus der Gemeinschaft ist seine Haftung nicht sofort beendet. Er haftet gemäß § 10 Abs. 8 Satz 1 WEG für die während des Zeitraums seiner Zugehörigkeit zur Gemeinschaft entstandenen oder fällig gewordenen Verbindlichkeiten weitere fünf Jahre nach seinem Ausscheiden anteilig in Höhe seines ehemaligen Miteigentumsanteils. Bei dieser zeitlich begrenzten »Nachhaftung« wird Bezug genommen auf § 160 Handelsgesetzbuch (HGB). Diese zum Schutz von Gläubigern der Wohnungseigentümergemeinschaft getroffene Regelung bewirkt, dass sich der Gläubiger in solch einem Fall mit seiner Forderung weiterhin sowohl an den Veräußerer als auch an den Erwerber als Rechtsnachfolger halten kann. Veräußerer und Erwerber haften hierbei gesamtschuldnerisch, jedoch kann der Veräußerer wiederum im Innenverhältnis den Erwerber gemäß § 426 Abs. 2 BGB auf Ausgleich in Anspruch nehmen. Dabei kann der Gläubiger seine Forderung nur anteilig in Höhe des Miteigentumsanteils geltend machen.

> **!** **Beispiel: Rechnung für Reparatur der Heizungsanlage**
>
> Die Wohnungseigentümergemeinschaft beauftragt die Firma Blitztank mit der Reparatur der Heizungsanlage am 2.9.2015. Am 30.9.2015 veräußert Wohnungseigentümer 1 seine Wohnung. Die Eintragung des Erwerbers erfolgt sogleich. Am 12.10.2015 findet die Abnahme der Heizungsanlage statt. Die Firma Blitztank übergibt am selben Tag die Rechnung. Zum Zeitpunkt der Entstehung der Verbindlichkeit war Wohnungseigentümer 1 noch Eigentümer, bei ihrer Fälligkeit ist er es jedoch nicht mehr.

Die entsprechende Anwendung von § 160 HGB hat zur Folge, dass der ausscheidende Wohnungseigentümer für die während des Zeitraums seiner Zugehörigkeit zur Gemeinschaft entstandenen Verbindlichkeiten weitere fünf Jahre nach seinem Ausscheiden anteilig in Höhe seines ehemaligen Miteigentumsanteils haftet. Voraussetzung hierfür ist, dass die Forderung binnen fünf Jahren nach seinem Austritt fällig und entsprechend tituliert oder nach § 160 Abs. 2 HGB schriftlich anerkannt wird. Nicht erfasst werden hiervon Verbindlichkeiten, die erst nach dem Austritt aus der Wohnungseigentümergemeinschaft entstehen, der dafür maßgebliche Zeitpunkt ist die Eintragung des Erwerbers im Grundbuch.

Die Haftung des Veräußerers hängt stets auch von der Verjährungsfrist des eigentlichen Anspruchs ab. Die Fünfjahresfrist der Nachhaftung führt nicht zur Verlängerung der Verjährungsfrist des ursprünglichen Anspruchs.

> **Beispiel (Fortsetzung)**
> Der Anspruch der Firma Blitztank auf Zahlung des Werklohns gemäß § 631 Abs. 1
> und § 641 Abs. 1 BGB wäre nach §§ 195, 199 BGB zum 31.12.2018 verjährt. Über diesen
> Zeitpunkt hinaus muss der ausscheidende Wohnungseigentümer nicht haften. Er
> kann die Einrede der Verjährung geltend machen.

6.2.3.1 Sonderfall Hausgeld

Das Hausgeld muss der zum jeweiligen Zeitpunkt der Beschlussfassung über
die Zahlungsverpflichtung und die Fälligkeit einer Forderung nach Wirtschaftsplan, Jahresabrechnung oder von Sonderumlagen der im Grundbuch eingetragene Wohnungseigentümer zahlen. Sind mehrere Personen gemeinsam Wohnungseigentümer, haften sie für Hausgeldzahlungen als Gesamtschuldner nach
§§ 421 ff. BGB.

Im Fall eines Eigentümerwechsels bedeutet dies, dass der Veräußerer solange für
die Zahlung des Hausgeldes haftet, bis der Erwerber im Grundbuch eingetragen
ist. Der Erwerber ist zur Zahlung erst verpflichtet, wenn er im Grundbuch steht.
Er haftet nicht für Hausgeldrückstände des Veräußerers.

Bei einer Zwangsversteigerung trägt der Ersteher die Lasten und Kosten ab dem
Tag des Zuschlags. Mit der Eintragung des Erwerbers im Grundbuch geht der
Anspruch auf Abrechnung und Auszahlung von Guthaben auf den neuen Eigentümer über und kann folglich vom früheren Eigentümer nicht mehr geltend
gemacht werden. Ist allerdings der Veräußerer seiner Verpflichtung zur Haus-
geldvorauszahlung nach einem beschlossenen Wirtschaftsplan nicht nachgekommen und sind daher Hausgeldrückstände aufgelaufen, haftet er dafür auch
nach seinem Ausscheiden aus der Wohnungseigentümergemeinschaft. Der Erwerber muss Hausgeldvorschüsse erst ab erfolgter Eigentumsumschreibung bezahlen.

Von rückständigen Hausgeldvorschüssen ist die sogenannte Abrechnungsspitze zu unterscheiden. Ergibt sich aus der Jahresabrechnung ein Fehlbetrag,
weil die tatsächlichen Kosten höher waren, als zunächst im Wirtschaftsplan
veranschlagt, haftet für diesen Fehlbetrag der Wohnungseigentümer, der zum
Zeitpunkt der Beschlussfassung über die Jahresabrechnung im Grundbuch eingetragen ist. Für die Begründung einer Haftung des Erstehers für noch offene
Beiträge aus dem Vorjahreswirtschaftsplan, die neben die Haftung des Vorei-
gentümers aus dem Wirtschaftsplan tritt, fehlt den Miteigentümern die Beschlusskompetenz. Der Ersteher haftet nur für die sogenannte Abrechnungsspitze (LG München I, 20.12.2010, 1 S 4319/10; BGH, 23.9.1999, V ZB 13/99).

> **! Hinweis**
>
> Können Hausgeldrückstände des Voreigentümers nicht mehr beigetrieben werden und muss die Wohnungseigentümergemeinschaft zu deren Deckung wegen Liquiditätsengpässen Beschlüsse fassen, ist ebenfalls derjenige Eigentümer zur Zahlung verpflichtet, der im Zeitpunkt der Beschlussfassung im Grundbuch eingetragen ist.

6.3   Insolvenz

Die Insolvenz (Zahlungsunfähigkeit) beschreibt das auf Mangel an Zahlungsmitteln beruhende Unvermögen eines Schuldners, seine fälligen Verbindlichkeiten zu erfüllen. Nach der Insolvenzordnung ist sie in der Regel gegeben, wenn der Schuldner seine Zahlungen eingestellt hat. Ebenso wie die Überschuldung ist sie ein allgemeiner Grund für die Eröffnung des Insolvenzverfahrens. Die Eröffnung kann auch vom Schuldner beantragt werden.

> **§ 11 Abs. 3 WEG**
> *stellt klar:*
> *»Ein Insolvenzverfahren über das Verwaltungsvermögen der Gemeinschaft findet nicht statt.«*

Die Gemeinschaft der Wohnungseigentümer ist nicht insolvenzfähig. Die Auflösung der Eigentümergemeinschaft und auch die Aufhebung des Wohnungseigentums des Schuldners kann nicht verlangt werden.

7 Verwalter und Verwaltungsbeirat

7.1 Wer kann zum Verwalter bestellt werden?

Zum Verwalter kann jede natürliche Person, auch ein Wohnungseigentümer bestellt werden, aber ebenso eine juristische Person, zum Beispiel GmbH, OHG oder KG. Auch die haftungsbeschränkte Unternehmergesellschaft gemäß § 5a GmbHG kann zum Verwalter bestellt werden. Allerdings müssen sich die Eigentümer in diesem Fall ausreichende Unterlagen über die Liquidität der Verwalterkandidatin verschaffen, insbesondere auch über einen ausreichenden Versicherungsschutz (LG Frankfurt/Main, WuM 2014, 428).

Erforderlich ist jedoch eine ausreichende Bonität, also ausreichende finanzielle Mittel, sowie ausreichende Sicherheit im Haftungsfall. Anderenfalls widerspricht die Bestellung ordnungsgemäßer Verwaltung (BGH, 22.6.2012, V ZR 190/11, MDR 2012, 955).

Der Verwalter muss für seine Tätigkeit auch geeignet sein. In kleinen, harmonischen Gemeinschaften kann durchaus ein Eigentümer zum Verwalter gewählt werden, der keine entsprechenden Erfahrungen hat (LG Stuttgart, WuM 2015, 751). Andere Gerichte sind strenger, danach soll eine fachliche Qualifikation Voraussetzung für die Ausübung einer Verwaltertätigkeit sein (LG Düsseldorf, 18.10.2013, 25 S 7/13). Entscheidend wird es auf die Art und den Umfang der Tätigkeit ankommen.

Die Bestellung einer GbR zum Verwalter ist nichtig (BGH, NJW 2006, 2189).

7.2 Wie wird der Verwalter bestellt?

Gemäß § 20 WEG obliegt die Verwaltung des gemeinschaftlichen Eigentums den Wohnungseigentümern nach Maßgabe der §§ 21 bis 25 WEG und dem Verwalter nach Maßgabe der §§ 26 bis 28 WEG, im Fall der Bestellung eines Verwaltungsbeirats auch diesem nach Maßgabe des § 29 WEG.

Gemäß § 20 Abs. 2 WEG kann die Bestellung eines Verwalters nicht ausgeschlossen werden. Auch bei einer Gemeinschaft von nur zwei Wohnungseigentümern kann also ein Wohnungseigentümer die Bestellung eines Verwalters durchsetzen. Grundsätzlich haben sich die Eigentümer zunächst mit der Bestellung des Verwalters in der Eigentümerversammlung zu befassen. Kommt hierüber keine Einigung zustande, kann ein Antrag an das Gericht auf Bestellung eines Verwalters gemäß § 43 Abs. 1 Nr. 1 WEG gestellt werden. Dies ergibt sich daraus, dass jeder Eigentümer gemäß § 21 Abs. 4 einen Anspruch auf ordnungsmäßige Verwaltung hat, worunter auch die Bestellung eines Verwalters fällt. In Fällen besonderer Dringlichkeit oder wenn eine Vorabbefassung in der Versammlung von vornherein keinen Erfolg verspricht, kann das Gericht direkt angerufen werden.

Abgeschafft worden ist die Bestimmung des § 26 Abs. 3 WEG a. F. (Notverwalter). Danach konnte in dringenden Fällen bis zur Behebung des Mangels auf Antrag eines Wohnungseigentümers oder eines Dritten, der ein berechtigtes Interesse an der Bestellung eines Verwalters hatte, ein Verwalter durch den Richter bestellt werden. Außenstehende haben also im Gegensatz zur früheren Rechtslage nicht mehr die Möglichkeit, die Bestellung eines Verwalters gerichtlich durchzusetzen.

Fehlt ein Verwalter oder ist er zur Vertretung nicht berechtigt, so vertreten gemäß § 27 Abs. 3 Satz 2 WEG alle Wohnungseigentümer die Gemeinschaft. Die Wohnungseigentümer können durch Beschluss mit Stimmenmehrheit einen oder mehrere Wohnungseigentümer in diesem Fall zur Vertretung ermächtigen.

Fehlen Verwalter und Beirat, kann sich ein einzelner Eigentümer vom Gericht ermächtigen lassen, die Eigentümerversammlung zur Verwalterbestellung einzuberufen.

7.2.1   Erstbestellung

Die Erstbestellung des Verwalters erfolgt in der Regel in der Teilungserklärung bzw. in der Gemeinschaftsordnung. Hier hat die WEG-Reform eine wichtige Änderung gebracht. Gemäß § 26 Abs. 1 Satz 2 HS 2 darf die erste Bestellung nach Begründung von Wohnungseigentum höchstens auf drei Jahre vorgenommen werden. Diese Regelung wurde eingeführt, da Bauträger oft sich selbst oder ihnen nahe stehende Verwaltungsunternehmen in der Teilungserklärung zum Verwalter bestellen. Regelmäßig drohen dann Interessenkonflikte bei der Durchsetzung von Gewährleistungsansprüchen wegen Baumängeln. Baumängel verjähren gemäß § 634a Abs. 1 Nr. 2 BGB nach fünf Jahren. Durch die Neuregelung soll verhindert werden, dass sich aufgrund schleppender Durchsetzung der Gewährleistungsansprüche durch den Erstverwalter der Bauträger auf die Verjährung dieser Ansprüche berufen kann.

7.2.2 Bestellung durch Beschluss

Die Regel ist nach wie vor die Bestellung des Verwalters durch Mehrheitsbeschluss gemäß § 26 Abs. 1 WEG. Diese Bestellung darf auf höchstens fünf Jahre vorgenommen werden. Gemäß § 26 Abs. 2 WEG ist die wiederholte Bestellung zulässig; sie bedarf eines erneuten Beschlusses der Wohnungseigentümer, der frühestens ein Jahr vor Ablauf der Bestellungszeit gefasst werden kann.

Beispiel

Ein Verwalter wurde vom 1.4.2013 bis 31.3.2018 bestellt. Ein erneuter Beschluss kann erst ab 31.3.2017 gefasst werden.

Strittig ist, ob Verlängerungsklauseln zulässig sind. Überwiegend bejaht wird dies für den Fall, dass die Grenze von fünf Jahren nicht überschritten wird. Sind die fünf Jahre abgelaufen, kann sich der Verwalter auf die Verlängerungsklausel nicht berufen.

Der Beschluss wird mit einfacher Mehrheit gefasst. Erforderlich ist also mehr als die Hälfte der abgegebenen gültigen Stimmen der anwesenden oder vertretenen Wohnungseigentümer. Diese Vorschrift ist zwingend. Auch in einer Teilungserklärung kann hiervon nicht abgewichen werden, zum Beispiel durch Vereinbarung anderer Mehrheitsverhältnisse oder Übertragung der Bestellung auf Dritte, zum Beispiel den Verwaltungsbeirat. Solche Regelungen sind nichtig. Ebenso nichtig sind Bestimmungen, dass nur Wohnungseigentümer zum Verwalter bestellt werden dürfen.

Vom Grundsatz der einfachen Mehrheit darf nicht abgewichen werden: Die relative Stimmenmehrheit genügt auch dann nicht, wenn die Wohnungseigentümer über mehrere Bewerber gleichzeitig abstimmen (BayObLG, WuM 2003, 410).

Beispiel

Elf Stimmen, drei Bewerber. Ein Bewerber erhält fünf Stimmen, zwei Bewerber je drei Stimmen. Kein Bewerber ist gewählt.

Gemäß § 26 Abs. 2 WEG hat jeder Wohnungseigentümer eine Stimme (Kopfprinzip). Vom Kopfprinzip abweichende Stimmrechtsregelungen in der Teilungserklärung sind zulässig, zum Beispiel nach Höhe der Miteigentumsanteile oder nach Zahl der Wohnungen (Objektprinzip). Verfügt somit ein Wohnungseigentümer über die Majorität, kann er einen Verwalter nach seinen Wünschen durchsetzen. Ein solcher Beschluss ist nur unter der Voraussetzung des Missbrauchs der Majorität anfechtbar (BGH, NZM 2002, 995).

Ein Wohnungseigentümer ist auch stimmberechtigt, wenn er sich selbst zum Verwalter wählen lassen will; ebenso kann ein Verwalter mit den durch Vollmacht übertragenen Stimmrechten seine Wahl betreiben. Das Stimmenübergewicht für sich allein führt noch nicht zum Stimmrechtsmissbrauch. Liegt aber ein Stimmrechtsmissbrauch vor, so sind die vom Wohnungseigentümer oder Verwalter abgegebenen Stimmen unwirksam und bei der Feststellung des Beschlussergebnisses nicht zu berücksichtigen (BGH, a. a. O.).

Hat der teilende Eigentümer in der Teilungserklärung/Gemeinschaftsordnung keinen Verwalter bestimmt, so kann er vor Entstehen einer Eigentümergemeinschaft in Form eines »Ein-Mann-Beschlusses« nicht wirksam Regelungen für die künftigen Wohnungseigentümer treffen, insbesondere einen Verwalter bestimmen. Ein solcher »Beschluss« ist unwirksam (BayObLG, NZM 2003, 317).

Vor der Bestellung eines neuen Verwalters müssen in der Regel Konkurrenzangebote eingeholt werden. Diese müssen an die Wohnungseigentümer versandt werden. Bei der Anzahl der Angebote haben die Eigentümer einen Beurteilungsspielraum. Nicht genügen soll es, wenn die Eigentümer in der Einladung zur Wohnungseigentümerversammlung zwar aufgefordert wurden, Alternativangebote vorzulegen, dies jedoch nicht erfolgt ist und der Verwalter sodann ohne die Prüfung von Alternativangeboten gewählt wurde (LG Frankfurt/Main, WuM 2015, 319). Bei einer Wiederwahl sind solche Angebote nicht erforderlich (BGH, NZM 2011, 515). In diesem Fall besteht kein Anspruch darauf, dass Bewerber in der Versammlung angehört werden (OLG München, WuM 2007, 589).

Hat sich die Mehrheit für einen Verwalter entschieden, werden des Öfteren solche Beschlüsse von der überstimmten Minderheit mit dem Argument angefochten, dies entspreche nicht ordnungsmäßiger Verwaltung. Eine solche Beschlussanfechtung hat nur Aussicht auf Erfolg, wenn ein so schwerwiegender Grund gegen die Bestellung des Verwalters vorliegt, dass die Nichtabberufung nicht mehr vertretbar erscheint. Hierbei ist anders als bei der Abberufung zu berücksichtigen, dass die Mehrheit den Verwalter in Kenntnis der Tatsachen, die gegen eine Wiederwahl sprechen könnten, gewählt hat (vgl. Kapitel 7.3.2). Die Gerichte sind daher bei der Aufhebung solcher Beschlüsse eher zurückhaltend. Ein wichtiger Grund gegen die (Wieder)Bestellung eines Verwalters liegt vor, wenn dieser wegen eines Vermögens- oder Eigentumsdelikts verurteilt wurde, erst recht, wenn der Verwalter das Vermögensdelikt in seiner Eigenschaft als Verwalter einer anderen Wohnungseigentümergemeinschaft begangen hat (OLG Köln, NZM 2002, 221).

7.2.3   Inhalt des Bestellungsbeschlusses

Die Bestellung des Verwalters und der Abschluss des Verwaltervertrags sind zwei verschiedene Rechtsakte (vgl. Kapitel 7.3.1). Aber bereits bei der Bestellung des Verwalters müssen die Eigentümer wissen, auf was sie sich einlassen. Es empfiehlt sich daher, bereits im Bestellungsbeschluss Laufzeit und Vergütung mitzuregeln. Es reicht aus, wenn in derselben Eigentümerversammlung, in der die Bestellung erfolgt, auch die Eckpunkte des abzuschließenden Verwaltervertrags (Laufzeit und Vergütung) in wesentlichen Umrissen geregelt werden. Hiervon kann nur unter besonderen Umständen übergangsweise abgewichen werden, zum Beispiel durch eine Übergangsregelung, um eine verwalterlose Zeit zu verhindern (BGH, 27.2.2015, V ZR 114/14, WuM 2015, 317).

7.2.4   Nachweis der Verwaltereigenschaft

Ist zum Beispiel für die Veräußerung des Wohnungseigentums die Zustimmung des Verwalters erforderlich, muss dieser die Verwaltereigenschaft gegenüber dem Grundbuchamt durch eine öffentlich beglaubigte Urkunde nachweisen. Gemäß § 26 Abs. 4 WEG genügt die Vorlage einer Niederschrift über den Bestellungsbeschluss, bei der die Unterschrift der in § 24 Abs. 6 bezeichneten Personen (Versammlungsvorsitzender, ein Wohnungseigentümer, Vorsitzender des Verwaltungsbeirats bzw. dessen Stellvertreter, soweit bestellt) öffentlich beglaubigt sind. Die öffentliche Beglaubigung besteht darin, dass die Unterschriften von einem Notar beglaubigt werden (§ 129 BGB, § 40 Beurkundungsgesetz (BeurkG)). Die in § 24 Abs. 6 WEG bezeichneten Personen müssen bei einem Notar erscheinen. Die Gebühren der Beglaubigung sind Kosten der Verwaltung und von den Wohnungseigentümern entsprechend den Miteigentumsanteilen zu tragen.

7.3   Verwaltervertrag

7.3.1   Rechtsnatur

Rechtlich zu trennen von der Bestellung des Verwalters ist der Verwaltervertrag. Hierbei kann es sich um einen unentgeltlichen Auftrag handeln, wenn der Verwalter ohne Vergütung tätig wird. In der Regel wird es sich jedoch um einen Dienstvertrag handeln, der auf eine Geschäftsbesorgung gerichtet ist (BGH, NJW-RR 1993, 1227). Die Schriftform ist nicht Voraussetzung, jedoch empfehlenswert.

Aufgrund der Teilrechtsfähigkeit der Wohnungseigentümergemeinschaft (vgl. Kapitel 6) hat der Verwalter eine Doppelstellung. Einerseits ist er Organ der rechtsfähigen Gemeinschaft, andererseits Vertreter der einzelnen Wohnungs-eigentümer als Mitglieder einer Bruchteilsgemeinschaft. Teilweise wird die Auf-fassung vertreten, dass der Verwaltervertrag zwischen der teilrechtsfähigen Gemeinschaft und dem Verwalter als Vertrag zugunsten Dritter – nämlich der Wohnungseigentümer – abzuschließen ist. Als problematisch erweist sich hier die Frage, wie sich die Zahlungsverpflichtung der einzelnen Eigentümer gegen-über dem Verwalter begründen lässt. Insoweit würde es sich um einen unzu-lässigen Vertrag zulasten Dritter handeln. Praxisgerechter ist die Auffassung, dass nach wie vor nur ein Vertrag geschlossen wird, der mit der rechtsfähigen Gemeinschaft zustande kommt. In diesen Vertrag ist die gesamte Geschäftsfüh-rungstätigkeit für die Gemeinschaft und die Wohnungseigentümer einbezogen (Vertrag mit Schutzwirkung zugunsten Dritter).

7.3.2 Stillschweigender Abschluss

Bereits im Bestellungsbeschluss kann das Angebot zum Abschluss eines Verwal-tervertrags liegen. Dies ist der Fall, wenn in diesem Beschluss die wesentlichen Inhalte des Verwaltervertrags wie Laufzeit und Vergütung geregelt sind (vgl. OLG Hamm, ZMR 2003, 51). Nimmt der Verwalter daraufhin seine Tätigkeit auf, ist der Verwaltervertrag geschlossen.

Ebenso ist ein konkludenter Vertragsschluss erfolgt, wenn der Verwalter schrift-lich ein Angebot zum Abschluss eines Verwaltervertrags gemacht hat und hier-auf die Bestellung ohne Änderungen am Angebot des Verwalters erfolgt. Glei-ches gilt bei einer Wiederbestellung, wenn im Beschluss festgehalten wird, dass der bisherige Vertrag weiter gelten soll (OLG Hamm, ZMR 1997, 94).

7.3.3 Abschluss durch Beirat

Es ist zweifelhaft, ob die allgemeine Übertragung des Abschlusses eines Verwal-tervertrags auf den Verwaltungsbeirat ordnungsgemäßer Verwaltung entspricht, ohne dass diesem – abgesehen von der Laufzeit – Vorgaben zu den Eckpunkten des abzuschließenden Vertrags gemacht werden (vgl. OLG Köln, NZM 2002, 1002). Zumindest diese Eckdaten müssen die Wohnungseigentümer dem Beirat vorge-ben (LG Köln, NZM 2013, 585).Wird ein derartiger Beschluss nicht angefochten, ist ein auf seiner Grundlage abgeschlossener Verwaltervertrag wirksam (OLG Köln, a.a.O.; KG, ZMR 2008, 476). Empfehlenswert ist deshalb, dass entweder im Bestel-lungsbeschluss oder im Beschluss, in dem der Beirat zum Abschluss des Verwal-tervertrags ermächtigt wird, detaillierte Vorgaben enthalten sind.

Die Ermächtigung bezieht sich aber immer nur auf eine ordnungsgemäßer Verwaltung entsprechende Vertragsgestaltung. Deshalb widerspricht es den Grundsätzen ordnungsmäßiger Verwaltung, den Verwaltungsbeirat mit dem Abschluss eines Verwaltervertrags zu betrauen, dessen Regelwerk in erheblichem Umfang den Grundsätzen ordnungsmäßiger Verwaltung nicht standhält. In einem solchen Fall ist ein Ermächtigungsbeschluss auf Anfechtung hin für ungültig zu erklären (OLG Düsseldorf, NZM 2006, 936). Erfolgt keine Anfechtung, ist der Beschluss, wonach der Beirat entsprechend beauftragt und bevollmächtigt wird, wirksam (OLG Hamm, NZM 2001, 49, 51). Eine nicht näher beschriebene Vollmacht ermächtigt den Verwaltungsbeirat jedoch lediglich zu einem Vertrag, der ordnungsgemäßer Verwaltung entspricht. Zur Verabredung von Haftungsbeschränkungen bedarf es einer ausdrücklichen Ermächtigung im bevollmächtigenden Beschluss, da ein entsprechender Vertrag über die gesetzliche Regelung hinausgeht (OLG Frankfurt/Main, ZMR 2008, 985).

Unproblematisch ist ein Beschluss, den Beirat zu ermächtigen, einen bereits schriftlich vorliegenden Verwaltervertrag mit dem Verwalter abzuschließen. Hier handelt der Beirat nicht selbstständig die Vertragsbedingungen aus.

7.3.4   Laufzeit

Die Laufzeit des Vertrags sollte mit der Dauer der Bestellung übereinstimmen. Zwingend ist dies nicht. Die Laufzeit darf allerdings nicht mehr als fünf Jahre betragen (§ 26 Abs. 1 Satz 2 WEG). Die Bestimmung in § 309 Ziffer 9a BGB, wonach die Laufzeit nicht mehr als zwei Jahre betragen darf, findet auf Verwalterverträge keine Anwendung (BGH, NZM 2002, 788).

In der Regel ist die ordentliche Kündigung des Verwaltervertrags während der Laufzeit ausgeschlossen. Die Kündigungsmöglichkeit ist analog der Abberufung aus wichtigem Grund ebenfalls auf die fristlose Kündigung aus wichtigem Grund beschränkt.

7.3.5   Inhalt

Wird der Ermächtigungsbeschluss angefochten, ist der Verwaltervertrag inhaltlich zu prüfen. Meist wird der Verwalter ein Vertragsformular vorlegen, sodass die Bestimmungen der §§ 305 ff. BGB (Allgemeine Geschäftsbedingungen) anwendbar sind. Unwirksam sind zum Beispiel Formularklauseln, die dem Verwalter gestatten, mit sich selbst im Namen der Wohnungseigentümer Rechtsgeschäfte vorzunehmen. Hier liegt ein Verstoß gegen das Selbstkontrahierungsverbot des

§ 181 BGB vor. Eine solche Klausel ist unangemessen im Sinne des § 307 Abs. 1 Satz 1 i. V. m. Abs. 2 Nr. 2 BGB und daher nichtig (OLG Düsseldorf, NZM 2006, 936).

Unwirksam ist zudem eine Regelung, wonach eine Ladung zur Eigentümerversammlung wirksam ist, wenn sie an die dem Verwalter vom Eigentümer zuletzt genannte Anschrift verschickt wird (Verstoß gegen § 308 Nr. 6 BGB). Ebenso unwirksam sind Klauseln, die die Regelverjährung von drei Jahren unterschreiten oder die den Beginn der Verjährungsfrist nicht an den Zeitpunkt der Kenntnis des Gläubigers knüpfen, sondern mit dem Tag der Zuwiderhandlung beginnen lassen (OLG Düsseldorf, a. a. O.). Nicht mit ordnungsmäßiger Verwaltung vereinbar ist darüber hinaus die Festlegung eines Verwalterhonorars, das das vergleichbare übliche Honorar erheblich übersteigt, oder eine Bestimmung, die den Verwalter berechtigt, jederzeit auf Kosten der Eigentümergemeinschaft Sonderfachleute zu beauftragen.

Hingegen ist der Verwalter berechtigt, die laufenden Maßnahmen der erforderlichen ordnungsmäßigen Instandhaltung und Instandsetzung gemäß § 27 Abs. 1 Nr. 2 WEG zu treffen. Er kann also auch ohne Eigentümerbeschluss laufende Reparaturen bzw. Maßnahmen geringeren Umfangs in Auftrag geben (§ 27 Abs. 3 Satz 1 Nr. 3 WEG). Diese Befugnis kann auch durch den Verwaltervertrag nicht eingeschränkt werden (§ 27 Abs. 4 WEG). Vertragsklauseln, die nicht auf die laufenden Maßnahmen Bezug nehmen, sondern den Verwalter unbeschränkt zur Instandhaltung und Instandsetzung des gemeinschaftlichen Eigentums ermächtigen und berechtigen, dürften aber nach wie vor unwirksam sein (OLG München, NZM 2009, 548 zum alten Recht). Für Instandhaltungen und Instandsetzungen sollte also in den Verwaltervertrag eine gegenständliche Beschränkung, eine Budgetierung oder eine Begrenzung der Höhe nach aufgenommen werden (OLG München, a. a. O.; vgl. auch Merle, ZMR 2010, 2 ff.).

Bei Kostenregelungen ist insbesondere das Transparenzgebot des § 307 Abs. 1 Satz 2 BGB zu beachten. Diese Klauseln müssen verständlich, richtig und klar sein. Dies gilt insbesondere für die Trennung von Grundleistungen und Sondervergütungen. So wurde eine Klausel beanstandet, die den Verwalter nur zur Abhaltung einer Eigentümerversammlung pro Wirtschaftsjahr als Grundleistung verpflichtet. Hier muss klargestellt werden, dass eine Zusatzvergütung für weitere Versammlungen dann nicht verlangt werden kann, wenn diese aus Gründen, die der Verwalter zu vertreten hat, zum Beispiel Einberufungsmängel oder Fehler der Jahresabrechnung, erforderlich sind (OLG Düsseldorf, a. a. O.)

In der Grundleistung sollte auch eine jährliche Objektbegehung inbegriffen sein.

7.3.6 Vergütung

Die Verwaltervergütung ist in der Regel im Verwaltervertrag geregelt. Anderenfalls hat der Verwalter Anspruch auf die übliche Vergütung (§ 612 Abs. 2 BGB). Als Anhaltspunkt können die Verwaltungskosten im sozialen Wohnungsbau gemäß § 41 Abs. 2 und § 26 Abs. 2 der II. BV dienen: Danach können jährlich für Eigentumswohnungen 333,87 EUR und für Garagen 36,42 EUR angesetzt werden, wobei eine Anpassung an die Erhöhung des Verbraucherpreisindex möglich ist (§ 26 Abs. 4 II. BV).

Ansonsten richtet sich die Vergütung nach der Größe der Anlage, der Anzahl der Einheiten, dem Alter (Renovierungsstau?) und dem Umfang der Leistungen des Verwalters. Die Preise bewegen sich in etwa zwischen 15 und 35 EUR pro Einheit im Monat zuzüglich Mehrwertsteuer, bei Garagen zwischen 2 und 5 EUR. Üblich ist die Trennung von Grundleistungen und Sondervergütungen. Wie bereits ausgeführt, sollten diese Bestimmungen möglichst klar gefasst werden.

Soweit auf den Verwalter neue Aufgaben zukommen, zum Beispiel das Führen der Beschlusssammlung, können die Wohnungseigentümer jederzeit gemäß § 21 Abs. 7 WEG eine Regelung für einen besonderen Verwaltungsaufwand mit Stimmenmehrheit beschließen. Sondervergütungen müssen sich der Höhe nach in angemessenem Rahmen halten und den voraussichtlichen zusätzlichen besonderen Zeit- und Arbeitsaufwand im Einzelfall berücksichtigen. Sondervergütungen dürfen nur Verwalterleistungen betreffen, die über die Wahrnehmung der gesetzlichen Aufgaben des Wohnungseigentumsverwalters hinausgehen, zum Beispiel die Erbringung von Architekten- bzw. Ingenieurleistungen, die Prüfung der Voraussetzungen für die Erteilung einer Veräußerungszustimmung sowie die Bearbeitung gerichtlicher Verfahren, die die Gemeinschaft betreffen (OLG Hamm, NZM 2001, 49).

ARBEITSHILFE
ONLINE

Nicht im Verwaltervertrag vereinbart werden können Regelungen, die das Gemeinschaftsverhältnis der Wohnungseigentümer untereinander betreffen, zum Beispiel Betretungsrecht des Sondereigentums durch den Verwalter ohne Anmeldung. Dies gilt auch für die Vereinbarung eines Sonderhonorars für Sonderleistungen des Verwalters gegenüber einzelnen Wohnungseigentümern. Solche Regelungen sind mangels Beschlusskompetenz nichtig.

Nach altem Recht war fraglich, ob die Vereinbarung der Zahlung des Verwalterhonorars pro Einheit im Verwaltervertrag wirksam war, wenn in der Teilungserklärung/Gemeinschaftsordnung die Kostenverteilung nach Miteigentumsanteilen oder Fläche vereinbart war. Nach aktuellem Recht können die Wohnungseigentümer aufgrund der Öffnungsklausel in § 16 Abs. 3 WEG durch

Stimmenmehrheit beschließen, dass die Kosten der Verwaltung nach Verbrauch oder Verursachung erfasst und nach diesem oder nach einem anderen Maßstab verteilt werden, soweit dies ordnungsmäßiger Verwaltung entspricht. Im Allgemeinen wird es ordnungsmäßiger Verwaltung entsprechen, das Verwalterhonorar nach Anzahl der Objekte zu verteilen (siehe hierzu auch Kapitel 4.1.7).

7.4 Wann kann der Verwalter abberufen und der Verwaltervertrag gekündigt werden?

Wie bei der Bestellung und beim Abschluss des Verwaltervertrags ist auch die Abberufung von der Kündigung des Vertrags rechtlich zu trennen. Gemäß § 26 Abs. 1 Satz 1 WEG beschließen die Wohnungseigentümer über die Abberufung des Verwalters mit Stimmenmehrheit. Soweit also in der Teilungserklärung/Gemeinschaftsordnung nichts anderes geregelt ist, ist eine Abberufung jederzeit möglich. Gemäß § 26 Abs. 1 Satz 3 WEG kann die Abberufung des Verwalters auf das Vorliegen eines wichtigen Grundes beschränkt werden. Eine solche Beschränkung ist in der Gemeinschaftsordnung in der Regel enthalten. Andere Beschränkungen der Abberufung des Verwalters sind nicht zulässig (§ 26 Abs. 1 Satz 4 WEG).

Auch wenn die Abberufung des Verwalters aus wichtigem Grund und die außerordentliche Kündigung des Verwaltervertrags rechtlich zu trennen sind, beinhaltet die Abberufung des Verwalters in der Regel doch zugleich die Kündigung des Verwaltervertrags. Der Verwalter verliert seine Organstellung mit dem Zugang der Abberufungserklärung (BayObLG, NZM 2003, 243). Aus Gründen der Rechtsklarheit empfiehlt es sich trotzdem, zum einen einen Beschluss über die Abberufung aus wichtigem Grund und zum anderen einen Beschluss über die außerordentliche Kündigung aus wichtigem Grund zu fassen. Falls der Verwalter in der Versammlung nicht anwesend ist, müssen ihm diese Beschlüsse zugestellt werden.

Ein Verwalter, der zugleich Wohnungseigentümer ist, ist grundsätzlich bei der Beschlussfassung über die Abberufung stimmberechtigt. Keine Stimmberechtigung besteht jedoch für den Fall der Abberufung aus wichtigem Grund (BGH, NZM 2002, 995). Gleiches gilt für die Kündigung. Bei der ordentlichen Kündigung ist der Verwalter/ Eigentümer stimmberechtigt, bei der außerordentlichen Kündigung aus wichtigem Grund nicht. Soweit ein Wohnungseigentümer/Verwalter vom Stimmrecht ausgeschlossen ist, kann er auch nicht das Stimmrecht anderer Wohnungseigentümer als deren Bevollmächtigter ausüben (umstritten, vgl. Weitnauer/Lüke, § 25 WEG Rn. 19 m.w.N.). Auch ein Verwalter, der nicht selbst Wohnungseigentümer ist, darf nicht als Bevollmächtigter anderer Wohnungseigentümer an der Abstimmung teilnehmen (OLG Düsseldorf, NZM 2001, 992). Er kann allerdings wirksam anderen Wohnungseigentümern Untervollmacht erteilen, sofern er selbst eine Weisung für das Abstimmungsverfahren unterlässt. Begründet wird dies damit, dass der Unterbevollmächtigte nicht den Bevollmächtigten vertritt, sondern den Vollmachtgeber, also den oder die Eigentümer. Wollen Eigentümer, die den Verwalter für die Eigentümerversammlung bevollmächtigen, dies verhindern, so müssen sie die Vollmacht entsprechend einschränken, also zum Beispiel dahingehend, dass Untervollmacht nicht erteilt werden darf.

Stimmt der Verwalter/Eigentümer trotzdem mit ab und kommt es deshalb zu keiner Mehrheit für den Abberufungsbeschluss, können die überstimmten Wohnungseigentümer den Beschluss anfechten und bei Gericht beantragen festzustellen, dass entgegen der Beschlussverkündung des Versammlungsleiters der Verwalter abberufen ist (BGH, NZM 2002, 995).

7.4.1 Abberufung aus wichtigem Grund

Ein wichtiger Grund zur vorzeitigen Abberufung liegt vor, wenn den Wohnungseigentümern unter Berücksichtigung aller – nicht notwendig vom Verwalter verschuldeter Umstände – nach Treu und Glauben eine Fortsetzung der Zusammenarbeit mit dem Verwalter nicht mehr zugemutet werden kann und deshalb das Vertrauensverhältnis zerstört ist (OLG Düsseldorf, NZM 2002, 487). Hier einige Beispiele für die Abberufung aus wichtigem Grund.

- Ein wichtiger Grund liegt regelmäßig vor, wenn der Verwalter die Beschlusssammlung nicht ordnungsmäßig führt (§ 26 Abs. 1 Satz 4 WEG). Durch die Einführung dieses Regelbeispiels soll sichergestellt werden, dass eine fehlerhafte oder unvollständige Beschlusssammlung oder die nicht unverzügliche Aufnahme gefasster Beschlüsse in die Beschlusssammlung das Vorliegen eines wichtigen Grundes indiziert. Allerdings soll dies in Ausnahmefällen widerlegbar sein, entscheidend ist die umfassende Abwägung aller Umstände (AG München, ZMR 2009, 644; vgl. auch BGH, NZM 2012, 347). Nimmt allerdings der Verwalter gegen ihn ergangene Entscheidungen nicht in die Beschlusssammlung auf, so rechtfertigt bereits eine solche einmalige Pflichtverletzung die Kündigung. Eine vorherige Abmahnung ist nicht erforderlich (LG Karlsruhe, WuM 2013, 634).
- Ein wichtiger Grund kann vorliegen, wenn der Verwalter die ihm gemäß § 28 Abs. 3 WEG obliegende Abrechnung nach Ablauf eines Kalenderjahres über die Maßen verzögert. Der Anspruch der Wohnungseigentümer auf Aufstellung und Vorlage der Abrechnung wird mangels gesetzlicher Regelung nach Ablauf einer angemessenen Frist fällig, die in der Regel drei bis höchstens sechs Monate nach Ablauf des Wirtschaftsjahres beträgt (OLG Düsseldorf, NZM 2002, 487).

- Eine die Abberufung rechtfertigende Störung des Vertrauensverhältnisses kann auch auf dem Verhalten des Verwalters beruhen, das mit seiner Amtsführung nicht unmittelbar zusammenhängt. Im Einzelfall genügt auch die nachhaltige Störung des Vertrauensverhältnisses nicht nur zur Gesamtheit der Wohnungseigentümer, sondern auch zu einzelnen Wohnungseigentümern oder einer Gruppe von ihnen (OLG Hamm, NZM 2002, 295).

- Ein wichtiger Grund kann auch vorliegen, wenn der Verwalter die ihm obliegenden Aufgaben nicht oder nur unzulänglich erfüllt, insbesondere Beschlüsse der Gemeinschaft nicht ausführt. Besonders streng zu bewerten ist ein Fehlverhalten des vom Bauträger eingesetzten Verwalters (BayObLG, ZMR 1972, 218).

- Auch die Verurteilung wegen eines Vermögens- oder Eigentumsdelikts spricht grundsätzlich gegen die Bestellung eines Verwalters und rechtfertigt seine Abberufung, auch wenn die Tat sich nicht gegen die Wohnungseigentümer gerichtet hatte (BayObLG, NZM 1998, 486).

- Ein wichtiger Grund zur vorzeitigen Abberufung des Verwalters ist auch dann gegeben, wenn der Verwalter der Wohnungseigentümergemeinschaft verschweigt, dass er für den Abschluss der erforderlichen Versicherungsverträge für die Gemeinschaft von der Versicherungsgesellschaft Provisionen in erheblichem Umfang erhalten hat (OLG Düsseldorf, NZM 1998, 487).

- Ein wichtiger Grund zur vorzeitigen Abberufung des Verwalters kann auch gegeben sein, wenn er sich weigert, einem Einberufungsverlangen der Wohnungseigentümer nach § 24 Abs. 2 WEG Folge zu leisten (OLG Düsseldorf, NZM 1998, 517).

- Ebenso kann die Nichteinberufung einer Versammlung über einen längeren Zeitraum (eineinhalb bis zwei Jahre) einen wichtigen Grund darstellen (BayObLG, ZMR 1999, 575).

- Eine unberechtigte Honorarvergütung des Verwalters an sich selbst kann ebenfalls ein wichtiger Grund sein (OLG Köln, ZMR 2008, 904).

Trotz der ausgedehnten Rechtsprechung kommt es immer auf die Umstände des Einzelfalls an. Zu beachten ist, dass die Wohnungseigentümer, die sich auf das Vorliegen eines wichtigen Grundes berufen, hierfür auch die materielle Beweislast haben. Nicht jede Unhöflichkeit des Verwalters oder zum Beispiel die verzögerte Beantwortung von Schreiben der Eigentümer stellen einen wichtigen Grund dar.

7.4.2 Mehrheitsbeschluss, gerichtliche Durchsetzung, Anfechtung

Die Abberufung erfolgt, wie ausgeführt, durch Mehrheitsbeschluss. Weigert sich der Verwalter, den Antrag auf Abberufung als Tagesordnungspunkt in die

Einladung zur Wohnungseigentümerversammlung aufzunehmen, können die Wohnungseigentümer unter den Voraussetzungen des § 24 Abs. 2 WEG eine außerordentliche Versammlung mit diesem Tagesordnungspunkt durchsetzen. Hierbei ist erforderlich, dass schriftlich von mehr als einem Viertel der Wohnungseigentümer unter Angabe der Gründe die Einberufung einer solchen außerordentlichen Versammlung verlangt wird. Weigert sich der Verwalter pflichtwidrig, die Versammlung der Wohnungseigentümer einzuberufen, so kann die Versammlung auch, falls ein Verwaltungsbeirat bestellt ist, von dessen Vorsitzenden oder seinem Vertreter einberufen werden (§ 24 Abs. 3 WEG).

Das Recht auf Abberufung kann verwirkt sein, wenn die Eigentümer trotz Kenntnis der Umstände nicht tätig werden. Die Abberufung sowie die außerordentliche Kündigung müssen innerhalb angemessener Zeit erfolgen.

Die Bestimmung des § 626 Abs. 2 BGB, wonach bei Dienstverhältnissen eine fristlose Kündigung aus wichtigem Grund nur innerhalb von zwei Wochen ab Kenntnis erfolgen kann, findet im Wohnungseigentumsrecht keine Anwendung. Vielmehr ist den Wohnungseigentümern je nach Größe der Gemeinschaft eine ausreichende Überlegungsfrist zuzubilligen (OLG Hamm, NZM 2002, 294; BayObLG, ZMR 2000, 321).

Lehnen die Wohnungseigentümer den Beschlussantrag auf Abberufung und Kündigung aus wichtigem Grund ab, können die überstimmten Wohnungseigentümer den Beschluss anfechten und darüber hinaus einen Verpflichtungsantrag stellen mit dem Inhalt, dass die übrigen Wohnungseigentümer der Abberufung zustimmen. Erfolg wird ein solcher Antrag allerdings nur haben, wenn tatsächlich ein wichtiger Grund besteht. Dies allein reicht jedoch nicht aus. Ein wichtiger Grund im Sinne von § 26 Abs. 1 Satz 3, 4 WEG führt nicht zwingend dazu, dass ein einzelner Wohnungseigentümer gegen den Willen der Mehrheit die Abberufung des Verwalters durch das Gericht erreichen kann. Den Wohnungseigentümern steht insoweit ein Beurteilungsspielraum zu, der erst dann überschritten ist, wenn die Ablehnung der Abberufung aus objektiver Sicht nicht vertretbar erscheint (BGH, 10.2.2012, V ZR 105/11, MDR 2012, 574). Grundsätzlich müssen also die Eigentümer, die einen Verwalter abberufen wollen, zuerst versuchen, einen Beschluss der Wohnungseigentümergemeinschaft herbeizuführen.

Wenn sich der Verwalter allerdings weigert, eine außerordentliche Versammlung einzuberufen, oder wenn ein entsprechender Antrag in der Versammlung offenkundig nicht die Mehrheit der Wohnungseigentümer finden wird, kann das Gericht direkt angerufen werden (BayObLG, ZMR 2002, 946). Dies folgt daraus, dass jeder Wohnungseigentümer einen Anspruch auf ordnungsmäßige Verwaltung hat und diesen Anspruch auch vor Gericht durchsetzen kann.

Bei der Wiederwahl des Verwalters sind ebenfalls strengere Maßstäbe als bei der Abberufung anzulegen, weil nicht ohne zwingenden Grund in die Mehrheitsentscheidung der Wohnungseigentümer eingegriffen werden darf (OLG Düsseldorf, ZMR 2006, 872).

Haben die Wohnungseigentümer einen Mehrheitsbeschluss über die Abwahl des Verwalters gefasst, ist der Verwalter zur Anfechtung dieses Beschlusses berechtigt (BGH, NZM 2002, 788). Wie ausgeführt, ist von dem Beschluss der Eigentümerversammlung über die Abberufung des Verwalters die Kündigung des Verwaltervertrags zu unterscheiden. Die Berechtigung der Wohnungseigentümer zur Kündigung des mit ihm geschlossenen Verwaltervertrags kann der Verwalter im Feststellungsverfahren gemäß § 43 Nr. 3 WEG überprüfen lassen (BGH, a. a. O.). Ein solcher Beschluss der Eigentümer besagt nämlich nur, dass nach Ansicht der Mehrheit der Eigentümer ein wichtiger Grund für eine fristlose Kündigung vorliegt. Ob die Kündigung auch berechtigt war oder nicht, ist dann im gerichtlichen Verfahren zu klären. Im Fall der Unwirksamkeit der Kündigung behält der Verwalter seinen Vergütungsanspruch für die Restlaufzeit des Verwaltervertrags unter Abzug der ersparten Kosten (allgemeine Bürokosten, Löhne und Gehälter etc.). Dieser Abzug wurde von den Gerichten auf 20 bis 45 % geschätzt.

Das Vorliegen eines wichtigen Grundes für eine Abberufung des Verwalters berechtigt zwar die Gemeinschaft hierzu, verpflichtet sie jedoch nicht zwangsläufig. Vielmehr steht der Gemeinschaft ein Beurteilungsspielraum zu, ob sie von einer Abberufung absieht oder nicht. Nur wenn auch unter Berücksichtigung dieses Beurteilungsspielraums der wichtige Grund so schwerwiegend ist, dass die Nichtabberufung nicht mehr den Grundsätzen ordnungsgemäßer Verwaltung entspricht, also nicht mehr vertretbar erscheint, kann ein Wohnungseigentümer von der Gemeinschaft die Abberufung des Verwalters verlangen (OLG Rostock, ZMR 2010, 223; BGH, NJW 2012, 1884).

7.5 Welche Aufgaben und Befugnisse hat der Verwalter?

Die Anerkennung der Teilrechtsfähigkeit der Wohnungseigentümergemeinschaft führt dazu, dass der Verwalter eine Doppelstellung innehat: zum einen als Organ des Verbandes, nämlich der teilrechtsfähigen Wohnungseigentümergemeinschaft, zum anderen als Organ der Wohnungseigentümer in den Bereichen, die der Rechtsfähigkeit des Verbandes entzogen sind. Hier vertritt der Verwalter die einzelnen Wohnungseigentümer als Mitglieder der nicht rechtsfähigen Miteigentümergemeinschaft nach Bruchteilen. Diese Aufgaben und Befugnisse des Verwalters in seiner Doppelstellung sind in § 27 WEG im Einzelnen geregelt.

7.5.1   Innenverhältnis

§ 27 Abs. 1 WEG regelt die Rechte und Pflichten des Verwalters im Innenverhältnis gegenüber den Wohnungseigentümern und der Gemeinschaft. § 27 Abs. 2 WEG regelt die Vertretungsmacht nach außen für die Wohnungseigentümer. § 27 Abs. 3 WEG regelt die Vertretungsmacht des Verwalters für die teilrechtsfähige Gemeinschaft der Wohnungseigentümer.

Gemäß § 27 Abs. 1 Nr. 1 WEG ist der Verwalter gegenüber den Wohnungseigentümern und gegenüber der Gemeinschaft der Wohnungseigentümer berechtigt und verpflichtet, deren Beschlüsse umzusetzen und für die Durchführung der Hausordnung zu sorgen. Grundsätzlich gilt dies auch für anfechtbare Beschlüsse. Hierauf hat der Verwalter allerdings hinzuweisen. Der Verwalter ist auch berechtigt, die Gültigkeit eines solchen Beschlusses gemäß § 43 Nr. 3 WEG gerichtlich klären zu lassen.

Nichtige Beschlüsse darf der Verwalter nicht durchführen. Die Abgrenzung ist im Einzelnen nicht immer einfach. In Zweifelsfällen wird das Gericht anzurufen sein, das dann im Beschlussanfechtungsverfahren die Nichtigkeit prüft.

Bezüglich der Durchführung der Hausordnung hat der Hausverwalter keine Überwachungspflicht, wohl aber eine Organisationspflicht (Bielefeld, Kapitel 15.5.1.2). Bei Verstößen gegen die Hausordnung hat er die geeigneten Maßnahmen als Tagesordnungspunkte in die Einladung zur nächsten Versammlung aufzunehmen.

Gemäß § 27 Abs. 1 Nr. 2 WEG hat der Verwalter die für die ordnungsmäßige Instandhaltung und Instandsetzung des gemeinschaftlichen Eigentums erforderlichen Maßnahmen zu treffen. Unter »laufende Maßnahmen« fallen Reparaturen des gemeinschaftlichen Eigentums, die durch Abnutzung regelmäßig erforderlich werden und daher alltäglich, nicht außergewöhnlich sind, zum Beispiel Reparatur oder Ersatz von Verschleißteilen eines Aufzugs oder sonstige wiederkehrende Maßnahmen wie Rückschnitt von Gewächsen, Reinigung der Dachrinne sowie Ersatzbeschaffungen wie Glühbirnen, Reinigungsgeräte etc. (nach Merle, ZMR 2010, 2 ff.). In diesen Fällen benötigt der Verwalter also keinen Beschluss der Gemeinschaft. Hat allerdings die Gemeinschaft einen Beschluss gefasst, muss sich der Verwalter daran halten und den Beschluss ausführen. Auch ist der Verwalter berechtigt, einen Hausmeister anzustellen oder ein Reinigungsunternehmen zu beauftragen. Dies gilt aber nicht für langfristige Wartungsverträge oder einen langfristigen Vertrag über Reinigungs- und Hausmeisterdienste. Langfristigkeit liegt bereits bei einem Vertrag mit einem Jahr Laufzeit vor, wenn sich dieser jeweils um ein weiteres Jahr für den Fall verlängert, dass er nicht rechtzeitig gekündigt wird (OLG Brandenburg, ZMR 2010, 213).

Auch wenn der Verwalter gemäß Gemeinschaftsordnung ermächtigt ist, einen Hausmeister anzustellen, bedarf es doch im Innenverhältnis einer Beschlussfassung. Hierbei müssen die wesentlichen Vertragsinhalte (Laufzeit des Vertrags, Aufgaben des Hausmeisters, Vergütung) im Beschluss selbst festgelegt werden (LG Koblenz, 21.7.2014, 2 S 72/13). Es reicht also nicht aus, wenn die Gemeinschaft den Verwalter oder den Beirat ohne nähere Regelung zum Abschluss von Verträgen beauftragt. Soll der Hausverwalter aufgrund eines Beschlusses der Wohnungseigentümer einer Reinigungsfirma oder einem Hausmeisterdienst fristlos oder auch ordentlich kündigen, stellt dies eine einseitige Willenserklärung dar. Für eine solche Kündigung muss der Verwalter eine Vollmacht vorlegen, wenn er nicht Gefahr laufen will, dass die Kündigung mangels Vollmachtvorlage von der Gegenseite unverzüglich zurückgewiesen wird (BGH, WuM 2014, 299).

Im Übrigen beschränkt sich die Verpflichtung des Verwalters bezüglich der Instandhaltung und Instandsetzung gemeinschaftlichen Eigentums darauf, die Mängel festzustellen, die Wohnungseigentümer über die notwendigen Maßnahmen zu unterrichten und eine Entscheidung über das weitere Vorgehen herbeizuführen (BayObLG, NJW-RR 1999, 305). Hat die Gemeinschaft einen entsprechenden Beschluss gefasst, ist der Verwalter verpflichtet, unverzüglich für die Durchführung der Maßnahmen zu sorgen. Kommt er dieser Verpflichtung nicht nach und erleidet ein Wohnungseigentümer dadurch Schaden, kann ein Ersatzanspruch gegen den Verwalter wegen Verletzung des Verwaltervertrags gegeben sein.

! **Beispiel: Mietminderung wegen Schimmelbefalls**

Da die Außenfassade nicht mit einem Vollwärmeschutz versehen wurde, kommt es in einer Wohnung zu Schimmelbefall. Daraufhin mindert der Mieter die Miete. Dem Eigentümer der Wohnung entsteht ein nicht unerheblicher finanzieller Schaden (BayObLG, NZM 2000, 501).

Zur Ermittlung von Mängeln und Schäden ist der Verwalter grundsätzlich verpflichtet, das gemeinschaftliche Eigentum regelmäßig dahingehend zu überprüfen, ob Maßnahmen der Instandsetzung und Instandhaltung notwendig sind. Der Verwalter ist nicht verpflichtet, die erforderlichen Kontrollen in eigener Person durchzuführen. Ob mit der Überprüfung im Rahmen eines Wartungsvertrags ein Fachunternehmen beauftragt werden soll, entscheiden die Wohnungseigentümer.

Beispiel: Dachrinnenreinigung

Die Hausverwaltung hat ein Fachunternehmen mit der Dachrinnenreinigung beauftragt. Eine Überprüfung durch den Verwalter in eigener Person muss daher nicht mehr vorgenommen werden (BayObLG, NZM 1999, 840).

!

Ist die Schadensursache unklar, insbesondere nicht eindeutig, ob sie im Gemeinschafts- oder Sondereigentum liegt, darf der Verwalter nicht aus eigenem Recht einen Sachverständigen beauftragen. Hierfür benötigt er einen Beschluss der Wohnungseigentümergemeinschaft, es sei denn, es liegt ein Notfall vor (OLG Hamm, NJW-RR 1997, 908).

Der Verwalter ist verpflichtet, die Wohnungseigentümer bei Baumängeln über den Ablauf von Gewährleistungsfristen zu unterrichten. Ferner gehört es zu den Aufgaben des Verwalters, eine Entscheidung der Wohnungseigentümer darüber herbeizuführen, ob und welche Maßnahmen im Hinblick auf den drohenden Ablauf der Gewährleistung für Baumängel zu ergreifen sind (BayObLG, WuM 2001, 301 und WuM 2002, 633). Zu Recht weist das Gericht darauf hin, dass es einzelnen Wohnungseigentümern praktisch kaum möglich ist, ihrerseits darauf hinzuwirken, dass eine Entscheidung der Wohnungseigentümerversammlung über das weitere Vorgehen hinsichtlich der Baumängel getroffen wird. Es ist aus praktischen Gründen nicht primär Sache eines einzelnen Wohnungseigentümers, eine solche Entscheidung herbeizuführen, wenn ein Verwalter vorhanden ist. Dies gilt insbesondere auch für den Bauträger als Erstverwalter.

Bei größeren Instandsetzungsvorhaben ist der Verwalter regelmäßig verpflichtet, Konkurrenzangebote einzuholen. Schaltet er zur Bauüberwachung und Objektbetreuung ein Ingenieurbüro ein, so haftet er regelmäßig nicht für etwaige Mängel bei der Rechnungsprüfung. Das eingeschaltete Fachbüro ist im Verhältnis des Verwalters zu den Wohnungseigentümern nicht dessen Erfüllungsgehilfe (BayObLG, WuM 2002, 521). Soweit keine besondere Eilbedürftigkeit vorliegt, ist der Verwalter nicht berechtigt, außergewöhnliche Aufträge größeren Umfangs im Rahmen der Gemeinschaft zu vergeben (BGH, NJW 1977, 44).

Auch wenn in einem Beschluss der Wohnungseigentümer zur Durchführung einer Instandsetzung weder der Umfang der auszuführenden Maßnahmen bestimmt noch eine Kostenobergrenze für die zu vergebenden Aufträge genannt wurde, ist der Verwalter nicht befugt, zur Erreichung des Sanierungsziels Aufträge in unbegrenzter Höhe zu vergeben. Maßgebend für die Durchführung eines Beschlusses durch den Verwalter ist vielmehr der Wille der Wohnungseigentümer, wie es sich für ihn aus den zur Vorbereitung der Beschlussfassung vorgelegten Unterlagen, dem Beschlussprotokoll und dem Inhalt des Beschlusses ergibt (BGH, 18.2.2011, V ZR 197/10, NZM 2011, 454).

Gemäß § 27 Abs. 1 Nr. 3 WEG muss der Verwalter in dringenden Fällen zur Erhaltung des gemeinschaftlichen Eigentums erforderliche Maßnahmen treffen. Ein dringender Fall liegt vor, wenn die Eilbedürftigkeit die vorherige Einberufung einer Wohnungseigentümerversammlung und somit eine entsprechende Beschlussfassung nicht zulässt (BayObLG, WuM 1997, 398). Entscheidend ist, ob die Erhaltung des gemeinschaftlichen Eigentums gefährdet wäre, wenn der Verwalter nicht umgehend handelt. Hierbei ist auch die Größe der Eigentümergemeinschaft zu berücksichtigen (BayObLG, NZM 2004, 390). Liegen diese Voraussetzungen vor, hat der Verwalter eine Verpflichtung zum Handeln. Die gesetzliche Vertretungsmacht, für die Gemeinschaft der Wohnungseigentümer zu handeln, ergibt sich aus § 27 Abs. 3 Nr. 4 WEG. Die Abgrenzung ist im Einzelfall schwierig. Liegen die Voraussetzungen vor, berechtigt dies den Verwalter nämlich nur zu den Maßnahmen, die die Gefahrenlage beseitigen, jedoch nicht zur Beauftragung solcher Arbeiten, die einer dauerhaften Beseitigung der Schadensursache dienen (BGH, 18.2.2011, V ZR 197/10, NZM 2011, 454).

! **Beispiel**

Eine kleine Wohnungseigentümergemeinschaft aus sieben Wohnungseigentümern hatte die Sanierung ihrer Dachterrasse mit Innenentwässerungssystem beschlossen. Die Arbeiten wurden in der zweiten Novemberhälfte durchgeführt. Nach Beseitigung der Abdichtung und Wärmedämmung teilte die beauftragte Firma dem Verwalter mit, dass die Entwässerung der Dachterrasse nur über eine Außenentwässerung möglich sei. Um die Arbeiten noch vor dem Winter abzuschließen, vergab die Verwaltung den entsprechenden Auftrag. Die Wohnungseigentümer klagten auf Feststellung der Schadenersatzpflicht der Verwaltung, da sie nachträglich ein Alternativangebot eingeholt hatten. Das Amtsgericht gab dem Antrag statt, das Landgericht wies ihn ab, das BayObLG hob die Entscheidung des Landgerichts wieder auf und wies das Landgericht an, mithilfe eines Sachverständigen die Eilbedürftigkeit zu klären (nach BayObLG, NZM 2004, 390).

! **Praxis-Tipp**

Insbesondere bei Kleingemeinschaften ist der Verwalter gut beraten, in Zweifelsfällen eine Eigentümerversammlung einzuberufen.

Zur Vermeidung erhöhter Verwaltungskosten und eines umständlichen Beteiligungsverfahrens kann eine Kompetenzverlagerung auf den Verwalter für die Auftragsvergabe auch im Wege des Mehrheitsbeschlusses vorgenommen werden, zum Beispiel über eine entsprechende Bestimmung in einem Verwaltervertrag. Der Schutzzweck der gesetzlichen Regelung darf hierdurch allerdings nicht ausgehöhlt werden. Die Ermächtigung des Verwalters darf nur zu einem begrenzten und für den einzelnen Wohnungseigentümer überschaubaren finanziellen Risiko führen; die grundsätzliche Verantwortlichkeit für den Beschluss solcher Maßnahmen muss bei der Eigentümerversammlung verbleiben. Eine Klausel in einem Verwaltervertrag, wonach der Verwalter zur Erfüllung der Aufgaben Fachleute und Fachfirmen hinzuziehen und im Einzelfall bis zu einem Betrag von 10.000 EUR beauftragen kann und wonach höhere Aufträge nur mit Zustimmung des Beirats vergeben werden können, ist vom LG München I für unwirksam gehalten worden (5.8.2010, 36 S 19282/09). Das OLG Düsseldorf hat sogar eine Klausel für ungültig erklärt, nach der für eine Auftragserteilung über einem Wert von 5.000 DM die vorherige Zustimmung der Wohnungseigentümer und bei einem Wert von 3.000 DM die Zustimmung des Beirats einzuholen war (OLG Düsseldorf, NJW-RR 2001, 660).

Gemäß § 27 Abs. 1 Nr. 4 WEG hat der Verwalter das Recht und die Pflicht, Lasten- und Kostenbeiträge, Tilgungsbeträge und Hypothekenzinsen anzufordern, in Empfang zu nehmen und abzuführen, soweit es sich um gemeinschaftliche Angelegenheiten der Wohnungseigentümer handelt. Die Vertretungsmacht des Verwalters ist in § 27 Abs. 3 Nr. 4 geregelt (zu den Lasten und Kosten gemäß § 16 Abs. 2 WEG darf auf Kapitel 4 verwiesen werden). Der Verwalter hat insbesondere das gemäß Wirtschaftsplan zu zahlende Wohngeld anzufordern. Eine Ermächtigung zur gerichtlichen Geltendmachung ergibt sich aus dieser Bestimmung nicht. Hierfür bedarf es gemäß § 27 Abs. 2 Nr. 3 WEG einer Vereinbarung oder eines Beschlusses der Wohnungseigentümer.

Der Verwalter ist gemäß § 27 Abs. 1 Nr. 5 WEG berechtigt und verpflichtet, alle Zahlungen und Leistungen zu bewirken und entgegenzunehmen, die mit der laufenden Verwaltung des gemeinschaftlichen Eigentums zusammenhängen. Darunter fallen die Kosten für Versicherungen, für Heizung und Warmwasser, Hausmeistergehälter oder die Begleichung von Reparaturrechnungen. Zur Kreditaufnahme ist der Verwalter nicht berechtigt.

Zur Entgegennahme von Leistungen gehört auch die Abnahme von Werkvertragsleistungen gemäß § 640 BGB sowie etwaige Mängelrügen oder Fristsetzungen gemäß § 634 BGB bei Bauleistungen für das Gemeinschaftseigentum.

Gemäß § 27 Abs. 1 Nr. 6 WEG ist der Verwalter berechtigt und verpflichtet, eingenommene Gelder zu verwalten. In § 27 Abs. 1 Nr. 4 WEG a.F. war noch von »gemeinschaftliche[n] Gelder[n]« die Rede. Durch die Neufassung ist klargestellt, dass das Verwaltungsvermögen der teilrechtsfähigen Gemeinschaft zugeordnet ist. Hierbei handelt es sich um die Wohngeldzahlungen der Wohnungseigentümer, aber auch zum Beispiel um Mietzahlungen aus der Vermietung von Gemeinschaftseigentum.

Gemäß § 27 Abs. 5 WEG ist der Verwalter verpflichtet, eingenommene Gelder von seinem Vermögen gesondert zu halten. Die Verfügung über solche Gelder kann durch Vereinbarung oder Beschluss der Wohnungseigentümer mit Stimmenmehrheit von der Zustimmung eines Wohnungseigentümers oder eines Dritten abhängig gemacht werden. Aufgrund der Teilrechtsfähigkeit der Gemeinschaft kann das Konto auf den Namen der Gemeinschaft geführt werden, also zum Beispiel »Wohnungseigentümergemeinschaft x-Str. 12, 80331 München«. Kontoinhaberin ist die teilrechtsfähige Wohnungseigentümergemeinschaft. Der Verwalter hat die Konten für mehrere Wohnungseigentümergemeinschaften getrennt zu führen. Laufende Gelder und Rücklagen können auf einem Konto geführt werden (KG, NJW-RR 1987, 1160).

Nach der Bestimmung des § 27 Abs. 1 Nr. 7 WEG hat der Verwalter die Wohnungseigentümer unverzüglich darüber zu unterrichten, dass ein Rechtsstreit gemäß § 43 WEG anhängig ist. Die Vorschrift wurde eingeführt, weil das gerichtliche Verfahren in Wohnungseigentumssachen nunmehr nach den Bestimmungen der ZPO zu erfolgen hat. Die Unterrichtung ist deswegen erforderlich, damit sich ein Wohnungseigentümer als Nebenintervenient am Rechtsstreit beteiligen kann. Voraussetzung hierfür ist gemäß § 66 Abs. 1 ZPO ein rechtliches Interesse daran, dass die Partei, der beigetreten wird, den Rechtsstreit gewinnt. Gemäß § 67 ZPO kann der Nebenintervenient alle Prozesshandlungen wirksam vornehmen, solange diese nicht im Widerspruch zur Hauptpartei stehen.

Gemäß § 27 Abs. 1 Nr. 8 WEG hat der Verwalter die Erklärungen abzugeben, die zur Ausführung der in § 21 Abs. 5 Nr. 6 WEG bezeichneten Maßnahmen erforderlich sind. § 21 Abs. 5 Nr. 6 WEG beinhaltet die Duldung aller Maßnahmen, die zur Herstellung einer Fernsprechteilnehmereinrichtung, einer Rundfunkempfangsanlage oder eines Energieversorgungsanschlusses zugunsten eines Wohnungseigentümers erforderlich sind. Der Verwalter hat also die Zustimmungserklärungen abzugeben, damit die entsprechenden Einrichtungen vorgenommen werden können.

7.5.2 Vertretung der Wohnungseigentümer

In § 27 Abs. 2 WEG ist die gesetzliche Vertretung des Verwalters als Vertreter der Wohnungseigentümer geregelt. Gemäß § 27 Abs. 2 Nr. 1 WEG ist der Verwalter berechtigt, im Namen aller Wohnungseigentümer und mit Wirkung für und gegen sie Willenserklärungen und Zustellungen entgegenzunehmen, soweit sie an alle Wohnungseigentümer gerichtet sind. Im Gegensatz zum früheren Recht fallen hierunter nicht mehr gerichtliche Zustellungen. Die Zustellungsvertretung in Prozessen gegen die Wohnungseigentümer, in denen diese Beklagte sind, soweit nicht die teilrechtsfähige Gemeinschaft betroffen ist, regelt § 45 Abs. 1 WEG (vgl. hierzu Kapitel 9). § 27 Abs. 2 Nr. 1 WEG umfasst also nur Willenserklärungen und Zustellungen im außergerichtlichen Bereich, soweit nicht die teilrechtsfähige Gemeinschaft, sondern die einzelnen Wohnungseigentümer betroffen sind.

Gemäß § 27 Abs. 2 Nr. 2 WEG ist der Verwalter berechtigt, im Namen aller Wohnungseigentümer und mit Wirkung für und gegen sie Maßnahmen zu treffen, die zur Wahrung einer Frist oder zur Abwendung eines sonstigen Rechtsnachteils erforderlich sind. Insbesondere hat er das Recht, einen gegen die Wohnungseigentümer gerichteten Rechtsstreit gemäß § 43 Nr. 1, 4 oder 5 WEG im Erkenntnis- und Vollstreckungsverfahren zu führen. Der Verwalter kann also im Vollstreckungsverfahren etwa auch die eidesstattliche Versicherung gemäß §§ 807, 899 ZPO abgeben.

Nach Erhebung einer Beschlussanfechtungsklage kann der Verwalter die beklagten Eigentümer umfassend vertreten und einen Rechtsanwalt beauftragen (BGH, WuM 2013, 562).

In folgenden Verfahren kann der Verwalter bei Eilfällen auch ohne Beschluss tätig werden, insbesondere fristgebundene Rechtsmittel einlegen, gegen einen Mahnbescheid Widerspruch einlegen, aber auch Willenserklärungen abgeben, um Anfechtungs- oder Gewährleistungsfristen zu wahren:

- Streitigkeiten, über die sich aus der Gemeinschaft der Wohnungseigentümer und aus der Verwaltung des gemeinschaftlichen Eigentums ergebenden Rechte und Pflichten der Wohnungseigentümer untereinander (§ 43 Nr. 1 WEG),
- Streitigkeiten über die Gültigkeit von Beschlüssen der Wohnungseigentümer (§ 43 Nr. 4 WEG) und
- Klagen Dritter, die sich gegen die Gemeinschaft der Wohnungseigentümer oder gegen Wohnungseigentümer richten und sich auf das gemeinschaftliche Eigentum, seine Verwaltung oder das Sondereigentum beziehen (§ 43 Nr. 5 WEG).

Gemäß § 27 Abs. 2 Nr. 3 WEG ist der Verwalter berechtigt, im Namen aller Wohnungseigentümer und mit Wirkung für und gegen sie Ansprüche gerichtlich und außergerichtlich geltend zu machen, sofern er hierzu durch Vereinbarung oder Beschluss mit Stimmenmehrheit ermächtigt ist. Die Ermächtigung kann auch im Verwaltervertrag erteilt werden. Die allgemein durch Beschluss oder Verwaltervertrag erteilte Ermächtigung kann durch Mehrheitsbeschluss eingeschränkt oder widerrufen werden. Auch eine in der Gemeinschaftsordnung enthaltene Ermächtigung kann durch Mehrheitsbeschluss der Wohnungseigentümer eingeschränkt oder widerrufen werden.

Ist dem Verwalter eine generelle Ermächtigung erteilt, ist ein gesonderter Beschluss hierzu entbehrlich. Die Ermächtigung gibt dem Verwalter auch das Recht, einem Rechtsanwalt Verfahrensvollmacht zu erteilen.

Hat ein Wohnungseigentümer einen individuellen Beseitigungsanspruch, kann er diesen selbst geltend machen. Die Wohnungseigentümer können aber auch beschließen, dass diese Ansprüche vom teilrechtsfähigem Verband gerichtlich durchgesetzt werden (BGH, NZM 2006, 465; OLG München, NZM 2006, 345). Die teilrechtsfähige Gemeinschaft kann dann den Verwalter entsprechend ermächtigen. Ohne Beschlussfassung der Wohnungseigentümer kann der teilrechtsfähige Verband jedoch nicht tätig werden.

> **!** **Beispiel: Balkonverglasung soll wieder entfernt werden**
>
> Ein Wohnungseigentümer hat eine Balkonverglasung angebracht. Das Amtsgericht hat festgestellt, dass es sich hierbei um eine bauliche Veränderung handelt, die den optischen und ästhetischen Gesamteindruck des Gebäudes beeinträchtigt. Ein anderer Eigentümer verlangt daraufhin von der Wohnungseigentümergemeinschaft, dass sie die Beseitigung gerichtlich durchsetzt. Damit hatte er keinen Erfolg. Ein Anspruch gegen die Gemeinschaft auf Tätigwerden besteht nicht. Vielmehr steht dies im Ermessen der Gemeinschaft. Der Eigentümer, der die bauliche Veränderung beseitigt haben will, muss sein Beseitigungsverlangen als Individualanspruch gegen den Störer geltend machen, wenn die Gemeinschaft nicht tätig werden will (OLG Frankfurt/Main, ZMR 2004, 290).

Gemäß § 27 Abs. 2 Nr. 4 WEG ist der Verwalter berechtigt, im Namen aller Wohnungseigentümer mit Wirkung für und gegen sie mit einem Rechtsanwalt wegen eines Rechtsstreits gemäß § 43 Nr. 1, 4 oder 5 WEG zu vereinbaren, dass die Gebühren nach einem höheren als dem gesetzlichen Streitwert – höchstens nach einem gemäß § 49a Abs. 1 Satz 1 Gerichtskostengesetz (GKG) bestimmten Streitwert – bemessen werden. Danach soll der Streitwert grundsätzlich 50 % des Interesses der Parteien betragen, mindestens jedoch dem Wert des Interesses des Klägers und der auf seiner Seite Beigetretenen entsprechen, also zum Beispiel bei Sonderumlagen der Höhe des zu zahlenden Betrags. Zu hohe Streitwerte führen jedoch dazu, dass einzelne Wohnungseigentümer von der Geltendmachung ihrer Rechte abgehalten werden. Der Streitwert ist daher in seiner Höhe generell begrenzt: Er darf grundsätzlich den fünffachen Wert des Interesses des Klägers und der auf seiner Seite Beigetretenen sowie den Verkehrswert ihres im Grundbuch eingetragenen Wohnungseigentums nicht übersteigen.

Dies führt dazu, dass die übrigen Wohnungseigentümer bei der Klage eines einzelnen Wohnungseigentümers gegen diese Probleme haben werden, einen

Rechtsanwalt zu finden, der für einen möglicherweise niedrigen Streitwert bereit ist, das Mandat zu übernehmen.

Beispiel: Streitwert bei Sanierungskosten von 100.000 EUR   **!**

Hierzu ein Beispiel (gemäß der Stellungnahme der Bundesregierung zu den Vorschlägen des Bundesrats, BR-Drucks. 397/05): Ein Eigentümer ficht einen Sanierungsbeschluss (Kosten 100.000 EUR) an. Sanierungskosten für diesen Eigentümer: 5.000 EUR. Die Gemeinschaft hat 100 Eigentümer. Der Streitwert beträgt nach § 49a GKG 5.000 EUR auch für den Rechtsanwalt, der die übrigen die Sanierungsmaßnahmen bejahenden Miteigentümer vertritt, obwohl deren Interesse an der gerichtlichen Entscheidung 100.000 EUR entspricht. In solchen Fällen kann der Verwalter mit dem Rechtsanwalt für die übrigen Wohnungseigentümer eine Vergütung vereinbaren. Die Höhe der vereinbarten Vergütung ist begrenzt auf 50 % des Werts des Interesses aller Beteiligten, im Beispielsfall also auf 50.000 EUR.

Der Verwalter ist kraft Gesetzes zu einer solchen Vereinbarung mit einem Rechtsanwalt ermächtigt. Ein Beschluss der Wohnungseigentümer hierzu ist nicht erforderlich. Um jedoch späteren Ärger mit den Eigentümern zu vermeiden, empfiehlt es sich, entweder im Verwaltervertrag oder im Beschlusswege festzulegen, dass der Verwalter in Abstimmung mit dem Verwaltungsbeirat eine Gebührenvereinbarung treffen kann (Blankenstein, WEG-Reform 2007, S. 187).

7.5.3 Vertretung der Gemeinschaft

§ 27 Abs. 3 WEG regelt, inwieweit der Verwalter Vertretungsmacht besitzt, im Namen der teilrechtsfähigen Gemeinschaft der Wohnungseigentümer Willenserklärungen abzugeben und Rechtshandlungen vorzunehmen. Auch hier ist es bei dem Grundsatz geblieben, dass die Entscheidungsmacht bei den Wohnungseigentümern liegt und der Verwalter nur in bestimmten Angelegenheiten zur Vertretung ermächtigt ist. Um die Handlungsfähigkeit der Gemeinschaft sicherzustellen, kann der Verwalter die laufende Verwaltung und dringliche Geschäfte für die Gemeinschaft der Wohnungseigentümer aufgrund seiner Organstellung erledigen. Darüber hinaus können die Wohnungseigentümer dem Verwalter durch Mehrheitsbeschluss weitergehende Vertretungsbefugnisse einräumen.

Gemäß § 27 Abs. 3 Satz 1 Nr. 1 WEG ist der Verwalter berechtigt, im Namen der Gemeinschaft der Wohnungseigentümer und mit Wirkung für und gegen sie Willenserklärungen und Zustellungen entgegenzunehmen. Auf die Ausführungen zu § 27 Abs. 2 Nr. 1 WEG darf verwiesen werden. Gemäß § 27 Abs. 3 Nr. 1 WEG (vgl. dazu Kapitel 7.5.2) hat der Verwalter eine umfassende Empfangsvertretung. Dies gilt auch für Aktiv- und Passivprozesse der Gemeinschaft.

Gemäß § 27 Abs. 3 Satz 1 Nr. 2 ist der Verwalter berechtigt, im Namen und mit Wirkung für die Gemeinschaft Maßnahmen zu treffen, die zur Wahrung einer Frist oder zur Abwendung eines sonstigen Rechtsnachteils erforderlich sind. Insbesondere hat er das Recht, einen gegen die Gemeinschaft gerichteten Rechtsstreit gemäß § 43 Nr. 2 oder 5 WEG im Erkenntnis- und Vollstreckungsverfahren zu führen. Hier darf ebenfalls auf die gleichlautende Bestimmung in § 27 Abs. 2 Nr. 2 WEG (vgl. Kapitel 7.5.2) für die Wohnungseigentümer verwiesen werden. Der Verwalter ist somit auch in einem Passivprozess gemäß § 43 Nr. 2 WEG zur Vertretung der Gemeinschaft im Erkenntnis- und Vollstreckungsverfahren ermächtigt. Er ist berechtigt und verpflichtet, die eidesstattliche Versicherung für die Wohnungseigentümergemeinschaft vorzunehmen (BGH, WuM 2012, 339). Von Gesetzes wegen ist damit klargestellt, dass die Gemeinschaft auch in Passivprozessen prozessfähig ist.

Auch hier ist insbesondere an die Einlegung von fristgebundenen Rechtsmitteln zu denken. Da bei künftigen Berufungsverfahren vor dem Landgericht Anwaltszwang herrscht, ist der Verwalter gehalten, einen Rechtsanwalt mit der Vertretung der Gemeinschaft zu beauftragen. Vor dem Amtsgericht herrscht kein Anwaltszwang. Sinnvollerweise empfiehlt sich eine Regelung im Verwaltervertrag, ob und unter welchen Bedingungen der Verwalter einen Rechtsanwalt beauftragen darf.

In einfach gelagerten Fällen erscheint es zweifelhaft, ob der Verwalter berechtigt und bevollmächtigt ist, einen Rechtsanwalt mit der Vertretung der Gemeinschaft zu beauftragen. Bereits nach früherem Recht war der Verwalter berechtigt, zur Hemmung von Gewährleistungsansprüchen ein selbstständiges Beweisverfahren einzuleiten (BayObLG, MDR 1976, 1023). Da dies jedoch mit nicht unerheblichen Sachverständigenkosten verbunden ist, sollte der Verwalter möglichst kurzfristig eine außerordentliche Versammlung einberufen. Anderenfalls können auf ihn – falls sich nachträglich herausstellt, dass die Einleitung eines selbstständigen Beweisverfahrens nicht sinnvoll war – Schadenersatzansprüche zukommen.

§ 27 Abs. 3 Satz 1 Nr. 3 WEG regelt die Berechtigung des Verwalters, die laufenden Maßnahmen der erforderlichen ordnungsmäßigen Instandhaltung und Instandsetzung gemäß § 27 Abs. 1 Nr. 2 WEG im Namen der Gemeinschaft und der Wohnungseigentümer für sie zu treffen. Der Verpflichtung im Innenverhältnis gemäß § 27 Abs. 1 Nr. 2 WEG steht die Ermächtigung in § 27 Abs. 3 Satz 1 Nr. 3 WEG, für die Gemeinschaft zu handeln, gegenüber. Danach ist der Verwalter zum Beispiel berechtigt, Werkverträge mit Unternehmern zu schließen. Diese Vertretungsmacht ist aber auf die erforderlichen Maßnahmen beschränkt (vgl. Kapitel 7.5.1). Auch hier ist darauf zu achten, dass der Verwalter die geeigneten Maßnahmen treffen darf. Aufträge zur Beseitigung von größeren Schäden oder Baumängeln ohne

Beschlussfassung der Gemeinschaft kann der Verwalter nur in Fällen besonderer Dringlichkeit erteilen. Auch hier empfiehlt es sich, im Verwaltervertrag festzulegen, bis zu welchem Betrag der Verwalter berechtigt ist, Instandhaltungs- und Instandsetzungsaufträge ohne Beschluss zu vergeben.

Langfristige Wartungsverträge oder einen langfristigen Hausmeistervertrag darf der Verwalter nicht ohne spezielle Vollmacht oder entsprechenden Beschluss der Wohnungseigentümer abschließen (OLG Köln, NZM 2005, 345).

Gemäß § 27 Abs. 3 Satz 1 Nr. 4 WEG ist der Verwalter berechtigt, für die Gemeinschaft die Maßnahmen gemäß Abs. 1 Nr. 3 bis 5 und 8 zu treffen. Der Verwalter kann also in dringenden Fällen sonstige zur Erhaltung des gemeinschaftlichen Eigentums erforderliche Maßnahmen treffen, insbesondere Reparaturaufträge erteilen. Er ist berechtigt, Lasten- und Kostenbeiträge, Tilgungsbeträge und Hypothekenzinsen anzufordern, in Empfang zu nehmen und abzuführen sowie alle Zahlungen und Leistungen zu bewirken und entgegenzunehmen, die mit der laufenden Verwaltung des gemeinschaftlichen Eigentums zusammenhängen. Außerdem darf er Erklärungen zur Vornahme der Telekommunikationseinrichtungen abgeben.

Gemäß § 27 Abs. 3 Satz 1 Nr. 5 WEG ist der Verwalter berechtigt, im Rahmen der Verwaltung der eingenommenen Gelder gemäß § 27 Abs. 1 Nr. 6 WEG Konten zu führen. Zum »Führen« gehören auch das Eröffnen und das Schließen von Konten (BT-Drucks. 16/887).

So wie gemäß § 27 Abs. 2 Nr. 4 WEG für die Wohnungseigentümer kann der Verwalter gemäß § 27 Abs. 3 Satz 1 Nr. 6 auch für die Gemeinschaft mit einem Rechtsanwalt wegen eines Rechtsstreits eine Vergütung vereinbaren. Die Obergrenze entspricht der in § 27 Abs. 2 Nr. 4 WEG (vgl. Kapitel 7.5.2).

§ 27 Abs. 3 Satz 1 Nr. 7 WEG gibt dem Verwalter das Recht, sonstige Rechtsgeschäfte und Rechtshandlungen für die Gemeinschaft vorzunehmen, soweit er hierzu durch Vereinbarung oder Beschluss der Wohnungseigentümer mit Stimmenmehrheit ermächtigt ist. Diese Ermächtigung geht über die Ermächtigung gemäß § 27 Abs. 2 Nr. 3 WEG hinaus. Für die Wohnungseigentümer kann der Verwalter bei entsprechendem Beschluss Ansprüche geltend machen. Die Gemeinschaft kann dem Verwalter hingegen eine umfassendere Vertretungsmacht erteilen, hiervon sollte jedoch zurückhaltend Gebrauch gemacht werden.

7.5.4   Fehlen eines Verwalters

§ 27 Abs. 3 Satz 2 WEG regelt den Fall, dass ein Verwalter fehlt oder er zur Vertretung nicht berechtigt ist. Hier vertreten alle Wohnungseigentümer die Gemeinschaft. Die Wohnungseigentümer können aber auch durch Beschluss mit Stimmenmehrheit einen oder mehrere Wohnungseigentümer zur Vertretung ermächtigen. Wichtig ist dies insbesondere bei Passivprozessen, die zum Beispiel ein Gläubiger gegen die Gemeinschaft führt. Eine Klage gegen die Gemeinschaft wäre nämlich mangels Prozessfähigkeit der Gemeinschaft als unzulässig abzuweisen, wenn ein Vertreter fehlt.

Gemäß § 27 Abs. 4 WEG können die dem Verwalter nach Abs. 1 bis 3 zustehenden Aufgaben und Befugnissen nicht durch Vereinbarung der Wohnungseigentümer eingeschränkt oder ausgeschlossen werden. Bestimmungen in einer Teilungserklärung/Gemeinschaftsordnung, die davon abweichen, sind unwirksam. Dies gilt zum Beispiel für eine Bestimmung in der Gemeinschaftsordnung, wonach der Verwalter nicht berechtigt ist, mit einem Rechtsanwalt einen höheren Streitwert innerhalb der Grenzen des § 27 Abs. 2 Nr. 4 WEG zu vereinbaren.

7.5.5   Weitere Aufgaben und Befugnisse des Verwalters

Gemäß § 27 Abs. 5 WEG ist der Verwalter verpflichtet, eingenommene Gelder von seinem Vermögen gesondert zu halten. Die Verfügung über solche Gelder kann durch Vereinbarung oder Beschluss der Wohnungseigentümer mit Stimmenmehrheit von der Zustimmung eines Wohnungseigentümers oder eines Dritten abhängig gemacht werden. Da der Verwalter gemäß § 27 Abs. 1 Nr. 6 WEG sowohl gegenüber den Wohnungseigentümern als auch gegenüber der Gemeinschaft verpflichtet ist, eingenommene Gelder zu verwalten, bezieht sich die Bestimmung des § 27 Abs. 5 hierauf, also auf Gelder der Eigentümer und der Gemeinschaft.

Gemäß § 27 Abs. 6 WEG kann der Verwalter von den Wohnungseigentümern die Ausstellung einer Vollmachts- und Ermächtigungsurkunde verlangen, aus der der Umfang seiner Vertretungsmacht ersichtlich ist. Die Regelung in § 27 Abs. 5 a.F. war gleichlautend bis auf den Anspruch auf eine Ermächtigungsurkunde, die Neuregelung wurde erforderlich, da § 27 Abs. 3 WEG eine gesetzliche Ermächtigung des Verwalters enthält. Der Begriff der Ermächtigung ist im Gesetz nicht geregelt. Sie beinhaltet für den Ermächtigten die Befugnis, im eigenen Namen über das Recht des Ermächtigenden zu verfügen oder dieses Recht durch Einziehung oder in sonstiger Weise auszuüben, zum Beispiel Einzugsermächtigung.

Eine weitere wichtige Verpflichtung des Verwalters enthält § 24 Abs. 8 WEG. Danach hat er die Beschlusssammlung gemäß § 24 Abs. 7 WEG zu führen. Eine Verletzung dieser Verpflichtung stellt gemäß § 26 Abs. 1 Satz 4 WEG einen wichtigen Grund zur Abberufung des Verwalters dar (zur Beschlusssammlung siehe Kapitel 5.10). Im Wohnungseigentumsgesetz sind weitere Befugnisse und Aufgaben des Verwalters geregelt. So hat er gemäß § 24 Abs. 1 WEG die Versammlung der Wohnungseigentümer einzuberufen. Gemäß § 24 Abs. 5 WEG führt er den Vorsitz in der Versammlung, soweit diese nichts anderes beschließt. Gemäß § 24 Abs. 6 WEG muss der Verwalter, soweit er Versammlungsvorsitzender ist, eine Niederschrift der Versammlung anfertigen. Darüber hinaus hat der Verwalter, so er Versammlungsleiter ist, das Beschlussergebnis festzustellen und zu verkünden (nähere Ausführungen hierzu finden sich in Kapitel 5.1.1 und 5.7). Des Weiteren hat der Verwalter den Wirtschaftsplan und die Jahresabrechnung aufzustellen und die Rechnungslegung vorzunehmen (§ 28 WEG; siehe hierzu Kapitel 4).

Aus der Teilungserklärung/Gemeinschaftsordnung können sich weitere Aufgaben und Befugnisse des Verwalters ergeben, zum Beispiel die Zustimmungserklärung bei Veräußerung von Wohnungs- oder Teileigentum (vgl. hierzu Kapitel 1). Auch aus dem Verwaltervertrag können sich weitere Aufgaben und Pflichten des Verwalters ergeben, zum Beispiel Fristen zur Vorlage des Wirtschaftsplans und der Jahresabrechnung. Darüber hinaus kann der Verwalter mit Abschluss des Vertrags weitere kaufmännische wie technische Aufgaben übernehmen (Bauleitung etc.).

ARBEITSHILFE ONLINE

Weitere Pflichten ergeben sich aus dem Auftragsrecht des BGB. So hat der Verwalter sämtliche Unterlagen der Wohnungseigentümer aufzubewahren. Gemäß § 147 Abgabenordnung (AO) sind Aufzeichnungen, Jahresabschlüsse, Inventare, Kontounterlagen und Buchungsbelege zehn Jahre aufzubewahren, Schriftverkehr und sonstige Verwaltungsunterlagen sechs Jahre. Unbefristet aufzubewahren sind Teilungserklärung, Gemeinschaftsordnung, Abgeschlossenheitsbescheinigung, Aufteilungspläne, Niederschriften über die Beschlüsse und die Beschlusssammlung.

7.5.6 Auskunftspflicht des Verwalters, Einsichtsrecht der Eigentümer

Der Verwalter ist zur Auskunft verpflichtet. Der Auskunftsanspruch ist in der Wohnungseigentümerversammlung geltend zu machen. Ein Individualanspruch eines einzelnen Eigentümers besteht, soweit die Eigentümergemeinschaft von ihrem Auskunftsanspruch keinen Gebrauch macht (OLG Celle, DWE 1984, 126). Ein Individualanspruch außerhalb der Eigentümerversammlung besteht nur, wenn an der Aufklärung für den Einzelfall ein berechtigtes und akutes Bedürfnis vorliegt, was nach Treu und Glauben zu prüfen ist (BayObLG, NJW 1972, 1377; KG Berlin, ZMR 1987, 100).

Daneben besteht ein Einsichtsrecht in alle Verwaltungsunterlagen einschließlich der Abrechnungsunterlagen. Es gilt auch noch nach dem Beschluss über die Genehmigung der Jahresabrechnung und über die Entlastung des Verwalters (BayObLG, NZM 2000, 873, ZMR 2002, 946). Das Einsichtsrecht ist in den Geschäftsräumen des Verwalters zu gewähren (BGH, NJW 2011, 1137). Der einzelne Wohnungseigentümer hat auch einen Anspruch auf Anfertigung von Fotokopien gegen Kostenerstattung. Gemäß § 24 Abs. 7 Satz 8 ist einem Wohnungseigentümer oder einem Dritten, den ein Wohnungseigentümer ermächtigt hat, auf Verlangen Einsicht in die Beschlusssammlung zu gewähren. Auch hier wird der Eigentümer das Recht haben, gegen Entgelt Kopien zu machen. Ein besonderes rechtliches Interesse muss der Eigentümer nicht nachweisen. Ein Anspruch auf Aushändigung von Originalunterlagen besteht dagegen nicht (BayObLG, NZM 2003, 246). Die Verweigerung der Einsichtnahme durch den Verwalter kann einen wichtigen Grund zur Abberufung darstellen.

7.5.7 Herausgabe der Unterlagen

Bei Beendigung der Verwaltertätigkeit hat der Verwalter alle Verwaltungsunterlagen herauszugeben (§§ 675, 666, 667 BGB). Der ausgeschiedene »Bauträger-Verwalter« muss die Bauunterlagen herausgeben, die er als Bauträger im Besitz hat, soweit sie die Errichtung der Wohnanlage betreffen und für die Gewährleistungs- und sonstigen Ansprüche gegenüber den am Bau Beteiligten von Bedeutung sind (BayObLG, NZM 2001, 469). Die Herausgabepflicht beschränkt sich nicht nur auf die Unterlagen, sondern bezieht sich auch auf Gelder und Guthaben auf Gemeinschaftskonten, Sparbücher und Wertpapiere, Geräte und Schlüssel etc.

! **Hinweis**

Jeder Eigentümer kann vom Verwalter eine Namens- und Anschriftenliste der Miteigentümer verlangen. Der Verwalter kann sich hier nicht auf den Datenschutz berufen.

Der Anspruch auf Herausgabe der Unterlagen etc. steht der Gemeinschaft zu. Sie kann den neuen Verwalter durch Beschluss ermächtigen, den Anspruch gerichtlich geltend zu machen. Für die wichtigsten Unterlagen zur Fortführung der Verwaltung kann dies sogar im Wege der einstweiligen Verfügung geschehen (Vorlage von einzelnen genau bezeichneten Fotokopien). Auch in EDV-Form angelegte Dateien sind unentgeltlich zurückzugeben, Print-Ausdrücke genügen nicht (LG Itzehoe, 22.7.2014, 11 S 62/13).

7.6 Haftung des Verwalters

Die Haftung des Verwalters kann sich gegenüber der Gemeinschaft, einzelnen Wohnungseigentümern oder Dritten ergeben.

7.6.1 Schadenersatzanspruch der Eigentümer

Verletzt der Verwalter seine Pflicht aus dem Verwaltervertrag, können die Wohnungseigentümer Ersatz des hierdurch entstehenden Schadens verlangen (§ 280 Abs. 1 Satz 1 BGB). Dies gilt nicht, wenn der Verwalter die Pflichtverletzung nicht zu vertreten hat. Der hauptberufliche Verwalter nimmt für sich besondere Sachkunde in Anspruch. Dies ist bei der Verantwortlichkeit des Schuldners gemäß § 276 BGB zu berücksichtigen (BGH, NJW 1996, 1216).

Wie ausgeführt, ist der Verwalter nicht verpflichtet, von Fällen der Dringlichkeit abgesehen, selbst Instandhaltungs- und Instandsetzungsmaßnahmen in Auftrag zu geben. Er hat jedoch die Mängel festzustellen, die Wohnungseigentümer darüber zu unterrichten und eine Entscheidung herbeizuführen. Kommt er diesen Verpflichtungen nicht oder nur unzureichend nach, so haftet er, und zwar auch gegenüber einem einzelnen Wohnungseigentümer, der durch die verzögerte Umsetzung der Maßnahmen einen Mietausfall erlitten hat (OLG Köln, WE 1997, 198).

Instruktiv ist auch ein vom LG München I entschiedener Fall: In einer vermieteten Eigentumswohnung traten im Bereich des Dachflächenfensters Feuchtigkeit und Schimmel auf. Der Verwalter besichtigte den Schaden und erklärte, Ursache der Mängel sei falsches Lüftungsverhalten des Mieters. Weitere Nachforschungen lehnte der Verwalter ab. Der Mieter minderte und als sich der Schimmel verschlimmerte, kündigte er außerordentlich. Neun Monate nach der Mängelanzeige schaltete der Verwalter einen Sachverständigen ein, der einen Mangel am Fenster als Schadensursache bestätigte. Das Gericht verurteilte den Verwalter zum Schadenersatz. Lehnt es der Verwalter bei einer im Sondereigentum aufgetretener Feuchtigkeit und Schimmelbildung ab, der Ursache nachzugehen, obgleich hierfür ein Mangel an Gemeinschaftseigentum nicht von vornherein auszuschließen war, handelt er pflichtwidrig. Stellt sich dann heraus, dass Ursache ein Mangel am Gemeinschaftseigentum ist, hat der Verwalter dem geschädigten Eigentümer den entstandenen Schaden zu ersetzen (LG München I, 15.10.2012, 1 S 26801/11, ZWE 2013, 270).

Ein Mitverschulden des Verwalters ist schon dann zu bejahen, wenn bei Vorliegen von Baumängeln den Wohnungseigentümern zwar der drohende Ablauf der Verjährung bekannt ist, der Verwalter es aber schuldhaft unterlässt, eine Entscheidung über das weitere Vorgehen herbeizuführen (BayObLG, NZM 2002, 957). Hier kommt eine Haftung auf Schadenersatz wegen positiver Vertragsverletzung des Verwalters in Betracht (BayObLG, NZM 2003, 319).

Führt der Verwalter selbst Instandsetzungsmaßnahmen ohne Beschluss der Eigentümer durch, so haftet er für die Mehrkosten gegenüber der an sich notwendigen Maßnahmen (KG Berlin, ZMR 2002, 546). Informativ hierzu ist ein vom OLG Celle entschiedener Fall.

> **!**   **Beispiel: Verwalter erteilt Auftrag ohne Beschluss**
>
> Gemäß Verwaltervertrag ist der Verwalter berechtigt, in Notfällen Verträge bis zu 8.000 EUR ohne vorherige Zustimmung der Eigentümer einzugehen. Der Verwalter beauftragt ohne Beschluss der Eigentümer eine Firma mit der Planung und Ausschreibung von Sanierungsarbeiten an der Fassade und vergütet hierfür 30.000 EUR aus dem Gemeinschaftsvermögen. Die Wohnungseigentümer beauftragen einen Sachverständigen. Auf der Grundlage seines Konzepts wird eine andere Art der Sanierung durchgeführt. Hier haftet der Verwalter den Wohnungseigentümern für die vergeblich aufgewendeten Kosten (OLG Celle, NZM 2002, 169).

Eine Haftung des Verwalters kommt infrage, wenn er trotz mangelhafter Werkleistung die Rechnung der beauftragten Firma bezahlt, ohne Mängelrüge zu erheben oder ein Zurückbehaltungsrecht geltend zu machen (OLG Düsseldorf, ZMR 1997, 380). Er macht sich schadenersatzpflichtig, wenn er für erkennbar mangelhafte Werkleistungen Zahlungen erbringt und später Gewährleistungsansprüche gegen den Werkunternehmer nicht durchsetzbar sind (OLG Frankfurt/Main, ZMR 2009, 620).

Haben die Wohnungseigentümer den Verwalter entlastet, beschränkt sich die Entlastung auf das Verwalterhandeln, das in der Abrechnung seinen Niederschlag gefunden hat. Insoweit bestehen keine Haftungsansprüche. Die Entlastung des Verwalters erfasst nur solche Vorgänge, die bei der Beschlussfassung darüber bekannt oder bei zumutbarer Sorgfalt für die Wohnungseigentümer erkennbar waren. Dabei ist der Kenntnisstand aller Wohnungseigentümer maßgeblich (BayObLG, NZM 2003, 31).

Ein Anspruch des Verwalters auf Entlastung besteht grundsätzlich nicht, soweit nicht durch Vereinbarung (Gemeinschaftsordnung) oder im Verwaltervertrag ein solcher Anspruch vereinbart ist. Hierzu wird allerdings auch die Gegenmeinung vertreten, wonach der Verwalter einen solchen Anspruch hat. Ein Eigentümerbeschluss, mit dem einem Verwalter Entlastung erteilt wird, steht nicht grundsätzlich im Widerspruch zu einer ordnungsmäßigen Verwaltung, sondern erst dann, wenn Ansprüche gegen den Verwalter erkennbar in Betracht kommen und nicht aus besonderen Gründen Anlass besteht, auf die hiernach möglichen Ansprüche zu verzichten (BGH, NZM 2003, 764; siehe hierzu auch Kapitel 4.7).

Der Verwalter kann sich bei der Ausübung seiner Verwaltertätigkeit dritter Personen bedienen. Für diese Personen haftet er gemäß § 278 BGB (Erfüllungsgehilfen). Die gesamte Verwaltungtätigkeit kann er allerdings nicht auf Dritte übertragen.

7.6.2   Haftungsbeschränkungen

Haftungsbeschränkungen sind im Verwaltervertrag grundsätzlich möglich. Bei solchen Verträgen wird es sich in der Regel um Allgemeine Geschäftsbedingungen handeln. § 309 Nr. 7 BGB (Haftungsausschluss bei Verletzung von Leben, Körper, Gesundheit und bei grober Fahrlässigkeit) ist daher zu beachten. Darüber hinaus widerspricht es regelmäßig den Grundsätzen ordnungsmäßiger Verwaltung, Haftungsbeschränkungsklauseln zugunsten des Verwalters zu beschließen.

> **Beispiele: Unwirksame Haftungsbeschränkungen**   **!**
>
> In einem Verfahren über den Antrag eines Wohnungseigentümers auf Feststellung der Unwirksamkeit des mit dem Verwalter geschlossenen Vertrags hat das OLG Hamm die Beschränkung der Haftung auf Vorsatz und grobe Fahrlässigkeit sowie die zeitliche Begrenzung der Haftung auf den Zeitraum von zwei Jahren nach Beendigung der Verwaltungstätigkeit beanstandet. Das Gericht hat ausgeführt, dass aus der Sicht der Interessenwahrnehmung der Gemeinschaft kein überzeugender Grund dafür zu erkennen ist, einen entgeltlich tätigen, gewerblichen Verwalter durch Haftungsbeschränkung von einer Haftung für Ansprüche der Gemeinschaft aus Vertragsverletzung weitgehend freizustellen (OLG Hamm, NZM 2001, 49, 53). Ebenso hat das BayObLG für den Fall der Ergänzung eines laufenden Verwaltervertrags entschieden und ausgeführt, dass eine solche Haftungsbeschränkung nicht dem Interesse der Gesamtheit der Wohnungseigentümer entspreche. Es sei kein Grund zu erkennen, einen entgeltlich tätigen gewerblichen Verwalter durch Beschränkung der gesetzlichen Haftung nach Dauer und Höhe einseitig zu begünstigen (BayObLG, NZM 2003, 204).

Vergleiche zum Inhalt des Verwaltervertrags auch Kapitel 7.2.4 und 7.5.

7.6.3   Verkehrssicherungspflicht

Im Kontext der Verletzung der Verkehrssicherungspflicht stellt sich häufig die Frage der Haftung. Anspruchsgrundlage ist hier eine Haftung aus unerlaubter Handlung gemäß §§ 823 ff. BGB. Grundsätzlich liegt die Verkehrssicherungspflicht bei den Eigentümern. Aufgrund seiner Organstellung ist der Verwalter den Wohnungseigentümern gegenüber verantwortlich für die Einhaltung der Verkehrssicherungspflicht. Dies gilt auch gegenüber Dritten (strittig vgl. Niedenführ/Kümmel/Vandenhouten, § 27 Rn. 114). Ferner haftet der Verwalter, wenn ihm die Verkehrssicherungspflicht durch Verwaltervertrag übertragen wurde, zum Beispiel durch die Formulierung, »alles zu einer ordnungsmäßigen Verwaltung Notwendige zu tun« (OLG Karlsruhe, ZMR 2009, 623).

Soweit zum Beispiel bei einem Zuweg zum Grundstück Sondernutzungsrechte bestehen, haftet der Sondernutzungsberechtigte zumindest dann, wenn die Delegation der Verkehrssicherungspflicht aus der Teilungserklärung eindeutig hervorgeht; anderenfalls haften die Eigentümer (Gottschalg, NZM 2002, 590).

Hat der Verwalter mit der Räum- und Streupflicht einen Hausmeisterdienst beauftragt, muss er diesen beaufsichtigen. Hierbei ist ein strenger Maßstab anzulegen. Gemäß § 831 BGB besteht ebenfalls die Haftung für den Verrichtungsgehilfen. Hinzuweisen ist darauf, dass auch in diesen Fällen die Wohnungseigentümer überprüfungspflichtig bleiben.

Gefahrenträchtig sind zudem Kinderspielplätze. Spielgeräte etc. müssen regelmäßig überprüft werden. Drohende Gefahrenherde sind zu beseitigen, zum Beispiel eine Dornenhecke (OLG Frankfurt/Main, Rpfleger 1981, 399).

Auch die Beleuchtung der Zuwege oder der Kellerräume ist regelmäßig zu überwachen. Zu kurz eingestellte Beleuchtungsintervalle können zu Schadenersatzansprüchen führen (OLG Zweibrücken, WE 1995, 26).

Eine besondere Haftung besteht gemäß § 836 Abs. 1 BGB für herabfallende Bauteile: Wird durch den Einsturz eines Gebäudes oder durch die Ablösung von Teilen des Gebäudes ein Mensch getötet, der Körper oder die Gesundheit eines Menschen verletzt oder eine Sache beschädigt, so ist der Besitzer des Grundstücks verpflichtet, dem Verletzten den daraus entstehenden Schaden zu ersetzen. Dies gilt, sofern der Einsturz oder die Ablösung Folge fehlerhafter Errichtung oder mangelhafter Unterhaltung ist. Die Ersatzpflicht tritt nicht ein, wenn der Besitzer zum Zwecke der Abwendung der Gefahr die erforderliche Sorgfalt beachtet hat. Den Verwalter trifft aufgrund seiner Organstellung eine Einstandspflicht gemäß § 838 BGB für den durch die Ablösung von Teilen des verwalteten Gebäudes verursachten Schaden (BGH, NJW 1993, 1782). Im Allgemeinen genügt der Verwalter seiner Sorgfaltspflicht, wenn er zuverlässige Fachkräfte mit Instandhaltungsarbeiten und der im gebotenen Umfang erforderlichen Überprüfung betraut (Gottschalg, a.a.O.). Gegenüber Dritten haften die Wohnungseigentümer und der Verwalter als Gesamtschuldner gemäß § 840 BGB.

Soweit die Gemeinschaft oder die Wohnungseigentümer Schadenersatzansprüche gegen den Verwalter haben, kann ein einzelner Wohnungseigentümer den Anspruch gegen den Verwalter erst geltend machen, wenn die Gemeinschaft einen entsprechenden Beschluss gefasst hat (BGH, NJW 1989, 1091). Dies gilt nicht, wenn ein einzelner Wohnungseigentümer einen Schadenersatzanspruch als Einzelgläubiger gegen den Verwalter geltend macht (BGH, NJW 1992, 182). Dies ist zum Beispiel der Fall, wenn ein einzelner Wohnungseigentümer Ansprüche wegen Mietausfalls aufgrund verschleppter Instandhaltungsmaßnahmen geltend macht.

Wie ausgeführt, kommt eine Haftung des Verwalters nicht nur gegenüber den Wohnungseigentümern, sondern auch gegenüber Dritten in Betracht, zum Beispiel bei Verletzung der Verkehrssicherungspflicht. Auch kann sich der Verwalter gegenüber Dritten schadenersatzpflichtig machen, wenn er außerhalb seiner Vertretungsmacht handelt (§ 179 BGB).

7.7 Verwaltungsbeirat

Gemäß § 20 Abs. 1 WEG obliegt die Verwaltung des gemeinschaftlichen Eigentums den Wohnungseigentümern nach Maßgabe der §§ 21 bis 25 WEG und dem Verwalter nach Maßgabe der §§ 26 bis 28 WEG. Im Fall der Bestellung eines Verwaltungsbeirats ist auch dieser nach Maßgabe des § 29 WEG verantwortlich. Der Beirat ist also ein Organ der Wohnungseigentümergemeinschaft.

7.7.1 Bestellung

Gemäß § 29 Abs. 1 Satz 1 WEG können die Wohnungseigentümer durch Stimmenmehrheit die Bestellung eines Verwaltungsbeirats beschließen. Durch Vereinbarung in der Teilungserklärung kann die Bestellung eines Verwaltungsbeirats auf Dauer aber auch ausgeschlossen sein. Enthält die Teilungserklärung/Gemeinschaftsordnung hingegen eine Bestimmung, dass ein Verwaltungsbeirat zu bestellen ist, hat jeder Wohnungseigentümer einen Anspruch auf die Bestellung des Beirats gemäß § 21 Abs. 4 WEG. Ist in der Teilungserklärung nichts geregelt, steht es im Belieben der Wohnungseigentümergemeinschaft, einen Beirat zu bestellen, eine Verpflichtung besteht dann nicht.

Gemäß § 29 Abs. 1 Satz 1 WEG beschließen die Wohnungseigentümer die Bestellung eines Verwaltungsbeirats durch Stimmenmehrheit.

Umstritten ist, ob die einzelnen Beiratsmitglieder durch einen jeweils eigenen Beschluss zu bestellen sind oder ob es genügt, den Beirat als Ganzes zu wählen (»Blockwahl«). Da die Rechtsprechung nicht einheitlich ist, empfiehlt sich die Einzelwahl. Ein Beschluss durch Blockwahl ist nicht nichtig, sondern – falls man der Rechtsmeinung folgt, eine Blockwahl sei unzulässig – nur anfechtbar. Der Wohnungseigentümer, der sich zur Wahl stellt, kann bei der Wahl mitstimmen.

Eine Bestellzeit ist im Gesetz nicht bestimmt. Es empfiehlt sich daher, im Beschluss die Bestellung auf eine bestimmte Zeit zu begrenzen. Anderenfalls bleibt der Beirat so lange im Amt, bis eine Neuwahl erfolgt. In einer solchen Neuwahl wird die Abberufung des bisherigen Beirats zu sehen sein. Ist eine Dauer nicht vereinbart, kann der Beirat durch Mehrheitsbeschluss jederzeit abberufen werden. Mit dem Ausscheiden aus der Wohnungseigentümergemeinschaft endet auch die Eigenschaft als Beirat.

Die Beiratsmitglieder sind ehrenamtlich tätig. Gemäß § 670 BGB besteht ein Anspruch auf Aufwendungsersatz. Hierüber sollte bereits bei Bestellung des Beirats eine Regelung getroffen werden.

7.7.2   Zusammensetzung des Beirats

Gemäß § 29 Abs. 1 Satz 2 WEG besteht der Beirat aus einem Wohnungseigentümer als Vorsitzenden und zwei weiteren Wohnungseigentümern als Beisitzern. Da nach § 24 Abs. 3 WEG der Vorsitzende des Beirats oder sein Vertreter unter bestimmten Voraussetzungen eine Eigentümergemeinschaft einberufen kann, empfiehlt es sich, einen Vertreter des Vorsitzenden zu bestimmen. Der Vorsitzende des Beirats kann bereits durch die Wohnungseigentümerversammlung gewählt werden. Ebenso ist möglich, dass der Beirat den Vorsitzenden anschließend wählt. Gemäß § 29 Abs. 4 WEG wird der Verwaltungsbeirat vom Vorsitzenden nach Bedarf einberufen.

Sowohl von der Bestimmung, dass die Mitglieder des Beirats Wohnungseigentümer sein müssen, als auch von der zahlenmäßigen Zusammensetzung kann durch Vereinbarung in der Teilungserklärung/Gemeinschaftsordnung abgewichen werden.

Werden Nichtmitglieder zum Beirat gewählt oder wird ein Beirat mit mehr oder weniger als drei Mitgliedern gewählt, ist der Beschluss auf Anfechtung hin wegen Verstoßes gegen § 29 Abs. 1 Satz 2 WEG für ungültig zu erklären (BayObLG, ZMR 2003, 760). Wird der Beschluss hingegen nicht angefochten, dürfte er wirksam sein. Ein Nichtigkeitsgrund liegt nicht vor (BGH, ZMR 2010, 545).

Scheidet ein Beiratsmitglied aus, ist die Gemeinschaft zur Nachwahl verpflichtet.

Die Wahl eines Wohnungseigentümers zum Beirat kann dann mit Aussicht auf Erfolg angefochten werden, wenn schwerwiegende Gründe gegen die Person sprechen und zu befürchten ist, dass sie ihr Amt zum Nachteil der übrigen Miteigentümer missbrauchen wird (OLG Köln, NZM 1999, 1156).

7.7.3 Aufgaben und Befugnisse

Die Aufgaben und Befugnisse des Verwaltungsbeirats sind im Gesetz wie folgt geregelt: Gemäß § 29 Abs. 2 WEG unterstützt der Beirat den Verwalter bei Durchführung seiner Aufgaben.

- Der Verwaltungsbeirat kann die Aufgaben und Befugnisse des Verwalters nicht selbst ausüben. Er ist nur unterstützend tätig. Dies gilt insbesondere für die Einhaltung der Hausordnung, für die Vorbereitung der Tagesordnung für die Eigentümerversammlung und für die Abstimmung über Reparatur- und Modernisierungsarbeiten.
- Zur Kontrolle der laufenden Verwaltungstätigkeit ist der Beirat nicht verpflichtet (BayObLG, NJW 1972, 1377).

Ist eine vertrauensvolle Zusammenarbeit zwischen Verwalter und Beirat nicht mehr möglich, kann darin ein wichtiger Grund für die fristlose Kündigung des Verwaltervertrags und die Abberufung des Verwalters liegen. Hierbei ist zu prüfen, wer die Zerstörung der Vertrauensbasis verursacht und verschuldet hat. War dies nicht der Verwalter, sondern der Beirat, ist den Wohnungseigentümern in der Regel die Fortsetzung des Vertragsverhältnisses bis zu einer ordentlichen Beendigung durchaus zumutbar (BayObLG, NZM 1999, 283).

Gemäß § 29 Abs. 3 WEG sollen der Wirtschaftsplan, die Abrechnung über den Wirtschaftsplan, die Rechnungslegung und die Kostenvoranschläge – bevor sie die Wohnungseigentümerversammlung beschließt – vom Verwaltungsbeirat überprüft und mit dessen Stellungnahme versehen werden. Die Stellungnahme des Beirats kann mündlich oder schriftlich noch in der Versammlung abgegeben werden. Zur Ausübung dieses Prüfungsrechts ist der Verwalter zu den entsprechenden Auskünften verpflichtet. Er hat insbesondere auch Einsicht in die Unterlagen zu gewähren. Ein gerichtlich durchsetzbarer Anspruch gegenüber dem Beirat auf Erstellung eines Prüfberichts besteht nicht. Falls der Beirat seiner

Prüfungspflicht nicht nachkommt, empfiehlt es sich, ihn abzuwählen. Stellt der Beirat Unregelmäßigkeiten fest, ist er zu Nachforschungen verpflichtet. Darüber hinaus hat der Vorsitzende des Beirats oder sein Vertreter die Niederschrift über die Wohnungseigentümerversammlung zu unterschreiben (§ 24 Abs. 6 Satz 2 WEG).

Die Aufgaben und Befugnisse des Beirats können sowohl erweitert als auch beschränkt werden, allerdings nur durch Vereinbarung, üblicherweise in der Teilungserklärung/Gemeinschaftsordnung. Zu beachten ist jedoch, dass dem Beirat keine Aufgaben übertragen werden können, die zwingend dem Verwalter zugeordnet sind (§ 27 Abs. 4 WEG). Durch Vereinbarung, nicht aber durch Mehrheitsbeschluss können Befugnisse der Gemeinschaft auf den Beirat übertragen werden. Auch dies findet seine Grenze dort, wo diese Befugnisse zwingend den Wohnungseigentümern zustehen.

So kann zum Beispiel die Genehmigung der Jahresabrechnung nicht durch Mehrheitsbeschluss dem Verwaltungsbeirat übertragen werden, ebenso wenig die Bestellung oder Abberufung des Verwalters. Zu trennen ist hiervon ein Beschluss, der den Beirat oder andere Eigentümer beauftragt und bevollmächtigt, den in den Hauptinhalten bereits festgelegten Vertrag mit dem Verwalter abzuschließen oder eine beschlossene Kündigung gegenüber dem Verwalter abzugeben. Ebenso kann der Beirat zur Abnahme des Gemeinschaftseigentums bevollmächtigt werden.

Ob die allgemeine Übertragung des Abschlusses eines Verwaltervertrags auf den Verwaltungsbeirat ohne weitere Vorgaben ordnungsgemäßer Verwaltung entspricht, ist zweifelhaft (vgl. OLG Köln, NZM 2002, 1002). Wird ein derartiger Beschluss nicht angefochten, ist ein auf seiner Grundlage abgeschlossener Verwaltervertrag gleichwohl wirksam. Der Vertreter, also der Beirat, bleibt jedoch beim Abschluss des Vertrags an die Grundsätze ordnungsmäßiger Verwaltung gebunden. Bei einem Verstoß hiergegen überschreitet er seine Vertretungsmacht (siehe Kapitel 8). Zur Vermeidung von Haftungsansprüchen gegen den Beirat als vollmachtslosen Vertreter (§ 179 Abs. 2 BGB) liegt es daher auch im Interesse des Beirats, dass die Wohnungseigentümer über die Eckdaten des Vertrags beschließen.

7.7.4   Haftung des Beirats

Die Tätigkeit des Verwaltungsbeirats ist durchaus haftungsträchtig. Zwischen Wohnungseigentümern und Beirat besteht ein Auftragsverhältnis im Sinne des § 662 BGB. Verletzt der Beirat seine Verpflichtungen schuldhaft, haftet er für den dadurch verursachten Schaden. Haftungsmaßstab ist die im Geschäftsverkehr erforderliche Sorgfalt. Werden Wohnungseigentümer aufgrund ihrer beruflichen Tätigkeit (Architekt, Steuerberater oder Rechtsanwalt) bestellt, so ist der entsprechende berufsübliche Haftungsmaßstab zugrunde zu legen.

Bei der Übernahme von Zusatzaufgaben, zum Beispiel die Überwachung größerer Modernisierungsarbeiten, sollte der Beirat darauf bestehen, dass auf Kosten der Wohnungseigentümergemeinschaft eine Vermögensschadenhaftpflichtversicherung abgeschlossen wird. Des Weiteren soll die Beschränkung der Haftung auf Vorsatz und grobe Fahrlässigkeit im Beschluss, der den Beirat zu der entsprechenden Tätigkeit ermächtigt, zulässig sein (Müller, Rn. 1140).

Ebenso wenig wie der Verwalter hat auch der Verwaltungsbeirat einen Anspruch auf Entlastung. Ein Mitglied, das sich für den Beirat bewirbt, sollte daher darauf achten, dass bei der Bestellung auch beschlossen wird, dass der Beirat einen Anspruch auf Entlastung hat, sofern die Voraussetzungen hierfür gegeben sind (Müller, Rn. 1140). Bei Abstimmung über die Entlastung ist der Beirat nicht stimmberechtigt, auch nicht durch ihm erteilte Vollmachten (OLG Zweibrücken, NZM 2002, 345).

Ein Entlastungsbeschluss entspricht nicht ordnungsmäßiger Verwaltung, wenn Haftungsansprüche gegen die Mitglieder des Beirats im Zusammenhang mit der Prüfung von Jahresabrechnungen/Wirtschaftsplan möglich erscheinen. Dies ist zum Beispiel der Fall, wenn der Verwaltungsbeirat bei der Prüfung der Jahresabrechnung auf die Kontrolle der Kontenbelege verzichtet (OLG Düsseldorf, ZMR 1998, 104) oder wenn die vom Beirat geprüfte Abrechnung fehlerhaft ist und geändert werden muss (BGH, WuM 2010, 178; siehe hierzu auch Kapitel 4.8).

8   Die vermietete Eigentumswohnung

Wohnungseigentümer, die ihre Wohnung selbst nutzen, haben »nur« die Vorschriften des WEG sowie die zwischen den Wohnungseigentümern getroffenen Vereinbarungen, zum Beispiel in der Teilungserklärung oder Gemeinschaftsordnung, zu beachten. Wohnungseigentümer, die ihre Wohnung vermieten, müssen zusätzlich die Vorschriften des Mietrechts einschließlich der zugehörigen Rechtsprechung beachten.

Probleme bereitet in der Praxis vor allem der Umstand, dass die beiden Rechtsgebiete – WEG und Mietrecht – nicht aufeinander abgestimmt und von unterschiedlichen Rechtsgedanken geprägt sind. Während der Gesetzgeber beim Wohnungseigentumsgesetz davon ausgeht, dass sich die Beteiligten »auf gleicher Augenhöhe« begegnen, sind das Mietrecht und seine Rechtsprechung zunehmend vom Gedanken des Mieterschutzes geprägt. Gesetzgeber und Rechtsprechung unterstellen hier, der Mieter sei immer der sozial Schwächere.

Notwendige Anpassungen von mietvertraglichen Vereinbarungen, zum Beispiel über die Tierhaltung, an geänderte Verhältnisse in der Wohnungseigentumsanlage stoßen daher in der Praxis oftmals auf erhebliche Schwierigkeiten. Regelungen zu Problemen, die sich für den Wohnungseigentümer aufgrund des Mietverhältnisses mit anderen Wohnungseigentümern in der Anlage ergeben, sind in den mietrechtlichen Bestimmungen nicht enthalten. Die Lösung wird – wie so oft – der Rechtsprechung überlassen.

Daran hat auch die am 1.9.2001 in Kraft getretene Mietrechtsreform nichts geändert, mit der ein »modernes« Mietrecht geschaffen werden sollte. Offensichtlich ging der Gesetzgeber auch noch im Jahr 2001 vom althergebrachten Bild des klassischen Mietshauses aus, dessen Mieter alle denselben Vermieter haben, der in seinem Haus schalten und walten kann, ohne auf andere Eigentümer bzw. irgendwelche Beschlüsse Rücksicht nehmen zu müssen.

> **Beispiele: Widersprüchliche Regelungen in Mietrecht und WEG**   !
>
> - § 536a Abs. 2 BGB bestimmt, dass der Mieter einen Mangel der Mietsache selbst beseitigen und vom Vermieter Ersatz der erforderlichen Aufwendungen verlangen kann, wenn der Vermieter mit der Mängelbeseitigung in Verzug ist. In einer Wohnungseigentumsanlage ist aber der Mieter – ebenso wie der Vermieter – zur Selbstbeseitigung gar nicht berechtigt, wenn der Mangel nicht im Bereich des Sondereigentums, sondern im Bereich des Gemeinschaftseigentums liegt, zum Beispiel wenn es um das Erneuern alter, blind gewordener Isolierglasscheiben oder das Beheben der Undichtigkeit von Außenfenstern geht, und das Einverständnis der Eigentümergemeinschaft nicht vorliegt.

- Geht es um die Frage, ob der Mieter zur Duldung einer Modernisierungsmaßnahme, zum Beispiel die Erneuerung der Außenfenster, verpflichtet ist, müssen
bei der erforderlichen Interessenabwägung zwar die Interessen »anderer Mieter
in dem Gebäude« berücksichtigt werden, nicht aber die Interessen der anderen
Eigentümer im Gebäude (§ 554 Abs. 2 BGB).

Die Realität sieht inzwischen völlig anders aus: Mietshäuser werden praktisch keine
mehr gebaut. Ihr Bestand ist sogar rückläufig, da sie häufig in Eigentumswohnungen umgewandelt und diese dann an eine Vielzahl von Eigentümern verkauft werden. Auch im Neubaubereich werden fast ausschließlich Wohnungseigentumsanlagen erstellt, in denen nur selten ein Eigentümer mehrere Wohnungen erwirbt.
Der Mieter einer solchen Wohnung hat daher in der Regel einen anderen Vermieter
als seine Wohnungsnachbarn.

Der Vermieter einer Eigentumswohnung ist somit in der Regel mit mehreren Rechtsverhältnissen konfrontiert: zum einen zu seinem Mieter, zum anderen zu den anderen Wohnungseigentümern bzw. der Hausverwaltung und nicht zuletzt zu den
Mietern der anderen Wohnungseigentümer, da auch diese »sein« Gemeinschaftseigentum, zum Beispiel Lift und Treppenhaus, benutzen, für das er mitbezahlen muss.
Diese komplexe Situation wirft in der Praxis zahlreiche Rechts- und Streitfragen auf,
mit denen sich – aufgrund fehlender Regelungen sowie der zunehmenden Zahl ver-
mieteter Eigentumswohnungen – immer häufiger auch die Gerichte beschäftigen
müssen. Die folgenden Ausführungen zeigen, welche Sachverhalte in der Praxis am
häufigsten zu Problemen führen, welche Rechtsfolgen sich daraus ergeben und wie
solche Probleme gelöst oder vermieden werden können.

8.1 Gestaltung des Mietvertrags

Die Rechte und Pflichten von Wohnungseigentümern gegenüber der Gemeinschaft bestimmen sich insbesondere nach dem Wohnungseigentumsgesetz,
der Teilungserklärung/Gemeinschaftsordnung sowie aus den Beschlüssen der
Eigentümergemeinschaft. Die Rechte und Pflichten von Mietern gegenüber dem
Vermieter richten sich dagegen nach den mietrechtlichen Vorschriften sowie
den vertraglichen Vereinbarungen im Mietvertrag und in der Hausordnung.

Probleme treten in der Praxis insbesondere dann auf, wenn der Wohnungseigentümer bei Abschluss des Mietvertrags nicht darauf geachtet hat, die Rechte seines Mieters durch entsprechende Gestaltung des Vertrags auf den Umfang seiner
Rechte gegenüber der Eigentümergemeinschaft zu beschränken. Das heißt, der
Eigentümer erlaubt seinem Mieter unter Umständen mehr, als er selbst darf.

> **Beispiele: Widersprüchliche Regelungen**   **!**
>
> - In der Wohnanlage ist durch Vereinbarung der Wohnungseigentümer bzw. durch nicht angefochtenen Mehrheitsbeschluss die Haltung von Hunden verboten. Einem Eigentümer, der die Wohnung erst erworben hat, ist dieser Beschluss, der auch aus dem Grundbuch nicht ersichtlich ist, nicht bekannt. Er erlaubt dem Mieter die Haltung eines Hundes.
> - Dem Mieter mit ausländischer Staatsangehörigkeit wird zum Empfang von Heimatsendern die Montage einer Parabolantenne erlaubt, obwohl die Eigentümergemeinschaft das Anbringen von zusätzlichen Antennen durch Beschluss untersagt hat. Gleiches gilt zum Beispiel für die Musikausübung in der Wohnung oder die Nutzung von Freiflächen, etwa zum Abstellen von Fahrzeugen.
> - Dem Mieter wird eine Wohnung als Büro oder – umgekehrt – das in der Teilungserklärung als »Büro« bezeichnete Teileigentum als Wohnung oder als Arztpraxis vermietet (vgl. OLG München, 27.4.2005, 3 U 4087/04; BayObLG, ZWE 2000, 122).

In den oben genannten Fällen können die anderen Wohnungseigentümer sowohl gegen den Eigentümer/Vermieter als auch gegen den (störenden) Mieter vorgehen.

Vom Vermieter können die Wohnungseigentümer Unterlassung der vertragswidrigen Nutzung verlangen und ggf. vor dem Wohnungseigentumsgericht auf Unterlassung klagen. Aus der Entscheidung kann zwar grundsätzlich durch Festsetzung eines Ordnungsgeldes vollstreckt werden, wenn der Eigentümer der Entscheidung nicht nachkommt (§ 890 ZPO). Nachdem der Eigentümer jedoch trotz des Unterlassungsanspruchs der Eigentümergemeinschaft nicht zur Kündigung des Mietverhältnisses berechtigt ist (BGH, NJW 1996, 714) und die Verhängung des Ordnungsgeldes ein schuldhaftes Verhalten des Eigentümers voraussetzt, das wiederum nicht gegeben ist, wenn der Eigentümer alles getan hat, um den Mieter zur Unterlassung bzw. zur Räumung zu veranlassen, geht ein Vorgehen gegen den Eigentümer häufig ins Leere.

Ferner hat das wohnungseigentumsrechtliche Verfahren gegen den Vermieter für das Verfahren vor dem Zivilgericht gegen den Mieter keinerlei Bindungswirkung.

Zulässig und effektiver ist es daher, den (störenden) Mieter selbst auf Unterlassung vor dem zuständigen Zivilgericht in Anspruch zu nehmen (§ 1004 BGB). Allerdings kann der Mieter dann gegenüber seinem Vermieter die Zahlung der Miete verweigern, das Mietverhältnis wegen Vorliegen eines Rechtsmangels und dementsprechend wegen Nichtgewähren des vertragsgemäßen Gebrauchs fristlos kündigen (§ 543 Abs. 2 Nr. 1 BGB) und vom Vermieter Schadenersatz wegen Nichterfüllung, das heißt Ersatz des Kündigungsfolgeschadens, verlangen. Dies gilt für den Fall, dass zum Beispiel ein anderer Wohnungseigentümer den Mieter unter Androhung gerichtlicher Schritte auffordert, die mietvertraglich vereinbarte Nutzung der Wohnung zu bestimmten Zwecken wegen Verstoßes gegen die Teilungserklärung zu unterlassen (so OLG Düsseldorf, 8.7.1998, 10 U 159/97; BGH, 24.1.2001, XII ZR 213/98, ZMR 2001, 344).

> **! Praxis-Tipp**
>
> Vor Abschluss des Mietvertrags sollte sich der Wohnungseigentümer umfassend über die zulässige Nutzung des Sondereigentums sowie über die Beschlüsse der Eigentümergemeinschaft informieren. Bei der Ausgestaltung des Mietvertrags ist darauf zu achten, durch entsprechende Vereinbarungen einen »Gleichlauf« zwischen den Rechten und Pflichten des Vermieters gegenüber der Eigentümergemeinschaft und den Rechten und Pflichten gegenüber dem künftigen Mieter herzustellen.

Dementsprechend sollte im Mietvertrag zum Ausdruck kommen, dass die Benutzung des Gemeinschaftseigentums durch den Mieter auf die dem Vermieter zustehenden Rechte beschränkt ist.

Ferner sollte der Mietvertrag eine Klausel enthalten, wonach die Bestimmungen der Gemeinschaftsordnung und die Beschlüsse der Wohnungseigentümer wesentlicher Bestandteil des Mietvertrags sind. Zur Sicherstellung empfiehlt es sich, entsprechende Abschriften als Anlage fest mit dem Mietvertrag zu verbinden.

Außerdem sollte der Mietvertrag eine Regelung für den Fall vorsehen, dass sich die Rechtslage in der Eigentümergemeinschaft aufgrund von Beschlüssen ändert. Diese können häufig auch mehrheitlich erfolgen, das heißt gegen die Stimme des betroffenen Wohnungseigentümers bzw. dessen Mieters. Die Änderungen haben zunächst grundsätzlich keine Auswirkung auf das bestehende Mietverhältnis, das bedeutet, Beschränkungen der Eigentümerrechte in der Anlage etwa bei der Tierhaltung bewirken nicht gleichzeitig eine entsprechende Beschränkung der Mieterrechte. Daher kann der Mieter trotz Beschlusses der Eigentümergemeinschaft beispielsweise auf dem ihm vertraglich eingeräumten Recht zur Tierhaltung oder zu baulichen Änderungen (Montage einer Parabolantenne, Anbringen einer Markise) bestehen. Für den Fall, dass ihn die Eigentümergemeinschaft auf Unterlassung in Anspruch nimmt, kann er bei seinem Vermieter Mietminderung geltend machen oder Schadenersatz verlangen.

Diese unerwünschten Folgen können durch einen mietvertraglichen Änderungsvorbehalt ausgeschlossen werden. Wirksam ist ein solcher, wenn er in Formularform, also vorgedruckt, erfolgt, allerdings nur dann, wenn die Änderung für den Mieter unter Abwägung der beiderseitigen Interessen zumutbar ist (§ 308 Nr. 4 BGB). Dies ist dann der Fall, wenn lediglich bereits bestehende Verpflichtungen des Mieters konkretisiert werden, zum Beispiel Festlegung bestimmter Ruhezeiten im Haus, nicht aber bei Begründung neuer Pflichten des Mieters, zum

Beispiel zur Treppenreinigung. Gleiches gilt für die Beschränkung wesentlicher Mieterrechte, etwa der Tierhaltung. Solche Rechte können nicht durch einen Änderungsvorbehalt in Formularform, sondern nur durch einen individuell vereinbarten wieder beseitigt werden.

> **Achtung**   **!**
>
> Werden dem Mieter im Mietvertrag ausdrücklich Rechte eingeräumt – zum Beispiel zur Haltung bestimmter Tiere, zum Anbringen von Blumenkästen am Balkon, zur Montage einer Markise oder Parabolantenne, Benutzung von Freiflächen zum Abstellen von Fahrzeugen oder Fahrrädern und Ähnliches –, sollte gleichzeitig auch ein klarer und individuell formulierter, das heißt auf die eingeräumten Rechte Bezug nehmender Änderungsvorbehalt aufgenommen werden. Danach sind diese Rechte im Fall eines widersprechenden bzw. entgegenstehenden oder einschränkenden Beschlusses der Eigentümergemeinschaft widerruflich.

8.2 Jahresabrechnung über Wohngeld und Betriebskosten

Die Wohnungseigentümer sind verpflichtet, die im Wirtschaftsplan festgelegten Wohngeldvorschüsse zu leisten (§ 28 Abs. 2 WEG). Über die Vorschüsse muss der Verwalter jährlich abrechnen (§ 28 Abs. 3 WEG). Der jeweilige Wohnungseigentümer muss dann gegenüber seinem Mieter über die von diesem geleisteten Betriebskostenvorauszahlungen abrechnen.

Infolge der unterschiedlichen Kostenpositionen beim Wohngeld einerseits und bei den Betriebskosten andererseits sowie der unterschiedlichen Abrechnungsgrundsätze im Wohnungseigentumsrecht und Mietrecht ergeben sich in der Praxis folgende Problemkreise:

- Differenzen bei den umlegbaren Kosten
- Unterschiedliche Abrechnungsarten (Abfluss-/Leistungsprinzip)
- Verschiedenartige Abrechnungszeiträume und -fristen
- Unterschiedliche Abrechnungsmaßstäbe (Verteilerschlüssel)

> **Achtung**   **!**
>
> Der Vermieter darf auf den Mieter vertraglich nur solche Kosten umlegen, die unter den Begriff der »Betriebskosten« im Sinne der Betriebskostenverordnung fallen. Die Umlage erfordert eine klare und eindeutige Vereinbarung. Ausreichend ist jedoch die Verweisung auf den Betriebskostenkatalog der Betriebskostenverordnung. Eine zusätzliche Erläuterung oder Beifügung dieses Katalogs ist für eine wirksame Umlage zwar nicht erforderlich, aber zur Information des Mieters und zur Vermeidung von Rückfragen durchaus sinnvoll.

Nicht zu den Betriebskosten gehören:

- Verwaltungskosten, das heißt die Kosten der zur Verwaltung des Gebäudes erforderlichen Arbeitskräfte und Einrichtungen, die Kosten der Aufsicht, der Wert der vom Vermieter persönlich geleisteten Verwaltungsarbeit, die Kosten für die gesetzlichen oder freiwilligen Prüfungen des Jahresabschlusses und die Kosten für die Geschäftsführung (§ 1 Abs. 2 Nr. 1 BetrKV)
- Instandhaltungs- und Instandsetzungskosten, das heißt die Kosten, die während der Nutzungsdauer zur Erhaltung des bestimmungsmäßigen Gebrauchs aufgewendet werden müssen, um die durch Abnutzung, Alterung und Witterungseinwirkung entstehenden baulichen oder sonstigen Mängel ordnungsgemäß zu beseitigen (§ 1 Abs. 2 Nr. 2 BetrKV)

Diese Kosten sind jedoch in der Regel in der Wohngeldabrechnung enthalten, dürfen aber in der Betriebskostenabrechnung gegenüber dem Mieter nicht angesetzt werden.

Schwieriger wird es, wenn solche Kosten in grundsätzlich umlegbaren Positionen der Wohngeldabrechnung enthalten sind. Sind zum Beispiel in den Kosten des Aufzugs wegen eines Vollwartungsvertrags nicht nur Wartungs-, sondern auch Reparaturkosten enthalten oder erledigt der Hausmeister auch Verwaltungsarbeiten, zum Beispiel Wohnungsabnahmen, müssen diese Positionen (Aufzug bzw. Hausmeister) vor Einstellung in die Betriebskostenabrechnung anteilig gekürzt werden. Gleiches gilt beispielsweise für Kosten von Feuerlöschgeräten, Müllschluckern, Dachrinnenreinigung, Gemeinschaftseinrichtungen wie Sauna, Schwimmbad und Hobbyraum. Solche Kosten gehören zu den »sonstigen Kosten« im Sinne des § 2 Nr. 17 BetrKV und sind nur dann umlagefähig, wenn der Kostengegenstand im Mietvertrag genau bezeichnet ist. Die pauschale Anführung von »sonstigen Betriebskosten« reicht nicht aus (BGH, 7.4.2004, VIII ZR 146/03, WuM 2004, 292; BGH, VIII ZR 167/03, WuM 2004, 290).

! **Achtung**

Bei Erstellung der Betriebskostenabrechnung ist daher zu prüfen, welche Positionen der Wohngeldabrechnung in welchem Umfang in die Betriebskostenabrechnung gemäß den mietvertraglichen Vereinbarungen eingestellt werden dürfen.

Nach einem Urteil des BGH vom 20.2.2008 (VIII ZR 49/07) muss der Vermieter die Betriebskosten – entgegen der überwiegenden Auffassung der Mietgerichte – nicht mehr zwingend nach dem sogenannten Leistungsprinzip abrechnen, sondern darf sie auch nach dem sogenannten Abflussprinzip ansetzen. Damit gelten im Mietrecht grundsätzlich dieselben Abrechnungsgrundsätze wie im Wohnungseigentumsrecht, da auch in der Wohngeldabrechnung die Kosten in der Regel nach dem Abflussprinzip angesetzt werden (so zum Beispiel BayObLG, 10.7.1998, 2 ZBR 49/98, NZM 1999, 133).

Beim Abflussprinzip (Ausgabenrechnung) sind die im Abrechnungszeitraum getätigten Zahlungen anzusetzen, unabhängig davon, ob die zugrunde liegenden Leistungen im Abrechnungszeitraum auch verbraucht bzw. in Anspruch genommen wurden. Beim Leistungsprinzip dürfen nur die Kosten angesetzt werden, die im Abrechnungszeitraum auch tatsächlich verbraucht bzw. in Anspruch genommen wurden.

> **Beispiel: Versicherungsprämie**   **!**
>
> Eine Versicherungsprämie, zum Beispiel für die Feuerversicherung, für den Zeitraum vom 1.10. bis 30.9. des Folgejahres ist im Voraus jeweils am 1.10. des Jahres zur Zahlung fällig. Am 1.10.2014 (für 1.10.2014 bis 30.9.2015) betrug die Prämie 300 EUR. Ab 1.10.2015 (für 1.10.2015 bis 30.9.2016) hat sich die Prämie auf 350 EUR erhöht.
> - Beim Abflussprinzip (Wohngeldabrechnung gegenüber dem Eigentümer) kann in die Abrechnung des Kalenderjahres 2015 die neue erhöhte, am 1.10.2015 fällige Prämie von 350 EUR angesetzt werden, da diese im Jahr 2015 gezahlt wurde.
> - Beim Leistungsprinzip (Betriebskostenabrechnung für das Kalenderjahr 2015 an den Mieter) muss differenziert werden: Für den Zeitraum 1.1.2015 bis 30.9.2015 muss noch die alte Prämie anteilig angesetzt werden. Die neue erhöhte Prämie darf anteilig nur für den Zeitraum 1.10.2015 bis 31.12.2015 angesetzt werden.

Gleiches gilt für sämtliche anderen Betriebskostenpositionen, zum Beispiel Wasser, Abwasser, Kaminkehrer, bei denen sich Abrechnungs- und Verbrauchs-/Leistungszeitraum nicht decken; so zum Beispiel auch für Zahlungen, die der Verwalter noch am Ende eines Kalenderjahres im Voraus für das nachfolgende Kalenderjahr gezahlt hat. Da der Verwalter ohne gesonderte Vereinbarung nicht verpflichtet ist, für eine vermietete Wohnung eine Einzeljahresabrechnung zu erstellen, die unverändert als wirksame Betriebskostenabrechnung gegenüber dem Mieter verwendet werden kann (so zum Beispiel BayObLG, 4.4.2005, 2Z BR 198/04, WuM 2005, 480), bringt das BGH-Urteil für vermietende Wohnungseigentümer eine wesentliche Erleichterung bei der Betriebskostenabrechnung. Der Vermieter darf gegenüber dem Mieter demnach auch nach dem Abflussprinzip abrechnen und kann dem Mieter die Kosten in Rechnung stellen, mit denen er vom Leistungserbringer bzw. vom Verwalter im Abrechnungszeitraum belastet wurde. Zum Beispiel darf der Vermieter die an einen Wasserversorger geleisteten Zahlungen anteilig auf den Mieter umlegen, auch wenn die Zahlungen zum Teil noch für den Wasserverbrauch des Vorjahres bestimmt waren. Den Vorschriften der §§ 556 ff. BGB ist nämlich nicht zu entnehmen, dass der Gesetzgeber den Vermieter auf eine bestimmte zeitliche Zuordnung der Betriebskosten festlegen wollte.

Der Vermieter muss somit nicht den Gesamtverbrauch zum Jahresende ablesen oder schätzen und die Abrechnungen des Wasserversorgers auf die einzelnen Kalenderjahre aufteilen. Der damit verbundene zusätzliche Aufwand ist für den Vermieter nicht zumutbar und wird von den schutzwürdigen Interessen des Mieters auch nicht gefordert.

Offen gelassen hat der BGH die Frage, ob der Vermieter in besonders gelagerten Ausnahmefällen, zum Beispiel bei einem Mieterwechsel, nach Treu und Glauben (§ 242 BGB) gehindert sein könnte, die Betriebskosten nach dem Abflussprinzip abzurechnen (BGH, 20.2.2008, VIII ZR 49/07).

Anders ist die Rechtslage bei Abrechnung der Heizungs- und Warmwasserkosten. Da nach dem Wortlaut des § 7 Abs. 2 HeizkV zu den in der Heizkostenabrechnung ansetzbaren Heizkosten nur die Kosten der verbrauchten Brennstoffe gehören, dürfen nur die im Abrechnungszeitraum tatsächlich verbrauchten Brennstoffe abgerechnet werden (»Leistungsprinzip«); nicht aber die vom Vermieter beispielsweise an das Energieversorgungsunternehmen oder den Öllieferanten gezahlten Kosten. Eine Abrechnung nach dem Abflussprinzip ist im Anwendungsbereich der Heizkostenverordnung nicht zulässig (BGH, 1.2.2012, VIII ZR 156/11, WuM 2012, 143). Eine Heizkostenabrechnung ist daher inhaltlich fehlerhaft, wenn in ihr nicht die Kosten der im Abrechnungszeitraum verbrauchten Brennstoffe umgelegt wurden, sondern die Kosten des am Ende des Abrechnungszeitraums nachgetankten Brennstoffs (BGH, 14.2.2012, VIII ZR 260/11, GE 2012, 823).

Unproblematisch ist in der Regel der Abrechnungszeitraum. Im Bereich des Wohnungseigentumsrechts ist das Wirtschaftsjahr das Kalenderjahr (§ 28 Abs. 3 WEG). Im Mietrecht gibt es keine zwingenden gesetzlichen Regelungen, sodass als Abrechnungszeitraum für die Betriebskostenabrechnung ebenfalls das Kalenderjahr vereinbart und damit der Regelung im WEG angepasst werden kann.

Seit Inkrafttreten der Mietrechtsreform am 1.9.2001 ist dem Mieter die Abrechnung über die von ihm geleisteten Betriebskostenvorauszahlungen spätestens bis zum Ablauf des zwölften Monats nach Ende des Abrechnungszeitraums mitzuteilen (§ 556 Abs. 3 Satz 2 BGB). Nach Ablauf dieser Frist ist die Geltendmachung einer Nachforderung durch den Vermieter ausgeschlossen, es sei denn, der Vermieter hat die verspätete Geltendmachung nicht zu vertreten, zum Beispiel weil ihm noch keine Belege vorliegen (sogenannte Ausschlussfrist, § 556 Abs. 3 Satz 3 BGB).

Der Vermieter kann gegenüber dem Mieter aber erst abrechnen, wenn ihm die Wohngeldabrechnung der Verwaltung vorliegt. Für diese Abrechnung existieren keine gesetzlichen Fristen. Der Verwalter ist jedoch nach herrschender Meinung verpflichtet, spätestens sechs Monate nach Beendigung des Wirtschaftsjahres abzurechnen (so BayObLG, NJW-RR 1990, 659; Bielefeld, 2003).

Strittig ist insofern, ob eine verspätete Abrechnung des Verwalters dem Vermieter zuzurechnen ist, das heißt, der Vermieter für die Verspätung einzustehen hat. Nach überwiegender Meinung kann der WEG-Verwalter, der nicht zugleich Verwalter des Sondereigentums ist, nicht als Erfüllungsgehilfe (§ 278 BGB) der einzelnen Eigentümer angesehen werden (so Drasdo, NZM 2004, 374). Eine verspätete Abrechnung des Verwalters ist dem Vermieter daher jedenfalls dann nicht zuzurechnen, wenn er sich nachdrücklich um die Vorlage der Abrechnung für die Wohnungseigentümergemeinschaft bemüht hat (Langenberg, G Rn. 85; Sternel, ZMR 2001, 940; ggf. muss der Eigentümer auf Erteilung der Abrechnung klagen – so Börstinghaus/Eisenschmid, 2001, 556; a.A.: Gies, NZM 2005, 514; Münstermann-Schlichtmann, 2002, S. 271; Riecke, WuM 2003, 309). In diesem Fall ist der Mieter zur Zahlung von Nachforderungen, die sich aus der Abrechnung ergeben, verpflichtet.

Der Vermieter/Eigentümer kann nach herrschender Meinung grundsätzlich nicht bereits auf Grundlage der Jahresabrechnung des Verwalters, die dieser den Eigentümern zur Vorbereitung der Eigentümerversammlung übermittelt hat, abrechnen, da es sich hierbei nur um eine Beschlussvorlage mit nur vorläufigem Charakter handelt, die zur Bestimmung des Guthabens des Mieters bzw. von Nachforderungen des Vermieters nicht geeignet ist (OLG Düsseldorf, NZM 2001, 48; Langenberg, NZM 2004, 362; a.A. LG Itzehoe, ZMR 2003, 38; Drasdo, DWW 2001, 13). Danach kann der Eigentümer/Vermieter über die Betriebskosten frühestens nach Beschluss der Eigentümergemeinschaft über die Wohngeldabrechnung des Verwalters abrechnen.

Insofern ist strittig, ob der Eigentümer/Vermieter auch noch abwarten muss, bis der Beschluss über die Gesamt- und Einzelabrechnung bestandskräftig ist (§ 28 Abs. 5 WEG). So zum Beispiel OLG Düsseldorf (23.3.2000, ZMR 2000, 453) mit der Begründung, dass erst dann die konkrete Betriebskostenbelastung des Eigentümers endgültig feststeht. Dagegen ist das LG Itzehoe (19.9.2002, 4 S 61/02, ZMR 2003, 38) der Auffassung, dass ein wirksamer Beschluss der Eigentümergemeinschaft keine rechtliche Voraussetzung für eine Abrechnung gegenüber dem Mieter darstellt, da gemäß § 27 Abs. 1 II. BV die tatsächlich entstandenen Betriebskosten in die Abrechnung einzustellen sind. Tatsächlich entstehen Betriebskosten bei Wohnungseigentum aber bereits mit der Tätigung von Ausgaben, das heißt, schon bevor mit Beschluss nach § 28 Abs. 5 WEG eine Zahlungspflicht der Wohnungseigentümer festgestellt wird. Müsste erst die Bestandskraft des Beschlusses abgewartet werden, könnte bei einem langwierigen Rechtsstreit unter Umständen erst nach mehreren Jahren abgerechnet und das errechnete Saldo ausgezahlt werden.

Praxisgerecht ist es daher, dem Vermieter die Abrechnung auch dann nach dem Beschluss der Eigentümerversammlung zu gestatten, wenn dieser angefochten wurde. Der Vermieter sollte den Mieter jedoch auf diesen Umstand hinweisen, um nicht wegen Vertrauensschutzgesichtspunkten etwaige Nachforderungen zu verlieren. Empfehlenswert ist aber, die Anfechtungsfrist von einem Monat (§ 23 Abs. 3 Satz 2 WEG) vor Erteilung der Abrechnung abzuwarten. Die Ausschlussfrist des § 556 Abs. 3 Satz 3 BGB steht einer späteren Korrektur und einem dadurch ggf. höheren Saldo zulasten des Mieters nicht entgegen, weil der Vermieter die verspätete zutreffende Abrechnung nicht zu vertreten hat (Langenberg, a.a.O.).

Folgt man der Auffassung, dass der Eigentümer/Vermieter über die Betriebskosten erst nach Vorliegen des Beschlusses über die Wohngeldabrechnung abrechnen kann, haftet der Verwalter für alle Nachteile, die einem Eigentümer/Vermieter wegen einer verspätet vorgelegten Abrechnung entstehen.

Schwierigkeiten entstehen dem Vermieter bei der Betriebskostenabrechnung häufig auch, weil er bei Abschluss des Mietvertrags nicht auf eine Kongruenz der Umlagemaßstäbe (Verteilerschlüssel) geachtet hat, das heißt, mit dem Mieter nicht denselben Umlagemaßstab vereinbart hat, der auch zwischen den Wohnungseigentümern gilt. Eine Verteilung der Betriebskosten nach Miteigentumsanteilen ist zum Beispiel dann unzulässig, wenn im Mietvertrag eine Verteilung der Betriebskosten nach der Nutzfläche vereinbart ist. Dies gilt selbst dann, wenn die Hausverwaltung gegenüber den Wohnungseigentümern nach Miteigentumsanteilen abrechnet (LG München I, 17.4.2002, 14 S 17240/01, ZMR 2003, 431).

! Achtung

Bestimmt die Teilungserklärung eine Verteilung der Kosten und Lasten nach dem Verhältnis der Miteigentumsanteile, sollte dieser Maßstab daher auch im Mietvertrag ausdrücklich vereinbart werden.

Ist mietvertraglich die Geltung des von der Hausverwaltung praktizierten Umlageschlüssels vereinbart, muss dieser außerhalb oder innerhalb der Abrechnung dem Mieter erläutert werden (LG Frankfurt/Main, 7.1.2011, 2-11 S 277/10, WuM 2011, 100; BGH, 11.8.2010, VIII ZR 45/10, WuM 2010, 627).

Eine mietvertragliche Vereinbarung, die Betriebskosten nach dem Verhältnis der Miteigentumsanteile umzulegen, ist zulässig (OLG Braunschweig, WuM 1999, 173; OLG Hamm, WuM 1981, 62). Dies gilt grundsätzlich selbst dann, wenn die Miteigentumsanteile nicht entsprechend der Wohnflächenanteile gebildet wurden (LG Düsseldorf, DWW 1988, 210). Eine Ausnahme besteht nur dann, wenn dieser

Maßstab offenbar unbillig ist, zum Beispiel weil die Miteigentumsanteile nach dem für die einzelne Wohnung erforderlichen Kostenaufwand erstellt wurden oder weil die Miteigentumsanteile unter Berücksichtigung von Sondernutzungsflächen gebildet wurden, dem Mieter aber nicht das gesamte Sondereigentum einschließlich der Sondernutzungsflächen vermietet wurde (Schmidt-Futterer/ Langenberg, § 556a BGB Rn. 31; Lützenkirchen, ZWE 2003, 99, 115).

Ist eine bestimmte Betriebskostenart abgrenzbar und dem einzelnen Mieter zweifelsfrei zuzuordnen, weil sie – wie etwa die Grundsteuer – von Dritten (hier Finanzbehörde) gegenüber dem Vermieter direkt für die einzelne Wohnung erhoben wird, kann der Vermieter diesen Betrag direkt in die Betriebskostenabrechnung einstellen. Für die Anwendung eines (vertraglich vereinbarten) Umlageschlüssels ist in diesem Fall kein Raum (BGH, 17.4.2013, VIII ZR 252/12, WuM 2013, 358). Mit diesem Urteil hat der BGH seine frühere, wenig praxisgerechte Rechtsprechung (26.5.2004, VIII ZR 169/03, WuM 2004, 403) aufgegeben, wonach auch solche Betriebskosten nach dem vertraglich vereinbarten Umlageschlüssel verteilt werden müssten.

Wird der Verteilerschlüssel durch Beschluss der Eigentümergemeinschaft geändert, kann auch der einzelne Wohnungs- bzw. Teileigentümer gegenüber seinem Mieter einen Anspruch auf entsprechende Änderung des Verteilerschlüssels nach den Grundsätzen von Treu und Glauben (§ 242 BGB) haben, da die Geschäftsgrundlage, die der mietvertraglichen Vereinbarung des Verteilerschlüssels zugrunde lag, entfallen ist (OLG Frankfurt/Main, 12.3.2003, 7 U 50/02, ZMR 2004, 182). Allerdings ist die Änderung nur für die Zukunft möglich, nicht für bereits abgelaufene Abrechnungsperioden. Die Änderung des Verteilerschlüssels muss dem Mieter vorweg vor Beginn der Abrechnungsperiode mitgeteilt werden. Eine nachträgliche Mitteilung nur im Rahmen der Nebenkostenabrechnung ist nicht zulässig (OLG Frankfurt/Main, a.a.O.).

8.3 Behebung von Mängeln am Gemeinschaftseigentum

Bei Vermietung einer Eigentumswohnung gehören zur Mietsache im Sinne des § 535 BGB nicht nur die im Sondereigentum des Vermieters stehenden Räumlichkeiten, sondern auch Teile des Gemeinschaftseigentums, zum Beispiel Fenster, Treppenhaus und Lift, die für die vertragsgemäße Nutzung der Mietsache erforderlich sind (Schmidt-Futterer, Mietrecht, § 535, Rn. 21 ff.).

Da der Mieter gemäß § 535 BGB einen Anspruch darauf hat, dass der Vermieter »die Mietsache« während der Mietzeit in einem zum vertragsgemäßen Gebrauch geeigneten Zustand erhält, kann der Mieter auch die Beseitigung von

Mängeln am Gemeinschaftseigentum wie Undichtigkeit der Fenster verlangen. Diesen Anspruch kann er nur gegen den Vermieter richten, da allein dieser sein Vertragspartner ist, während zwischen Mieter und Eigentümergemeinschaft keine schuldrechtlichen Beziehungen bestehen.

Problematisch ist insofern, dass der Vermieter zu Eingriffen in das Gemeinschaftseigentum, das heißt auch zu Reparaturen am Gemeinschaftseigentum, ohne entsprechenden Beschluss der Gemeinschaft nicht berechtigt ist. Dies steht aber nach Auffassung der Rechtsprechung dem Mängelbeseitigungsanspruch des Mieters nicht entgegen. Liegt ein Beschluss der Gemeinschaft über die Mängelbeseitigung nicht vor, ist der Eigentümer verpflichtet, alles zu tun, um einen solchen Instandsetzungsbeschluss herbeizuführen (BGH, 20.7.2005, VIII ZR 342/03, NZM 2005, 820; KG Berlin, ZMR 1990, 336).

Für den Fall, dass sich der Vermieter mit der Beseitigung des Mangels in Verzug befindet, bestimmt § 536a Abs. 2 BGB, dass der Mieter den Mangel selbst beseitigen und vom Vermieter Ersatz der erforderlichen Aufwendungen verlangen kann. Diesem Selbstbeseitigungsrecht des Mieters steht bei vermieteten Eigentumswohnungen allerdings der Umstand entgegen, dass der Mieter – ebenso wenig wie sein Vermieter – zu Eingriffen in das Gemeinschaftseigentum befugt ist, sofern die Gemeinschaft damit nicht einverstanden ist.

Ist die Gemeinschaft mit der Mängelbeseitigung durch den Mieter einverstanden, darf der Mieter die erforderlichen Instandsetzungsmaßnahmen zwar auf eigene Kosten durchführen, er hat aber gegen die Gemeinschaft gleichwohl keinen Aufwendungsersatzanspruch. Diesen muss der Mieter gegen seinen Vertragspartner, den Vermieter richten, der seinerseits einen Ausgleichsanspruch gegen die Gemeinschaft nach den Regeln der Geschäftsführung ohne Auftrag (GoA, §§ 677 ff. BGB) geltend machen kann.

8.4 Modernisierung des Gemeinschaftseigentums

Bei einem Mietverhältnis über eine Eigentumswohnung erstreckt sich die »Mietsache« – wie bereits ausgeführt – auch auf Teile des Gemeinschaftseigentums. Somit gilt die Vorschrift des § 554 BGB über die grundsätzliche Verpflichtung des Mieters zur Duldung von Modernisierungsmaßnahmen auch für Modernisierungsmaßnahmen am Gemeinschaftseigentum, das heißt auch für Maßnahmen außerhalb der Wohnung. Diese muss der Mieter dulden, wenn sie zur Verbesserung der Mietsache, zur Einsparung von Energie oder Wasser oder zur Schaffung von neuem Wohnraum führen (§ 554 Abs. 2 BGB).

Eine Ausnahme besteht, wenn die Maßnahme für den Mieter, für seine Familie oder seine Haushaltsangehörigen eine Härte bedeuten würde, zum Beispiel wegen der Beeinträchtigung durch die vorzunehmenden Maßnahmen oder der zu erwartenden Mieterhöhung. Bei der erforderlichen Interessenabwägung sind nach dem Wortlaut des § 554 Abs. 2 BGB nur die Interessen des Vermieters und anderer Mieter in dem Gebäude zu berücksichtigen, nicht aber die Interessen der anderen Wohnungseigentümer, das heißt der Eigentümergemeinschaft.

Nachdem Modernisierungsmaßnahmen jedoch regelmäßig zur Werterhaltung der Immobilie beitragen und häufig auch zu einer Wertsteigerung führen, können auch die übrigen Wohnungseigentümer ein berechtigtes Interesse an der Durchführung der Modernisierungsmaßnahmen haben. Bei der Interessenabwägung sind daher über den Wortlaut des § 554 Abs. 2 BGB hinaus die Interessen sämtlicher Eigentümer in der Anlage zu berücksichtigen.

Der Anspruch auf Duldung der Modernisierungsmaßnahmen kann allerdings nur innerhalb der bestehenden Mietverhältnisse, das heißt nur vom jeweiligen Eigentümer gegenüber seinem Mieter, nicht dagegen von der Eigentümergemeinschaft geltend gemacht werden. Der Vermieter ist aber gegenüber der Eigentümergemeinschaft gemäß § 21 Abs. 4 WEG verpflichtet, den Duldungsanspruch gegen seinen Mieter geltend zu machen.

Dies gilt grundsätzlich auch dann, wenn dies für ihn als Eigentümer zu Nachteilen führt, weil zum Beispiel der Mieter wegen der Modernisierung von seinem außerordentlichen Kündigungsrecht Gebrauch macht (§ 554 Abs. 3 Satz 2 BGB). Gegebenenfalls ist der Vermieter auch verpflichtet, auf die geplante Mieterhöhung wegen der Modernisierungsmaßnahme (§ 559 BGB) zu verzichten, um den Mieter zur Duldung zu veranlassen bzw. zu verpflichten.

Ist der Eigentümer/Vermieter der Auffassung, der Modernisierungsbeschluss würde wegen der damit für ihn verbundenen Nachteile nicht mehr einer ordnungsgemäßen Verwaltung entsprechen, muss er diesen vor dem Wohnungseigentumsgericht innerhalb eines Monats anfechten (§ 23 Abs. 4 WEG); anderenfalls wird der Beschluss bestandskräftig und muss ohne Rücksicht auf die damit verbundenen Nachteile umgesetzt werden.

8.5 Anspruch der Wohnungseigentümergemeinschaft auf Unterlassung bzw. Kündigung des Mietverhältnisses

Bei Störungen des Hausfriedens durch den Mieter, zum Beispiel bei laufenden Ruhestörungen, kann dem Eigentümer und Vermieter grundsätzlich nicht durch Beschluss der WEG vorgeschrieben werden, wie er dagegen vorzugehen hat. Nur ausnahmsweise kann sich der Unterlassungsanspruch der Wohnungseigentümer auf eine Kündigung des Mietverhältnisses mit anschließender möglicher Räumungsklage richten. Dies ist der Fall, wenn die Berufung des Vermieters auf ein Wahlrecht, wie er die Störungen abstellen will, rechtsmissbräuchlich wäre, weil angesichts der gesamten Umstände nur eine Räumung geeignet erscheint, um die Störungen durch den Mieter zu beenden (OLG Düsseldorf, 21.10.2008, 3 Wx 240/07, ZWE 7/8 2009, 279).

Ein »Durchgriff« des § 1004 BGB (Unterlassungsanspruch gegen Störer) auf das Mietverhältnis wird von der Rechtsprechung abgelehnt. Beschließen zum Beispiel die Wohnungseigentümer ein Verbot der Hundehaltung (mit Ausnahmen, zum Beispiel Blindenhund) mit der Maßgabe, dass das Verbot von den vermietenden Wohnungseigentümern jeweils in die künftigen Mietverträge aufgenommen werden soll, und versäumt ein Eigentümer dies bei Abschluss des Mietvertrags, kann nach Auffassung des LG Nürnberg-Fürth (31.7.2009, 19 S 2183/09, ZWE 1-2/2010, 26) vom Mieter nicht die Unterlassung einer (nicht störenden) Hundehaltung aufgrund des Beschlusses der Wohnungseigentümer verlangt werden, wonach die Hundehaltung generell untersagt wird. Dementsprechend ist es für Wohnungseigentümer problematisch, einen Unterlassungsanspruch gegen einen anderen Wohnungseigentümer gemäß § 15 Abs. 3 WEG durchzusetzen, wenn dieser nicht seinerseits einen Anspruch gegen seinen Mieter hat. Die kollidierenden Verpflichtungen müssen im jeweiligen Rechtsverhältnis Wohnungseigentümer/Wohnungseigentümer und Wohnungseigentümer/Mieter geklärt werden (so zum Beispiel LG Köln, 22.11.1988, 10 S 198/88, wonach einem Wohnungseigentümer gegen den Mieter eines anderen Wohnungseigentümers unmittelbar kein Anspruch auf Unterlassung der Hundehaltung in der Wohnung zusteht). Der Beseitigungsanspruch wirkt nur zugunsten des Vermieters. Ein Anspruch auf Entfernung des Hundes aus der Mietwohnung kann dem (anderen) Wohnungseigentümer nur aus § 823 Abs. 1 und § 1004 Abs. 1 BGB zustehen. Die dafür erforderliche Eigentums- oder Besitzverletzung liegt jedoch nicht schon in der berechtigten oder unberechtigten Hundehaltung an sich, sondern allenfalls in einer Belästigung durch den Hund.

Gleiches gilt für einen Anspruch der übrigen Eigentümer gegen den Mieter aus § 1004 BGB auf Unterlassung einer beschlusswidrigen Nutzung, zum Beispiel auf

Entfernen der Parabolantenne. Insofern ist eine Beeinträchtigung der übrigen Eigentümer erforderlich, wobei im Beispielsfall eine optische Beeinträchtigung des Gebäudes genügt (BGH, 27.1.2006, V ZR 26/05, NJW 2006, 992; BGH, 10.10.2007, VII ZR2 60/06, NJW 2008, 216).

8.6 Veräußerung von Wohnung und Nebenräumen/ Garage an verschiedene Eigentümer

Probleme können auch entstehen, wenn eine Eigentumswohnung durch Umwandlung eines Mietshauses erst entstanden ist und die (vermietete) Wohnung und deren mitvermietete Nebenräume, zum Beispiel Keller, Speicheranteil oder Garage, als Sondereigentum bzw. Sondernutzungsrecht von verschiedenen Personen erworben werden, das heißt Teile der Mietsache, die ursprünglich Gegenstand eines einheitlichen Mietvertrags waren, an verschiedene Erwerber veräußert wurden.

In diesem Fall erfolgt nach der Rechtsprechung keine Aufspaltung der Mietverträge. Nach § 566 BGB geht der Mietvertrag einheitlich auf alle Erwerber über, das heißt, es entsteht eine Mehrheit von Vermietern, deren Verhältnis sich dann nach den Regeln der Bruchteilsgemeinschaft bestimmt.

Dies bedeutet, dass die Erwerber die Verwaltung der Wohnung und der Nebenräume gemeinschaftlich ausüben müssen (§ 745 Abs. 2 BGB). Auch die Kündigung eines Nebenraums kann daher nur gemeinschaftlich durch dessen (neuen) Eigentümer und den (neuen) Eigentümer der Wohnung erfolgen (OLG Celle, 11.10.1995, WuM 1996, 222; vgl. BayObLG, WuM 1991, 78). Gleiches gilt für die Durchsetzung von Mieterhöhungen oder Mietzahlungsansprüchen. Zahlt der Mieter keine Miete mehr, ist der jeweils andere Eigentümer verpflichtet, bei der Einziehung der Miete mitzuwirken (BGH, 28.9.2005, VIII ZR 319/03, ZMR 2006, 30).

Eine nachträgliche Aufspaltung des ursprünglich einheitlichen Mietverhältnisses in zwei getrennte Mietverträge kann im Einzelfall dadurch eintreten, dass der Mieter mit dem Erwerber der Garage ohne Beteiligung des ehemaligen Eigentümers gesonderte Vereinbarungen zur Miethöhe trifft (LG Baden-Baden, 9.2.1990, WuM 1991, 35). Entsprechendes kann auch gelten, wenn der Mieter die Garagenmiete unabhängig von der Wohnungsmiete an den Erwerber zahlt.

Weniger problematisch ist die Rechtslage, wenn der Nebenraum nach der Teilungserklärung lediglich im Gemeinschaftseigentum aller Wohnungseigentümer steht. In diesem Fall ist der Erwerber alleiniger Vermieter und kann die Wohnung einschließlich Nebenraum auch alleine kündigen (BGH, RE vom 28.4.1999, NZM 1999, 553).

9 Das wohnungseigentumsrechtliche Verfahren vor Gericht

9.1 Das Wichtigste im Überblick

9.1.1 Erkenntnisverfahren nach der Zivilprozessordnung

Das bisherige Verfahren vor dem Wohnungseigentumsgericht wurde mit der Gesetzesänderung 2007 in das Verfahren der Zivilprozessordnung überführt. Davor galt das sogenannte Amtsermittlungsprinzip. Danach musste das Gericht ohne Bindung an den Vortrag der einzelnen Parteien von sich aus die entscheidungserheblichen Tatsachen erforschen und dazu eigene Ermittlungen anstellen. Dies ist nach aktuellem Recht nicht mehr der Fall. Durch Überführung des Verfahrens in das Erkenntnisverfahren der Zivilprozessordnung hat sich in Wohnungseigentumssachen die Gerichtsbarkeit vollständig geändert.

9.1.2 Beibringungslast für Tatsachen

Die Beteiligten haben sämtliche Tatsachen vorzutragen und unter Beweis zu stellen. Das Gericht hat keine Verpflichtung und grundsätzlich keine Berechtigung mehr, von sich aus (von Amts wegen) zu ermitteln. Möchte der Kläger im Rahmen einer Beschlussanfechtungsklage zum Beispiel rügen, dass das Abstimmungsergebnis falsch festgehalten wurde, genügt es nicht, wenn er das Abstimmungsergebnis im Prozess lediglich pauschal bestreitet. Er muss darlegen und ggf. unter Beweis stellen, wer von den Wohnungseigentümern wie abgestimmt hat und weshalb die Feststellung des Mehrheitsverhältnisses fehlerhaft war. Auch wenn dem einzelnen Wohnungseigentümer die Umstände der Auszählung nicht einsehbar waren, billigt die Rechtsprechung keine Beweislastumkehr zu, da ansonsten ein Ausforschungsbeweis vorliegen würde, der nach der Zivilprozessordnung unzulässig ist (LG München I, 27.4.2009, 1 S 20171/08, NJW-RR 2009, 1672). Das Gericht hat aber eine Hinweispflicht. Es hat darauf hin zu wirken, dass die Parteien sich rechtzeitig und vollständig über alle erheblichen Tatsachen erklären, diese ergänzen, die Beweismittel bezeichnen und sachdienliche Anträge stellen. Das Gericht hat derartige Hinweise so früh wie möglich zu erteilen und aktenkundig zu machen (§ 139 Abs. 4 ZPO).

> **! Praxis-Tipp**
>
> Zwar besteht die richterliche Hinweispflicht, jedoch dient diese nicht dazu, neue Anspruchsgrundlagen, Einreden oder Anträge einzuführen, wenn sich dafür im streitigen Vorbringen der Parteien keine Ansätze finden. Tragen Sie deshalb in Ihren Schriftsätzen möglichst umfassend und vollständig vor.

Eine weitere Hinweispflicht ergibt sich aus § 46 Abs. 2 des WEG. Hat der Kläger einer Anfechtungsklage erkennbar eine Tatsache übersehen, aus der sich nicht nur die Anfechtbarkeit, sondern sogar die Nichtigkeit des Beschlusses ergibt, so hat das Gericht darauf hinzuweisen.

9.1.3 Die Anfechtungsklage

Die Anfechtungsklage auf Erklärung der Ungültigkeit eines Beschlusses der Wohnungseigentümer muss innerhalb eines Monats nach der Beschlussfassung erhoben und innerhalb von zwei Monaten nach der Beschlussfassung begründet werden. Diese Fristen können nicht verlängert werden. Eine Frist zur Begründung der Anfechtungsklage sah das Gesetz bisher nicht vor (§ 46 Abs. 1 WEG).

Die Klage richtet sich immer gegen die übrigen Wohnungseigentümer mit Ausnahme des Klägers/der Kläger und nie (!) gegen den teilrechtsfähigen Verband.

Wird die Klage durch alle oder gegen alle Wohnungseigentümer erhoben, genügt in der Klageschrift die bestimmte Angabe des gemeinschaftlichen Grundstücks (Wohnungseigentümergemeinschaft XY).

> **! Beispiel**
>
> Wohnungseigentümergemeinschaft Frühlingsstraße in 20010 Hamburg.

Die namentliche Bezeichnung der einzelnen Wohnungseigentümer hat spätestens bis zum Schluss der mündlichen Verhandlung zu erfolgen (§ 44 Satz 1 WEG).

Nach einer Entscheidung des BGH vom 20.5.2011 (V ZR 99/10) ist eine Anfechtungsklage als unzulässig abzuweisen, sofern die Namen und die ladungsfähigen Anschriften der übrigen Wohnungseigentümer nicht bis zum Schluss der mündlichen Verhandlung vor dem Amtsgericht nachgereicht werden. Dieser Zulässigkeitsmangel kann aber im Berufungsrechtszug geheilt werden (BGH, a.a.O.).

Bei einer Beschlussanfechtungsklage muss das Gericht auf Anregung des An-
fechtungsklägers der Verwaltung aufgeben, eine aktuelle Liste der Wohnungseigentümer vorzulegen, und die Anordnung nach Fristablauf ggf. mit Ord-
nungsmitteln durchsetzen (BGH, 14.12.2012, V ZR 162/11). Um Rechtsnachteile zu
vermeiden, sollte der Kläger diese Anregung bereits im Rahmen der Klageerhebung in die Klageschrift mitaufnehmen.

Richtet sich die Klage eines Wohnungseigentümers, der einen Individualanspruch geltend macht, nur gegen einen oder mehrere Wohnungseigentümer
oder nur gegen den Verwalter, so sind die übrigen Wohnungseigentümer bei-
zuladen (§ 48 Abs. 1 WEG). Eine Ausnahme gilt nur dann, wenn deren rechtliche
Interessen offensichtlich nicht betroffen sind (§ 48 Abs. 1 WEG). Die Beiladung
erfolgt durch die Zustellung der Klageschrift, der die Verfügungen des Gerichts
beizufügen sind (§ 48 Abs. 2 WEG). Das Urteil wirkt für und gegen alle beigeladenen Wohnungseigentümer und deren Rechtsnachfolger sowie den Verwalter
(§ 48 Abs. 3 WEG).

Im Rahmen einer Anfechtungsklage ist eine Beiladung der anderen Eigentümer
nicht notwendig, weil bei der Beschlussanfechtung alle übrigen Wohnungseigentümer Partei sind (§ 46 Abs. 1 WEG). Die beigeladenen Eigentümer können einer der Prozessparteien zu deren Unterstützung beitreten, müssen dies jedoch
nicht. Haben mehrere Eigentümer denselben Beschluss der Wohnungseigentümergemeinschaft angegriffen, sind die Prozesse zur gleichzeitigen Verhandlung
und Entscheidung zu verbinden (§ 47 WEG).

9.1.4 Anträge

Das Gericht ist an die Anträge der Parteien gebunden. Es darf weder mehr noch
weniger zusprechen, als beantragt wurde.

9.1.5 Versäumnis- und Anerkenntnisurteile, Erledigung des Rechtsstreits, Klagerücknahme

Es können Versäumnis- und Anerkenntnisurteile erlassen werden, wenn eine
Partei zum Termin nicht erscheint oder keinen Antrag stellt oder den Anspruch
anerkennt.

Nicht möglich ist, dass lediglich einzelne Eigentümer auf Beklagtenseite den
Anspruch anerkennen. Die übrigen Wohnungseigentümer sind im Rahmen der
Beschlussanfechtungsklage zwingend Beklagte und bilden eine notwendige

Streitgenossenschaft nach § 62 ZPO. Es ist daher nicht möglich, dass ein einzelner Wohnungseigentümer – der der Kostenlast entgehen will – ein sofortiges Anerkenntnis im Rechtsstreit abgibt. Nur sämtliche Wohnungseigentümer auf der Beklagtenseite können daher einheitlich einen Antrag im Beschlussanfechtungsverfahren anerkennen.

Tritt eine sogenannte Erledigung der Hauptsache ein, hat das Gericht nach übereinstimmender Erledigterklärung durch die Parteien des Rechtsstreits nur noch über die Kosten des Rechtsstreits zu entscheiden.

> **!** **Beispiel: Beklagte heben Beschluss auf**
>
> Ein Wohnungseigentümer erhebt Anfechtungsklage gegen einen Beschluss zur Genehmigung einer baulichen Veränderung. Nach Zustellung der Klage holen die übrigen Miteigentümer – Beklagte – Rechtsrat ein und stellen fest, dass die Beschlussanfechtung des Eigentümers erfolgreich wäre, da nicht alle nachteilig beeinträchtigten Wohnungseigentümer der baulichen Veränderung zugestimmt haben (§§ 22, 14 WEG).
>
> Zur Abkürzung des Verfahrens beruft der Verwalter eine neue Versammlung ein. Im Rahmen dieser Versammlung wird beschlossen, den Beschluss über die Genehmigung der baulichen Veränderung wieder aufzuheben.
>
> Damit erledigt sich die Anfechtungsklage, da der ursprüngliche Beschluss zur Genehmigung der baulichen Veränderung nicht mehr existiert. In diesem Fall wird der Kläger den Rechtsstreit für erledigt erklären. Das Gericht hat dann nur noch über die Kosten des Rechtsstreits zu entscheiden. Nachdem die ursprünglich erhobene Klage wegen der unzulässigen baulichen Veränderung zulässig und begründet gewesen wäre, wird es den übrigen Wohnungseigentümern (Beklagten) die Kosten des Rechtsstreits auferlegen.

Wird eine Klage im Lauf des Verfahrens zurückgenommen, so wird der Rechtsstreit dadurch ebenfalls beendet. Die Kosten des Rechtsstreits hat derjenige Eigentümer zu tragen, der die Klage zurückgenommen hat.

9.1.6 Anwaltspflicht

Im Verfahren vor dem Amtsgericht in erster Instanz besteht keine Anwaltspflicht, künftig jedoch in zweiter Instanz vor dem Landgericht als Berufungsgericht.

9.1.7 Der Verwalter als Zustellungsvertreter

Der Verwalter ist Zustellungsvertreter der Wohnungseigentümer, wenn diese Beklagte sind (§ 45 Abs. 1 WEG). Ist der Verwalter selbst Gegner eines entsprechenden

Verfahrens oder besteht die Gefahr, dass der Verwalter die Wohnungseigentümer nicht sachgerecht unterrichten wird, müssen die Wohnungseigentümer einen Ersatzzustellungsvertreter durch Mehrheitsbeschluss bestellen (§ 45 Abs. 2 WEG). Führen die Eigentümer keinen entsprechenden Mehrheitsbeschluss herbei, kann das Gericht einen Ersatzzustellungsvertreter bestellen (§ 45 Abs. 3 WEG).

9.1.8 Kostenentscheidung

Die gerichtliche Kostenentscheidung richtet sich grundsätzlich nach dem Verhältnis des Obsiegens und Unterliegens. Wer verliert, trägt die Kosten des gesamten Rechtsstreits einschließlich der Kosten des gegnerischen Rechtsanwalts. Hat die Klage nur teilweise Erfolg, werden die Kosten nach dem Verhältnis des Obsiegens und Unterliegens gequotelt.

Diese Änderung gegenüber dem früher geltenden Recht hat einschneidende Folgen: Der Eigentümer hat vor Einreichung einer entsprechenden Klage genau zu prüfen, ob seine Klage in der Sache auch hinreichende Aussicht auf Erfolg hat. Ansonsten läuft er Gefahr, mit erheblichen Kosten – den Gerichtskosten und Rechtsanwaltskosten der Gegenseite – belastet zu werden.

Eine Ausnahme sieht § 50 WEG vor. Danach sind den Wohnungseigentümern grundsätzlich nur die Kosten eines einzigen bevollmächtigten Rechtsanwalts zu erstatten.

Beispiel   **!**

Ein Eigentümer erhebt Anfechtungsklage gegen einen Sonderumlagebeschluss. Die Anfechtungsklage richtet sich gegen die übrigen Wohnungseigentümer. Die Eigentümergemeinschaft besteht aus 120 Eigentümern. Insgesamt 18 Eigentümer bestellen sich im Verfahren Rechtsanwälte. Dies ist möglich und zulässig. Die Eigentümergemeinschaft kann sich zwar durch einen einzigen Rechtsanwalt vertreten lassen, muss dies aber nicht.

In der Anfechtungsklage verliert der Wohnungseigentümer wider Erwarten. Ihm werden die Kosten des Rechtsstreits auferlegt. Grundsätzlich hätte dies zur Folge, dass der Wohnungseigentümer sämtliche Rechtsanwälte der Gegenseite bezahlen muss, in unserem Fall also die Gebühren von 18 Rechtsanwälten. Dazu käme noch die Gebühr für den eigenen Rechtsanwalt.

Dies würde zu einem unkalkulierbaren Risiko für den Wohnungseigentümer führen. Nach Artikel 19 Abs. 4 GG besteht ein Recht auf effektiven Rechtsschutz. Dieses wäre ausgeschlossen, wenn in einem Verfahren übermäßig hohe Anwalts- und Gerichtskosten auf den Rechtsuchenden zukommen. Deshalb sieht § 50 WEG vor, dass nur die Kosten für einen bevollmächtigten Rechtsanwalt zu erstatten sind.

Der BGH hat durch Beschluss vom 16.7.2009 (V ZB 11/09) entschieden, dass die Vertretung durch einen einzigen Rechtsanwalt auf Beklagtenseite ausreicht. Sofern sich weitere Eigentümer jeweils durch eigene Rechtsanwälte vertreten lassen, führt dies zu einer überflüssigen Mandatierung zusätzlicher Anwälte. Hat der Verwalter einen Rechtsanwalt beauftragt, die beklagten Wohnungseigentümer in einem Beschlussanfechtungsverfahren zu vertreten, und lassen sich einzelne dieser Eigentümer, ohne dass dies geboten ist, durch weitere Anwälte vertreten, sind die Kosten des von dem Verwalter beauftragten Anwalts vorrangig zu erstatten (BGH, 16.7.2009, V ZB 11/09). Daher müssen diejenigen Eigentümer, die sich einen eigenen Anwalt leisten, grundsätzlich dessen Kosten tragen, auch wenn sie im Verfahren obsiegt haben. Der BGH hat durch den genannten Beschluss eine Entscheidung nur für den Fall getroffen, dass der Verwalter einen »Hauptanwalt« für die Beklagten beauftragt.

Der umgekehrte Fall, nämlich wenn mehrere Kläger mehrere Anwälte beauftragen, richtet sich nach den Umständen des konkreten Einzelfalls. Jede Prozesspartei ist verpflichtet, die Kosten ihrer Prozessführung, die sie im Fall ihres Sieges vom Gegner erstattet verlangen will, so niedrig zu halten, wie sich dies mit der Wahrung ihrer berechtigten Belange vereinbaren lässt. In dem vom LG Düsseldorf (1.10.2009, 25 T 525-528/09, ZWE 2010, 220) entschiedenen Fall ging es um eine relativ große Eigentümergemeinschaft, die zerstritten war. Aufgrund der einmonatigen Anfechtungsfrist konnte von den jeweiligen Anfechtungsklägern nach dem Gebot von Treu und Glauben nicht erwartet werden, dass sie sich vor Erhebung der Anfechtungsklage untereinander verständigen und gemeinsam einen Rechtsanwalt beauftragen. Deshalb waren die übrigen Wohnungseigentümer nach Unterliegen der Anfechtungsklage verpflichtet, die Kosten mehrerer Anwälte auf der Klageseite zu tragen.

Treffen die Wohnungseigentümer eine nach dem Gesetz erforderliche Maßnahme nicht, kann anstelle der Wohnungseigentümer das Gericht in einem Rechtsstreit nach billigem Ermessen auch ohne Bindung an die Zivilprozessordnung entscheiden (§ 21 Abs. 8 WEG). In diesem Fall können auch die Prozesskosten nach billigem Ermessen verteilt werden (§ 49 Abs. 1 WEG).

! **Beispiel: Kein Wirtschaftsplan, keine Jahresabrechnung**

Die Wohnungseigentümergemeinschaft unterlässt es, einen Wirtschaftsplan oder eine Jahresabrechnung aufzustellen.

Durch Überleitung des Gerichtsverfahrens in die Zivilprozessordnung müsste ein Einzeleigentümer, der die Durchsetzung des Wirtschaftsplans verfolgt, dem Gericht einen exakt formulierten Wirtschaftsplan unterbreiten. Dazu ist er im Allgemeinen nicht in der Lage. Deshalb kann das Gericht auch ohne die strenge

Bindung an die Zivilprozessordnung nach billigem Ermessen entscheiden, zum Beispiel die Erstellung eines Wirtschaftsplans anordnen, und dabei bestimmte Kriterien vorgeben.

9.1.9 Die Kostenlast des Verwalters

Dem Verwalter können Prozesskosten auferlegt werden, soweit die Tätigkeit des Gerichts durch ihn veranlasst wurde und ihn ein grobes Verschulden trifft, selbst wenn er nicht Partei des Rechtsstreits ist (§ 49 Abs. 2 WEG).

Beispiele: Wann muss der Verwalter Prozesskosten übernehmen? !

- Der Verwalter lädt zur Meidung eines bestimmten Abstimmungsergebnisses einzelne Eigentümer bewusst nicht zur Versammlung ein.
- Der Verwalter wendet bewusst in der Jahresabrechnung und in Unkenntnis der Wohnungseigentümer einen falschen Kostenverteilerschlüssel an.

Voraussetzung für die Kostenlast des Verwalters ist das Vorliegen eines groben Verschuldens. Es reicht nicht aus, dass der Verwalter – objektiv – die erforderliche Sorgfalt in ungewöhnlich grobem Maß verletzt und das nicht beachtet, was jedem hätte einleuchten müssen. Die Auferlegung der Kosten setzt vielmehr neben dem objektiv groben Pflichtverstoß ein subjektives Moment voraus. Es muss eine subjektiv schlechthin unentschuldbare Pflichtverletzung vorliegen. Hierfür genügt es noch nicht, dass ein Sonderumlagebeschluss mangels Angabe des Verteilerschlüssels nichtig ist und der Beschluss zudem an einem Einberufungsmangel leidet (LG München I, 29.3.2010, 1 T 5340/10, ZWE 2010, 415).

Umstritten ist, ob dem Verwalter die Prozesskosten auch auferlegt werden können, wenn er das Protokoll der Eigentümerversammlung zu spät erstellt.

Beispiel !

Der Verwalter erstellt das Protokoll der Eigentümerversammlung erst sechs Wochen, nachdem die Versammlung stattgefunden hat. Ein Eigentümer ficht fristwahrend mit der Anfechtungsklage nach § 46 Abs. 1 WEG innerhalb eines Monats nach Beschlussfassung sämtliche in der Eigentümerversammlung gefassten Beschlüsse an, damit diese nicht bestandskräftig werden.
Innerhalb der Anfechtungsfrist hat der Eigentümer den Verwalter darauf hingewiesen, dass er – sofern er das Protokoll nicht kurzfristig erhalte – Anfechtungsklage erheben werde. Nach Erhebung der Anfechtungsklage erhält der Eigentümer das Protokoll. Er stellt nun anhand der Niederschrift fest, dass er doch nicht alle Beschlüsse angreifen will.

Nach früherer Rechtsprechung (BayObLG, NZM 2001, 754, 758) konnten dem Verwalter die Verfahrenskosten auferlegt werden. Diese Möglichkeit ist nicht mehr gegeben, da ein Eigentümer sich auch anhand der Beschlusssammlung gemäß § 24 Abs. 7 WEG vor einer Anfechtungsklage beim Verwalter erkundigen kann, ob er einen oder mehrere Beschlüsse vor Gericht anfechten will. Nach anderer Ansicht besteht diese Möglichkeit nach § 49 Abs. 2 WEG nach dem Willen des Gesetzgebers weiter, weil anderenfalls die Wohnungseigentümer ihren gegen den Verwalter bestehenden Schadenersatzanspruch in einem gesonderten Verfahren durchsetzen müssten (Niedenführ/Kümmel/Vandenhouten, § 49 WEG Rn. 17 unter Verweis auf BT-Drucks. 16/887, S. 41).

Der Haftungsumfang eines sogenannten Laienverwalters – zum Beispiel eines Miteigentümers, der nicht als professioneller Verwalter tätig ist – ist deutlich kleiner als der eines professionellen Verwalters. Letzterem wird jedenfalls grobes Verschulden vorzuwerfen sein, wenn er sich über gerichtliche Entscheidungen oder bereits gefasste Eigentümerbeschlüsse hinwegsetzt. Ein grobes Verschulden dürfte ausscheiden, wenn es bei der Anwendung des Kostenverteilerschlüssels um Auslegungs- oder Rechtsfragen geht.

9.1.10 Streitwert

Nach § 49a des GKG ist der Streitwert auf 50 % des Interesses der Parteien und aller Beigeladenen an der Entscheidung festzusetzen. Der Streitwert darf das Interesse des Klägers an der Entscheidung nicht unterschreiten. Ferner darf der Streitwert grundsätzlich den fünffachen Wert des Interesses des Klägers und der auf seiner Seite Beigetretenen nicht übersteigen. Durch § 49a GKG ist der Streitwert schließlich dahingehend begrenzt, dass er in keinem Fall den Verkehrswert des Wohnungseigentums des Klägers überschreiten darf.

! **Beispiel**

Ein Miteigentümer erhebt Anfechtungsklage gegen die Jahresabrechnung. Das Gesamtvolumen der Jahresabrechnung beträgt 180.000 EUR. Der auf den Miteigentumsanteil des Klägers entfallende Beitrag liegt bei 6.500 EUR. Der Verkehrswert der Eigentumswohnung liegt bei 70.000 EUR. Nach § 49a GKG gelten folgende Streitwertgrenzen:

- Der Streitwert darf das Interesse des Klägers nicht unterschreiten, beträgt im Beispiel also mindestens 6.500 EUR.
- Der Streitwert ist ferner begrenzt auf 50 % des Interesses der Parteien des Rechtsstreits. Bei dem Gesamtvolumen der Jahresabrechnung von 180.000 EUR liegt die Obergrenze des Streitwerts bei 90.000 EUR.

- Gleichzeitig ist der Streitwert durch den Verkehrswert des Wohnungseigentums begrenzt, somit auf den Wert der Wohnung des Klägers von 70.000 EUR.
- Der Streitwert darf ferner das Fünffache des Werts des Interesses des Klägers nicht überschreiten.

Als Ergebnis kann also festgehalten werden: Im Beispielsfall ist der Streitwert auf 32.500 EUR begrenzt (6.500 EUR × 5).

Praxis-Tipp   **!**

Bei Anfechtungsklagen gegen die Jahresabrechnung kann die Anfechtung auf einzelne Kostenpositionen beschränkt werden, zum Beispiel auf die Heiz- und Warmwasserkosten. Hierdurch kann das Interesse des Klägers und somit der Streitwert nochmals begrenzt werden.

9.1.11 Berufung/Revision

Gegen die erstinstanzliche Entscheidung der Amtsgerichte ist das Rechtsmittel der Berufung zulässig, wenn der Wert des Beschwerdegegenstands 600 EUR übersteigt oder das Amtsgericht die Berufung im Urteil wegen grundsätzlicher Bedeutung, zur Fortbildung des Rechts oder zur Sicherung einer einheitlichen Rechtsprechung zugelassen hat. Zuständig ist das Landgericht für den Bezirk des Oberlandesgerichts, in dem das Amtsgericht seinen Sitz hat.

Im Berufungsverfahren vor den Landgerichten herrscht Anwaltszwang. Die Berufungsschrift muss innerhalb eines Monats nach Zustellung des vollständigen Urteils am Landgericht durch einen Rechtsanwalt eingereicht werden. Die Berufung muss innerhalb von zwei Monaten ab der Zustellung des amtsgerichtlichen Urteils begründet werden.

Beispiel: Fristen im Berufungsverfahren   **!**

Das Urteil des Amtsgerichts wird am 15.8.2015 zugestellt. Die Frist zur Einlegung der Berufung läuft am 15.9.2015 um 24:00 Uhr ab. Die Frist zur Begründung der Berufung läuft am 15.10.2015 um 24:00 Uhr ab.

Gegen die in der Berufungsinstanz erlassenen Endurteile gibt es als weiteres Rechtsmittel die Revision. Diese ist zulässig, wenn das Berufungsgericht sie in seinem Urteil zugelassen hat. Eine Nichtzulassungsbeschwerde zum BGH war bisher in Wohnungseigentumssachen nicht möglich. Dies hat sich mit Ablauf des 31.12.2015 geändert. Für alle landgerichtlichen Entscheidungen, die seit dem 31.12.2015 verkündet werden, ist die Nichtzulassungsbeschwerde zum BGH möglich (§ 62 Abs. 2 WEG). Die Nichtzulassungsbeschwerde ist aber bis einschließlich

31.12.2016 nur möglich, wenn der Wert der mit der Revision geltend zu machenden Beschwer 20.000 EUR übersteigt (§ 26 Nr. 8 EGZPO).

9.2 Zuständiges Gericht

Gemäß § 43 Abs. 1 Nr. 1 WEG entscheidet das Amtsgericht, in dessen Bezirk das Grundstück liegt, über Streitigkeiten hinsichtlich der Rechte und Pflichten der Wohnungseigentümer untereinander, die sich aus der Gemeinschaft der Wohnungseigentümer und aus der Verwaltung des gemeinschaftlichen Eigentums ergeben.

! **Beispiele: Mögliche Streitigkeiten**

- Unterlassung von Ruhestörungen
- Einhaltung der Hausordnung
- Nutzungsentschädigung für den Gebrauch des gemeinschaftlichen Eigentums
- Streitigkeiten, ob eine Maßnahme ordnungsgemäßer Verwaltung entspricht
- Beseitigung einer unzulässigen baulichen Veränderung

Das Amtsgericht, Abteilung für Wohnungseigentumssachen, ist – unabhängig von der Höhe des Streitwerts – ferner zuständig für Streitigkeiten über die Rechte und Pflichten zwischen der Gemeinschaft der Wohnungseigentümer und den einzelnen Wohnungseigentümern. Es handelt sich hier um Streitigkeiten zwischen dem sogenannten teilrechtsfähigen Verband (vgl. zur Teilrechtsfähigkeit Kapitel 6) und den einzelnen Wohnungseigentümern.

! **Beispiele: Mögliche Streitigkeiten**

- Klage auf Zahlung rückständiger Wohngelder
- Zahlungsklage aus Sonderumlagebeschlüssen
- Schadenersatzansprüche des einzelnen Wohnungseigentümers gegen die Gemeinschaft nach § 14 Nr. 4 WEG

Das Amtsgericht ist auch zuständig für Streitigkeiten über die Rechte und Pflichten des Verwalters bei der Verwaltung des gemeinschaftlichen Eigentums (§ 43 Nr. 3 WEG). Das Amtsgericht entscheidet außerdem über die in der Praxis sehr häufig vorkommenden Beschlussanfechtungen, die durch die sogenannte Anfechtungsklage (vgl. Kapitel 9.1.3) geltend zu machen sind. Klagen Dritter, die sich gegen die teilrechtsfähige Gemeinschaft der Wohnungseigentümer richten, werden ebenfalls von dem Gericht entschieden, in dessen Bezirk das Grundstück liegt. Beläuft sich der Streitwert auf über 5.000 EUR, ist das Landgericht zuständig.

> **Beispiel: Handwerker klagt Bezahlung ein** !
>
> Ein Handwerker verklagt die Wohnungseigentümergemeinschaft auf Bezahlung seiner Rechnungen über 7.000 EUR. Zuständig ist das Landgericht, in dessen Bezirk das Grundstück liegt (§ 43 Nr. 5 WEG).

Das Amtsgericht, Abteilung für Wohnungseigentumssachen, ist schließlich zuständig für Mahnverfahren, wenn die teilrechtsfähige Gemeinschaft der Wohnungseigentümer Antragstellerin ist.

> **Beispiel: Mahnung rückständiger Wohngelder** !
>
> Die Wohnungseigentümergemeinschaft macht als teilrechtsfähiger Verband rückständige Wohngelder gegen einen Wohnungseigentümer geltend. Auch hier ist unabhängig vom Streitwert ausschließlich das Amtsgericht zuständig, in dessen Bezirk das Grundstück liegt. Rückständige Wohngelder sind daher auch bei Beträgen über 5.000 EUR ausschließlich vor dem Amtsgericht, Abteilung für Wohnungseigentumssachen, geltend zu machen.

9.3 Die Anfechtungsklage

Eine der wichtigsten Klagearten in Wohnungseigentumssachen ist die Anfechtungsklage. Die Wohnungseigentümer entscheiden durch Beschluss (vgl. Kapitel 5.6). Beschlüsse können formell fehlerhaft sein, zum Beispiel wegen Einberufungsmängeln, oder materiell, zum Beispiel wenn sie gegen ordnungsgemäße Verwaltung verstoßen.

Möchte ein Eigentümer gegen einen Eigentümerbeschluss vorgehen und dessen Fehlerhaftigkeit geltend machen, muss er ihn anfechten. Dazu genügt ein einfaches Schreiben an den Verwalter oder die Eigentümergemeinschaft nicht. Die Anfechtung eines Eigentümerbeschlusses kann nur durch die Anfechtungsklage nach § 46 WEG beim zuständigen Amtsgericht erhoben werden. Dazu ist eine Klageschrift beim Amtsgericht, in dessen Bezirk das Grundstück liegt, einzureichen (§ 43 WEG).

9.3.1 Klagebefugnis

Die Anfechtungsklage nach § 46 Abs. 1 WEG kann von jedem Wohnungseigentümer erhoben werden. Sie lautet auf Ungültigerklärung des Eigentümerbeschlusses. Jeder im Grundbuch eingetragene Eigentümer ist berechtigt, eine Anfechtungsklage zu erheben. Die Befugnis zur Anfechtung endet mit dem Ausscheiden des Eigentümers aus der Wohnungseigentümergemeinschaft.

> **! Beispiel: Beschluss über Jahresabrechnung**
>
> Die Eigentümergemeinschaft beschließt über die Jahresabrechnung 2015 im Januar 2016. Zu diesem Zeitpunkt hat der Wohnungseigentümer seine Wohnung veräußert. Zum Zeitpunkt der Beschlussfassung ist der neue Eigentümer bereits im Grundbuch eingetragen.
>
> Der ehemalige Eigentümer ist nicht berechtigt, den Beschluss über die Jahresabrechnung 2015 anzufechten, obwohl er im Jahr 2015 noch Eigentümer war und die Jahresabrechnung diesen Zeitraum betrifft.

Auch der Verwalter kann die Anfechtungsklage erheben, soweit der Beschluss ihn in seinen Rechten beeinträchtigt.

> **! Beispiel: Verwalter klagt gegen Abberufung**
>
> Ein Verwalter ficht einen Beschluss zu seiner Abberufung an.

9.3.2 Frist zur Klageerhebung

Die Anfechtungsklage ist binnen eines Monats nach der Beschlussfassung zu erheben (§ 46 Abs. 1 Satz 2 WEG). Es handelt sich um eine Ausschlussfrist. Diese Frist kann nicht verlängert werden. Dies bedeutet, dass ein Eigentümerbeschluss endgültig bestandskräftig wird, sofern er nicht innerhalb eines Monats nach der Beschlussfassung vor dem zuständigen Amtsgericht angefochten wird. Maßgeblich ist der Zeitpunkt der Beschlussfassung.

> **! Beispiel: Anfechtungsfrist**
>
> Die Eigentümerversammlung fand am 12.6.2015 statt. Die Frist zur Erhebung der Anfechtungsklage endet damit am 12.7.2015.

Da Beschlüsse in aller Regel in der Eigentümerversammlung gefasst werden, läuft ab diesem Zeitpunkt die Monatsfrist, unabhängig davon, ob der anfechtende Eigentümer selbst in der Eigentümerversammlung anwesend war. Unerheblich ist auch, ob der Eigentümer bereits das Beschlussprotokoll erhalten hat. Die Monatsfrist läuft auch in diesem Fall ab der Beschlussfassung.

> **! Praxis-Tipp**
>
> Haben Sie das Protokoll der Eigentümerversammlung noch nicht erhalten, ist der Verwalter mit Hinweis auf die Anfechtungsfrist zur Übersendung des Protokolls der Wohnungseigentümerversammlung aufzufordern.

Ein Verwalter kann sich, wenn er weder durch Beschluss noch durch Verwaltervertrag oder Regelungen in der Teilungserklärung/ Gemeinschaftsordnung verpflichtet ist, das Beschlussprotokoll zu übersenden, darauf berufen, dass er die Protokollübersendung nicht schuldet. Der Verwalter ist aber von Gesetzes wegen verpflichtet, eine Beschlusssammlung zu führen (§ 24 Abs. 7, 8 WEG). Jeder Wohnungseigentümer bzw. von ihm ermächtigte Dritte hat einen gerichtlich durchsetzbaren Anspruch auf Einsicht in die Beschlusssammlung. Nach der Gesetzesbegründung (BT-Drucks. 16/887, S. 84) hat der Verwalter auf entsprechende Anforderung hin auch Ablichtungen zu fertigen. Sofern ein Wohnungseigentümer beabsichtigt, eine Beschlussanfechtungsklage zu erheben, muss er sich entweder über den Inhalt der gefassten Beschlüsse durch Nachfrage bei anderen Miteigentümern Kenntnis verschaffen oder aber durch Einsicht in die Beschlusssammlung.

Stellt der Eigentümer dabei fest, dass die Beschlusssammlung nicht ordnungsgemäß geführt wird, so stellt dies einen gesetzlich normierten Abberufungsgrund nach § 26 Abs. 1 Satz 4 WEG dar.

Ein Verwalter kann abberufen werden, wenn er entgegen seiner Verpflichtung, die Beschlusssammlung zu führen, gegen ihn ergangene Entscheidungen nicht in die Beschlusssammlung aufgenommen hat (LG Karlsruhe, 21.2.2012, 11 S 46/11, ZWE 2013, 36).

Ein wichtiger Grund zur vorzeitigen Abberufung des Hausverwalters kann auch gegeben sein, wenn er die erforderliche Beschlusssammlung nicht ordnungsgemäß geführt hat. Wenn sonstige Umstände wie die Missachtung einer einstweiligen Verfügung hinzukommen, stellt dies einen so schwerwiegenden Grund dar, dass ein Anspruch des einzelnen Mitglieds der Wohnungseigentümergemeinschaft auf Abberufung besteht (AG München, 28.7.2008, 485 C 602/07, LG München I, 36 S 17544/08).

9.3.3 Exkurs: Wiedereinsetzung in den vorigen Stand

Wird die Klagefrist von einem Monat versäumt, wird der Beschluss bestandskräftig und kann nicht mehr angefochten werden. Nur in Ausnahmefällen kann bei unverschuldetem Fristversäumnis die sogenannte Wiedereinsetzung in den vorigen Stand gewährt werden (§ 233 ff. ZPO). Als Wiedereinsetzungsgründe wurden anerkannt:

- Plötzliche Erkrankung, wenn wegen der Krankheit die Fristwahrung nicht möglich war, insbesondere der Eigentümer wegen Krankheit nicht in der Lage war, sich an einen Anwalt oder an das Gericht zu wenden
- Versagen der Post/des Briefzustellers

Ein Wiedereinsetzungsgrund liegt nicht vor, wenn der Verwalter das Beschlussprotokoll nicht rechtzeitig übersandt hat. Hier wird vom Eigentümer verlangt, sich anderweitig über die gefassten Beschlüsse zu informieren, etwa bei Miteigentümern oder beim Verwalter. Ein Wiedereinsetzungsgrund ist ebenfalls nicht gegeben, wenn der Wohnungseigentümer die Anfechtungsfrist von einem Monat nicht kannte (Rechtsunkenntnis).

Der Antrag auf Wiedereinsetzung in den vorigen Stand ist beim zuständigen Wohnungseigentumsgericht zu stellen. Der Antrag muss binnen zwei Wochen nach Beseitigung des Hindernisses gestellt werden. In ihm müssen die Tatsachen, die die Wiedereinsetzung begründen, glaubhaft gemacht werden. Innerhalb der Antragsfrist von zwei Wochen muss die versäumte Prozesshandlung nachgeholt werden. Dies bedeutet, dass innerhalb der zweiwöchigen Frist auch die Anfechtungsklage erhoben und zumeist auch schon begründet werden muss. Stellt das Gericht fest, dass das Fristversäumnis unverschuldet war, so gewährt es dem Eigentümer Wiedereinsetzung in den vorigen Stand, die Anfechtungsklage wird dann trotz vormaliger Verfristung durchgeführt.

Ein verschuldetes Fristversäumnis liegt allerdings vor, wenn der vom Eigentümer beauftragte Rechtsanwalt schuldhaft eine Frist versäumt hat. Das Verschulden eines Vertreters – hier des Rechtsanwalts – wird dann dem Eigentümer zugerechnet.

9.3.4 Frist zur Klagebegründung

Die Anfechtungsklage ist innerhalb zweier Monate nach der Beschlussfassung zu begründen.

Da sie keine aufschiebende Wirkung hat, wird der Beschluss so lange als gültig behandelt, bis er von einem Gericht rechtskräftig für ungültig erklärt wird. Der Verwalter hat deshalb auch angefochtene Beschlüsse auszuführen.

> **!** **Beispiel: Anfechtung der Jahresabrechnung**
>
> Ein Wohnungseigentümer erhebt Anfechtungsklage gegen den Wirtschaftsplan 2016. Die monatlichen Wohngelder müssen trotz Klageerhebung von allen Eigentümern bezahlt werden, da die Anfechtungsklage keine aufschiebende Wirkung hat.

Die Frist zur Klagebegründung kann nicht verlängert werden. Wird sie versäumt, ist die Klage zwingend abzuweisen, da es sich um eine materielle Ausschlussfrist handelt. Spätestens mit der Klagebegründung sind sämtliche relevanten Tatsachen vorzutragen. Ein Nachschieben von Gründen ist ausgeschlossen. Allerdings reicht es aus, wenn der Lebenssachverhalt in seinem wesentlichen Kern (sogenannte Kerntatsachen) geschildert wird. Innerhalb der Begründungsfrist sind sämtliche Gründe vorzutragen, auf die der Kläger seine Anfechtung stützt. Eine vertiefende Darlegung der in der Begründungsfrist vorgetragenen Kerntatsachen ist auch nach Ablauf der Begründungsfrist möglich. Die Ausschlussfrist unterliegt einer rigiden Handhabung. Deshalb ist es auch nicht möglich, dass – im Fall von mehreren Anfechtungsklägern – sich ein Kläger die fristgemäße Begründung des anderen Klägers zu eigen macht, auch wenn die Prozesse beider Kläger miteinander nach § 47 Satz 1 WEG verbunden wurden (BGH, 27.3.2009, V ZR 196/08, NJW 2009, 2132).

Praxis-Tipp   **!**

Es empfiehlt sich, bereits bei der Klageerhebung möglichst umfassend die Kerntatsachen vorzutragen, auf die der Kläger seine Anfechtungsgründe stützt, um etwaige Fristversäumnisse auszuschließen,.

9.3.5 Prozessparteien und Klageantrag

Die Klage auf Ungültigerklärung eines Eigentümerbeschlusses ist gegen sämtliche Wohnungseigentümer mit Ausnahme des Klägers zu richten. Die namentliche Bezeichnung aller Wohnungseigentümer hat spätestens bis zum Schluss der mündlichen Verhandlung zu erfolgen (§ 44 Abs. 1 Satz 2 WEG). Hier ist der BGH weniger streng als bei der Versäumnis der Klagebegründungsfrist. Nach einem 6.11.2009 (V ZR 73/09) wird die Klagefrist des § 46 Abs. 1 Satz 2 WEG (ein Monat) auch durch eine Klage gegen die Wohnungseigentümergemeinschaft gewahrt. Grundsätzlich wäre eine solche Klage unzulässig, da sie sich zwingend immer gegen die übrigen Wohnungseigentümer als Beklagte richten muss. Der BGH erachtete in dem zitierten Urteil jedoch als ausreichend, wenn innerhalb der Klagefrist der Verwalter angegeben und die namentliche Bezeichnung der einzelnen Wohnungseigentümer spätestens bis zum Schluss der mündlichen Verhandlung nachgeholt wird. Der Antrag lautet auf Ungültigerklärung des Beschlusses.

Beispiel: Antrag auf Ungültigerklärung   **!**

Der in der Eigentümerversammlung vom 1.3.2016 zu TOP 1 gefasste Beschluss über die Genehmigung der Jahresabrechnung 2015 wird für ungültig erklärt. Die unter TOP 2 beschlossene Entlastung des Verwalters für das Wirtschaftsjahr 2015 wird für ungültig erklärt.

9.3.6 Fehlerhafte Eigentümerbeschlüsse

Eigentümerbeschlüsse können in formeller und in materieller Hinsicht fehlerhaft sein.

9.3.6.1 Formelle Mängel

Formelle Mängel, wegen denen Beschlüsse anfechtbar sind, können zum Beispiel Einberufungsmängel, fehlende Ankündigung in der Tagesordnung, Vereitelung der Teilnahme eines Wohnungseigentümers an der Versammlung oder fehlende Beschlussfähigkeit (vgl. zur Wohnungseigentümerversammlung auch Kapitel 5) sein.

Nicht anfechtbar sind sogenannte Geschäftsordnungsbeschlüsse, die lediglich die Organisation der konkreten Eigentümerversammlung betreffen, zum Beispiel das Vorziehen eines Tagesordnungspunkts. Geschäftsordnungsbeschlüsse sind mit dem Ende der Versammlung gegenstandslos. Sie können daher nicht gesondert angefochten werden.

9.3.6.2 Materielle (inhaltliche) Mängel

Ein Beschluss ist anfechtbar und auf Anfechtungsklage hin für ungültig zu erklären, wenn er gegen die Grundsätze ordnungsgemäßer Verwaltung verstößt (§ 21 Abs. 5 WEG). Zur ordnungsgemäßen Verwaltung gehören insbesondere

- das Aufstellen einer Hausordnung,
- die ordnungsgemäße Instandhaltung und Instandsetzung des gemeinschaftlichen Eigentums,
- die Ansammlung einer Instandhaltungsrücklage sowie
- die Aufstellung eines Wirtschaftsplans nach § 28 WEG.

> **!** **Beispiel: Nicht ordnungsgemäße Verwaltung**
>
> Es steht eine große Balkonsanierung an. Der Verwalter holt lediglich ein Angebot ein und lässt die Eigentümergemeinschaft über die Vergabe der Maßnahme beschließen. Dies entspricht nicht ordnungsgemäßer Verwaltung. Bei größeren Instandsetzungsvorhaben ist der Verwalter verpflichtet, Konkurrenzangebote einzuholen (BayObLG, 11.4.2002, 2Z BR 85/01, NZM 2002, 564).

Die Wohnungseigentümergemeinschaft beschließt, die Hausordnung zu erweitern, sodass künftig die Hundehaltung in Wohnungen nicht mehr gestattet ist. Ein generelles Verbot der Hundehaltung widerspricht ordnungsgemäßer Verwaltung, es verstößt insbesondere gegen § 13 Abs. 1 WEG. Danach kann jeder Wohnungseigentümer mit seinem im Sondereigentum stehenden Gebäudeteil nach Belieben verfahren, wenn davon keine nachteiligen Beeinträchtigungen anderer Wohnungseigentümer ausgehen. Bei ordnungsgemäßer Hundehaltung können die Beeinträchtigungen für andere so gering gehalten werden, dass diesen kein nennenswerter Nachteil erwächst.

Ein Beschluss ist anfechtbar und auf Anfechtungsklage hin für ungültig zu erklären, wenn er gegen den Grundsatz der Gleichbehandlung oder gegen das allgemeine Persönlichkeitsrecht verstößt.

Beispiel: Verstoß gegen das allgemeine Persönlichkeitsrecht ❗

Das Kfz eines Wohnungseigentümers wird regelmäßig beschädigt. Die Eigentümergemeinschaft beschließt, eine Überwachungskamera aufzustellen. Diese Überwachungskamera erfasst auch den Hofbereich, der von einem anderen Eigentümer betreten werden muss, um zu seiner Wohnung zu gelangen.

Der Beschluss entspricht nicht ordnungsgemäßer Verwaltung. Die dauerhafte Videoüberwachung des Kfz-Stellplatzes stellt eine unzulässige Beeinträchtigung anderer Wohnungseigentümer dar, wenn die Überwachung auch angrenzende Gemeinschaftsflächen erfasst, die andere Wohnungseigentümer notwendigerweise betreten müssen. Sie verstößt gegen das allgemeine Persönlichkeitsrecht der übrigen Wohnungseigentümer, die es nicht vermeiden können, von der Kamera gefilmt zu werden.

Eigentümerbeschlüsse müssen hinreichend klar und bestimmt und aus sich heraus verständlich sein. Fehlt es daran, ist ein entsprechender Eigentümerbeschluss auf Anfechtungsklage hin für ungültig zu erklären.

Beispiel ❗

- Die Eigentümergemeinschaft beschließt eine Hausordnung, in der sie den Verwalter unter anderem verpflichtet, »grobe Verstöße« gerichtlich zu ahnden. Diese Regelung lässt nicht mit der erforderlichen Bestimmtheit erkennen, wann ein grober Verstoß vorliegt und was unter einer gerichtlichen Ahndung im Einzelnen zu verstehen ist. Ein solcher Mehrheitsbeschluss ist wegen fehlender Bestimmtheit für ungültig zu erklären (BayObLG, 13.12.2001, 2Z BR 156/01, NZM 2002, 171).

> ■ Die Eigentümergemeinschaft genehmigt einem Miteigentümer die Anbringung eines Wintergartens an der Außenfassade, ohne Inhalt, Größe, farbliche Gestaltung und Material konkret festzulegen. Es fehlt an der inhaltlichen Bestimmtheit. Der Beschluss ist deshalb für ungültig zu erklären. Ein Eigentümerbeschluss, der eine bauliche Veränderung genehmigt, muss hinreichend bestimmt sein. Ergibt sich etwa aus dem Protokoll – zum Beispiel durch Beifügung von Planskizzen – nicht eindeutig, welches Ausmaß die bauliche Veränderung hat, ist der Beschluss auf Antrag für ungültig zu erklären (OLG München, 34 Wx 56/05).

Ein Beschluss, der vorsieht, dass in der Gartenanlage der Eigentümergemeinschaft einfache Pflegearbeiten wie Kehren, Unkrautjäten oder Gießen nicht von einer Fachfirma vorgenommen werden, sondern von den Hausbewohnern in Eigenregie unentgeltlich getätigt werden sollen, ist ebenfalls zu unbestimmt, da er nicht festlegt, wer wann welche Arbeiten in welchem Umfang zu erledigen hat (OLG Köln, 12.11.2004, 16 Wx 151/04, NZM 2005, 261). Der Beschluss wird im Übrigen nicht nur anfechtbar, sondern auch nichtig sein, da jede Verpflichtung des einzelnen Wohnungseigentümers zur Erbringung von Eigenleistungen in beträchtlichem Umfang im Allgemeinen für unzulässig gehalten wird (OLG Hamm, OLGZ 1980, 261). Die Beitragspflicht der Wohnungseigentümer ergibt sich aus § 16 Abs. 2 WEG: Sie besteht in der Bezahlung von Geld. Ein Eigentümerbeschluss über die Einführung einer persönlichen Dienstleistungsverpflichtung – etwa die Übernahme von Räum- und Streupflichten – ändert im Ergebnis auch den in der Gemeinschaftsordnung vorgesehenen Kostenverteilerschlüssel. Ein solcher Beschluss ist als vereinbarungsändernder Beschluss nichtig.

9.3.7 Anfechtung eines Negativbeschlusses

Lehnt die Mehrheit in der Eigentümerversammlung einen Beschlussantrag ab, handelt es sich um einen »Negativbeschluss«. Ein Negativbeschluss entfaltet regelmäßig keine Sperrwirkung für die Zukunft, das heißt, die Eigentümergemeinschaft kann erneut über denselben Gegenstand beschließen. Deshalb kann es an einem Rechtsschutzbedürfnis zur Anfechtung eines Negativbeschlusses fehlen, wenn die Eigentümer durch die Ablehnung des Beschlusses in ihren Rechten nicht beeinträchtigt sind.

Die Anfechtung eines Negativbeschlusses ist aber zum Beispiel dann möglich, wenn der Verwalter in der Eigentümerversammlung ein ablehnendes Beschlussergebnis feststellt, obwohl der Beschluss in Wirklichkeit angenommen wurde.

Beispiel: Verwalter kommt zu falschem Ergebnis **!**

Der Verwalter geht von einem Stimmrechtsverbot aus, berücksichtigt zu Unrecht verschiedene Ja-Stimmen nicht und stellt deshalb als Ergebnis fest, dass der Antrag auf Abwahl des Hausverwalters abgelehnt wird. In Wirklichkeit wäre bei Berücksichtigung der Ja-Stimmen der Verwalter mehrheitlich abgewählt worden. In diesem Fall kann der Eigentümer seinen Antrag auf Beschlussanfechtung (des Negativbeschlusses) mit einem Antrag verbinden festzustellen, dass der Beschluss auf Abwahl des Verwalters in Wirklichkeit zustande gekommen ist (BGH, 19.9.2002, V ZB 30/02 = NJW 2002, 3704).

Ein Negativbeschluss kann auch angefochten und mit einem Verpflichtungsantrag verbunden werden. Nach früherer Rechtsprechung war die Anfechtung eines ablehnenden Negativbeschlusses zumeist nur dann möglich, wenn mit der Anfechtung gleichzeitig ein Antrag auf Feststellung eines positiven Beschlussergebnisses gestellt wurde. Diese Rechtsprechung wurde vom BGH aufgegeben. Die Ablehnung eines Beschlussantrags durch die Wohnungseigentümer (Negativbeschluss) unterliegt auch ohne Verbindung mit einem auf die Feststellung eines positiven Beschlussergebnisses gerichteten Antrag der gerichtlichen Anfechtung (BGH, 15.1.2010, V ZR 114/09).

Beispiel: Verpflichtung zur Mängelbeseitigung **!**

Ein Wohnungseigentümer verlangt bestimmte Sanierungsmaßnahmen am Gemeinschaftseigentum. Die Eigentümergemeinschaft lehnt diese Maßnahmen durch Eigentümerbeschluss ab.
Der Eigentümer kann Anfechtungsklage mit dem Ziel der Ungültigerklärung des Negativbeschlusses erheben und gleichzeitig beantragen, dass die Eigentümergemeinschaft verpflichtet wird, die abgelehnten Mängelbeseitigungsmaßnahmen durchzuführen, sofern die Mängelbeseitigung ordnungsgemäßer Verwaltung entspricht (OLG Hamm, 20.11.2006, 15 W 166/06).

9.3.8 Klage auf Feststellung der Nichtigkeit eines Beschlusses

Ein Beschluss, der gegen eine Rechtsvorschrift verstößt, auf deren Einhaltung nicht verzichtet werden kann, ist nichtig (§ 23 Abs. 4 WEG).

Beispiel: Dach muss Gemeinschaftseigentum bleiben **!**

Konstruktive Teile des Gebäudes, die für dessen Bestand oder Sicherheit erforderlich sind, können nicht Gegenstand des Sondereigentums sein (§ 5 Abs. 2 WEG). Deshalb ist zum Beispiel das Dach eines Gebäudes zwingend Gemeinschaftseigentum. Ein Beschluss, der das Dach oder Teile des Daches dem Sondereigentum zuordnen soll, ist nichtig.

Nichtig sind auch »vereinbarungsändernde Mehrheitsbeschlüsse«. Hiervon spricht man, wenn die Eigentümergemeinschaft durch Mehrheitsbeschluss Regelungen der Gemeinschaftsordnung nicht nur für den Einzelfall, sondern dauerhaft ändern will.

> **! Beispiel: Nichtiger Beschluss**
>
> Die Gemeinschaftsordnung enthält eine Regelung, dass in der Eigentümerversammlung nach der Größe der im Grundbuch eingetragenen Miteigentumsanteile abgestimmt wird, zum Beispiel nach 1.000stel-Anteilen (Wertprinzip). Die Eigentümergemeinschaft kann dieses Stimmrecht nicht durch Mehrheitsbeschluss ändern, etwa dass künftig nach dem sogenannten Kopfprinzip abgestimmt wird. Der Eigentümerbeschluss hierzu ist nichtig.

Jeder einzelne Eigentümer kann die Feststellung der Nichtigkeit durch das Wohnungseigentumsgericht beantragen. Der Antrag auf Feststellung der Nichtigkeit ist – im Gegensatz zur Anfechtungsklage – nicht fristgebunden.

9.4 Klage auf Beseitigung baulicher Veränderungen

Nimmt ein Miteigentümer eigenmächtig Veränderungen am Gemeinschaftseigentum vor, so kann er auf Rückbau und Wiederherstellung des ursprünglichen Zustands in Anspruch genommen werden.

> **! Beispiel: Anspruch auf Rückbau**
>
> Ein Wohnungseigentümer baut einen Balkon der Wohnung zu einem Wintergarten um. Es handelt sich hierbei um eine Änderung am Gemeinschaftseigentum, die ohne die erforderliche Zustimmung der übrigen Wohnungseigentümer nicht zulässig ist.

Sowohl die gesamte Wohnungseigentümergemeinschaft als auch der einzelne Eigentümer kann den Miteigentümer auf Rückbau und Wiederherstellung des ursprünglichen Zustands in Anspruch nehmen. Die Wohnungseigentümergemeinschaft kann die Ansprüche auf Beseitigung baulicher Veränderung im Wege des ihr zustehenden Ermessens an sich ziehen und die grundsätzlich jedem einzelnen Eigentümer zustehenden Ansprüche zur Beseitigung baulicher Veränderungen vergemeinschaften. Die Wohnungseigentümer haben bei der Frage, ob sie gegen eine bauliche Veränderung vorgehen, allerdings ein Auswahlermessen. Lehnen die Wohnungseigentümer ein entsprechendes Vorgehen ab, kann ein beeinträchtigter Wohnungseigentümer nicht mit Erfolg Anfechtungsklage auf Ungültigerklärung dieses Beschlusses erheben, da sich die Wohnungseigentümergemeinschaft innerhalb ihres Ermessens bewegt. Allerdings bleibt es dem beeinträchtigten Wohnungseigentümer unbenommen, als Einzeleigentümer selbst eine Klage auf Beseitigung der baulichen Veränderung einzureichen oder zu erheben. Der »Handlungsstörer«, das heißt der Miteigentümer, der die bauliche Veränderung vorgenommen hat, ist nach § 1004 Abs. 1 Satz 1 BGB verpflichtet, die Beeinträchtigung zu beseitigen, ebenso zum Rückbau und zur Wiederherstellung des ursprünglichen Zustands.

Gleichzeitig kann gegen den Mieter der Eigentumswohnung vorgegangen werden. Dieser ist zwar nicht Handlungsstörer, da er nicht selbst umgebaut hat. Der Mieter ist jedoch »Zustandsstörer«, da er die Wohnung in Besitz hat und den rechtswidrigen baulichen Zustand der Wohnung aufrechterhält. Deshalb kann auch der Mieter als Zustandsstörer in Anspruch genommen werden. Er wird verpflichtet, den Rückbau zu dulden. Obwohl der Mieter die Wohnung mit dem rechtswidrig angebauten Wintergarten angemietet hat, ist dies im Verhältnis zu den anderen Miteigentümern unerheblich, da der Vertrag schuldrechtlich nur zwischen Mieter und Vermieter wirkt und keine Auswirkung auf das Gemeinschaftsverhältnis hat (BGH, 1.12.2006, V ZR 112/06, NJW 2007, 432).

9.5 Geltendmachung von Schadenersatzansprüchen des teilrechtsfähigen Verbandes

Die Geltendmachung von Schadenersatzansprüchen wegen Beschädigung des Gemeinschaftseigentums kann ein einzelner Eigentümer grundsätzlich nur mit Ermächtigung der übrigen Wohnungseigentümer geltend machen. Es handelt sich dabei um gemeinschaftsbezogene Ansprüche des gesamten teilrechtsfähigen Verbandes der Wohnungseigentümer. Eine entsprechende Klage muss daher von dem Verband, zum Beispiel der »Wohnungseigentümergemeinschaft Frühlingstraße 22 in 20010 Hamburg«, erhoben werden. Nur wenn die Eigentümergemeinschaft einen Einzeleigentümer durch Beschluss ermächtigt, die Ansprüche der WEG geltend zu machen, ist er klagebefugt.

9.6 Klagen der Wohnungseigentümergemeinschaft wegen Ansprüchen aus einem Vertrag

Der teilrechtsfähige Verband der Wohnungseigentümergemeinschaft ist ferner bei allen mit Dritten zur Bewirtschaftung des gemeinschaftlichen Gebäudes geschlossenen Verträgen zuständig. Betroffen sind dabei diejenigen Kosten, die zur Bewirtschaftung des Gebäudes laufend erforderlich sind, zum Beispiel Betriebskosten, Verwaltungskosten und Instandhaltungskosten. Das heißt, die

Wohnungseigentümergemeinschaft – als Verband – muss klagen und kann verklagt werden.

> **! Beispiel: Vertragspartner**
>
> Die Eigentümergemeinschaft gibt eine Fassadensanierung in Auftrag. Der Vertrag kommt zustande zwischen der Wohnungseigentümergemeinschaft Frühlingstraße 22 in 20010 Hamburg und dem Bauunternehmer. Die einzelnen Eigentümer werden nur Vertragspartner, wenn sie den Vertrag neben der Wohnungseigentümergemeinschaft persönlich mit unterzeichnet haben.

9.7 Klage auf Abberufung des Verwalters

Zur Klage auf Abberufung des Verwalters vgl. Kapitel 7.3.

9.8 Bestellung eines Notverwalters

Fehlt ein Verwalter, so kann jeder Eigentümer in dringenden Fällen die Bestellung eines Notverwalters durch das Wohnungseigentumsgericht beantragen. Dies kann in dringenden Fällen und bei berechtigtem Interesse des Eigentümers auch im Wege der einstweiligen Verfügung durchgesetzt werden (BGH, 10.6.2011, V ZR 146/10, NJW 2011, 3025).

> **! Beispiel: Antrag auf Notverwaltung**
>
> - Bereits vorhandene Schäden am Gemeinschaftseigentum drohen sich zu einem erheblichen Schaden auszuweiten, wenn keine Sanierungsmaßnahmen durchgeführt werden.
> - Die Eigentümer sind heillos zerstritten und können sich nicht einigen. Ein Verwalter fehlt.

Hier kann jeder Eigentümer die Bestellung einer Notverwaltung durch das Gericht verlangen. Zwar wurde durch die Novellierung des Wohnungseigentumsgesetzes der § 26 Abs. 3, der die Notverwalterbestellung ausdrücklich vorgesehen hat, gestrichen. Deshalb können nun außenstehende Dritte die Bestellung eines Notverwalters nicht mehr verlangen. Die Bestellung einer Notverwaltung kann jedoch von einzelnen Eigentümern gerichtlich nach § 43 Nr. 1 WEG durchgesetzt werden, wenn auch die Voraussetzungen der zuvor möglichen Notverwalterbestellung gegeben sind. Diese liegen vor, wenn die Wohnungseigentümer nicht selbst in der Lage sind, im Rahmen einer Eigentümerversammlung einen Verwalter zu bestellen, oder wenn durch die gerichtliche Verwalterbestellung Schaden von einem Wohnungseigentümer oder einem Dritten abgewendet werden kann. Dennoch lehnen manche Instanzgerichte die Bestellung einer Notverwaltung ab, da insoweit in das Ermessen der Wohnungseigentümer eingegriffen würde. Stattdessen kann sich ein Einzeleigentümer in diesen Fällen vom Gericht ermächtigen lassen, eine Eigentümerversammlung zum Zwecke der Bestellung einer Verwaltung einzuberufen und durchzuführen. Nach einem Beschluss des LG Stuttgart (10 T 80/08) kann die Neubestellung eines Verwalters sogar im Wege einer einstweiligen Verfügung erfolgen, wenn die Bestellungsdauer des bisherigen Verwalters endete und die Wahl eines neuen Verwalters gescheitert ist.

9.9 Anspruch auf Aufnahme von Tagesordnungspunkten

Der Verwalter hat bestimmte Punkte auf die Tagesordnung zu setzen, wenn es von mehr als einem Viertel der Wohnungseigentümer schriftlich und unter Angabe des Zwecks und der Gründe verlangt wird (§ 24 Abs. 2 WEG analog). Auch Einzeleigentümer haben einen Anspruch auf Aufnahme von Tagesordnungspunkten, wenn die Behandlung dieser ordnungsgemäßer Verwaltung entspricht (OLG Frankfurt/Main, 1.9.2003, 20 W 103/01).

Dies ist zum Beispiel dann der Fall, wenn Mängel am Gemeinschaftseigentum bestehen. Denn gemäß § 21 Abs. 4 WEG kann jeder Wohnungseigentümer eine Verwaltung verlangen, die den Vereinbarungen sowie Beschlüssen und, soweit solche nicht bestehen, dem Interesse der Gesamtheit der Wohnungseigentümer nach billigem Ermessen entspricht. Zu einer ordnungsgemäßen, dem Interesse der Gesamtheit der Wohnungseigentümer entsprechenden Verwaltung gehört insbesondere die ordnungsgemäße Instandhaltung und Instandsetzung des gemeinschaftlichen Eigentums (§ 21 Abs. 4 und Abs. 5 Nr. 2 WEG). Deshalb kann jeder Wohnungseigentümer vom Verwalter die Aufnahme bestimmter Punkte auf die Tagesordnung verlangen – hier Instandsetzung des gemeinschaftlichen Eigentums –, wenn die Behandlung dieser Punkte ordnungsgemäßer Verwaltung entspricht. Voraussetzung für einen solchen Anspruch gegen den Verwalter ist lediglich, dass sachliche Gründe dafür sprechen, den Punkt in der Eigentümerversammlung zu erörtern und darüber abzustimmen (LG Hamburg, 27.6.2012, 318 S 196/11, ZWE 2013, 135).

Der Anspruch entfällt aber, wenn die Ladungsfrist des § 24 Abs. 4 WEG – mindestens zwei Wochen – nicht mehr eingehalten werden kann (LG München I, 16.5.2011, 1 S 5166/11, NJW RR 2011, 1579). Im Wege einer einstweiligen Verfügung kann der Verwalter nur ausnahmsweise dazu verpflichtet werden, eine außerordentliche Eigentümerversammlung einzuberufen, wenn die Behandlung eines bestimmten Punktes so dringend ist, dass ein Eigentümer unverhältnismäßig großen, gar irreparablen Schaden erleiden würde (LG München I, a.a.O.). Dies wird regelmäßig nicht der Fall sein, kommt aber in Betracht, wenn erhebliche Schäden am Gemeinschaftseigentum vorliegen und Notmaßnahmen dringend geboten sind, zum Beispiel bei undichtem Dach, Wasserrohrbruch, Beseitigung von Brandschäden. Weigert sich der Verwalter dennoch, einen bestimmten Tagesordnungspunkt aufzunehmen, so kann dies je nach Eilbedürftigkeit gerichtlich im Wege des einstweiligen Rechtsschutzes (Eilverfahren) durchgesetzt werden (Einzelheiten dazu siehe Kapitel 5.1.4).

9.10 Einstweiliger Rechtschutz

Durch die Überleitung des wohnungseigentumsrechtlichen Verfahrens in das Verfahren nach der Zivilprozessordnung kann in Fällen besonderer Dringlichkeit und bei Vorliegen eines Sicherungsinteresses auch in Wohnungseigentumssachen einstweiliger Rechtsschutz nach §§ 935 ff. ZPO beantragt werden. Die einstweilige Verfügung ist eine vorläufige Entscheidung des Gerichts im Eilverfahren, die der Sicherung eines nicht auf Geld gerichteten Anspruchs bis zur endgültigen Entscheidung dient.

! **Beispiel: Gefährdung der Statik**
Ein Wohnungseigentümer nimmt Änderungen an tragenden Wänden im Inneren seiner Wohnung vor. Dadurch ist die Statik des Hauses gefährdet.

Das Gericht kann im Rahmen des Eilverfahrens durch eine einstweilige Verfügung die Baueinstellung verfügen.

! **Beispiel: Ankündigung einer öffentlichen Party**
Ein Miteigentümer kündigt öffentlich an, im Hausflur sowie in den Kellergewölben einer Wohnungseigentumsanlage eine größere öffentliche Party durchzuführen.

Das Gericht kann ihm die Durchführung der Veranstaltung untersagen, ggf. hohe Ordnungsgelder oder Zwangshaft androhen. Bisher war dies nur im Rahmen einer einstweiligen Anordnung möglich, die regelmäßig gesondert nicht anfechtbar war. Die einstweilige Verfügung nach der Zivilprozessordnung kann dagegen in einem isolierten Verfahren beantragt werden, und zwar auch ohne Einleitung eines sogenannten Hauptsacheverfahrens.

Kontrovers wird die Frage diskutiert, ob die Ausführung eines Eigentümerbeschlusses durch die Verwaltung während eines laufenden Beschlussanfechtungsverfahrens durch einstweilige Verfügung untersagt werden kann. Dazu hat das LG München I (1 T 13169/08) entschieden, dass eine einstweilige Verfügung zur Aussetzung des Vollzugs eines Eigentümerbeschlusses grundsätzlich nicht in Betracht kommt. Zwar könne die Umsetzung eines fehlerhaften Eigentümerbeschlusses zu erheblichen Nachteilen führen. Dies habe der Gesetzgeber jedoch grundsätzlich in Kauf genommen, nachdem er im Rahmen der Anfechtungsklage keine aufschiebende Wirkung angeordnet hat. Daher ist ein Verwalter verpflichtet, trotz eines laufenden Anfechtungsverfahrens den Beschluss zu vollziehen. Nur bei offenkundig nichtigen Beschlüssen oder dann, wenn einem Beschluss die Fehlerhaftigkeit »auf die Stirn geschrieben ist«, kommt eine Aussetzung des Vollzugs des Beschlusses durch einstweilige Verfügung in Betracht. Dies stellt aber nach der Rechtsprechung des LG München I einen absoluten Ausnahmefall dar (LG München I, 36 S 9508/08).

Diese Entscheidungen werden teilweise kritisiert, da hierdurch ein effektiver Rechtsschutz nicht gegeben sei. Vor allem im Rahmen größerer Sanierungsbeschlüsse führte die Rechtsprechung des LG München I dazu, dass durch den Vollzug, das heißt durch die Ausführung der Sanierung, jeweils vollendete Tatsachen geschaffen werden, bevor eine Entscheidung des Gerichts in erster Instanz hierzu ergangen ist. Stellt sich dann im Rahmen des Anfechtungsverfahrens heraus, dass der Sanierungsbeschluss für ungültig zu erklären ist, bereitet die Rückabwicklung dieser Beschlüsse regelmäßig massive tatsächliche und rechtliche Schwierigkeiten.

9.11   Entziehung des Wohnungseigentums

Grundsätzlich ist die Wohnungseigentümergemeinschaft unauflöslich (§ 11 WEG). Um dennoch dauerhafte, schwerwiegende und unerträgliche Streitigkeiten zu vermeiden, sieht das Gesetz in § 18 WEG die »Eigentumsentziehung« vor. Die Entziehung des Wohnungseigentums setzt voraus, dass sich der betroffene Wohnungseigentümer einer so schweren Verletzung seiner ihm gegenüber den anderen Wohnungseigentümern obliegenden Verpflichtungen schuldig gemacht hat, dass diesen die Fortsetzung der Gemeinschaft mit dem Eigentümer nicht mehr zugemutet werden kann (BGH, 17.1.2007, V ZR 26/06). Die Entziehung des Wohnungseigentums kann betrieben werden, wenn der Wohnungseigentümer trotz Abmahnung wiederholt grob gegen die ihm nach § 14 WEG obliegenden Pflichten verstößt (§ 18 Abs. 2 Nr. 1 WEG). Dazu gehört insbesondere die Verletzung der Pflicht der Instandhaltung des Sondereigentums, das heißt der eigenen Wohnung.

! **Beispiele: Grobe Pflichtverletzung**

Fäkalgeruch, erheblicher Ungezieferbefall, Messie-Problematik (zwanghafter Sammelwahn oder Vermüllung der Wohnung).

Der Wohnungseigentümer muss wiederholt trotz Abmahnung grob gegen seine Verpflichtungen verstoßen, das heißt, es müssen mindestens drei Verstöße vorliegen, einer vor der Abmahnung und zwei nach der Abmahnung (wiederholt).

Die Entziehung des Wohnungseigentums ist auch bei Wohngeldrückständen möglich. Voraussetzung dafür ist, dass sich der Wohnungseigentümer in Höhe eines Betrags, der 3 % des Einheitswerts seines Wohnungseigentums übersteigt, länger als drei Monate in Zahlungsverzug befindet und diesen Rückstand auch nicht bis zur Erteilung des Zuschlags im Zwangsversteigerungsverfahren ausgeglichen hat. Erfolgt ein rechtzeitiger Ausgleich, kann das Wohnungseigentum nicht mehr entzogen werden.

Die Eigentümergemeinschaft kann allerdings auch wegen fortdauernder, unpünktlicher Bezahlung der Wohngelder die Entziehung des Wohnungseigentums betreiben. Dazu muss sich der betroffene Wohnungseigentümer einer so schweren Verletzung seiner ihm gegenüber den anderen Wohnungseigentümern obliegenden Verpflichtungen schuldig gemacht haben, dass diesen die Fortsetzung der Gemeinschaft mit ihm nicht mehr zugemutet werden kann. Im Fall der fortdauernden unpünktlichen Zahlung von Wohngeldern richtet sich die Entziehung des Wohnungseigentums nach § 18 Abs. 1 WEG.

Nach § 18 Abs. 1 WEG ist eine Abmahnung des Wohnungseigentümers erforderlich, das heißt der Eigentümer muss zur Einhaltung seiner Pflichten gemahnt werden, was auch durch den Verwalter oder einen Wohnungseigentümer geschehen kann (BGH, a.a.O.). Die Abmahnung muss zeitlich vor der Beschlussfassung über die Entziehung des Wohnungseigentums erfolgen. Von der Abmahnung kann nur abgesehen werden, wenn sie unzumutbar ist oder keinen Erfolg verspricht.

! **Praxis-Tipp**

Auch wenn die Abmahnung unzumutbar sein könnte oder keinen Erfolg verspricht, sollten Sie wegen der Tragweite der Entziehungsklage immer eine vorherige Abmahnung aussprechen.

Als besonders schwere Pflichtverletzungen wurden von der Rechtsprechung im Übrigen anerkannt: schwere Beleidigungen, Verleumdungen, Nutzung der Wohnung als Bordell, Gewalttätigkeiten.

Nach § 18 Abs. 1 Satz 2 WEG steht die Ausübung des Entziehungsrechts der Gemeinschaft der Wohnungseigentümer, das heißt dem teilrechtsfähigen Verband, zu, soweit es sich nicht um eine Gemeinschaft handelt, die nur aus zwei Wohnungseigentümern besteht. Die Entziehung des Wohnungseigentums erfolgt durch Einreichung einer Klage des teilrechtsfähigen Verbandes. Auch die Vollstreckung aus dem Urteil über die Entziehung des Wohnungseigentums erfolgt durch die teilrechtsfähige Eigentümergemeinschaft (§ 19 Abs. 1 Satz 1, 2 WEG).

9.12 Protokollberichtigung

Wird ein Eigentümerbeschluss nicht oder nicht richtig protokolliert oder fehlen erhebliche Umstände, die zum Verständnis des Beschlusses erforderlich sind, kann jeder Wohnungseigentümer beim zuständigen Amtsgericht einen Antrag auf Protokollberichtigung stellen. Die Berichtigung kann nur vom Ersteller des Protokolls (Verwalter) verlangt werden und richtet sich daher regelmäßig gegen ihn und nicht gegen die Wohnungseigentümergemeinschaft.

Der Antrag auf Protokollberichtigung ist nicht fristgebunden. Eine Protokollberichtigung kann ferner dann verlangt werden,

- wenn der Protokollersteller das ihm bei Erstellung des Protokolls zustehende Ermessen überschritten hat und
- wenn das Protokoll beleidigende Inhalte hat.

10 Checkliste für den Erwerb einer Eigentumswohnung

10.1 Fragen zur Kurzbeurteilung einer Eigentumswohnung/Teileigentumseinheit

....

Bezeichnung/Adresse der ETW

....

Eigentümer/Bauherr

....

Adresse

....

Telefon

....

Makler

....

Adresse

....

Telefon

....

Hausmeister/Verwalter

....

Adresse

....

Telefon

Umgebung, Lage

(Beispiele: ruhig, gute Wohnanlage, Verkehrsverbindungen, Nachbarn, bei ETW auch Zahl der ETW im Gebäude)

....

....

....

Grundstück/m^2: .... ETW/1.000tel Anteil: .... Nr. ETW: ....
Wohnfläche der ETW: .... m² (Beispiel: Lage zur Sonne, Garten, Aussicht)

....

....

....

ETW

Baujahr: .... umbauter Raum: .... m^3 (Beispiele: Haustyp, Zustand von außen, Lage zur Sonne, Wohnungszuschnitt, Balkon)

....

....

....

Bausubstanz

(Beispiele: Wärmedämmung, Schallschutz, Mauern, Fenster, Dach)

....

....

....

Grundriss

Zahl der Zimmer: .... Wohnfläche: .... m^2 Nutzfläche: .... m^2

....

....

....

Technische Einrichtungen

(Beispiele: Heizung, Sanitäranlagen, Elektroinstallation)

....
....
....

Ausstattung

(Beispiele: Keller, Wohnräume, Dachgeschoss: Fußböden, Wände, Einbauten)

....
....
....

Welche Einschränkungen gibt es?

(Beispiele: Denkmalschutz, Sanierungsgebiet etc.)

....
....
....

Preis für die ETW/Teileigentumseinheit: .... EUR

Ist der Preis fest? Ja ... Nein ...

Maklerprovision (inkl. MwSt.): .... EUR

Monatliche Wohngeldzahlung: .... EUR

Brandversicherungswert: .... EUR

10.2 Besichtigung der Eigentumswohnung

Besichtigung Gemeinschaftseigentum ....

Außenanlagen

Stehen die Außenanlagen der Gemeinschaft zur Nutzung zur Verfügung oder wurden Sondernutzungsrechte zugunsten anderer Sondereigentümer eingeräumt?

....

....

Sind die Außenanlagen gepflegt, mit welchen Kosten ist für die Pflege der Außenanlagen zu rechnen?

....

....

Treppenhaus/Flure

Wie wirken Eingangsbereich, Flure und Treppenhaus?
(Beispiele: gepflegt, renovierungsbedürftig, vernachlässigt, repräsentativ):

....

....

Gibt es einen Aufzug? Ja: _____ Nein: _____

Grenzt der Aufzug an die Eigentumswohnung Ihrer Wahl? Wenn ja, ist mit einer Lärmbelästigung durch den Aufzug zu rechnen?

....

....

Sauna/Schwimmbad

Ist das Gemeinschaftseigentum mit einer Sauna oder einem Schwimmbad ausgewiesen? Wenn ja, bitte überprüfen:

Nutzungsmöglichkeiten durch den einzelnen Wohnungseigentümer

....

....

Unter Umständen Regelung der Schwimmbad und Saunabenutzung durch eine Hausordnung

....

....

Monatliche Belastung des Wohngeldes überprüfen, die auf Sauna- und Schwimmbadnutzung entfällt

....

....

Gemeinschaftsräume/Anlagen

Sind Gemeinschaftswaschräume oder andere gemeinsame Einrichtungen vorhanden?

....

....

Wie sind die gemeinsamen Räume ausgestattet (zum Beispiel Waschmaschinen, Trockner)?

....

....

Ist ausreichender Platz zum Abstellen von Fahrrädern oder Kinderwägen vorhanden?

....

....

Garage/Stellplatz

Welche Garage, welcher Stellplatz gehört zu der Wohnung?

....

....

Wie ist die Garage/der Stellplatz anfahrbar?

....

....

Heizung

Art der Heizungsanlage (Öl, Gas, Elektro, Fernwärme, Zentralheizung, Ofenheizung)
....

Alter der Anlage?
....

Gibt es einen Öl-Außentank?
....

Wenn ja, bitte nachfragen, ob vorgeschriebene Prüfzeugnisse vorliegen
....

Wärmeschutzverordnung

Ist das Haus besonders gut wärmegedämmt?
....

Isolierverglasung
....

Zusätzliche Wärmedämmung außen oder innen
....

Wurden die Wärmedämmmaßnahmen durch Fachfirmen ausgeführt?
....

Wasser/Abwasser

Ist eine zentrale Warmwasserbereitung vorhanden?
....

Ist diese Anlage unabhängig von der Heizung?
....

Wie alt sind die Leitungen der Wasser- und Abwasseranlage?
....

Gab es in der Vergangenheit Verstopfungen im Abwassersystem?
....

Erfolgt die Abwasserableitung in die Kanalisation oder in eine eigene Grube?

....

Sind Rückstauventile vorhanden? Wenn ja, wo?

....

Ist eine Hebeanlage erforderlich?

....

Elektrische Ausstattung

Wie alt ist die Elektrik?

....

Sind die Leitungen über Putz oder unter Putz verlegt?

....

Sind die Leitungen reparaturbedürftig oder komplett zu erneuern?

....

Reicht die Anzahl der Steckdosen?

....

Wohnräume

Aus welchem Material bestehen die Außenmauern?

....

Sind die Mauern noch zusätzlich wärmegedämmt? Wenn ja: In welcher Form und durch welche Firmen wurde die Wärmedämmung ausgeführt?

....

....

....

Wie ist die Geräuschdämmung der Wände und Decken?

....

Ist die aktuelle Schallschutznorm eingehalten? Wenn nein, welche?

....

....

Hört man Treppensteigen oder Aufzugsgeräusche innerhalb der Wohnräume?

....

Sind Wasser- oder Abwassergeräusche bemerkbar?

....

Höhe der Wohnräume (cm-Angabe)

....

Gibt es Dachschrägen?

....

Fenster

Aus welchem Material bestehen die Fenster/Fensterrahmen?
- Einfache Verglasung
- Isolierverglasung
- Schallschutzverglasung
- Kunststoff
- Aluminium
- Sonstiges

  ....

Wie alt sind die Fenster (Jahre)?

....

Wie ist der Erhaltungszustand der Fenster?

....

Treppen

Wie ist der Erhaltungszustand der Treppen?

....

Türen

Aus welchem Material bestehen die Türen (Vollholz oder geleimte Platten)?

....

Wie ist der Erhaltungszustand der Türen?

....

Rollläden

Sind Rollläden vorhanden?

....

Heizkörper/Wohnräume

Welche Wohnräume sind mit einem Heizkörper ausgestattet?

....

Ist eine Fußbodenheizung vorhanden, wenn ja: Wie wird der Verbrauch erfasst?

....

Ausstattung Wohn-/Schlafräume, Flur

....

....

Bodenbeläge/Dekoration

Überprüfung der Bodenbeläge, der Dekoration der Decken und Wände

....

Ausrichtung

Ausrichtung der einzelnen Räume nach Süden oder Südwesten

....

Ist genügend Tageslicht vorhanden?

....

Bad/WC

Sind Wände und Böden voll verfliest?

....

Über welche Ausstattung verfügt das Bad?

....

Über welche Ausstattung verfügt das WC?

....

Gibt es eine Badewanne?

....

Ist eine separate Dusche vorhanden?

....

Gibt es ein oder zwei Waschbecken?

....

Wie ist die Belüftung im Bad?

....

Ist ein Fenster vorhanden?

....

Bei älteren Wohnungseigentumseinheiten bitte überprüfen, ob Wasserdruck ausreicht

....

Küche

Welcher Fußbodenbelag ist vorhanden?

....

Sind Küchen- und andere Einrichtungsgegenstände vorhanden? Wenn ja: Marke der Geräte der Einbauküche

....

10.3 Fragen an den Verkäufer/Hausverwalter vor Erwerb der Eigentumswohnung

In welchem Jahr wurde das Anwesen errichtet?

....

Steht das Anwesen unter Denkmalschutz oder liegt es in einem ausgewiesenen Sanierungsgebiet?

....

Gibt es Streitigkeiten mit Nachbarn?

....

....

Wie groß ist das Gesamtgrundstück und welcher Miteigentumsanteil
(1.000tel Anteil) entfällt auf die Eigentumswohnung?

....

....

Grundrissplan anfordern

....

Berechnung der Wohnfläche erläutern lassen

....

Nach den Gründen des Verkaufs fragen

....

Wurden in den letzten Jahren größere Reparaturen durchgeführt?

Wenn ja: Bitte nach Art und Umfang der Reparaturmaßnahmen fragen

....

....

....

Nachfrage nach gesundheitsgefährdenden Materialien am Bau
(Beispiele: Asbest, Holzschutzmittel, formaldehydhaltige Materialien)

....

....

10.4 Unterlagen, die vor Erwerb der Eigentumswohnung in Abschrift vorliegen müssen

Teilungserklärung
- Ist das von Ihnen zu erwerbende Sondereigentum im Aufteilungsplan eingezeichnet?
- Wurden dem Sondereigentum Keller oder sonstige Nebenräume zugeordnet?
- Steht der der Eigentumswohnung zugeordnete Kellerraum frei und wird nicht von einer fremden Person genutzt?

Gemeinschaftsordnung

- Ist die Gemeinschaftsordnung im Grundbuch eingetragen?
- Welche Sondernutzungsrechte gelten für Sie oder andere Eigentümer?
- Wie ist die Kostenfrage dieser Sondernutzungsrechte geregelt?
- Ist die berufliche Nutzung der Wohnung zulässig?
- Wie ist das Stimmrecht der Wohnungseigentümer geregelt?
- Wer ist Verwalter der Wohnungseigentümeranlage? Wann und für welchen Zeitraum wurde er bestellt?
- Fordern Sie die Vorlage des Verwaltervertrags ein.
- Wie hoch ist das Verwalterhonorar?
- Sind selbstständig aufstehende Gebäude nach Wirtschaftseinheiten getrennt?
- Wie sind die Abstimmungsmodalitäten der Beschlüsse der Wohnungseigentümergemeinschaft geregelt?
- Werden die Kosten und Lasten am Gemeinschaftseigentum nach Miteigentumsanteil verteilt? Wenn nein, welcher Verteilerschlüssel ist vereinbart?
- Gibt es eine Hausordnung?
- Vorlage der Jahresabrechnungen der letzten fünf Jahre einfordern. Hier überprüfen: Höhe der Instandhaltungsrücklage, Höhe der einzelnen Kostenpositionen. Welche Instandhaltungsmaßnahmen wurden in den letzten fünf Jahren durchgeführt?
- Vorlage der Protokolle der Eigentümerversammlung der letzten fünf Jahre: Wurden sämtliche Beschlüsse der Wohnungseigentümergemeinschaft der letzten fünf Jahre durchgeführt, zum Beispiel zu Instandhaltungsmaßnahmen? Oder stehen diese noch aus?
- Muss mit der Erhebung von Sonderumlagen gerechnet werden?
- Gibt es Streitigkeiten zwischen der Wohnungseigentümergemeinschaft und einzelnen Wohnungseigentümern?

10.5   Kaufvertrag der Eigentumswohnung

Checkliste: Kaufvertrag der Eigentumswohnung

- Haben Sie den aktuellen Grundbuchauszug auf Eigentümerstellung und eingetragene Belastungen überprüft?
- Ist der Kaufgegenstand korrekt wiedergegeben?
- Ist der Kaufpreis aufgeteilt in Anteil für den Grund und Boden und das aufstehende Gebäude?
- Sind zum Objekt gehörende Einrichtungsgegenstände, die von Ihnen übernommen werden, detailliert mit Preisen aufgeführt?
- Ist geklärt, wer die Maklerprovision entrichtet und in welcher Höhe?

- Enthält der Vertrag eine Zusage zur lastenfreien Übergabe der Eigentumswohnung?
- Ist im Vertrag geregelt, wer die Erschließungskosten trägt?
- Welche Grundpfandrechte Dritter sind im Grundbuch eingetragen und ist die Lastenfreistellung gesichert?
- Welche Versicherungsverträge hat die Wohnungseigentümergemeinschaft abgeschlossen?
- Ist die Eigentumswohnung vermietet? Wenn ja, liegen Ihnen sämtliche Mietverträge sowie Zusatzvereinbarungen vor? Zusätzlich anfordern: Mieterhöhungen und Betriebskostenabrechnungen.
- Bestehen Mietrückstände?
- Bestehen Rechtsstreitigkeiten zwischen Vermieter und Mieter?
- Ist die Höhe des monatlichen Wohngeldes im Vertrag festgehalten?
- Bestehen Restforderungen von Wohngeldern aus früherer Zeit?
- Wie wird der Übertrag der Kaution geregelt?
- Sichert der Verkäufer im Vertrag zu, dass keine versteckten Mängel bekannt sind?
- Liegt eine Zusicherung vor, wonach sämtliche bauordnungsrechtlichen Genehmigungen vorliegen?

Checkliste: Kauf vom Bauträger

Liegen sämtliche Baugenehmigungen vor?
- Liegt die Abgeschlossenheitsbescheinigung vor?
- Sind die dem Vertragsentwurf beiliegenden Baubeschreibungen und Pläne identisch mit denen, die Ihnen vorgelegt wurden? Auch Freiflächenplan anfordern
- Ist im Vertrag ausgeführt, dass die Bestimmungen der Makler- und Bauträgerverordnung für diesen Vertrag gelten?
- Sind die Erschließungs- und Vermessungskosten im Festkaufpreis enthalten?
- Sind Sonderwünsche vereinbart?
- Wer erteilt die Vergabe und wie wird abgerechnet?
- Sind Baubeginn und Fertigstellung genau geregelt?
- Welche Zusicherungen erteilt der Bauträger für Baumaterial und Beschaffenheit?
- Ist die Zahlung nach Baufortschritt vereinbart?
- Ist genau geregelt, in welcher Art und Weise Sie Mängel zu rügen haben und in welcher Form der Bauträger haftet?
- Welche Gewährleistungsregelungen sind vorgesehen?
- Ist die Abnahme des Gemeinschaftseigentums durch einen neutralen Sachverständigen vereinbart?
- Wie wird das Sondereigentum abgenommen?

- Erteilen Sie Vollmachten in dem Vertrag zugunsten des Verkäufers/Bauträgers, Änderungen der Teilungserklärung vornehmen zu können?

Hier ist Vorsicht geboten!

- Dürfen bauliche Veränderungen durch den Bauträger nur nach schriftlicher Genehmigung durch den Käufer vorgenommen werden?
- Ist im Vertrag geregelt, ob und wann Sie vom Vertrag zurücktreten können, wenn zum Beispiel der Bauträger nicht fristgerecht fertigstellt?

11   Steuern bei Wohnungs- und Teileigentum

11.1   Die selbstgenutzte Eigentumswohnung/ Eigenheimzulagengesetz

Die selbstgenutzte Eigentumswohnung kann nur in einigen Ausnahmefällen steuermindernd in Ansatz gebracht werden. Die grundsätzliche Förderung der selbstgenutzten Eigentumswohnung wurde in der Vergangenheit durch ein Zulagensystem, das »Eigenheimzulagengesetz« (EigZulG), geleistet. Dabei gehörte die Eigenheimzulage mit über 10 Milliarden EUR pro Jahr zu den größten Einzelposten bei den Direktsubventionen. Angesichts der Probleme der öffentlichen Haushalte wurde die Eigenheimzulage mit Wirkung zum 1.1.2006 völlig abgeschafft. Da das Eigenheimzulagengesetz somit an Bedeutung verloren hat, wird an dieser Stelle auf eine weitere Darstellung verzichtet.

11.2   Die selbstgenutzte Eigentumswohnung als Baudenkmal und in Sanierungsgebieten

Der Eigentümer, dessen Eigentumswohnung von der Denkmalschutzbehörde als Baudenkmal deklariert wurde oder dessen Eigentumswohnung in einem förmlich festgestellten Sanierungsgebiet oder städtebaulichen Entwicklungsgebiet liegt, kann seine Aufwendungen in der Steuererklärung als Sonderausgaben in Abzug bringen. Er muss seine Immobilie allerdings selbst nutzen und weitere Voraussetzungen erfüllen, die im Folgenden dargestellt werden.

Die Höhe des Sonderausgabenabzugs nach § 10f EStG beträgt:
- Abschreibungszeitraum: ein bis zehn Jahre
- Sonderausgabenabzug für Herstellungskosten und Erhaltungsaufwendungen = Aufwendungen: 9 % pro Jahr.

Die Steuerpflichtigen können den Sonderausgabenabzug nur einmal geltend machen (Objektverbrauch).

11.2.1 Voraussetzungen des Sonderausgabenabzugs bei selbstgenutzten Baudenkmälern

Der Sonderausgabenabzug nach § 10f EStG wird für selbstgenutzte Baudenkmälern nur unter nachfolgenden Voraussetzungen gewährt:

- Den Steuervorteil erhalten nur Baudenkmäler nach den landesrechtlichen Vorschriften über Denkmalschutz und Denkmalpflege.

> **! Praxis-Tipp**
>
> Vor Durchführung einer Baumaßnahme ist abzuklären, ob es sich bei dem Gebäude um ein Baudenkmal im Sinne des Denkmalschutzes handelt.

- Es sind nur Baumaßnahmen begünstigt, die Herstellungskosten oder Erhaltungsaufwendungen (siehe Kapitel 11.3.10) darstellen und dem Erhalt der Eigentumswohnung als Baudenkmal dienen. Begünstigt sind wohl auch Baumaßnahmen nach Erwerb der Eigentumswohnung, die zu anschaffungsnahen Aufwendungen führen (FG München, 2.3.1998, EFG 1998, 167).

> **! Achtung**
>
> Nicht begünstigt sind Anschaffungskosten (siehe Kapitel 11.3.10), zum Beispiel der Kaufpreis der Eigentumswohnung. Ebenfalls nicht begünstigt ist der Erstausbau eines Speichers zu eigenen Wohnzwecken. Nach Auffassung des Verwaltungsgerichts (BayVGH, 10.11.2008, M 8 K 07.5911) und der Denkmalschutzbehörde (Informationen des Bayerischen Landesamtes für Denkmalpflege 142, 2009, Heft 1, S. 46–49, 52) handelt es sich hierbei um Maßnahmen, die nicht dem Erhalt des Gebäudes als Baudenkmal dienen.

- Damit der Sonderausgabenabzug geltend gemacht werden kann, ist es zwingend notwendig, dass die Baumaßnahmen vor ihrer Durchführung mit der Denkmalschutzbehörde abgestimmt werden. Die Denkmalschutzbehörde muss in der Lage sein, den Zustand des Gebäudes vor Durchführung der Baumaßnahmen zu ermitteln, um beurteilen zu können, ob die Aufwendungen zum Erhalt des Baudenkmals erforderlich sind.
- Damit der Eigentümer die Förderung erhält, muss er eine Bescheinigung der Denkmalschutzbehörde nach § 7i EStG einholen. Nach Durchführung der Baumaßnahme hat der Steuerpflichtige zu diesem Zwecke die Rechnungen und Maßnahmen gegenüber der Denkmalschutzbehörde nachzuweisen. Diese erstellt für diejenigen Maßnahmen, die dem Erhalt des Baudenkmals dienen, eine Bescheinigung nach § 7i EStG. Eine solche Bescheinigung ist zwingend erforderlich, um den Sonderausgabenabzug zu erhalten.

Praxis-Tipp !

Der Steuerpflichtige kann den Sonderausgabenabzug nach § 10f EStG nur dann geltend machen, wenn ihm selbst Herstellungskosten oder Erhaltungsaufwendungen entstehen. Der Erwerber einer bereits erbauten, sanierten oder modernisierten Eigentumswohnung erhält diese Steuervergünstigungen nicht mehr. Die Herstellungskosten bzw. Erhaltungsaufwendungen dürfen erst nach Abschluss des Kaufvertrags entstehen und durchgeführt werden. Nur dann wird die oben beschriebene Förderung gewährt.

11.2.2 Die selbstgenutzte Eigentumswohnung im Sanierungsgebiet

Der Sonderausgabenabzug für selbstgenutzte Eigentumswohnungen im Sanierungsgebiet wird nur unter folgenden Voraussetzungen gewährt:

- Die Eigentumswohnung muss in einem förmlich festgestellten Sanierungsgebiet oder städtebaulichen Entwicklungsgebiet liegen. Sanierungs- oder Entwicklungsgebiete werden von den jeweiligen Gemeinden durch Satzung festgesetzt.
- Es werden Baumaßnahmen gefördert, die aufgrund des Gebots nach § 177 Abs. 1 Baugesetzbuch (BauGB) durch ein Modernisierungs- oder Instandsetzungsgebot von der Gemeinde angeordnet wurden. Einzelheiten hierzu hat die Finanzverwaltung in einer Bescheinigungsrichtlinie festgelegt.

Praxis-Tipp !

Die auf freiwilliger Grundlage erbrachten Maßnahmen sind dann nicht begünstigt, wenn das Gebot der Gemeinde nach § 177 BauG erst nachträglich erteilt wird.

- Anschaffungskosten für eine Eigentumswohnung sind nur insoweit begünstigt, als sie zeitlich nach dem rechtswirksamen Abschluss eines obligatorischen Erwerbsvertrags oder eines gleichstehenden Rechtsakts durchgeführt wurden, zum Beispiel nach dem Zuschlag in der Zwangsversteigerung. Dabei liegen begünstigte Anschaffungskosten nur dann vor, wenn der Umstand der »anschaffungsnahen Aufwendungen« (siehe Kapitel 11.3.10) gegeben ist, das heißt, die Sanierungskosten 15 % der Anschaffungskosten des Gebäudes überschreiten.

Achtung !

Nicht begünstigt sind die reinen Anschaffungskosten, zum Beispiel der Kaufpreis für den Erwerb der Eigentumswohnung.

- Auch Herstellungskosten können in seltenen Ausnahmefällen steuerbegünstigt sein. Eine Förderung der Herstellungskosten ist nur dann möglich, wenn es sich um Maßnahmen handelt, die der Erhaltung, Erneuerung und funktionsgerechten Verwendung eines Gebäudes dienen, das wegen seiner geschichtlichen, künstlerischen oder städtebaulichen Bedeutung erhalten bleiben soll und zu deren Durchführung sich der Eigentümer gegenüber der Gemeinde verpflichtet hat. Nur in diesem Ausnahmefall wird eine Förderung der Herstellungskosten gewährt (zum Begriff der Herstellungskosten siehe Kapitel 11.3.10).

11.2.3 Haushaltsnahe Beschäftigungen und haushaltsnahe Dienstleistungen

Durch das Gesetz zur Förderung von Familien und haushaltsnahen Dienstleistungen vom 22.12.2008 und das Gesetz zur Umsetzung steuerrechtlicher Regelungen des Maßnahmenpakets »Beschäftigungssicherung durch Wachstumsstärkung« vom 21.12.2008 hat auch die Regelung zu den haushaltsnahen Beschäftigungen und haushaltsnahen Dienstleistungen eine Überarbeitung gefunden und höhere Abzugsbeträge für die Steuerpflichtigen gebracht. Seit 1.1.2009 gilt:

- Haushaltsnahe Beschäftigungsverhältnisse, für die Pflichtbeiträge zur gesetzlichen Sozialversicherung entrichtet werden, werden stärker gefördert.
- Die Steuerermäßigung für die Inanspruchnahme von Handwerkerleistungen für Renovierungs-, Erhaltungs- und Modernisierungsmaßnahmen wurde auf 20 % der Aufwendungen von maximal 6.000 EUR, somit auf jährlich 1.200 EUR erhöht.
- Im Rahmen der Zusammenfassung und Vereinheitlichung der Fördertatbestände ist die Zwölftelungsregelung entfallen.

Diese Regelung gilt für Aufwendungen, die nach dem 31.12.2008 erbracht wurden.

! Praxis-Tipp

Für alle Arten der haushaltsnahen Beschäftigungsverhältnisse und haushaltsnahen Dienstleistungen kann nebeneinander ein Steuerabzug beansprucht werden.

Wer die Förderung für haushaltsnahe Dienstleistungen und haushaltsnahe Beschäftigungen voll ausschöpft, kann eine Steuerersparnis von mehr als 5.000 EUR erzielen. Einzelfragen sind im BMF-Schreiben vom 15.2.2010 geregelt.

11.2.3.1 Haushaltsnahe Beschäftigung

Der Begriff des haushaltsnahen Beschäftigungsverhältnisses (§ 35a Abs. 1 EStG) ist gesetzlich nicht definiert. Verlangt ist eine Tätigkeit, die einen engen Bezug zum Haushalt des Steuerpflichtigen hat. Zu den haushaltsnahen Tätigkeiten gehören unter anderem:

- Zubereitung von Mahlzeiten im Haushalt
- Reinigung der Wohnung des Steuerpflichtigen
- Gartenpflege
- Versorgung und Betreuung von Kindern, sofern die Aufwendungen nicht unter § 9 Abs. 5 Satz 1 oder § 10 Abs. 1 Nr. 5 oder 8 EStG fallen
- Pflege, Versorgung und Betreuung von kranken, alten oder pflegebedürftigen Personen
- Erteilung von Unterricht, zum Beispiel Sprachunterricht

Auch muss das haushaltsnahe Beschäftigungsverhältnis in einem inländischen oder in einem anderen Mitgliedstaat der Europäischen Union oder im Europäischen Wirtschaftsraum liegenden Haushalt ausgeübt werden.

Begünstigt sind sämtliche mit der Beschäftigung anfallenden Kosten: sowohl die reinen Lohnkosten als auch die Sozialversicherungsbeiträge, Beiträge zur Verwaltungsberufsgenossenschaft oder die angefallene Lohnsteuer etc.

> **Achtung**   !
>
> Vereinbarungen zwischen Eheleuten in einem gemeinsamen Haushalt oder zwischen Eltern und Kindern in einem gemeinsamen Haushalt sind nicht steuerbegünstigt. Dies gilt entsprechend für die Partner einer eingetragenen Lebenspartnerschaft. Auch bei einem Haushalt zusammenlebender Partner einer nicht ehelichen Lebensgemeinschaft oder einer nicht eingetragenen Lebenspartnerschaft kann regelmäßig nicht von einem begünstigten Beschäftigungsverhältnis ausgegangen werden, da jeder Partner auch seinen eigenen Haushalt führt und es daher an dem für Beschäftigungsverhältnisse typischen Über- und Unterordnungsverhältnis fehlt. Etwas anderes gilt nur dann, wenn haushaltsnahe Beschäftigungsverhältnisse mit Angehörigen abgeschlossen werden, die nicht im Haushalt des Steuerpflichtigen leben. Hier ist dringend auf einen zivilrechtlich wirksamen Vertrag zu achten, der dem Fremdvergleich standhält.

Bei Vorliegen eines haushaltsnahen Beschäftigungsverhältnisses vermindert sich die Steuerbelastung auf Antrag

- um 20 % der Aufwendungen, höchstens 510 EUR pro Jahr, bei geringfügiger Beschäftigung auf 450-EUR-Basis. Dabei muss es sich um ein angemeldetes, haushaltsnahes Beschäftigungsverhältnis handeln.

- um 20 % von maximal 20.000 EUR der Aufwendungen, höchstens 4.000 EUR pro Jahr, bei anderen haushaltsnahen Beschäftigungsverhältnissen, für die aufgrund des Beschäftigungsverhältnisses Pflichtbeiträge zur gesetzlichen Sozialversicherung entrichtet werden und die keine Minijobs auf 450-EUR-Basis darstellen.

Als Nachweis der haushaltsnahen Beschäftigung dient bei geringfügig Beschäftigten allein die Anmeldung bei der Bundesknappschaft im »Haushaltsscheckverfahren«. Dieses Verfahren ist nur Privatleuten zugänglich. Eine Teilnahme einer Wohnungseigentümergemeinschaft oder eines Vermieters im Rahmen seiner Vermietertätigkeit ist nicht zulässig (vgl. hierzu jedoch die Ausführungen in Kapitel 11.2.3.2, wonach geringfügige Beschäftigungen von Wohnungseigentümergemeinschaften und Vermietern als sogenannte haushaltsnahe Dienstleistungen begünstigt sind).

11.2.3.2 Haushaltsnahe Dienstleistungen

Nach § 35a Abs. 2 Satz 1 EStG sind haushaltsnahe Dienstleistungen begünstigt, die in einem inländischen oder in einem anderen in der Europäischen Union oder im Europäischen Wirtschaftsraum liegenden Haushalt des Steuerpflichtigen erbracht werden und die nicht zu den handwerklichen Leistungen im Sinne des § 35a Abs. 3 EStG gehören. Gewöhnlich werden haushaltsnahe Dienstleistungen durch Mitglieder des privaten Haushalts selbst erledigt. Sollten diese Arbeiten an eine Dienstleistungsagentur oder einen selbstständigen Dienstleister vergeben werden, gewährt § 35 Abs. 2 Satz 2 EStG die Möglichkeit, die Steuerlast zu mindern.

> **!** **Achtung**
> Dazu gehören auch geringfügige Beschäftigungsverhältnisse, die durch Wohnungseigentümergemeinschaften und Vermieter im Rahmen ihrer Vermietertätigkeit eingegangen werden.

- Reinigung der Wohnung durch einen selbstständigen Dienstleister, zum Beispiel selbstständiger Fensterputzer
- Kochen und Waschen sowie sämtliche Tätigkeiten im Haushalt durch einen selbstständigen Dienstleister
- Pflege von Angehörigen durch Inanspruchnahme eines Pflegedienstes
- Gartenpflegearbeiten, zum Beispiel Rasenmähen oder Heckenschneiden, durch einen selbstständigen Dienstleister
- Winterdienst durch einen selbstständigen Dienstleister
- Umzugsdienstleistungen für Privatpersonen

Die Aufzählung der begünstigten Tätigkeiten ist hier beispielhaft niedergelegt (eine umfangreichere Tabelle folgt weiter unten). Begünstigt sind nur die Aufwendungen für Arbeitszeit, Fahrtkosten und Geräteeinsatzkosten. Materialkosten oder sonstige im Zusammenhang mit der Dienstleistung gelieferte Waren bleiben außer Ansatz. Die haushaltsnahen Dienstleistungen sind mit folgenden Beträgen steuerbegünstigt:

Haushaltsnahe Dienstleistung	Steuerermäßigung		
	Maximal begünstigte Aufwendungen (in EUR)	20 % der Aufwendungen	Maximaler Steuerabzug (in EUR)
Allgemeine haushaltsnahe Dienstleistung (§ 35a Abs. 2 Satz 1 EStG)	20.000	20 %	4.000
Pflege- und Betreuungsleistungen auch bei Heimunterbringung (Sonderfall der allgemeinen haushaltsnahen Dienstleistung) (§ 35a Abs. 2 Satz 1 HS 2 EStG)	20.000	20 %	4.000

11.2.3.3 Ausschluss der Steuerbegünstigung

Die Steuerermäßigung für Aufwendungen ist ausgeschlossen, soweit diese zu den Betriebsausgaben oder Werbungskosten gehören. Auch Aufwendungen, die vorrangig als Sonderausgaben, zum Beispiel für Erhaltungsmaßnahmen nach § 10f EStG, oder als außergewöhnliche Belastungen Berücksichtigung finden, sind als begünstigte Aufwendungen ausgeschlossen.

Au-pair

Bei der Aufnahme eines Au-pairs in eine Familie fallen in der Regel neben den Aufwendungen für die Betreuung der Kinder Aufwendungen für leichte Hausarbeit an. Wird der Umfang der Kinderbetreuungskosten nicht nachgewiesen, kann ein Anteil von 50 % der Gesamtaufwendungen im Rahmen der Steuerermäßigung für haushaltsnahe Dienstleistungen nach § 35a Abs. 2 Satz 1 EStG Berücksichtigung finden, wenn die übrigen Voraussetzungen des § 35a EStG vorliegen, insbesondere die unbare Zahlung auf das Konto des Au-pairs.

Wohnen im Altenheim, Altenwohnheim, Pflegeheim oder Wohnstift

Eine Inanspruchnahme der Steuerermäßigung nach § 35a EStG ist auch möglich, wenn sich der eigenständige und abgeschlossene Haushalt in einem Heim befindet, zum Beispiel in einem Altenheim, einem Altenwohnheim, einem Pflegeheim oder einem Wohnstift. Dies setzt voraus, dass die Räumlichkeiten im Altenheim so ausgestattet sind, dass eine eigene selbstständige Haushaltsführung möglich ist. Die Räumlichkeiten müssen daher abschließbar und mit einem Bad, einer Küche und einem Wohn-Schlaf-Bereich ausgestattet sein.

Zu den begünstigten haushaltsnahen Dienstleistungen bei einer Heimunterbringung gehören zum Beispiel Reinigung des Apartments, Pflege- oder Handwerkerleistungen im Apartment und unter Umständen Hausmeisterarbeiten, Gartenpflege sowie Kleinreparaturen, Dienstleistungen des Haus- und Etagenpersonals sowie die Reinigung der Gemeinschaftsflächen, Flure, Treppenhäuser etc.

11.2.3.4 Handwerkerleistungen

Auch für die Inanspruchnahme von Handwerkerleistungen für Renovierungs-, Erhaltungs- und Modernisierungsmaßnahmen, die in einem inländischen, in der Europäischen Union oder im Europäischen Wirtschaftsraum liegenden Haushalt des Steuerpflichtigen erbracht werden, wird eine Steuerermäßigung nach § 35a Abs. 3 EStG gewährt. Dies gilt unabhängig davon, ob es sich um regelmäßig vorzunehmende Renovierungsmaßnahmen, kleine Ausbesserungsarbeiten oder um Erhaltungs- und Modernisierungsarbeiten handelt. Das beauftragte Unternehmen muss nicht in der Handwerksrolle eingetragen sein. Es können auch Kleinunternehmer nach § 19 Abs. 1 Umsatzsteuergesetz (UStG) mit den Arbeiten beauftragt werden. Zu den handwerklichen Tätigkeiten zählen unter anderem:

- Arbeiten an Innen- und Außenwänden
- Arbeiten am Dach, an der Fassade, an Garagen oder Ähnliches
- Reparatur oder Austausch von Fenstern und Türen
- Streichen/Lackieren von Türen, Fenstern (innen und außen), Wandschränken, Heizkörpern und Rohren
- Reparatur oder Austausch von Bodenbelägen, zum Beispiel Teppichboden, Parkettfliesen
- Reparatur, Wartung oder Austausch von Heizungsanlagen, Elektro-, Gas- und Wasserinstallation
- Modernisierung oder Austausch der Einbauküche
- Modernisierung des Badezimmers
- Reparatur und Wartung von Gegenständen im Haushalt des Steuerpflichtigen, zum Beispiel Waschmaschine, Geschirrspüler, Herd, Fernseher, Computer
- Gartengestaltung
- Pflasterarbeiten auf dem Wohngrundstück

- Kontroll- und Wartungsarbeiten (Schornsteinfeger, Heizungsanlage, Blitz-schutzanlage etc.)
- Handwerkliche Leistungen für Hausanschlüsse, zum Beispiel das Verlegen von Kabel für Strom oder Fernsehen, soweit die Aufwendungen die Zulei-tungen zum Haus oder zur Wohnung betreffen

Eine Übersicht über die einzelnen begünstigten und nicht begünstigten Maß-nahmen ist in der Tabelle weiter unten zu finden.

> **Achtung** !
>
> Handwerkliche Tätigkeiten im Rahmen einer Neubaumaßnahme sind nicht begüns-tigt. Es muss sich um handwerkliche Tätigkeiten an einem bereits bestehenden Gebäude oder einer Eigentumswohnung handeln. Übrigens: Der beauftragte Hand-werksbetrieb muss nicht in der Handwerksrolle eingetragen sein.

Nach § 35a Abs. 3 EStG sind nur die Aufwendungen für die Inanspruchnahme der haushaltsnahen Tätigkeit selbst (Arbeitskosten) einschließlich der in Rechnung gestellten Maschinen- und Fahrtkosten begünstigt. Materialkosten oder sons-tige im Zusammenhang mit der Dienst-/Handwerkerleistung gelieferte Waren, zum Beispiel Fliesen, Tapeten, Farbe oder Pflastersteine, bleiben außer Ansatz.

> **Achtung** !
>
> Der Anteil der Arbeitskosten muss in der Rechnung grundsätzlich gesondert ausge-wiesen sein. Wurde ein Pauschalpreis vereinbart, ist die Handwerkerrechnung vom Aussteller um folgenden Hinweis zu ergänzen: »Im Rechnungsbetrag in Höhe von .... EUR sind Materialkosten in Höhe von .... EUR enthalten.«

Handwerkerleistungen sind seit 1.1.2009 in folgender Höhe steuerbegünstigt:

Haushaltsnahe Dienstleistung	Steuerermäßigung		
	Maximal begüns-tigte Aufwen-dungen (in EUR)	20 % der Auf-wendungen	Maximaler Steuerabzug (in EUR)
Handwerkerleistungen § 35a Abs. 3 EStG	6.000	20 %	1.200

Sowohl bei Aufwendungen im Rahmen einer haushaltsnahen Dienstleistung als auch bei Handwerker- oder Pflege- und Betreuungsleistungen im Sinne des § 35a EStG hängt die Steuerermäßigung davon ab, dass der Steuerpflichtige die Aufwendungen durch Vorlage einer Rechnung und die Zahlung auf das Konto des Leistungserbringers durch einen Beleg des Kreditinstituts nachweist. Seit dem Verrechnungszeitraum 2008 genügt es, wenn der Steuerpflichtige die Nachweise auf Verlangen des Finanzamtes vorlegen kann.

Für Wohnungseigentümergemeinschaften gilt Folgendes: Besteht ein Beschäftigungsverhältnis zu einer Wohnungseigentümergemeinschaft, zum Beispiel Reinigung und Pflege von Gemeinschaftsräumen, oder ist eine Wohnungseigentümergemeinschaft Auftraggeber der haushaltsnahen Dienstleistung bzw. der handwerklichen Leistung, kommt für den einzelnen Wohnungseigentümer eine Steuerermäßigung mit folgendem Nachweis in Betracht:

- In der Jahresabrechnung der Wohnungseigentümergemeinschaft sind die im Kalenderjahr unbar gezahlten Beträge nach den begünstigten haushaltsnahen Beschäftigungsverhältnissen und Dienstleistungen jeweils gesondert aufzuführen oder der Verwalter der Wohnungseigentümergemeinschaft erstellt eine entsprechende Bescheinigung.
- Der Anteil der steuerbegünstigten Kosten (Arbeits- und Fahrtkosten) muss gesondert ausgewiesen sein.
- Der Anteil des jeweiligen Wohnungseigentümers muss anhand seines Beteiligungsverhältnisses individuell errechnet worden sein.

Da die Wohnungseigentümergemeinschaft zur Wahrnehmung ihrer Aufgaben und Interessen in der Regel einen Verwalter bestellt hat, muss dieser zum Nachweis gegenüber dem Finanzamt eine Bescheinigung in oben genanntem Sinne erstellen oder die Jahresabrechnung an die oben genannten Vorgaben anpassen. Der Verwalter braucht die Bescheinigung über haushaltsnahe Dienstleistungen nicht unentgeltlich zu erteilen oder eine Aufnahme in die Abrechnung vorzunehmen. Die Spanne solcher zusätzlicher Vergütung reicht von 5 EUR über 8,50 EUR bis zu 25 EUR pro Jahr und Einheit, jeweils zuzüglich Umsatzsteuer (Sauren, NZM 2015, 809).

Das Bundesfinanzministerium hat durch sein Anwendungsschreiben vom 15.2.2010 zahlreiche Auslegungsfragen beantwortet. An dieser Stelle folgt nun der Katalog der begünstigten bzw. nicht begünstigten Maßnahmen.

Beispielhafte Aufzählung begünstigter und nicht begünstigter haushaltsnaher Dienstleistungen und Handwerkerleistungen

Maßnahme	Begünstigt	Nicht begünstigt	Haushalts-nahe Dienst-leistung	Hand-werker-leistung
Abfallmanagement (»Vorsortierung«)	Innerhalb des Grundstücks	Alle Maßnahmen außerhalb des Grundstücks	x	
Abflussrohrreinigung	Innerhalb des Grundstücks	Außerhalb des Grundstücks		x
Ablesedienste und Abrechnung bei Verbrauchszählern (Strom, Gas, Wasser, Heizung usw.)		x		
Abriss eines bau-fälligen Gebäudes mit anschließendem Neubau		x		
Abwasserentsor-gung	Wartung und Reinigung innerhalb des Grundstücks	Alle Maßnahmen außerhalb des Grundstücks		x
Anliegerbeitrag		x		
Arbeiten				
1. am Dach	x			x
2. an Bodenbelägen	x			x
3. an der Fassade	x			x
4. an Garagen	x			x
5. an Innen- und Außenwänden	x			x
6. an Zu- und Ablei-tungen	Soweit inner-halb des Grund-stücks	Alle Maßnahmen außerhalb des Grundstücks		x
Architektenleistung		x		
Asbestsanierung	x			x
Aufstellen eines Baugerüsts	Arbeitskosten	Miete, Material		x

Maßnahme	Begünstigt	Nicht begünstigt	Haushalts-nahe Dienst-leistung	Hand-werker-leistung
Aufzugnotruf		x		
Außenanlagen, Errichtung von Außenanlagen, zum Beispiel Wege, Zäune	Arbeitskosten für Maßnahmen auf privatem Grundstück	– Auf öffentli-chem Grund-stück oder – im Rahmen einer Neubau-maßnahme (Rn. 21) – Material-kosten		x
Austausch oder Modernisierung				
1. der Einbauküche	x			x
2. von Bodenbelä-gen (zum Beispiel Teppichboden, Parkett, Fliesen)	x			x
3. von Fenstern und Türen	x			x
Bereitschaft der Erbringung einer ansonsten begüns-tigten Leistung im Bedarfsfall	Als Neben-leistung einer ansonsten begünstigten Hauptleistung	Nur Bereitschaft	Abgrenzung im Einzelfall	Abgrenzung im Einzelfall
Brandschaden-sanierung	Soweit nicht Versicherungs-leistung	Soweit Versiche-rungsleistung		x
Breitbandkabelnetz	Installation, Wartung und Reparatur innerhalb des Grundstücks	Alle Maßnahmen außerhalb des Grundstücks		x
Carport, Terrassen-überdachung	Arbeitskosten	– Materialkos-ten sowie – Errichtung im Rahmen einer Neubaumaß-nahme (Rn. 21)		x
Chauffeur		x		

Maßnahme	Begünstigt	Nicht begünstigt	Haushalts-nahe Dienst-leistung	Hand-werker-leistung
Dachgeschoss-ausbau	Arbeitskosten	– Materialkos-ten sowie – Errichtung im Rahmen einer Neubaumaß-nahme (Rn. 21)		x
Dachrinnenreinigung	x			x
Datenverbindungen	s. Hausan-schlüsse	s. Hausanschlüsse		x
Deichabgaben		x		
Dichtheitsprüfung von Abwasseran-lagen		x		
Elektroanlagen	Wartung und Reparatur			x
Energiepass		x		
Entsorgungsleistung	Als Nebenleis-tung (zum Bei-spiel Bauschutt, Fliesenabfuhr bei Neuverfliesung eines Bades, Grünschnittab-fuhr bei Garten-pflege)	Als Hauptleistung	Abgrenzung im Einzelfall	Abgrenzung im Einzelfall
Erhaltungsmaß-nahmen	Arbeitskosten für Maßnahmen auf privatem Grundstück	– Materialkos-ten sowie – alle Maß-nahmen außerhalb des Grundstücks	Abgrenzung im Einzelfall	Abgrenzung im Einzelfall
Erstellung oder Hilfe bei der Erstellung der Steuererklärung		x		
Fäkalienabfuhr		x		
Fahrstuhlkosten	Wartung und Reparatur	Betriebskosten		x

Maßnahme	Begünstigt	Nicht begünstigt	Haushalts-nahe Dienst-leistung	Hand-werker-leistung
Fertiggaragen		– Materialkosten sowie – Errichtung im Rahmen einer Neubaumaß-nahme (Rn. 21)		x
Feuerlöscher	Wartung			x
Feuerstättenschau, s. auch Schornstein-feger		x		
Fitnesstrainer		x		
Friseurleistungen	Nur soweit sie zu den Pflege- und Betreuungsleis-tungen gehören, wenn sie im Leis-tungskatalog der Pflegeversiche-rung aufgeführt sind (und der Behinderten-pauschbetrag nicht geltend gemacht wird; s. Rn. 8, 10, 32, 33)	Alle anderen Friseurleistungen	x	
Fußbodenheizung	Wartung, Spü-lung, Reparatur, nachträglicher Einbau	Materialkosten		x
Gärtner	Innerhalb des Grundstücks	Alle Maßnahmen außerhalb des Grundstücks	Abgrenzung im Einzelfall	Abgrenzung im Einzelfall
Gartengestaltung	Arbeitskosten	– Materialkos-ten sowie – erstmalige Anlage im Rahmen einer Neubaumaß-nahme (Rn. 21)		x

Maßnahme	Begünstigt	Nicht begünstigt	Haushalts-nahe Dienst-leistung	Hand-werker-leistung
Gartenpflegearbeiten (zum Beispiel Rasenmähen, Heckenschneiden)	Innerhalb des Grundstücks einschließlich Grünschnittentsorgung als Nebenleistung	Alle Maßnahmen außerhalb des Grundstücks	x	
Gemeinschaftsmaschinen bei Mietern (zum Beispiel Waschmaschine, Trockner)	Reparatur und Wartung	Miete		x
Gewerbeabfallentsorgung		x		
Graffitibeseitigung	x			x
Gutachtertätigkeiten		x		
Hand- und Fußpflege	Nur soweit sie zu den Pflege- und Betreuungsleistungen gehören, wenn sie im Leistungskatalog der Pflegeversicherung aufgeführt sind (und der Behindertenpauschbetrag nicht geltend gemacht wird; s. Rn. 8, 10, 32, 33)	Alle anderen	x	
Hausanschlüsse	Zum Beispiel für den Anschluss von Stromkabeln, für Fernsehen, für Internet über Kabelfernsehen, Glasfaser oder per Satellitenempfangsanlage sowie Weiterführung der Anschlüsse, jeweils innerhalb des Grundstücks	– Materialkosten sowie – erstmalige Anschlüsse im Rahmen einer Neubaumaßnahme (Rn. 21) und – alle Maßnahmen außerhalb des Grundstücks		x

Maßnahme	Begünstigt	Nicht begünstigt	Haushalts-nahe Dienst-leistung	Hand-werker-leistung
Hausarbeiten wie Reinigen, Fenster-putzen, Bügeln usw. (Rn. 1)	x		x	
Haushaltsauflösung		x		
Hauslehrer		x		
Hausmeister, Hauswart	x		x	
Hausreinigung	x		x	
Hausschwamm-beseitigung	x			x
Hausverwalterkos-ten oder -gebühren		x		
Heizkosten				
1. Verbrauch		x		
2. Gerätemiete für Zähler		x		
3. Garantiewar-tungsgebühren	x			x
4. Heizungswartung und Reparatur	x			x
5. Austausch der Zähler nach dem Eichgesetz	x			x
6. Schornsteinfeger	s. Schornstein-feger	s. Schornstein-feger		
7. Kosten des Ablesedienstes		x		
8. Kosten der Ab-rechnung an sich		x		
Hilfe im Haushalt (Rn. 11, 12, 14) – s. Hausarbeiten				
Insektenschutzgitter	Montage und Reparatur	Material		x

Maßnahme	Begünstigt	Nicht begünstigt	Haushalts-nahe Dienst-leistung	Hand-werker-leistung
Kamineinbau	Arbeitskosten	– Materialkos-ten sowie – Errichtung im Rahmen einer Neubaumaß-nahme (Rn. 21)		x
Kaminkehrer – s. Schornsteinfeger				
Kellerausbau	Arbeitskosten	– Materialkos-ten sowie – Errichtung im Rahmen einer Neubaumaß-nahme (Rn. 21)		x
Kellerschacht-abdeckung	Montage und Reparatur	Material		x
Kfz – siehe Reparatur		x		
Kinderbetreuungs-kosten	Soweit sie nicht unter § 10 Abs. 1 Nr. 5 EStG (§ 9c EStG a. F.) fallen und für eine Leistung im Haushalt des Steuerpflichti-gen anfallen	Im Sinne von § 10 Abs. 1 Nr. 5 EStG (§ 9c EStG a. F.); s. Rn. 34	x	
Klavierstimmer	x			x
Kleidungs- und Wäschepflege und -reinigung	Im Haushalt des Steuerpflich-tigen		x	
Kontrollaufwen-dungen des TÜV, zum Beispiel für den Fahrstuhl oder den Treppenlift		x		

Maßnahme	Begünstigt	Nicht begünstigt	Haushalts-nahe Dienst-leistung	Hand-werker-leistung
Kosmetikleistungen	Nur soweit sie zu den Pflege- und Betreu-ungsleistungen gehören, wenn sie im Leistungs-katalog der Pflegeversiche-rung aufgeführt sind (und der Behinderten-pauschbetrag nicht geltend gemacht wird; s. Rn. 8, 10, 32, 33)	Alle anderen	x	
Laubentfernung	Auf privatem Grundstück	Auf öffentlichem Grundstück	Abgrenzung im Einzelfall	Abgrenzung im Einzelfall
Legionellenprüfung		x		
Leibwächter		x		
Material und sons-tige im Zusam-menhang mit der Leistung gelieferte Waren einschließlich darauf entfallende Umsatzsteuer		Rn. 39 Beispiele: Farbe, Fliesen, Pflaster-steine, Mörtel, Sand, Tapeten, Teppichboden und andere Fußbodenbeläge, Waren, Stütz-strümpfe usw.		
Mauerwerksanierung	x			x
Miete von Ver-brauchszählern (Strom, Gas, Wasser, Heizung usw.)		x		
Modernisierungs-maßnahmen (zum Beispiel Badezimmer, Küche)	Innerhalb des Grundstücks	Alle Maßnahmen außerhalb des Grundstücks		x

Maßnahme	Begünstigt	Nicht begünstigt	Haushalts-nahe Dienst-leistung	Hand-werker-leistung
Montageleistung, zum Beispiel beim Erwerb neuer Möbel	x			x
Müllabfuhr		x		
Müllentsorgungsan-lage (Müllschlucker)	Wartung und Reparatur			x
Müllschränke	Anlieferung und Aufstellen	Material		x
Nebenpflichten der Haushaltshilfe wie kleine Botengänge oder Begleitung von Kindern, kranken, alten oder pflegebe-dürftigen Personen bei Einkäufen oder beim Arztbesuch	x		x	
Neubaumaßnahmen		Rn. 21		
Notbereitschaft/ Notfalldienste	Soweit es sich um eine nicht gesondert berechnete Nebenleistung handelt, zum Beispiel im Rahmen eines Wartungsver-trags	Alle anderen reinen Bereit-schaftsdienste	x	
Pflasterarbeiten	Innerhalb des Grundstücks	Materialkosten sowie alle Maßnahmen außerhalb des Grundstücks		x
Pflegebett		x		
Pflege der Außenanlagen	Innerhalb des Grundstücks	Alle Maßnahmen außerhalb des Grundstücks	x	
Pilzbekämpfung	x			x

371

Maßnahme	Begünstigt	Nicht begünstigt	Haushalts-nahe Dienst-leistung	Hand-werker-leistung
Prüfdienste/Prüfleis-tung (zum Beispiel bei Aufzügen)		x		
Rechtsberatung		x		
Reinigung	Der Wohnung, des Treppen-hauses und der Zubehörräume		x	
Reparatur, Wartung und Pflege				
1. von Bodenbelä-gen (zum Beispiel Teppichboden, Parkett, Fliesen)	x		Pflege	Reparatur und War-tung
2. von Fenstern und Türen (innen und außen)	x		Pflege	Reparatur und War-tung
3. von Gegen-ständen im Haushalt des Steuerpflichtigen (zum Beispiel Waschmaschine, Geschirrspüler, Herd, Fernseher, Personalcompu-ter und andere)	Soweit es sich um Gegen-stände handelt, die in der Haus-ratversicherung mitversichert werden können	Arbeiten außerhalb des Grundstücks des Steuerpflichtigen	Pflege im Haushalt bzw. auf dem Grundstück des Steuer-pflichtigen	Reparatur und Wartung im Haus-halt bzw. auf dem Grundstück des Steuer-pflichtigen
4. von Heizungsan-lagen, Elektro-, Gas- und Wasser-installationen	Auf dem Grund-stück des Steu-erpflichtigen	Außerhalb des Grundstücks des Steuerpflichtigen		x
5. von Kraftfahrzeu-gen (einschließlich TÜV-Gebühren)		x		
6. von Wand-schränken				x

Maßnahme	Begünstigt	Nicht begünstigt	Haushalts-nahe Dienst-leistung	Hand-werker-leistung
Schadensfeststel-lung, Ursachen-feststellung (zum Beispiel bei Wasser-schaden, Rohrbruch usw.)		x		
Schadstoffsanierung	x			x
Schädlings- und Ungezieferbekämp-fung	x		Abgrenzung im Einzelfall	Abgrenzung im Einzelfall
Schornsteinfeger	− Schornstein-kehrarbeiten − Reparaturund Wartungs-arbeiten (Rn. 58)	− Mess- oder Überprü-fungsarbeiten − Feuerstätten-schau (Rn. 22, 58)		x x
Sekretär, hierun-ter fallen auch Dienstleistungen in Form von Büroar-beiten (zum Beispiel Ablageorganisation, Erledigung von Behördengängen, Stellen von Anträgen bei Versicherungen, Banken usw.)		x		
Sperrmüllabfuhr		x		
Statikerleistung		x		
Straßenreinigung	Auf privatem Grundstück	Auf öffentlichem Grundstück	x	
Tagesmutter bei Be-treuung im Haushalt des Steuerpflich-tigen	Soweit es sich bei den Aufwendungen nicht um Kin-derbetreuungs-kosten (Rn. 34) handelt	Kinderbetreu-ungskosten (Rn. 34)	x	
Taubenabwehr	x		Abgrenzung im Einzelfall	Abgrenzung im Einzelfall

Maßnahme	Begünstigt	Nicht begünstigt	Haushalts-nahe Dienst-leistung	Hand-werker-leistung
Technische Prüf-dienste (zum Beispiel bei Aufzügen)		x		
Terrassenüber-dachung	Arbeitskosten	– Materialkos-ten sowie – Errichtung im Rahmen einer Neubaumaß-nahme (Rn. 21)		x
Tierbetreuungs-, -pflege- oder -arzt-kosten		x		
Trockeneisreinigung	x			x
Trockenlegung von Mauerwerk	Arbeiten mit Maschinen vor Ort	Ausschließliche Maschinen-an-mietung		x
TÜV-Gebühren		x		
Überprüfung von Anlagen (zum Bei-spiel Gebühr für den Schornsteinfeger oder für die Kont-rolle von Blitzschutz-anlagen)	s. Schornstein-feger	TÜV-Gebühren; s. auch Schorn-steinfeger		x
Umzäunung, Stützmauer oder Ähnliches	Arbeitskosten für Maßnahmen auf privatem Grundstück	Materialkosten sowie Maßnahmen auf öffentlichem Grundstück oder im Rahmen einer Neubaumaß-nahme (Rn. 21)		x
Umzugsdienst-leistungen	Für Privatperso-nen (Rn. 19, 31)		Abgrenzung im Einzelfall	Abgrenzung im Einzelfall
Verarbeitung von Gebrauchsgütern im Haushalt des Steuer-pflichtigen	x		x	

Maßnahme	Begünstigt	Nicht begünstigt	Haushaltsnahe Dienstleistung	Handwerkerleistung
Verbrauchsmittel wie Schmier-, Reinigungs- oder Spülmittel sowie Streugut	x		Als Nebenleistung (Rn. 39), Abgrenzung im Einzelfall	Als Nebenleistung (Rn. 39), Abgrenzung im Einzelfall
Verwaltergebühr		x		
Wachdienst	Innerhalb des Grundstücks	Außerhalb des Grundstücks	x	
Wärmedämmmaßnahmen	x			x
Wartung				
1. Aufzug	x			x
2. Heizung und Öltankanlagen (einschließlich Tankreinigung)	x			x
3. Feuerlöscher	x			x
4. CO_2-Warngeräte	x			x
5. Pumpen	x			x
6. Abwasser-Rückstau-Sicherungen	x			x
Wasserschadensanierung	x	Soweit Versicherungsleistung		x
Wasserversorgung	Wartung und Reparatur			x
Winterdienst	Innerhalb des Grundstücks	Alle Maßnahmen außerhalb des Grundstücks	x	
Zubereitung von Mahlzeiten im Haushalt des Steuerpflichtigen	x		x	

MUSTER: Verwalterbescheinigung nach § 35a EStG

[Name und Anschrift des Verwalters/Ver-   [Name und Anschrift des Eigentümers/
mieters]   Mieters]

Anlage zur Jahresabrechnung für das Jahr/Wirtschaftsjahr ....
[Ggf. Datum der Beschlussfassung der Jahresabrechnung: ....]

In der Jahresabrechnung für das folgende Objekt:
....
[Ort, Straße, Hausnummer, ggf. genaue Lagebezeichnung der Wohnung]
sind Ausgaben im Sinne des des § 35a Einkommensteuergesetz (EStG) enthalten, die wie
folgt zu verteilen sind:

A) Aufwendungen für sozialversicherungspflichtige Beschäftigungen
(§ 35a Abs. 2 Satz 1 Alternative 1 EStG)

Bezeichnung	Gesamtbetrag (in EUR)	Anteil des Eigentümers/ Mieters

B) Aufwendungen für die Inanspruchnahme von haushaltsnahen Dienstleistungen (§ 35a
Abs. 2 Satz 1 Alternative 2 EStG)

Bezeichnung	Gesamtbetrag (in EUR)	Nicht zu berücksichtigende Materialkosten (in EUR)	Aufwendungen bzw. Arbeitskosten (in EUR)	Anteil des Eigentümers/ Mieters

C) Aufwendungen für die Inanspruchnahme von Handwerkerleistungen für Renovie-
rungs-, Erhaltungs- und Modernisierungsmaßnahmen (§ 35a Abs. 3 EStG)

Bezeichnung	Gesamtbetrag (in EUR)	Nicht zu berücksichtigende Materialkosten (in EUR)	Aufwendungen bzw. Arbeitskosten (in EUR)	Anteil des Eigentümers/ Mieters

....
Ort, Datum

....
Unterschrift des Verwalters/Vermieters

11.3   Die vermietete Eigentumswohnung/ Teileigentumseinheit

11.3.1   Überschuss Einkünfte/Zufluss-Abfluss-Prinzip

Vermietet ein Wohnungseigentümer/Teileigentümer seine Wohnung bzw. gewerbliche Einheit an Dritte, so erzielt er Einnahmen aus Vermietung und Verpachtung (§ 21 EStG). Die mit der Vermietung ursächlich zusammenhängenden Aufwendungen werden als Werbungskosten steuermindernd bei der Einkunftsermittlung berücksichtigt. Bei den Einkünften aus Vermietung und Verpachtung handelt es sich um »Überschusseinkünfte«, bei denen der zu versteuernde Gewinn oder zu berücksichtigende Verlust durch eine Gegenüberstellung der Einnahmen und Ausgaben ermittelt wird.

Einnahmen – Ausgaben = Gewinn/Verlust

Bei den Einkünften aus Vermietung und Verpachtung werden sowohl die Einnahmen als auch die Ausgaben nach dem Zufluss-Abfluss-Prinzip des § 11 EStG erfasst. Einnahmen, zum Beispiel Miete, Betriebskostenvorauszahlung sowie Betriebskostennachzahlung sind zum Zeitpunkt des »Zuflusses« beim steuerpflichtigen Wohnungseigentümer zu erfassen. Aufwendungen für die vermietete Eigentumswohnung werden beim Steuerpflichtigen gewinnmindernd in Ansatz gebracht, sobald der »Abfluss« stattgefunden hat. Aufgrund des Zufluss-Abfluss-Prinzips kann der Wohnungseigentümer/Teileigentümer Einkünfte auf die Jahreswende verlagern, wenn dies steuerlich für ihn vorteilhaft ist.

11.3.2   Einnahmen verschieben

Es bringt keinen Vorteil, wenn die Miete für den Monat Januar bereits Ende Dezember des Vorjahres zufließt oder, umgekehrt, die Dezembermiete erst im Januar des Folgejahres. Bei Mieteinnahmen handelt es sich um regelmäßig wiederkehrende Einnahmen. Sie sind dem Jahr zuzurechnen, zu dem sie wirtschaftlich gehören, wenn sie innerhalb von zehn Tagen vor oder nach dem Ende des jeweiligen Jahres zufließen.

11.3.3   Ausgaben verschieben

Rechnungen von Handwerkern etc. können entweder bis Jahresende oder erst im neuen Jahr bezahlt und damit steuerwirksam werden. Hier kann eine Verschiebung in das nächste Jahr sinnvoll sein, da es aufgrund des strengen

Zufluss-Abfluss-Prinzips grundsätzlich nicht auf das Leistungsdatum oder das Rechnungsdatum ankommt.

> **! Achtung**
>
> Vorauszahlungen an einen Handwerker ohne wirtschaftlichen Hintergrund werden von der Finanzverwaltung nicht anerkannt, da es sich um einen Gestaltungsmissbrauch handelt.

Seit dem Jahr 2004 sind folgende Ausnahmen vom Zufluss-Abfluss-Prinzip zu beachten:

- Einnahmen, die auf einer Nutzungsüberlassung von mehr als fünf Jahren beruhen und in einem Betrag bezahlt werden, können auf die Jahre gleichmäßig verteilt werden. Der Steuerpflichtige hat hier ein Wahlrecht.
- Ausgaben, die auf einer Nutzungsüberlassung von mehr als fünf Jahren beruhen, zum Beispiel Erbbauzinsen, sind zwingend gleichmäßig auf den betreffenden Zeitraum zu verteilen, auch wenn sie in einem Einmalbetrag abfließen.

Nach wie vor kann ein Damnum/Disagio im Jahr des Abflusses in voller Höhe als Werbungskosten abgesetzt werden, wenn es bei einer Zinsfestschreibung von fünf Jahren nicht mehr als 5 % der Darlehenssumme beträgt. Aus dem Vorziehen der Steuerersparnis ergibt sich ein Liquiditäts- und Zinsvorteil. Ein über 5 % hinausgehendes Damnum/Disagio ist auf den Zinsfestschreibungszeitraum bzw. auf die Darlehenslaufzeit zu verteilen.

11.3.4 Einnahmen aus Vermietung und Verpachtung

Der Wohnungseigentümer/Teileigentümer muss sämtliche Einnahmen und Nutzungsvorteile aus der Überlassung von Wohnraum oder gewerblichen Teileigentumseinheiten versteuern. Die wesentlichen steuerpflichtigen Einnahmen bestehen in den monatlich zufließenden Mieten, Betriebskostenvorauszahlungen des Mieters und vom Mieter jährlich auszugleichenden Betriebskostenabrechnungen. Ob Zuflüsse zu den Einnahmen aus Vermietung und Verpachtung gehören, entnehmen Sie bitte den folgenden Ausführungen.

Abstandszahlungen des Mieters für eine vorzeitige Entlassung aus dem Mietverhältnis:
Sie gehören beim Vermieter zu den Einnahmen aus Vermietung und Verpachtung, wenn und soweit nicht ein zusätzlicher Schaden dadurch ausgeglichen werden soll. Der entgeltliche Verzicht auf ein Wohnrecht führt aber nicht zu Einnahmen aus Vermietung und Verpachtung.

Anbaurecht

Eine Entschädigung für die Erlaubnis der Mitbenutzung einer Giebelmauer soll keine Einnahme aus Vermietung und Verpachtung sein.

Abtretung einer Mietforderung

Sie führt noch nicht zum Zufluss der Miete.

Aufwendungsbeihilfen

Aufwendungsbeihilfen nach § 42 Abs. 6 Zweites Wohnungsbaugesetz (II. WoBauG) sind Einnahmen aus Vermietung und Verpachtung.

Baukostenzuschüsse

- Öffentliche Zuschüsse
  - zur Erhaltung, Erneuerung oder funktionsgerechten Verwendung des Wirtschaftsguts sind keine Einnahmen aus Vermietung und Verpachtung, sondern mindern die Herstellungs- bzw. Erhaltungsaufwendungen.
  - für Gebrauchsüberlassung, zum Beispiel Belegungsrecht oder Mietpreisbindung, sind Einnahmen aus Vermietung und Verpachtung.
  - aus Mitteln des »dritten Förderwegs« sind Einnahmen aus Vermietung und Verpachtung. Eine Verteilung auf zehn Jahre ist möglich (R 163 Abs. 2 Einkommensteuer-Richtlinien (EStR)).
- Private Zuschüsse: Zuschüsse des Mieters als Mietvorauszahlung oder ein verlorener Zuschuss, der ohne Gegenleistung entrichtet wird, stellen stets Einnahmen aus Vermietung und Verpachtung dar.

Bausparguthabenzinsen

Sie sind Einnahmen aus Vermietung und Verpachtung, wenn sie in engem zeitlichen Zusammenhang mit dem Erwerb eines Hauses stehen.

Bausperre

Eine Entschädigung für eine faktische Bausperre stellt keine Einnahme aus Vermietung und Verpachtung dar.

Beschlagnahme

Nutzungsentschädigungen für die Inanspruchnahme eines Grundstücks, zum Beispiel für die Wohnungseinweisung von Obdachlosen, sind Einnahmen aus Vermietung und Verpachtung.

Betriebskostenvorauszahlungen/Nachzahlungen aus der Betriebskostenabrechnung

Sie zählen zu den Einnahmen aus Vermietung und Verpachtung. Betriebskostenerstattungen an den Mieter kürzen die zu versteuernden Einnahmen.

Darlehen

Ein Darlehen, das dem Eigentümer vom Wohnungsnutzenden zinslos gewährt wird, kann in Höhe der üblichen Zinsen eine Einnahme aus Vermietung und Verpachtung sein. Sowohl die Ausreichung als auch die Tilgung des Darlehens sind steuerneutral und somit weder als Einnahmen noch als Ausgaben zu erfassen.

Dienstbarkeit

Das Entgelt für die Bestellung einer beschränkt persönlichen Dienstbarkeit oder Grunddienstbarkeit, die der Nutzungsmöglichkeit eines fremden Grundstücks dient, stellt – je nach wirtschaftlichem Gehalt der getroffenen Vereinbarung, zum Beispiel Baulast zur Nutzung eines Grundstücks als Kfz-Stellplatz – eine Einnahme aus Vermietung und Verpachtung dar.

Enteignung

Das Entgelt für den Ausgleich eines Vermögensverlustes ist keine Einnahme aus Vermietung und Verpachtung.

Entschädigungen

- Nicht steuerbare Vermögenszuflüsse sind Entschädigungen, wenn sie als Vermögensentschädigung gezahlt werden.
- Nutzungsentschädigungen sind Einkünfte aus Vermietung und Verpachtung.
- Entschädigungen für die Duldung eines Bauvorhabens auf dem Nachbargrundstück sind steuerpflichtige Einnahmen aus § 22 Nr. 3 EStG.

Erbbaurecht

Der laufende Erbbauzins als Entgelt für die Duldung der Nutzung eines Grundstücks ist eine Einnahme aus Vermietung und Verpachtung. Wenn der Erbbauzins als Einmalzahlung erfolgt: Die Verteilung auf die Laufzeit des Erbbaurechts ist strittig.

Erschließungskosten im Erbbaurecht

Die Übernahme der Erschließungskosten und Straßenanliegerbeiträge durch den Erbbauberechtigten führen beim Erbbaurechtsbesteller zu Einnahmen aus Vermietung und Verpachtung (strittig).

Feuerversicherung

Entschädigungen aus der Feuerversicherung zählen nicht zu den Einnahmen aus Vermietung und Verpachtung, es sei denn, es werden Aufwendungen für Werbungskosten wie Absetzung für Abnutzung (AfA) oder Aufräumkosten ersetzt.

Kaufpreisraten

Die langfristige zinslose Stundung eines Kaufpreises führt beim Erwerber zur Abzinsung des Kaufpreises und damit zu geringeren Anschaffungskosten, die mit der Abschreibung steuermindernd in Ansatz gebracht werden.

Kautionen

Sie fallen nicht unter die Einnahmen aus Vermietung und Verpachtung, da sie dem Mieter zuzurechnen sind. Wird die Kaution bei Beendigung des Mietverhältnisses für Reparaturen und Schadensbeseitigung einbehalten, führt dies zu Einnahmen aus Vermietung und Verpachtung.

Mietausfallversicherung

Einnahmen hieraus sind Einnahmen aus Vermietung und Verpachtung und Ersatz für entgangene Mieteinnahmen.

Mietaufwendungen

Instandhaltungsaufwendungen des Mieters, zu denen er verpflichtet ist, sind keine Einnahmen aus Vermietung und Verpachtung. Ist der Mieter verpflichtet, von ihm vorgenommene Verbesserungen des Mietgegenstands bei Beendigung des Mietverhältnisses dem Vermieter unentgeltlich zu überlassen, stellt der Wert der Verbesserung nach § 8 Abs. 2 EStG für den Vermieter eine Einnahme aus Vermietung und Verpachtung dar.

Mietzahlungen

Sie gehören, gleich welcher Art und Höhe, zu den Einnahmen aus Vermietung/Verpachtung.

Nebenkosten

Das Entgelt für Nebenleistungen des Vermieters, zum Beispiel für die Überlassung eines Gartenanteils oder eines Schwimmbades, sind Einnahmen aus Vermietung und Verpachtung.

Nießbrauch

Die entgeltliche Einräumung eines Nießbrauchsrechts gilt als Einnahme aus Vermietung und Verpachtung.

Prozesszinsen

Prozesszinsen, die dem Wohnungseigentümer auf die erstatteten Rechtsanwalts- und Gerichtskosten bei einem obsiegenden Urteil bezahlt werden, sind Einnahmen aus Kapitalvermögen.

Sachleistungen

Erhält der Vermieter anstelle der vereinbarten Miete Sachleistungen, zum Beispiel Hausmeistertätigkeiten, so sind die Sachleistungen als Einnahmen aus Vermietung und Verpachtung zu behandeln (§ 8 Abs. 2 EStG), sofern sie ihre Grundlage im Nutzungsverhältnis haben.

Schadenersatz

- Für Beschädigung oder Zerstörung der Mietsache: keine Einnahme aus Vermietung und Verpachtung.
- Wegen Vorenthaltung der Mietsache durch den Mieter nach Vertragsablauf: Einnahme aus Vermietung und Verpachtung, da hier die Gebrauchsüberlassung im Vordergrund steht.

Umsatzsteuer

Mehrwertsteuererstattungen bei Option zur Mehrwertsteuer nach § 4 Nr. 12 und 9 i.V.m. § 9 UStG sind Einnahmen aus Vermietung und Verpachtung.

Vertragsstrafe

Die Zahlung einer Vertragsstrafe wegen verspäteter Fertigstellung eines Mietwohngebäudes ist eine Einnahme aus Vermietung und Verpachtung, wenn dadurch entgangene Mieteinnahmen ausgeglichen werden.

Verzicht auf Mieteinnahmen oder Mieterhöhungen

Hier entstehen keine (fiktiven) Einnahmen aus Vermietung und Verpachtung.

Verzugszinsen

Leistet der Mieter Verzugszinsen wegen verspäteter Zahlung der Miete, stellen diese Einnahmen aus Vermietung und Verpachtung dar.

Vormietrecht

Das Entgelt für die Einräumung eines Vormietrechts ist eine Einnahme aus Vermietung und Verpachtung.

Wohnrecht

Das Entgelt für die Einräumung eines Wohnrechts ist eine Einnahme aus Vermietung und Verpachtung.

Zinsen

Zinsen aus der Bildung von Instandhaltungsrücklagen einer Wohnungseigentümergemeinschaft führen zu Einnahmen aus Kapitalvermögen.

11.3.5 Werbungskosten

Werbungskosten sind Aufwendungen zur Erwerbung, Sicherung und Erhaltung der Einnahmen. Sie sind bei der jeweiligen Einkunftsart abzuziehen, soweit sie mit dieser in engem Zusammenhang stehen (§ 9 EStG). Bei den Einkünften aus Vermietung und Verpachtung sind Werbungskosten alle Aufwendungen, bei denen objektiv ein wirtschaftlicher Zusammenhang mit der Vermietung besteht und die subjektiv zur Förderung der Nutzungsüberlassung getätigt werden.

> **Achtung** !
>
> Werbungskosten können nicht vorliegen, wenn keine Einnahmen erzielt werden – so bei der selbstgenutzten Wohnung.

Der Wohnungseigentümer/Teileigentümer kann folgende Aufwendungen steuermindernd als Werbungskosten in Ansatz bringen.

Abfindungen, Abstandszahlungen

Eine an den Mieter gezahlte Abfindung für die vorzeitige Räumung des Mietgegenstands kann als Werbungskosten abgezogen werden, wenn die frei gemachte Wohnung anschließend wieder vermietet oder die Abfindung für Erhaltungsmaßnahmen des Mieters, zu denen er nicht verpflichtet war, bezahlt wird. Werbungskosten liegen nicht vor, wenn der Mietgegenstand veräußert oder vom Eigentümer selbst benutzt wird.

Abschlussgebühr für Bausparvertrag

Der Werbungskostenabzug ist möglich, wenn der Abschluss in engem Zusammenhang mit dem Erwerb des Grundstücks oder dessen Einrichtung stand.

> **Achtung** !
>
> Die Guthabenzinsen aus dem Bausparvertrag sind als Einnahmen aus Vermietung und Verpachtung zu versteuern.

Anzeigen

Durch Anzeigen in Tageszeitungen etc. wegen Mietersuche entstehen Werbungskosten.

Arbeitszimmer

Aufwendungen für ein Arbeitszimmer können Werbungskosten bei Vermietung und Verpachtung sein, wenn das Arbeitszimmer den Mittelpunkt der gesamten beruflichen oder betrieblichen Betätigung bildet. Mögliche abzugsfähige Aufwendungen sind dann:

- Miete
- Gebäude-AfA, Sonder-AfA
- Schuldzinsen für Kredite, die zur Anschaffung, Herstellung oder Reparatur des Gebäudes verwendet wurden
- Wasser- und Energiekosten
- Reinigungskosten
- Grundsteuer, Müllabfuhr, Kaminkehrer, Gebäudeversicherungen etc.
- Renovierungskosten

Außerdem fallen darunter die Aufwendungen für die Ausstattung des Zimmers, hierzu zählen insbesondere:

- Tapeten
- Teppiche
- Vorhänge und Gardinen
- Lampen

Die Aufwendungen für Arbeitsmittel, zum Beispiel Schreibtisch, Regal oder PC, sind voll abzugsfähig.

Der Vollabzug der Kosten für das Arbeitszimmer wird nur dann gewährt, wenn der Mittelpunkt der gesamten beruflichen und betrieblichen Betätigung in diesem Arbeitszimmer ausgeübt wird. Der Begriff des häuslichen Arbeitszimmers setzt nach Auffassung des großen Senats voraus, dass der jeweilige Raum ausschließlich oder nahezu ausschließlich für betriebliche bzw. berufliche Zwecke genutzt wird (BFH, 27.7.2015, GrS 1-14, veröffentlicht am 28.1.2016). Damit sind Aufwendungen für eine sogenannte Arbeitsecke nicht mehr abzugsfähig.

! **Achtung**

Nach der Änderung des § 4 Abs. 6 Nr. 6b Satz 2 EStG durch das Jahressteuergesetz 2010 können rückwirkend ab 2007 die Aufwendungen für ein häusliches Arbeitszimmer, das nicht den Mittelpunkt der gesamten beruflichen und betrieblichen Tätigkeit bildet, bis maximal 1.250 EUR jährlich abgezogen werden, wenn für die berufliche bzw. die betriebliche Tätigkeit kein anderer Arbeitsplatz zur Verfügung steht.

Praxis-Tipp !

Liegt das Arbeitszimmer außerhäuslich, so gelten die hier dargelegten Grundsätze nicht und das Arbeitszimmer kann in voller Höhe mit den anfallenden Aufwendungen als Werbungskostenabzug geltend gemacht werden.

Asbestsanierung

Aufwendungen hierfür sind Werbungskosten. Bei selbstgenutztem Wohnraum stellen die Aufwendungen außergewöhnliche Belastungen nach § 33 EStG dar.

Außenanlagen

Laufende Unterhaltsleistungen für die Außenanlagen, zum Beispiel für Zäune oder Grünflächenwege, sind Werbungskosten.

Außenputz

Die Erneuerung des Außenputzes führt zu Erhaltungsaufwand, damit entstehen sofort abzugsfähige Werbungskosten.

Baubetreuungskosten

Von den Baubetreuungskosten können ein Achtel, jedoch nicht mehr als 0,5 % des Gesamtaufwands als sofort abzugsfähige Werbungskosten geltend gemacht werden. Der Restbetrag fällt unter die Herstellungskosten.

Baumängelbeseitigung

Werden Baumängel während der Bauzeit beseitigt, führt dies nicht zu Werbungskosten, sondern zu Anschaffungs- bzw. Herstellungskosten. Treten Baumängel nach der Fertigstellung des Gebäudes auf, sind die Kosten der Beseitigung Erhaltungsaufwand.

Bewirtschaftungskosten

Zum Beispiel sind die umlagefähigen Betriebskosten gemäß § 2 BetrKV und die Verwalterhonorare sofort abzugsfähige Werbungskosten. Die vom Mieter über die Abrechnung der umlagefähigen Betriebskosten bezahlten Aufwendungen sind wiederum als Einnahmen aus Vermietung und Verpachtung zu versteuern. Das gilt zum Beispiel für Vorauszahlungen auf die umlagefähigen Betriebskosten sowie den Ausgleich der Jahresabrechnung.

Computer

Die Kosten für die Anschaffung eines PCs sind entsprechend der Nutzung für Zwecke der Einkunftserzielung anteilig als Werbungskosten abziehbar.

Dacherneuerung

Die Erneuerung der Dachdeckung fällt unter den sofort abzugsfähigen Erhaltungsaufwand, es entstehen Werbungskosten.

Damnum/Disagio

Ein Damnum/Disagio ist grundsätzlich als Werbungskosten abzugsfähig. Bei Leistung des Damnums vor Auszahlung des Darlehens wird dies aber nur anerkannt, wenn die Darlehensauszahlung innerhalb von drei Monaten nach Zahlung des Damnums erfolgt. Bei einer Zinsbindung für fünf Jahre wird bei nach dem 31.12.2003 abgeschlossenen Darlehensverträgen ein Damnum von maximal 5 % der Darlehenssumme als Werbungskosten anerkannt.

Eigenleistung

Eigenleistungen des Vermieters verursachen keine Werbungskosten, da keine Aufwendungen vorliegen. Die eingesetzten Material- oder Fahrtkosten sind jedoch abzugsfähig (siehe unten unter »Fahrtkosten«).

Erhaltungsaufwand

Aufwendungen für die Erneuerung bereits vorhandener Teile oder Anlagen sind Erhaltungsaufwand und grundsätzlich sofort abzugsfähige Werbungskosten, zum Beispiel für diese Maßnahmen:
- Erneuerung der Bodenbeläge
- Erneuerung des Anstrichs der Decken und Wände
- Erneuerung der Sanitäreinrichtungen
- Ausbessern des vorhandenen Verputzes
- Dacherneuerung

Erschließungskosten

Die Instandhaltung bereits vorhandener Erschließungseinrichtungen, zum Beispiel der Anschluss eines mit Wasser versorgten Grundstücks an die öffentliche Wasserversorgung, ist Erhaltungsaufwand und führt zu sofort abzugsfähigen Werbungskosten. Entscheidend kommt es hierbei darauf an, dass bereits eine Wasserversorgung vorhanden war.

Fahrtkosten

Fahrtkosten im Zusammenhang mit Erhaltungsaufwendungen, der Kreditbeschaffung, der Verwaltung und Betreuung des Mietobjekts, zum Beispiel bei Neuvermietung, steuerlicher Beratung, Besuch der Wohnungseigentümerversammlung, können als Werbungskosten nach folgenden Regeln geltend gemacht werden. Anzusetzen sind
- die tatsächlichen Aufwendungen für die persönliche Benutzung eines Beförderungsmittels,

- bei öffentlichen Verkehrsmitteln: der Fahrpreis einschließlich Zuschläge,
- für die Benutzung eines eigenen Fahrzeugs bei Einzelnachweis: der Kilometersatz auf die jährlichen Gesamtkosten.
- Berechnung: jährliche Gesamtkosten = Betriebsstoffkosten, Wartungs- und Reparaturkosten, Garage, Kfz-Steuer, Haftpflicht- und Fahrzeugversicherung, Zinsen für Anschaffungsdarlehen und Abschreibung.
- Die betriebsgewöhnliche Nutzungsdauer für Pkws beträgt bis Veranlagungszeitraum 2000 fünf Jahre, ab 2001 sechs Jahre, bei hohen Fahrleistungen ggf. bis zu drei Jahren.
- Ohne Einzelnachweis gelten folgende Pauschalbeträge:

Fahrzeug	Kilometersatz (EUR pro km) ab Veranlagungszeitraum 2002
Kraftwagen	0,30
Motorrad oder Motorroller	0,13
Moped/Mofa	0,08
Fahrrad	0,05

Finanzierungskosten/Geldbeschaffungskosten

Kosten wie Darlehensgebühren, für die Eintragung einer Grundschuld oder Schätzungen der Bank sind sofort abzugsfähige Werbungskosten.

Fußböden

Die Erneuerung des vorhandenen Bodenbelags führt zu Werbungskosten. Dies gilt auch dann, wenn ein anderes Material verwendet wird.

Gartenanlagen

Die Pflege und Unterhaltung der Gartenanlage sowie die Anschaffung von Materialien wie Dünger, Schädlingsbekämpfung, Ersatz von Bäumen und Sträuchern, Gartengeräten sind Werbungskosten.

Grundbucheintragungsgebühr

Als Werbungskosten sind hier die Gebühren zur Eintragung einer Hypothek oder Grundschuld abzugsfähig. Die Gebühren für die Auflassungsvormerkung und Eigentumsumschreibung führen zu Anschaffungskosten und sind somit nur AfA-fähig.

Grunderwerbsteuer

Die Grunderwerbsteuer gehört zu den Anschaffungskosten und führt somit zur AfA. Sofort abzugsfähige Werbungskosten entstehen nicht.

Grundsteuer
Sie ist als Werbungskosten abzugsfähig.

Hausmeistervergütung
Die Vergütung für einen Hausmeister zählen zu den Werbungskosten, unabhängig davon, ob sie auf den Mieter umgelegt werden können.

Hausverwaltungskosten
Sie stellen Werbungskosten dar.

Heizungsanlagen
Der Austausch einer Heizungsanlage ist grundsätzlich Erhaltungsaufwand, somit entstehen sofort abzugsfähige Werbungskosten.

Hofbefestigung
Die Kosten für die Erneuerung oder Ausbesserung der vorhandenen Hofbefestigung zählen zum sofort abzugsfähigen Erhaltungsaufwand und damit zu den Werbungskosten.

Instandhaltungsrücklage bei Eigentumswohnungen
Die Bildung der Instandhaltungsrücklage führt nicht zu Werbungskosten, da dem Vermieter/Eigentümer dieser Betrag noch nicht endgültig abgeflossen ist.

Kabelgebühren
Sie stellen Werbungskosten dar.

Kaminkehrergebühren
Sie sind Werbungskosten.

Kanalisation
Die Kosten für den Anschluss an die Kanalisation als Ersatz für eine bereits vorhandene Sickergrube oder an eine eigene Kläranlage sind Erhaltungsaufwendungen und sofort abzugsfähig.

Kontogebühren
Sie sind Werbungskosten, sofern auf dem Konto die Einnahmen und Ausgaben aus Vermietung und Verpachtung geführt werden.

Literaturkosten
Die Ausgaben zählen zu den Werbungskosten, sofern es sich um Fachbücher rund um den Grundbesitz oder um Steuerliteratur handelt.

Maklerprovision für die Vermittlung von Mietern
Diese gelten als Werbungskosten. Die Maklerprovision für Kauf und Verkauf eines Grundstücks sind Anschaffungskosten.

Möbel
Die Anschaffungskosten für Möbel, die zur Vermietung und Verpachtung genutzt werden – zum Beispiel bei Vermietung einer möblierten Wohnung –, können in Höhe der Abschreibung als Werbungskosten geltend gemacht werden. Betragen die Anschaffungskosten für das einzelne Möbelstück nicht mehr als 410 EUR ohne Mehrwertsteuer, sind sie sofort in voller Höhe als Werbungskosten abzugsfähig. Für andere Möbel gilt eine Durchschnittsnutzungsdauer von acht bis zehn Jahren.

Müllabfuhrgebühren
Sie gehören zu den Werbungskosten.

Notargebühren
Soweit Notargebühren zum Erwerb einer Immobilie oder bei der Veräußerung anfallen, führt dies nicht zu Werbungskosten, sondern allenfalls zu Anschaffungskosten. Die Notargebühren für die Eintragung von Hypotheken oder einer Grundschuld sind sofort abzugsfähige Werbungskosten der Geldbeschaffung.

Prozesskosten
Aufwendungen für einen Prozess wegen Streitigkeiten mit den Mietern, zum Beispiel Räumungs- oder Mieterhöhungsklagen, sind Werbungskosten. Kostenerstattungen der Gegenseite müssen als Einnahmen versteuert werden.

Räumungskosten
Dies sind Werbungskosten, wenn die Wohnung anschließend wieder vermietet werden soll.

Rechtsanwaltskosten
Soweit Rechtsanwaltskosten im Zusammenhang mit Vermietung/Verpachtung für Klagen gegen Mieter oder beauftragte Handwerker anfallen, liegen sofort abzugsfähige Werbungskosten vor. Entstehen die Rechtsanwaltsgebühren jedoch durch den Erwerb oder den Verkauf einer Immobilie, so handelt es sich allenfalls um Anschaffungskosten.

Reisekosten
Sie sind Werbungskosten, wenn sie ausschließlich mit der Vermietertätigkeit in Zusammenhang stehen, zum Beispiel für Fahrten zur vermieteten Immobilie oder den Besuch der Eigentümerversammlungen. Neben der Möglichkeit, die

Fahrtkosten anzusetzen, können bei längerer Abwesenheit für Dienstreisen im Inland ab Veranlagungszeitraum 2002 auch folgende Verpflegungspauschbeträge geltend gemacht werden.

Dauer	Je Kalendertag, Pauschbetrag
24 Stunden	24 EUR
Mindestens 14 bis 24 Stunden	12 EUR
Mindestens 8 bis 14 Stunden	6 EUR

Auch diese Pauschbeträge können als Werbungskosten abgesetzt werden.

Daneben können Übernachtungskosten als Werbungskosten angesetzt werden. Im Inland werden hier die Übernachtungskosten nur nach Einzelnachweis anerkannt.

Verdienst- und Geschäftsreisen ins Ausland: Die jeweils gültigen Pauschbeträge für Verpflegungsmehraufwand und Übernachtungsgelder werden jährlich bekannt gegeben.

Rentenzahlungen bei Leibrenten
Stehen sie im Zusammenhang mit dem Erwerb eines Grundstücks, sind sie in Höhe des »Ertragsanteils«, der zu ermitteln ist, nach § 22 Nr. 1 Satz 3 EStG als Werbungskosten abzugsfähig.

Schönheitsreparaturen
Soweit der Vermieter die Kosten für die Schönheitsreparaturen trägt, ist der Aufwand als sofort abzugsfähige Werbungskosten anzusetzen. Werden die Schönheitsreparaturen vom Mieter durchgeführt, so ergeben sich keinerlei steuerliche Auswirkungen.

Sonderumlagen
werden in der Regel für größere Erhaltungsaufwendungen am Gemeinschaftseigentum erhoben. Ob es sich hierbei tatsächlich um sofort abzugsfähige Werbungskosten (das heißt Erhaltungsaufwand) handelt, kann nur entschieden werden, wenn das Finanzamt Kenntnis über die Art und Weise der Baumaßnahme hat. Wurde durch die Sonderumlage zum Beispiel der Neubau von Balkonen finanziert, entstehen nachträgliche Herstellungskosten, da das Anwesen vormals über keine Balkone verfügte und somit eine Substanzmehrung stattgefunden hat. Der einzelne Wohnungseigentümer kann eine derartige Sonderum-

lage nur als nachträgliche Herstellungskosten über die AfA absetzen. Gleiches gilt für den nachträglichen Einbau von Aufzugsanlagen.

Praxis-Tipp   **!**

Es empfiehlt sich, der Steuererklärung den Beschluss der Wohnungseigentümer über die Erhebung der Sonderumlage beizufügen.

Telefonkosten

Die mit der Verwaltung, Vermietung und Instandhaltung des Gebäudes zusammenhängenden Telefonkosten sind Werbungskosten. Diese werden höhenmäßig anhand der Jahresrechnung geschätzt.

Umsatzsteuer

Wird an das Finanzamt bei der Option zur umsatzsteuerpflichtigen Vermietung Umsatzsteuer abgeführt, handelt es sich hierbei um Werbungskosten.

Versicherungen

Leistungen für Brand-, Glas-, Leitungswasser-, Sturm-, Grundstücks-, Rechtsschutz-, Gewässerschaden-, Öltank- und Haftpflicht- sowie andere Sachversicherungen sind Werbungskosten.

Vorfälligkeitsentschädigung

Die zu leistende Vorfälligkeitsentschädigung bei ¬einer vorzeitigen Darlehensrückforderung ist wie folgt zu behandeln:

- Bei Verkauf der Immobilie kein Werbungskostenabzug im Zusammenhang mit Vermietung und Verpachtung (jedoch bei § 23 EStG – Spekulationsgewinne – zu berücksichtigen).
- Bei vorzeitiger Ablöse des Darlehens ist die geleistete Vorfälligkeitsentschädigung als Werbungskosten abzugsfähig, sofern die Wohnung weitervermietet wird.

Werkzeuge

Werden Werkzeuge zur Durchführung von Reparaturen angeschafft, sind die Kosten als Werbungskosten ansetzbar, soweit die Anschaffungskosten unter 100 EUR liegen. Liegen die Anschaffungskosten zwischen 100 und 410 EUR, handelt es sich um geringwertige Wirtschaftsgüter, die im Jahr der Anschaffung in voller Höhe abgeschrieben werden. Bei Anschaffungskosten über 410 EUR gilt die jährliche AfA nach Nutzungsdauer.

Wohngeld

Die Zahlungen des Wohnungseigentümers an die Wohnungseigentümergemeinschaft (Wohngeld) sind als Werbungskosten sofort abzugsfähig. Dies gilt jedoch nicht in Höhe der Zuführung zur Instandhaltungsrücklage. Die Wohngeld-zahlungen sind um die Zuführung zur Instandhaltungsrücklage zu kürzen und gelten nur in dieser Höhe als Werbungskosten. Auch Sonderumlagen sind sofort als Werbungskosten abziehbar.

Zinsen

Sie sind Werbungskosten, soweit sie mit dem Erwerb der Immobilie oder deren Instandhaltung im Zusammenhang stehen.

Zweitwohnungssteuer

Bei einer zeitweisen Vermietung von Ferienwohnungen kann die Zweitwoh-nungssteuer, anteilig entfallend auf die Vermietungszeit, als Werbungskosten in Abzug gebracht werden.

11.3.6 Absetzung für Abnutzung

Die Absetzung für Abnutzung, kurz AfA genannt, kann vom Wohnungs- bzw. Teileigentümer für die Anschaffungs- und Herstellungskosten sowie den an-schaffungsnahen Aufwand steuermindernd geltend gemacht werden. Diese Kosten können jedoch nicht im Jahr, in dem sie anfallen, zu 100 % abgezogen werden. Anschaffungskosten, Herstellungskosten und der anschaffungsnahe Aufwand können nach den Vorschriften der §§ 7 ff. EStG nur auf mehrere Jahre verteilt werden (Ausnahme vom Zufluss-Abfluss-Prinzip). Abschreibungsfähig sind nur die Kosten zum Erwerb der Eigentumswohnung, die Herstellungskosten für die Eigentumswohnung sowie der angefallene anschaffungsnahe Aufwand.

> **! Achtung**
>
> Grund und Boden sind nicht abschreibungsfähig.

Erwirbt der Wohnungseigentümer/Teileigentümer eine gebrauchte Immobilie oder eine Neubauimmobilie vom Bauträger, müssen zur Ermittlung der AfA-Bemessungsgrundlage Kaufpreis bzw. Herstellungskosten, der bzw. die auf die jeweilige Eigentumswohnung bzw. Teileigentumseinheit entfallen, ermittelt werden.

Im Zusammenhang mit den steigendenden Bodenwerten gewinnt die Ermitt-lung des sogenannten Bodenwerts und des Werts des aufstehenden Gebäudes enorm an steuerrechtlicher Brisanz. Fehlen im Kaufvertrag Angaben zu einer Einigung über die Aufteilung in Grund und Boden einerseits und aufstehen-des Gebäude andererseits, muss deren Wert im Wege der Schätzung ermittelt werden. Nach der Rechtsprechung des BFH ist zur Ermittlung des Verhältnisses

Grund und Boden sowie aufstehendes Gebäude in der Regel das Sachwertverfahren nach der Immobilienwertermittlungsverordnung (ImmoWertV) anzuwenden (BFH, IX R 68/97, BStBl II, 01, 0183 oder BFH, IX R 13/00, BFH NV 03, 769).

Das Bundesfinanzministerium hat hierzu auf seinen Internetseiten die folgende Arbeitshilfe veröffentlicht:

Berechnung zur Aufteilung eins Grundstückskaufpreises

Lage des Grundstücks	Musterstr. 1, Musterstadt
Grundstücksart	Einfamilienhaus freistehend, KG, EG, DG voll ausgebaut
Anschaffungsjahr	2013
Kaufpreis inklusive Nebenkosten	600.000 EUR
Baujahr	1994
Wohnfläche in m²	150 m²
Anzahl Garagen	0
Anzahl Garagenstellplätze	0
Miteigentumsanteil – Zähler	0
Miteigentumsanteil – Nenner	0
Grundstücksgröße in m²	500
Bodenrichtwert EUR/m²	600 EUR

Berechnung

Grund und Boden	
Fläche in m² 500 × Bodenrichtwert 600 EUR = 300.000 EUR	
Bodenwert	300.000 EUR
Gebäude	
Herstellungskosten m² 1.408 EUR × 150 m² Wohnfläche bzw. Nutzfläche = 211.200 EUR	
Gebäudewert	211.200 EUR

Kaufpreisaufteilung

	Ermittelte Einzelwerte		Kaufpreisanteile	
	EUR	%	EUR	%
Grund und Boden	300.000	59	354.000	59
Gebäude	211.200	41	246.000	41
Summe	511.200	100	600.000	100

Die Finanzverwaltung wendet in der Regel zur Ermittlung der AfA-Bemessungsgrundlage das sogenannte Sachwertverfahren an. Dies führt in den meisten Fällen zu einem relativ niedrigeren Gebäudewert und somit zu einer Reduzierung der AfA-Bemessungsgrundlage. Das Ertragswertverfahren wird von der Finanzverwaltung nur in Ausnahmefällen angewendet. Selbst bei Mehrfamilienhäusern muss um die Anwendung des Ertragswertverfahrens gekämpft werden. Bei der Ermittlung der AfA-Bemessungsgrundlage ist es aufgrund der mittlerweile eingetretenen Komplexität dem Steuerpflichtigen anzuraten, vor Erwerb der Immobilie steuerlichen Rat einzuholen.

> **! Praxis-Tipp**
>
> Es ist zu empfehlen, im notariellen Kaufvertrag bzw. Bauträgervertrag den Grund-
> und Bodenanteil sowie den darauf entfallenden Kaufpreis gesondert auszuweisen.
> Dies ermöglicht es dem Steuerpflichtigen, unter Hinweis auf die notarielle Urkunde
> den Kaufpreis für den Grund- und Bodenanteil direkt zu ermitteln. Sollten die
> Angaben im Kaufvertrag nicht gänzlich von der Realität abweichen, so wird das Fi
> nanzamt diese Werte zur Ermittlung des Grund- und Bodenanteils berücksichtigen.

11.3.7 Ermittlung der Gesamtanschaffungskosten/ Gesamtherstellungskosten

Bei der Ermittlung der Anschaffungs- bzw. Herstellungskosten sind sämtliche Nebenerwerbskosten mit einzubeziehen. So gehören zu den Anschaffungs-/ Herstellungskosten folgende Positionen:

- Kaufpreis
- Maklerprovision
- Grunderwerbsteuer
- Notarkosten
- Grundbucheintragungskosten
- Fahrtkosten zur Besichtigung des zu erwerbenden Wohnungseigentums

11.3.8 AfA-Tabellen

11.3.8.1 Absetzung für Abnutzung von Gebäuden im Privatvermögen

Gebäude, soweit sie Wohnzwecken dienen (§ 7 Abs. 4, Abs. 5 EStG)	
Lineare Gebäude-Abschreibung, § 7 Abs. 4 EStG	
Fertigstellung vor dem 1.1.1925	Jeweils 2,5 %
Fertigstellung nach dem 31.12.1924	Jeweils 2 %

Degressive Gebäude-Abschreibung (§ 7 Abs. 5 EStG)

Der Bauantrag wurde nach dem 28.2.1989 und vor dem 1.1.1996 gestellt oder die Anschaffung erfolgte durch einen rechtswirksam abgeschlossenen obligatorischen Vertrag (notarieller Kaufvertrag) nach dem 28.2.1989 und vor dem 1.1.1996:

Im Jahr der Fertigstellung und in den folgenden drei Jahren	Jeweils 7 %
In den darauffolgenden sechs Jahren	Jeweils 5 %
In den darauffolgenden sechs Jahren	Jeweils 2 %
In den darauffolgenden 24 Jahren	Jeweils 1,25 %

Bauantrag wurde nach dem 31.12.1995 und vor dem 1.1.2004 gestellt oder die Anschaffung erfolgte durch einen rechtswirksam abgeschlossenen obligatorischen Vertrag und nach dem 31.12.1995 und vor dem 1.1.2004:

Im Jahr der Fertigstellung und in den folgenden sieben Jahren	Jeweils 5 %
In den darauffolgenden sechs Jahren	Jeweils 2,5 %
In den darauffolgenden 36 Jahren	Jeweils 1,25 %

Bauantrag wurde nach dem 31.12.2003 und vor dem Ablauf des 31.12.2005 gestellt oder die Anschaffung erfolgte durch einen rechtswirksam abgeschlossenen obligatorischen Vertrag nach dem 31.12.2003 und vor dem Ablauf des 31.12.2005:

Im Jahr der Fertigstellung und in den folgenden neun Jahren	Jeweils 4 %
In den darauffolgenden acht Jahren	Jeweils 2,5 %
In den darauffolgenden 32 Jahren	Jeweils 1,25 %

Die degressive AfA ist seit dem 1.1.2006 abgeschafft.

Absetzung für Abnutzung von Gebäuden ohne Wohnzwecke im Privatvermögen	
Lineare Gebäude-AfA (§ 7 Abs. 4 EStG)	
Fertigstellung vor dem 1.1.1925	Jeweils 2,5 %
Fertigstellung nach dem 31.12.1924	Jeweils 2 %
Degressive Gebäude-AfA (§ 7 Abs. 5 EStG)	
Bauantrag wurde nach dem 31.3.1985 und vor dem 1.1.1995 gestellt oder die Anschaffung erfolgte durch einen rechtswirksam abgeschlossenen obligatorischen Vertrag nach dem 31.3.1985 und vor dem 1.1.1995:	
Im Jahr der Fertigstellung und in den folgenden sieben Jahren	Jeweils 5 %
In den darauffolgenden sechs Jahren	Jeweils 2,5 %
In den darauffolgenden 36 Jahren	Jeweils 1,25 %
Bauantrag wurde nach dem 31.12.1994 gestellt oder die Anschaffung erfolgte durch einen rechtswirksam abgeschlossenen obligatorischen Vertrag nach dem 31.12.1994:	
Lineare AfA wie oben	jeweils 2 bzw. 2,5 %

Erhöhte Absetzungen für Baudenkmäler und Gebäude in ausgewiesenen Sanierungsgebieten im Privatvermögen

Wie bei selbstgenutztem Wohnungseigentum ist nach wie vor die Eigentumswohnung als Baudenkmal oder in einem ausgewiesenen Sanierungsgebiet steuerbegünstigt. Im Einzelnen gelten hier die Ausführungen zur selbstgenutzten Eigentumswohnung (Kapitel 11.2.1 bis 11.2.2)

! Achtung

Auch bei der vermieteten Eigentumswohnung sind mit den erhöhten AfA-Sätzen für Baudenkmäler oder Gebäude in Sanierungsgebieten nur Herstellungskosten und Erhaltungsaufwendungen steuerlich begünstigt. Die reinen Anschaffungskosten, zum Beispiel der Kaufpreis, sind nur mit den üblichen AfA-Sätzen nach § 7 Abs. 4, 5 EStG zu berücksichtigen. Vorsicht ist bei »Denkmalschutzmodellen« geboten (hier bitte die Ausführungen in Kapitel 11.2.1 beachten).

Übersicht: Erhöhte Absetzungen

§§ des EStG	Inhalt der Bestimmung	2003	2004
§ 7h	Sanierungsgebiete und städtebauliche Entwicklungsbereiche: die Herstellungskosten für Modernisierungs- und Instandsetzungsmaßnahmen in einem förmlich festgelegten Sanierungsgebiet	Zehn Jahre bis zu 10 %	Acht Jahre bis zu 9 % und vier Jahre bis zu 7 %
	Eine Bescheinigung der zuständigen Gemeindebehörde ist zwingend erforderlich. Die Maßnahme ist vor deren Durchführung mit der Behörde abzustimmen.		
§ 7i	Erhöhte Absetzung bei Baudenkmalen		
	Die Herstellungskosten für Baumaßnahmen, die nach Art und Umfang zur Erhaltung des Gebäudes als Baudenkmal oder zu seiner sinnvollen Nutzung erforderlich sind	Zehn Jahre bis zu 10 %	Acht Jahre bis zu 9 % und vier Jahre bis zu 7 %
	Eine Bescheinigung der zuständigen Landesbehörde ist zwingend erforderlich. Die Maßnahme muss vor ihrer Durchführung mit der Denkmalschutzbehörde abgestimmt werden.		
§ 7k	Für Wohnungen mit Sozialbindung		
	Begünstigt sind Wohnungen, für die der Bauantrag nach dem 28.2.1989 gestellt wurden und die der Steuerpflichtigen hergestellt hat oder vom Steuerpflichtigen nach dem 28.2.1989 aufgrund eines nach diesem Zeitpunkt rechtswirksam abgeschlossenen obligatorischen Vertrags bis zum Ende des Jahres der Fertigstellung angeschafft und vor dem 1.1.1996 fertiggestellt wurden und die im Jahr der Anschaffung oder Herstellung und in den folgenden neun Jahren dem Steuerpflichtigen nicht zu eigenen Wohnzwecken dienen. AfA im Jahr der Fertigstellung <ul><li>und die folgenden vier Jahre jeweils bis zu 10 %</li><li>und die folgenden fünf Jahre jeweils bis zu 7 %,</li><li>danach 3,5 % vom Restwert der Anschaffungs- oder Herstellungskosten, wenn weder AfA nach § 7 Abs. 5 noch erhöhte AfA oder Sonder-AfA in Anspruch genommen wurden.</li></ul>		

11.3.9 Abschreibung von einzelnen beweglichen Wirtschaftsgütern

Stattet der Wohnungseigentümer bzw. Teileigentümer die Eigentumswohnung mit weiteren beweglichen Wirtschaftsgütern aus, zum Beispiel durch den Einbau einer Küche oder das Anbringen einer Markise, können diese selbstständigen Wirtschaftsgüter unter Berücksichtigung der Nutzungsdauer ebenfalls abgeschrieben werden. Die folgende Liste gibt einen Überblick über die anzusetzende Nutzungsdauer. Die jährliche Abschreibung ist linear vorzunehmen.

Übersicht Nutzungsdauer von beweglichen Wirtschaftsgütern	
Außenbeleuchtung	19 bis 20 Jahre
Bepflanzungen in Gebäuden	10 Jahre
Büromöbel	10 bis 13 Jahre
PC, Drucker und Bildschirm	2 bis 3 Jahre
Fahrbahnen, Gehweg (Kies, Schotter und Schlacken)	19 Jahre
Faxgeräte	5 bis 6 Jahre
Gaststätteneinbauten	8 Jahre
Geschirrspülmaschinen	7 Jahre
Grünanlagen	15 Jahre
Handy	5 Jahre
Hofbefestigungen (Kies, Schotter, Schlacken)	9 Jahre
Holzzaun	5 Jahre
Kehrmaschinen	9 Jahre
Kopiergeräte	7 Jahre
Kücheneinrichtungen	5 Jahre
Kühlschränke	10 Jahre
Parkplatz (Kies, Schotter)	9 Jahre
Solaranlagen	10 Jahre
Sprinkleranlagen	20 Jahre
Teppiche, hochwertig (ab 50 EUR/m²)	15 Jahre
Teppiche, normal	7 Jahre
Wäschetrockner	8 Jahre
Waschmaschinen	10 Jahre
Wasseraufbereitungsanlagen	12 Jahre
Wasserenthärtungsanlagen	12 Jahre

11.3.10 Abgrenzung Anschaffungskosten, Herstellungskosten, Erhaltungsaufwendungen, anschaffungsnahe Aufwendungen

Anschaffungskosten, Herstellungskosten, anschaffungsnahe Aufwendungen und der Erhaltungsaufwand werden steuerlich unterschiedlich behandelt. Anschaffungskosten und Herstellungskosten sowie der anschaffungsnahe Aufwand können nur der Abschreibung zugeführt werden, Erhaltungsaufwendungen sind sofort abzugsfähige Werbungskosten oder können je nach Wahl des Steuerpflichtigen bei vermietetem Wohnraum auf zwei bis fünf Jahre verteilt werden.

Die folgende Übersicht gibt einen Überblick über die jeweiligen Kostenarten sowie deren steuerliche Geltendmachung:

Unterscheidung von Erhaltungsaufwand, Anschaffungskosten und Herstellungskosten		
	Aufwendungen	**Steuerliche Geltend-machung**
Anschaffungskosten: § 255 Abs. 1 HGB	▪ Zum Erwerb der Eigentumswohnung ▪ Um einen betriebsbereiten Zustand herzustellen ▪ Zur Hebung des Standards	Abschreibung
Herstellungskosten: § 255 Abs. 2 HGB	▪ Zur Herstellung der Eigentumswohnung ▪ Aufwendungen für die Erweiterung ▪ Zur Hebung des Standards	Abschreibung
Erhaltungsaufwendungen: § 9 EStG	Zur Instandhaltung und Instandsetzung	Sofort abzugsfähige Werbungskosten oder Verteilung auf zwei bis fünf Jahre (§ 82b EStDV) bei Wohnraum ab VZ 2004
Anschaffungsnahe Aufwendungen: § 6 Abs. 1 Nr. 1a EStG	Aufwendungen, die in den ersten drei Jahren nach der Anschaffung des Gebäudes ohne MwSt. 15 % der Anschaffungskosten des Gebäudes übersteigen	Abschreibung

Die Abgrenzung Anschaffungskosten/Herstellungskosten und Erhaltungsaufwand ist im BMF-Schreiben vom 18.7.2003 niedergelegt (www.bundesfinanzministerium.de).

> **! Achtung**
>
> Der Wohnungseigentümer muss zweierlei Arten von Baumaßnahmen abgrenzen: einerseits Baumaßnahmen am Gemeinschaftseigentum, andererseits Baumaßnahmen innerhalb des Sondereigentums.

Anschaffungskosten einer Eigentumswohnung/Teileigentumseinheit sind Aufwendungen, die geleistet werden, um das Gebäude zu erwerben und es in einen betriebsbereiten Zustand zu versetzen, soweit sie dem Gebäudeteil einzeln zugeordnet werden können. Ferner zählen dazu die Nebenkosten und die nachträglichen Anschaffungskosten (§ 255 Abs. 1 HGB). Zu den Anschaffungskosten werden auch diejenigen Aufwendungen gezählt, die aufgebracht werden, um die Eigentumswohnung bzw. Teileigentumseinheit auf einen höheren Standard anzuheben. Man unterscheidet dabei zwischen

- sehr einfachem Standard,
- mittlerem Standard und
- sehr anspruchsvollem Standard.

> **! Achtung**
>
> Baumaßnahmen, die das Gebäude auf einen höheren Standard bringen, machen es betriebsbereit. Die Kosten solcher Maßnahmen sind Anschaffungskosten.

Der jeweilige Standard einer Wohnung bestimmt sich durch ihre Eigenschaften, zum Beispiel durch Lage, Größe, Zustand, Anzahl der Räume und Ausstattung. Wesentlich sind hier vor allem die folgenden zentralen Ausstattungsmerkmale:

- Heizungsinstallation
- Sanitärinstallation
- Elektroinstallation
- Fenster

Führt ein Bündel von Baumaßnahmen in mindestens drei Bereichen der oben genannten zentralen Ausstattungsmerkmale zu einer Erhöhung und Erweiterung des Gebrauchswerts, hebt sich der Standard eines Gebäudes und es liegen Anschaffungskosten bzw. nachträgliche Herstellungskosten vor. Das nachfolgend dargestellte Prüfungsschema gibt einen Überblick über die Ermittlung der Anschaffungskosten nach § 255 Abs. 1 HGB:

Kosten des Erwerbers, zum Beispiel:	Versetzung in betriebsbereiten Zustand	Standardhebung oder Standardhebung und -erweiterung
▪ Kaufpreis ▪ Notar ▪ Makler ▪ Eigentumseintragung	↓ Betriebsbereitschaft ist für jede einzelne Wohnung/ Gewerbeeinheit in einem Mehrfamilienhaus zu prüfen ↓ Nutzung entsprechend der Zweckbestimmung ↓ Maßnahmen zur Herstellung der Nutzung und Herstellung der Funktionstüchtigkeit ↓ Beispiele: ▪ Büroräume werden zu einer Zahnarztpraxis umgebaut ▪ Elektroinstallation: Wohnräume werden der Nutzung als Büro angepasst ▪ Bei Erwerb ist der Boden durch Brandschaden zerstört	↓ ▪ Von sehr einfachem auf mittleren Standard ▪ Von mittlerem auf anspruchsvollen Standard ↓ Maßnahmen an mindestens drei zentralen Ausstattungsmerkmalen: ▪ Elektrik ▪ Sanitär ▪ Fenster ▪ Heizung + Gebrauchswerterhöhung ↓ Beispiele: ▪ Gaseinzelöfen werden durch Zentralheizung ersetzt ▪ Einfach verglaste Fenster werden durch Kunststofffenster ersetzt ▪ Erneuerung der Elektrik mit Steigerung der Kapazität ↓ Erweiterung (zum Beispiel Ausbau und Aufstockung) + Maßnahmen an zwei zentralen Ausstattungsmerkmalen mit Gebrauchswerterhöhung Beispiel: ▪ Dachgeschossausbau + Zentralheizung und Kunststofffenster

Der Begriff »anschaffungsnahe Aufwendungen« wurde ehemals durch die Rechtsprechung geprägt. Mit Wirkung zum 1.1.2004 hat der Gesetzgeber die Regelung des § 6 Abs. 1 Nr. 1a EStG eingeführt. Jetzt ist auch gesetzlich geregelt, dass sogenannte anschaffungsnahe Aufwendungen lediglich zu einer Abschreibung führen und nicht als sofort abzugsfähige Werbungskosten geltend gemacht werden können. Anschaffungsnahe Aufwendungen liegen vor, wenn Aufwendungen ohne Mehrwertsteuer in den ersten drei Jahren nach Erwerb/Anschaffung der Eigentumswohnung/Teileigentumseinheit – in der Regel Instandhaltungs- und Renovierungsmaßnahmen – mehr als 15 % der Anschaffungskosten der Eigentumswohnung betragen. In die 15%-Grenze sind nicht einzubeziehen:

- Erweiterungen im Sinne des § 255 Abs. 2 Satz 1 HGB (vgl. Tabelle Herstellungskosten)
- Erhaltungsaufwendungen, die üblicherweise jährlich anfallen

> **! Achtung**
>
> In den ersten drei Jahren nach Erwerb einer Eigentumswohnung/Teileigentumseinheit ist dringend darauf zu achten, dass die 15%-Grenze der anschaffungsnahen Aufwendungen nicht überschritten wird. Führt eine Instandhaltungsmaßnahme im dritten Jahr nach Erwerb der Immobilie zur Überschreitung der 15%-Grenze, werden sämtliche Aufwendungen innerhalb der letzten drei Jahre nach Erwerb als anschaffungsnahe Aufwendungen behandelt. Auch ist zu beachten, dass sich die 15%-Grenze anhand des Werts des aufstehenden Gebäudes (hier der Eigentumswohneinheit/Teileigentumseinheit) bemisst. Der Anteil von Grund und Boden wird in die Bemessungsgrundlage nicht einbezogen.

Herstellungskosten für eine Eigentumswohnung oder Teileigentumseinheit können sowohl bei einer Neuerrichtung bzw. beim Neubau als auch am Altbestand, der sich bereits seit Langem im Eigentum des Steuerpflichtigen befindet, entstehen. Die Herstellungskosten einer Eigentumswohnung/Teileigentumseinheit sind Aufwendungen

- für die Herstellung eines Gebäudes sowie
- für die Erweiterung nach Fläche oder Substanz oder
- für die über den ursprünglichen Zustand hinausgehende wesentliche Verbesserung eines Gebäudeteils bzw. einer Eigentumswohnung oder
- für Reparaturkosten, die während der Herstellungsphase auf aufgetretene Baumängel entfallen.

Die Kosten der Herstellung eines Gebäudes sind sämtliche Kosten, die aufgewendet werden, um das Gebäude in einen bezugsfertigen Zustand zu versetzen. Hierzu gehören insbesondere

- Baukosten,
- Planungskosten,

- Baugenehmigungskosten und
- Fahrtkosten.

Die Erweiterung eines bestehenden Gebäudes liegt in den folgenden Fällen vor und führt zu Herstellungskosten:

- Aufstockung oder Anbau eines Gebäudes, zum Beispiel Anbau eines Wintergartens
- Vergrößerung der nutzbaren Flächen der Eigentumswohnung/Teileigentumseinheit, zum Beispiel Vergrößerung der Nutzfläche durch Einbau einer Dachgaube, Anbau eines Balkons oder einer Terrasse, Umbau eines Kellerraums in ein Bad, Ausbau des Dachgeschosses

> **Achtung** !
>
> Eine Vergrößerung der nutzbaren Fläche liegt schon dann vor, wenn nur eine geringfügige Vergrößerung der Wohn- und Nutzfläche erreicht wird.

- Vermehrung der Substanz, zum Beispiel Einsetzen von Trennwänden, Errichtung einer Außentreppe, Einbau einer Alarmanlage, Neubau einer Treppe zum Spitzboden, Einbau eines Kachelofens/ Kamins, Einbau eines vorher nicht vorhandenen Bades, Ausbau des Dachgeschosses, Einbau eines Aufzugs, Anbringung einer Markise oder von Rollläden

Baumaßnahmen, die zu einer wesentlichen Verbesserung des Gebäudes über den bisherigen Zustand hinaus führen, sind nachträgliche Herstellungskosten und können nur der AfA zugeführt werden. Wie bei den Anschaffungskosten liegt eine wesentliche Verbesserung erst dann vor, wenn die Maßnahme zur Instandsetzung und Modernisierung eines Gebäudes in ihrer Gesamtheit über eine zeitgemäße, substanzerhaltende Erneuerung hinausgeht. Außerdem muss sie den Gebrauchswert des Gebäudes insgesamt deutlich erhöhen und damit für die Zukunft eine erweiterte Nutzungsmöglichkeit schaffen. Von einer deutlichen Erhöhung des Gebrauchswerts der Eigentumswohnung/Teileigentumseinheit ist dann auszugehen, wenn die Eigentumswohnung von einem sehr einfachen auf einen mittleren oder von einem mittleren auf einen sehr anspruchsvollen Standard gehoben wird.

Herstellungskosten liegen nur dann vor, wenn an mindestens drei zentralen Ausstattungsmerkmalen – von den vier Merkmalen Heizung, Installation, Elektrik und Fenster – Maßnahmen durchgeführt wurden, die eine Erhöhung und Erweiterung des Gebrauchswerts mit sich gebracht haben. Sollte eine Erweiterung des Gebäudes stattfinden, genügen zwei Maßnahmen an den zentralen Ausstattungsmerkmalen, um nachträgliche Herstellungskosten zu begründen.

Von der wesentlichen Verbesserung des Wohnstandards muss die substanzerhaltende Erneuerung abgegrenzt werden. Letztere fällt unter sofort abzugsfähige Erhaltungsaufwendungen und kann nicht wie nachträgliche Herstellungskosten behandelt werden.

Eine substanzerhaltende Erneuerung liegt vor, wenn ein Gebäude durch die Ersetzung einzelner Bestandteile oder Instandsetzungs- oder Modernisierungsmaßnahmen lediglich in einen ordnungsgemäßen Zustand entsprechend dem ursprünglichen Zustand in zeitgemäßer Form versetzt wird. Der Eigentumswohnung/Teileigentumseinheit wird in diesen Fällen nur der zeitgemäße Wohnkomfort wiedergegeben, den sie ursprünglich besessen hatte.

> **!** **Beispiel: Substanzerhaltende Erneuerung**
>
> Substanzerhaltende Erneuerungen liegen zum Beispiel vor, wenn bei einer Modernisierung des Bades lediglich die vorhandene Installation durch eine neue ersetzt oder die bereits vorhandene elektrische Ausstattung erneuert wird, ohne die Kapazitäten zu erweitern oder Neuanschlüsse zu verlegen.

Auch liegt noch keine wesentliche Verbesserung des Wohnstandards vor, wenn eine Eigentumswohnung/Teileigentumseinheit nur generalüberholt wird, das heißt, wenn Aufwendungen für sich genommen als Erhaltungsaufwendungen zu beurteilen sind und geballt in einem Veranlagungszeitraum oder Wirtschaftsjahr anfallen.

Erhaltungsaufwendungen liegen vor, wenn sie für die Erneuerung bereits vorhandener Teile oder Anlagen der Eigentumswohnung/ Teileigentumseinheit oder des Gemeinschaftseigentums aufgewendet werden. Erhaltungsaufwendungen können somit sowohl durch Instandhaltungsmaßnahmen am Gemeinschaftseigentum als auch durch Instandhaltungsmaßnahmen am jeweiligen Sondereigentum entstehen. Die Verwendung von besseren Materialien und die Berücksichtigung moderner technischer Erkenntnisse stehen der Behandlung als Erhaltungsaufwand nicht entgegen. Auf den Zustand der erneuerten Teile kommt es ebenfalls nicht an, selbst wenn diese noch nicht verbraucht oder defekt waren. Ebenso spielt die Höhe der Aufwendungen keine Rolle. Erhaltungsaufwendungen am Gemeinschaftseigentum sowie am Sondereigentum können als sofort abzugsfähige Werbungskosten steuermindernd im Jahr des Anfalls geltend gemacht werden.

Übersicht der Herstellungskosten nach § 255 Abs. 2 HGB		
Vollverschleiß	Erweiterung	Standardhebung + Standardhebung und -erweiterung
Herstellung einer neuen WG, zum Beispiel bei schweren Substanzschäden am Objekt	■ Aufstockung ■ Anbau ■ Vergrößerung der Wohnnutzfläche ■ Substanzmehrung ↓ Beispiele: ■ Dachgeschossausbau ■ Ersteinbau Aufzug ■ Ersteinbau eines Bades	■ Von sehr einfachem auf mittleren Standard ■ Von mittlerem auf anspruchsvollen Standard ↓ Maßnahmenbündel an mindestens drei zentralen Ausstattungsmerkmalen: ■ Elektrik ■ Sanitär ■ Fenster ■ Heizung + Gebrauchswerterhöhung ↓ Beispiele: ■ Gaseinzelöfen werden durch Zentralheizung ersetzt ■ Einfach verglaste Fenster werden durch Kunststofffenster ersetzt ■ Erneuerung Elektrik mit Steigerung der Kapazität ↓ Erweiterung (zum Beispiel Ausbau und Aufstockung) + Maßnahmen an zwei zentralen Ausstattungsmerkmalen mit Gebrauchswerterhöhung Beispiel: ■ Dachgeschossausbau + Zentralheizung + Kunststofffenster

Größere Erhaltungsaufwendungen, die nach dem 31.12.2003 an vermieteten Eigentumswohnungen des Privatvermögens entstanden sind, können auf zwei bis fünf Jahre nach Wahl des Steuerpflichtigen verteilt werden (§ 82b EStDV). Diese Wahlmöglichkeit steht jedoch nur denjenigen Vermietern zu, die ihre Eigentumswohnung zu Wohnzwecken vermieten.

Im Rahmen einer umfassenden Instandsetzungs- und Modernisierungsmaßnahme am Gemeinschaftseigentum und am Sondereigentum fallen oft mehrere Kostenpositionen zusammen. So wird zum Beispiel die Fassade im Zuge des Neueinbaus von Balkonen saniert. Hier trifft eine Maßnahme, die zu Herstellungskosten führt (Neubau der Balkone) mit einer reinen Erhaltungsmaßnahme zusammen (Fassadenanstrich oder Fassadensanierung).

Aufwendungen für ein Bündel von Einzelmaßnahmen, die für sich genommen teils Anschaffungs- oder Herstellungskosten und teils Erhaltungsaufwand darstellen, sind insgesamt als Anschaffungskosten oder Herstellungskosten zu beurteilen, wenn die Arbeiten sachlich zusammenhängen. Ein sachlicher Zusammenhang in diesem Sinne liegt vor, wenn die einzelnen Baumaßnahmen

- bautechnisch ineinandergreifen oder
- Vorbedingung für die Schaffung des betriebsbereiten Zustands oder für die Herstellungsarbeiten sind oder
- durch Maßnahmen, die den betriebsbereiten Zustand schaffen, oder durch Herstellungsarbeiten veranlasst worden sind.

> **!** **Beispiele: Wann liegt ein sachlicher Zusammenhang vor?**
>
> - Der erstmalige Einbau von Bädern macht das Verlegen von größeren Fallrohren bis zum Anschluss an das öffentliche Abwassernetz erforderlich. Da die Vergrößerung der Fallrohre Vorbedingung für die Schaffung der neuen Bäder ist, liegt hier ein sachlicher Zusammenhang vor, sämtliche Kosten sind Anschaffungs- bzw. Herstellungskosten.
> - Baumaßnahmen für einen Dachgeschossausbau und der Einbau von Dachgauben werden zum Anlass genommen, das sanierungsbedürftige Dach zu erneuern. Die Erneuerung der gesamten Dachziegel und Dachdeckung steht in keinem bautechnischen Zusammenhang mit der Erweiterungsmaßnahme. Die Aufwendung für die Dachziegel, die zur Eindeckung der neuen Gauben verwendet werden, sind Herstellungskosten – ebenso die Einbaukosten der Gauben und die Kosten des Dachgeschossausbaus. Die Aufwendungen für die Erneuerung der übrigen Dacheindeckung sind sofort abzugsfähige Erhaltungsaufwendungen.

Grundsätzlich trägt die Feststellung der Tatsachen, die eine Behandlung als Anschaffungs-, Herstellungskosten oder Erhaltungsaufwand begründen, das Finanzamt. Den Steuerpflichtigen trifft jedoch eine erhöhte Mitwirkungspflicht nach § 90 Abs. 1 Satz 1 AO, wenn das Finanzamt nicht in der Lage ist, den Zustand des Gebäudes/der Eigentumswohnung zur Beurteilung der Abgrenzungsfrage festzustellen.

Kann der maßgebliche Zustand der Eigentumswohnung/Teileigentumseinheit nicht sicher festgestellt werden, ist das Finanzamt berechtigt, aus Indizien auf die Hebung des Standards eines Gebäudes bzw. Gebäudeteils und somit auf Anschaffungs- oder Herstellungskosten zu schließen. Nach Auffassung der Finanzverwaltung liegen Indizien für die Hebung des Standards dann vor, wenn

- ein Gebäude in zeitlicher Nähe zum Erwerb im Ganzen oder von Grund auf modernisiert wird,
- hohe Aufwendungen für die Sanierung der zentralen Ausstattungsmerkmale getätigt werden,
- aufgrund der Baumaßnahmen der Mietzins erheblich erhöht wird.

Eine Prüfung der Hebung des Standards ist dann nicht vorzunehmen, wenn die Aufwendungen für die Instandsetzungs- und Modernisierungsmaßnahmen des Gebäudeteils/der Eigentumswohnung insgesamt 15 % der Anschaffungskosten nicht übersteigen.

> **Praxis-Tipp** !
>
> Aufgrund der Feststellungslast ist es für den Steuerpflichtigen von besonderer Bedeutung, den ursprünglichen Zustand des Anwesens bei Erwerb bzw. Herstellung des Gebäudes festzuhalten und entsprechend zu dokumentieren, zum Beispiel durch Lichtbildaufnahmen oder Erstellung eines Zustandsprotokolls durch einen Architekten.

11.3.11 Vermietung der Eigentumswohnung bzw. der Teileigentumseinheit an nahe Angehörige

Die Vermietung der Eigentumswohnung an nahe Angehörige, zum Beispiel an das studierende Kind, findet sich in der Praxis häufig. Dabei werden die Eigentumswohnungen in der Regel verbilligt an die nahen Angehörigen überlassen. Sowohl bei einer Vermietung zur ortsüblichen Miethöhe als auch bei einer verbilligten Überlassung an nahe Angehörige müssen die Grundsätze der Verträge unter nahen Angehörigen beachtet werden. Da es bei der Gestaltung von Verträgen unter nahen Angehörigen einen großen Spielraum gibt, werden solche Verträge – und damit auch Mietverträge – einer besonderen Prüfung unterzogen. Die Rechtsprechung des BFH und der Finanzgerichte hat insoweit zur steuerlichen Anerkennung der Vermietung an nahe Angehörige hohe Hürden gesetzt.

Als Grundregel gilt: Mietverträge unter nahen Angehörigen sind nur dann steuerrechtlich anzuerkennen, wenn

- ein bürgerlich-rechtlich wirksamer Mietvertrag geschlossen wurde,
- die Gestaltung des Vereinbarten dem zwischen fremden Dritten Üblichen entspricht (Fremdvergleich) und
- die Vereinbarung auch tatsächlich durchgeführt wurde (tatsächliche Durchführung).

Bei der Prüfung der Verträge unter nahen Angehörigen wird der wesentliche Schwerpunkt auf den Fremdvergleich gelegt. Dabei wird die vertragliche Regelung in ihrer Gesamtheit beurteilt und nicht mehr nach einzelnen vertraglichen Abreden. Nicht jede Abweichung vom Üblichen schließt die steuerliche Anerkennung aus.

Für die steuerliche Anerkennung ist jedoch zwingende Voraussetzung, dass die Hauptverpflichtungen der Mietvertragsparteien geregelt sind:

- Die Überlassung der konkret benannten Eigentumswohnung gegen Entgelt und
- die Höhe der zu entrichtenden Miete

müssen klar und eindeutig vereinbart sein und auch tatsächlich durchgeführt werden.

Folgende Fallgestaltungen wurden als fremdüblich von der Rechtsprechung gewertet:

- Barzahlungen ohne Quittung führen für sich allein noch nicht zur Nichtanerkennung des Mietvertrags (FG Münster, EFG 1999, 836 oben; wohl noch umstritten in der Rechtsprechung).
- Unregelmäßige Mietzahlungen, keine Abrede oder Ungenauigkeiten bei den Nebenkosten führen nicht zur Nichtanerkennung des Mietvertrags (BFH, 25.7.2000, IX R 6/97, BFH-NV 2001, 305).
- Bei Mietverhältnissen zwischen Eltern mit einem unterhaltsberechtigten Kind ist die steuerliche Anerkennung nicht deshalb zu versagen, weil die Miete aus dem geleisteten Barunterhalt der Eltern bezahlt wird (BFH, 19.10.1999, IX R 39/99, BStBl 2000/II, S. 224).

! **Achtung**

Vor Abschluss eines Mietvertrags mit einem nahen Angehörigen sollte dringend steuerliche Beratung eingeholt werden.

Weiterführend darf auf die Verfügung der OFD Frankfurt/Main vom 17.9.1997, DStR 1997, 2022 verwiesen werden.

11.3.12 Einkunftserzielungsabsicht

Nach herrschender Meinung der Rechtsprechung und der Finanzverwaltung ist Voraussetzung für die steuerliche Berücksichtigung sowohl positiver als auch negativer Einkünfte, dass der Steuerpflichtige mit Einkunftserzielungsabsicht handelt. In bestimmten Fällen hat der Steuerpflichtige/Wohnungseigentümer seine Einkunftserzielungsabsicht auch durch das Erstellen einer »Überschussprognose« nachzuweisen (eine Übersicht der Gesamtproblematik ist im BMF-Schreiben vom 8.10.2004, BStBl 2004/I, S. 933 niedergelegt).

> **Grundsatz** !
>
> Bei einer auf Dauer angelegten Vermietung einer Immobilie zu Wohnzwecken ist die Einkunftserzielungsabsicht bei Vermietung und Verpachtung zu vermuten. Nach der Rechtsprechung des BFH ist in diesen Fällen ohne konkrete Prüfung von der Einkunftserzielungsabsicht auszugehen. Diesem Grundsatz hat sich auch die Finanzverwaltung angeschlossen (siehe BMF-Schreiben vom 8.10.2004, a.a.O.). Bei dieser unwiderleglichen Vermutung bleibt es auch, wenn die Wohnung an nahe Angehörige vermietet ist oder der Mietvertrag mündlich geschlossen wurde.

Fehlt es an einer auf Dauer angelegten Wohnungsvermietung, so ist die Einkunftserzielungsabsicht im Einzelfall zu prüfen. Dies gilt für folgende Fälle:

- Vermietung von Immobilien, die keine Wohnungen sind, beispielsweise unbebaute Grundstücke oder Gewerbeobjekte
- Die Wohnungsvermietung ist nicht auf Dauer angelegt, etwa bei Abschluss von Zeitmietverträgen
- Zeitnaher Veräußerungsabsicht des Mietobjekts oder beabsichtigte Selbstnutzung
- Bei atypischen Fallkonstellationen spricht keine Vermutung für die Einkunftserzielungsabsicht, selbst wenn es sich um eine dauerhafte Wohnungsvermietung handelt, da Typisierungen immer nur für den typischen Fall gelten. Es handelt sich hierbei um folgende Umstände:
  - Verbilligte Überlassung
  - Vermietung von Ferienwohnungen
  - Leerstandszeiten wegen Renovierung

Nachfolgend benannte Indizien sprechen für das Fehlen einer Einkunftserzielungsabsicht, sodass die Finanzverwaltung hier dezidierte Überprüfungen durchführen wird:

- Beteiligung an einem Mietkaufmodell
- Entscheid für eine nur vorübergehende Vermietung und Beteiligung an einem Bauherrenmodell mit Rückkaufangebot oder Verkaufsgarantie
- Abschluss von kurzfristigen, befristeten Zeitmietverträgen

- Finanzierung des nötigen Fremdkapitals für nur kurze Zeit
- Käufersuche kurze Zeit nach Anschaffung oder Fertigstellung der Eigentumswohnung, dokumentiert durch einen Maklerauftrag
- Verkauf der Eigentumswohnung/Teileigentumseinheit innerhalb von fünf Jahren nach Erwerb

In diesen Fällen ist der jeweilige Steuerzahler für das Vorliegen der Einkunftserzielungsabsicht objektiv beweisbelastet. Er kann die gegen die Einkunftserzielungsabsicht sprechenden Indizien nur erschüttern, indem er Umstände schlüssig darlegt und unter Beweis stellt, die dafür sprechen, dass er den Entschluss zur Veräußerung/Selbstnutzung erst nachträglich, das heißt nach Abschluss des Mietvertrags, gefasst hat. Diese Beweise sind oftmals schwer zu führen, da weder die Verkaufsabsicht noch die Vermietungsabsicht in der Regel zu diesem Zeitpunkt dokumentiert werden. Auch muss eine Überschussprognose erstellt werden.

11.3.13 Verbilligte Überlassung

Aufgrund der Neuregelung des § 21 Abs. 2 EStG wird bei einer auf Dauer angelegten Wohnungsvermietung die Einkunftserzielungsabsicht unterstellt, wenn das Entgelt mindestens 66 % der ortsüblichen Miete beträgt. Eine Kürzung der Werbungskosten unterbleibt in diesen Fällen. Liegt das Entgelt unter 66 % der ortsüblichen Miete, ist zwar der Werbungsabzug anteilig zu kürzen. Die Frage der Einkunftserzielungsabsicht wird jedoch bei einer Dauervermietung zu Wohnzwecken unwiderleglich vermutet.

11.3.14 Vermietung von Ferienwohnungen

Ferienwohnungen werden von den Eigentümern oftmals selbst genutzt. Aus diesem Grund muss der Vermietung der Ferienwohnungen bei Feststellung der Einkunftserzielungsabsicht besondere Beachtung zukommen. Bei einer ausschließlich an wechselnde Feriengäste vermieteten und in der übrigen Zeit hierfür bereitgehaltenen Ferienwohnung ist ohne weitere Prüfung von der Einkunftserzielungsabsicht des Steuerpflichtigen auszugehen. Diese Grundsätze gelten unabhängig davon, ob der Steuerpflichtige die Ferienwohnung in Eigenregie oder durch Einschalten eines fremden Dritten vermietet (BMF-Schreiben vom 8.10.2004, BStBl I, S. 933, Rn. 16 ff.).

Dem Steuerpflichtigen obliegt jedoch die Feststellungslast, dass ausschließlich eine Vermietung der Ferienwohnung vorliegt. Davon kann ausgegangen werden, wenn der Steuerpflichtige einen der folgenden Umstände glaubhaft macht:

- Vergabe der Vermietung der Ferienwohnung an einen Reiseveranstalter oder an eine Kurverwaltung, die die Entscheidung über die Vermietung trifft. In diesen Verträgen ist dringend darauf zu achten, dass die Eigennutzung vertraglich für das gesamte fragliche Jahr ausgeschlossen ist.
- Verfügt der Vermieter am selben Ort über eine weitere Ferienwohnung, die er selbst nutzt, so kann nach Ansicht der Finanzverwaltung davon ausgegangen werden, dass eine der Wohnungen nach Ausstattung und Größe auf die besonderen Verhältnisse des Vermieters zugeschnitten ist und die andere Wohnung ausschließlich vermietet wird.
- Die Dauer der Vermietung der Ferienwohnung entspricht zumindest dem Durchschnitt der Vermietungen in der am Ferienort üblichen Saison.

Wird die ortsübliche Vermietungszeit um mindestens 25 % unterschritten, so muss der Steuerpflichtige eine Überschussprognose erstellen.

Nutzt der Vermieter die Ferienwohnung auch zeitweise selbst und handelt es sich hierbei nicht nur um kurzfristige Aufenthalte zur Durchführung von Wartungsarbeiten oder Schlüsselübergaben an Feriengästen, ist er grundsätzlich verpflichtet, seine Einkunftserzielungsabsicht mithilfe einer Überschussprognose darzulegen.

Auch können als Werbungskosten nur solche Aufwendungen geltend gemacht werden, die ausschließlich oder anteilig auf Zeiträume entfallen, in denen die Wohnung tatsächlich vermietet oder zur Vermietung angeboten wurde.

11.3.15 Längere Leerstandszeiten

Gegen die Einkunftserzielungsabsicht sprechen längere Leerstandszeiten, in denen keine Einkünfte aus Vermietung und Verpachtung erzielt werden. Häufig entstehen sie bei umfassenden Renovierungsmaßnahmen, vor allem wenn diese vom Vermieter selbst durchgeführt werden, oder in strukturschwachen Gebieten. Werden zum Beispiel mehrjährige Renovierungsarbeiten vorgenommen und ist die Beendigung der Baumaßnahmen nicht erkennbar, wird die Finanzverwaltung die Einkunftserzielungsabsicht nicht anerkennen. Der BFH hat sich im Jahr 2012 in zwei Entscheidungen zum Thema längere Leerstandszeiten und Vermietungsabsicht/Einkunftserzielungsabsicht wie folgt geäußert: Hinsichtlich der Anerkennung der Vermietungsabsicht kommt es nach den Entscheidungen des BFH entscheidend darauf an, dass der Steuerpflichtige ernsthafte und nachhaltige Vermietungsbemühungen entfaltet. Lediglich die Absicht, das Objekt tatsächlich zu vermieten und damit Einkünfte zu erzielen, genügt nicht. Nach Ansicht des BFH ist der Steuerpflichtige gehalten, bei erkennbar nicht erfolgreichen selbst unternommenen Vermietungsbemühungen das eigene Verhalten anzupassen und eine geeignetere Art und Weise der Vermarktung zu suchen, beispielsweise durch Einschaltung eines Maklers oder durch Nutzung alternativer Bewerbungsmöglichkeiten wie Internet. Auch ist dem Steuerpflichtigen im Einzelfall zumutbar, dass Zugeständnisse hinsichtlich der Ausgestaltung des Mietverhältnisses getätigt werden, zum Beispiel bei Vertragslaufzeit, Vertragsgegenstand und Höhe des Mietzinses. Der Steuerpflichtige ist zudem gehalten, die Attraktivität des Objekts zu erhöhen, um eine Vermietung zu ermöglichen.

Der BFH hat sich mit seinem Urteil vom 13.1.2015 (IX R 46/13) nochmals zu der Thematik Einkunftserzielung bei langjähriger Generalsanierung geäußert und hierzu ausgeführt: Grundsätzlich sei es Sache des Steuerpflichtigen, darüber zu befinden, ob und inwieweit die Renovierungsarbeiten aus Zeit- und/ oder Geldgründen langsamer oder schneller vorangehen und ob diese Arbeiten in Eigenleistung oder von Fremdfirmen durchgeführt werden. In zeitlicher Hinsicht sei dem Steuerpflichtigen aber nur ein begrenzter Beurteilungs- und Entscheidungsspielraum zuzubilligen, in dem über die Fortführung seiner Vermietungstätigkeit entscheiden und diese auch darlegen müsse. Bei jahrelanger Untätigkeit – im Streitfall waren es neun Jahre – sei der zeitlich begrenzte Beurteilungs- und Entscheidungsspielraum überschritten, sodass von einem Wegfall der Einkunftserzielungsabsicht auszugehen sei.

Dem Steuerpflichtigen wird daher angeraten, Vermietungsbemühungen ordentlich und nachweisbar zu dokumentieren. Eine Pauschalaussage, dass Besichtigungstermine mit Interessenten stattgefunden haben, genügt hier nicht. Die Anzeigen sind zu archivieren und die Besichtigungstermine mit den einzelnen Interessenten zu dokumentieren. Keinesfalls reichen lediglich mündliche Werbemaßnahmen im Bekanntenkreis aus, um eine Vermietungsabsicht darzulegen. Bei der Durchführung von mehrjährigen Renovierungsarbeiten muss der Ablauf dargelegt werden und vor allem auch die Beendigung der Baumaßnahme erkennbar sein. Fehlt es daran, wird die Finanzverwaltung die Einkunftserzielungsabsicht nicht anerkennen.

11.4 Veräußerung der Eigentumswohnung bzw. Teileigentumseinheit im Privatvermögen

Auch die Veräußerung der im Privatvermögen gehaltenen Eigentumswohnung bzw. Teileigentumseinheit kann beim Wohnungseigentümer eine Steuerpflicht auslösen. Die steuerpflichtige Veräußerung des Immobilienbesitzes tritt unter folgenden Voraussetzungen ein:

- Es handelt sich um ein privates Veräußerungsgeschäft im Sinne des § 23 EStG (Spekulationsgeschäft).
- Innerhalb eines Zeitraums von etwa fünf Jahren werden mehr als drei Objekte (hierzu zählen auch Eigentumswohnungen/Teileigentumseinheiten) veräußert (gewerblicher Grundstückshandel).

11.4.1 Spekulationsgeschäft

Wenn zwischen Erwerb und Verkauf der Eigentumswohnung/Teileigentumseinheit nicht mehr als zehn Jahre vergangen sind, so wird die Veräußerung der Immobilie grundsätzlich der Spekulationsbesteuerung nach § 23 EStG unterworfen. Dabei handelt es sich um Einkünfte nach § 23 EStG, die nach dem persönlichen Steuersatz zu versteuern sind. Zur Berechnung der Zehnjahresfrist ist in der Regel das Datum der jeweiligen Kaufvertragsabschlüsse beim Notar entscheidend. Auf den Übergang von Besitz, Nutzen und Lasten sowie die Eigentumseintragung im Grundbuch kommt es dabei nicht an. Zur Vermeidung eines Spekulationsgeschäfts müssen zwischen Erwerb und Veräußerung (jeweils notarielle Kaufvertragsabschlüsse) mehr als zehn Jahre liegen.

> **Achtung**   ❗
>
> **Auch der Abschluss eines bürgerlich-rechtlich wirksamen, beide Vertragsparteien bindenden Vorvertrags kann bereits für den Eintritt eines Spekulationsgewinns maßgebend sein (BFH, 13.12.1983, BStBl 1984/II, S. 311).**

Durch reine Verkaufsbemühungen der Eigentumswohnung entsteht jedoch noch kein steuerrechtlicher Nachteil, es können somit Verkaufsverhandlungen geführt werden.

Eine Ausnahme von der Spekulationsversteuerung sieht das Gesetz für selbstgenutzte Eigentumswohnungen vor. Ein steuerpflichtiger Veräußerungsfall liegt nicht vor, wenn die Eigentumswohnung

- im Zeitraum zwischen Anschaffung oder Fertigstellung und Veräußerung ausschließlich zu eigenen Wohnzwecken genutzt wurde oder
- im Jahr der Veräußerung und den beiden vorausgegangenen Jahren zu eigenen Wohnzwecken genutzt wurde.

> **! Praxis-Tipp**
>
> Auch die unentgeltliche Überlassung der Eigentumswohnung an ein Kind, für das ein Anspruch auf Kindergeld oder auf Kinderfreibetrag besteht, wird als Selbstnutzung im oben genannten Sinne gewertet. Andere unentgeltliche Überlassungen an nahe Angehörige im Sinne des § 15 AO werden nicht mehr als Eigennutzung gewertet.

Erwirbt der Steuerpflichtige die Eigentumswohnung/Teileigentumseinheit durch Erbfall oder durch vorweggenommene Erbfolge im Wege der Schenkung, so ist hierin keine Anschaffung oder Veräußerung im Sinne des § 23 EStG zu sehen. Etwas anderes gilt nur dann, wenn der Erwerber zu Gegenleistungen verpflichtet wird, zum Beispiel zu einer Schuldübernahme.

Zur Berechnung der Zehnjahresfrist muss sich der Beschenkte oder Erbe den Erwerbszeitpunkt des Schenkers bzw. Erblassers zurechnen lassen. Liegt der Erwerb des Schenkers bzw. des Erblassers also zehn Jahre vor der Veräußerung durch den Beschenkten oder Erben, muss dieser keine Spekulationsbesteuerung vornehmen.

Der Gewinn aus einem steuerpflichtigen Veräußerungsvorgang nach § 23 EStG ermittelt sich aus dem Unterschiedsbetrag zwischen Veräußerungserlös und den Anschaffungs- oder Herstellungskosten. Dieser Betrag ist um die Werbungskosten, die mit dem Veräußerungsgeschäft in ursächlichem Zusammenhang stehen, zu kürzen. Außerdem muss bei Erwerb einer Eigentumswohnung nach dem 31.7.1995 gewinnerhöhend die in Anspruch genommene Abschreibung hinzugerechnet werden. Zur Berechnung des Spekulationsgewinns ergibt sich folgende Formel:

Veräußerungserlös – Anschaffungskosten + Abschreibung – Veräußerungskosten = Spekulationsgewinn/-verlust

Veräußerungskosen sind dabei zum Beispiel Maklerhonorare, Anzeigekosten, Grundbuchgebühren für Eigentumsumschreibungen und eventuelle Löschungen sowie Notarkosten.

11.4.2 Gewerblicher Grundstückshandel

Die Regeln des gewerblichen Grundstückshandels wurden von der Rechtsprechung entwickelt und sind daher vielfältig und vornehmlich durch Einzelfallrechtsprechung geprägt. An dieser Stelle seien daher nur die Grundzüge des gewerblichen Grundstückshandels dargestellt, die Thematik wurde auf Wohnungseigentum begrenzt.

In einer Reihe von Urteilen seit dem Jahr 1986 hat der BFH folgenden Grundsatz zum gewerblichen Grundstückshandel entwickelt: Die Veräußerung von bis zu drei Objekten (Eigentumswohnungen/Teileigentumseinheiten) innerhalb eines Zeitraums von etwa fünf Jahren – gerechnet zwischen Anschaffung und Veräußerung – ist grundsätzlich nicht gewerblich und somit nicht steuerpflichtig. Diese Vereinfachungsregelung wurde von der Finanzverwaltung übernommen. Einzelfragen zum gewerblichen Grundstückhandel sind im BMF-Schreiben vom 26.3.2004 geregelt (BStBl 2004/I, S. 434).

Die Überschreitung der sogenannten Drei-Objekt-Grenze gilt als Indiz für das Vorliegen eines gewerblichen Grundstückshandels. Die Veräußerung von mehr als drei Eigentumswohnungen/Teileigentumseinheiten innerhalb von fünf Jahren führt somit in der Regel zur Gewerblichkeit aller, das heißt auch der ersten drei veräußerten Objekte.

Praxis-Tipp

Die zeitliche Grenze von fünf Jahren ist allerdings keine starre Regelung und durch die Einzelfallrechtsprechung aufgeweicht. Bei Eigentumswohnungen/Teileigentumseinheiten stellt jedes zivilrechtliche Wohnungseigentum ein selbstständiges Objekt dar, sodass die Drei-Objekt-Grenze auch überschritten werden kann, wenn mehrere Eigentumswohnungen nach Vertragsabschluss baulich zu einem Objekt zusammengefasst wurden. Auch Veräußerungen im Ausland sind in die Prüfung der Drei-Objekt-Grenze einzubeziehen.

Bei Ehegatten wird die Drei-Objekt-Grenze bei jedem Ehepartner gesondert gerechnet. Das bedeutet, dass jeder Ehegatte bis zu drei Objekte im Bereich der steuerfreien privaten Vermögensverwaltung veräußern kann.

Achtung

- Gemeinschaftliches Eigentum an einer Eigentumswohnung der Ehegatten oder Beteiligungen der Kinder daran führen bei jedem der Beteiligten zu einem Veräußerungsfall.
- Der Grundsatz der getrennten Betrachtung der Eheleute bei gewerblichem Grundstückshandel gilt dann nicht, wenn die Ehegatten eine über ihre eheliche Lebensgemeinschaft hinausgehende, zusätzliche enge Wirtschaftsgemeinschaft gebildet haben, zum Beispiel eine GbR. Bereits durch den gemeinsamen Erwerb von Eigentumswohnungen kann eine derartige Wirtschaftsgemeinschaft zwischen den Eheleuten begründet werden.

Beträgt die Zeitspanne zwischen Erwerb und Veräußerung der Eigentumswohnung/Teileigentumseinheit mehr als zehn Jahre, besteht grundsätzlich kein enger zeitlicher Zusammenhang mehr zwischen Erwerb und Veräußerung. Die Eigentumswohnungen/Teileigentumseinheiten, die zehn Jahre lang vermietet oder selbst genutzt wurden, werden grundsätzlich für die Drei-Objekt-Grenze nicht mitgezählt.

> **!** **Achtung**
>
> Werden jedoch fortlaufend Immobilienobjekte gekauft und verkauft, führt die alleinige Tatsache der zehnjährigen Besitzdauer nicht dazu, dass die Veräußerung der privaten Vermögensverwaltung zugeordnet wird (BFH, 17.2.1993, X R 108-90, BFH-NF 1994, 84).

In der Praxis werden oft Mehrfamilienhäuser, die bereits lange vom jeweiligen Eigentümer gehalten wurden, in Eigentumswohnungen bzw. Teileigentum umgewandelt und sodann veräußert. In derartigen Fällen ist folgender Grundsatz zu beachten: Wird ein Mietwohngrundstück mindestens zehn Jahre durch Vermietung oder Verpachtung oder für eigene Wohnzwecke genutzt, nach Ablauf der Zehnjahresfrist in Eigentumswohnungen umgewandelt und werden diese anschließend verkauft, liegt grundsätzlich keine gewerbliche Tätigkeit vor. Die Veräußerung stellt vielmehr noch den letzten Akt der privaten vermögensverwaltenden Tätigkeit dar (BFH, 8.9.1979, I R 186/78, BStBl II 1980, S. 106).

> **!** **Achtung**
>
> Werden die Eigentumswohnungen/Teileigentumseinheiten in einem engen zeitlichen Zusammenhang mit der Veräußerung umfassend modernisiert, so gilt der oben aufgestellte Grundsatz nicht. Umfassende Modernisierungen führen zu einem »Verkehrsgut anderer Marktgängigkeit«, sodass hier bei der Veräußerung von mehr als drei Eigentumseinheiten eine Steuerpflicht nach den Grundsätzen des gewerblichen Grundstückshandels eintritt.

Die Grundsätze des gewerblichen Grundstückshandels sind in nachfolgendem Schaubild nochmals zusammengefasst.

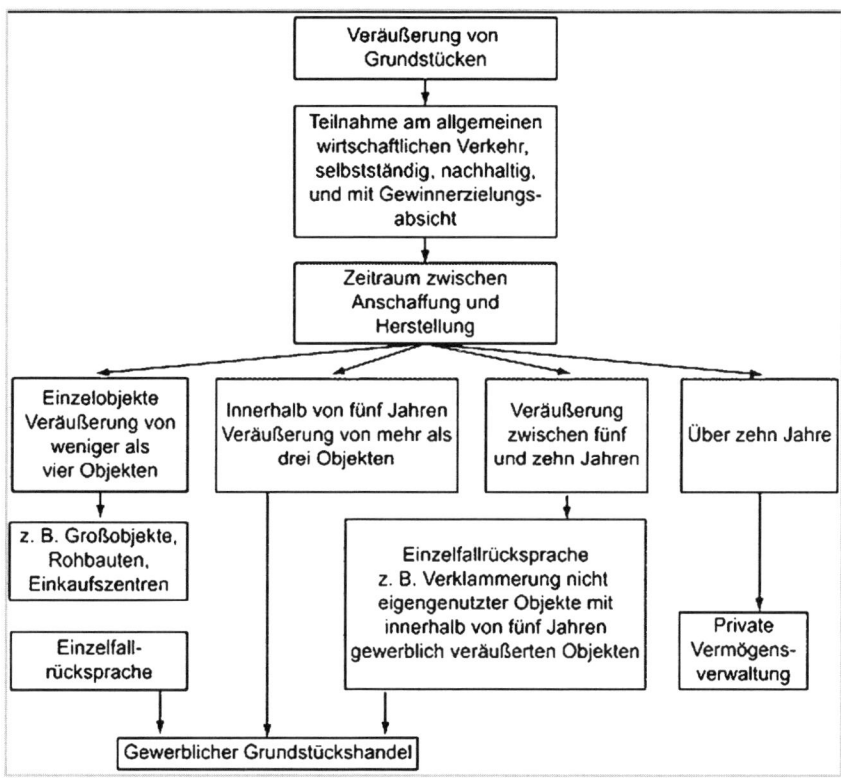

Da die Fragen des gewerblichen Grundstückshandels in einer Vielzahl von Einzel-
rechtsprechungen und im BMF-Schreiben geregelt sind, ist vor jeder Veräußerung
dringend steuerrechtlicher Rat einzuholen.

11.5 Umsatzsteuer

Bei den Fragen des Umsatzsteuerrechts ist zwischen der Wohnungseigentümergemeinschaft und dem Sondereigentümer bzw. Teileigentümer als jeweils
eigene Steuersubjekte zu unterscheiden.

11.5.1 Leistungen der Gemeinschaft der Wohnungseigentümer

Nach § 4 Nr. 13 UStG sind bestimmte Leistungen der Wohnungseigentümergemeinschaft im Sinne des Wohnungseigentumsgesetzes an die jeweiligen Wohnungseigentümer und Teileigentümer steuerbefreit. Das gemeinschaftliche
Eigentum wird von der Gemeinschaft der Wohnungseigentümer verwaltet. Im

Rahmen ihrer Verwaltungsaufgaben erbringen die Wohnungseigentümergemeinschaften neben nicht steuerbaren Gemeinschaftsleistungen, die den Gesamtbelangen aller Mitgliedern dienen, auch steuerbare Sonderleistungen an einzelne Mitglieder. Die hierauf entfallende Umsatzsteuer muss von den Wohnungseigentümern getragen werden.

Die Leistungen der Gemeinschaft an die einzelnen Wohnungs- und Teileigentümer sind umsatzsteuerbefreit, soweit sie in der Überlassung des gemeinschaftlichen Eigentums zum Gebrauch, in der Instandhaltung und Instandsetzung des gemeinschaftlichen Eigentums und in der sonstigen Verwaltung sowie der Lieferung von Wärme und Ähnlichem bestehen.

Aufgrund dieser gesetzlichen Steuerbefreiung nach § 4 Nr. 13 UStG kann der einzelne Teileigentümer, der sein Teileigentum umsatzsteuerpflichtig weitervermietet, nicht die in den Leistungen der Wohnungseigentümergemeinschaft enthaltene Mehrwertsteuer als Vorsteuer bei seiner eigenen Umsatzsteuererklärung geltend machen.

11.5.2 Optionsmöglichkeit: Vorsteuerabzug

Für Umsätze nach § 4 Nr. 13 UStG ist der Vorsteuerabzug durch den jeweiligen Teileigentümer ausgeschlossen (§ 15 Abs. 2 Nr. 1 UStG). Die Wohnungseigentümergemeinschaft kann jedoch nach § 9 Abs. 1 UStG ihre Umsätze als steuerpflichtig behandeln, wenn sie an die Wohnungseigentümer für deren Unternehmen ausgeführt werden – das heißt gewerbliche umsatzsteuerpflichtige Vermietung des Teileigentums –, und sich so den Vorsteuerabzug ihrer Eingangsbezüge eröffnet.

! **Achtung**

Der Wohnungseigentumsverwalter ist nur dann den einzelnen Wohnungs- oder Teileigentümern zum gesonderten Ausweis der Umsatzsteuer in den jeweiligen Einzeljahresabrechnungen verpflichtet, wenn die Wohnungseigentümer auf die Steuerbefreiung ihrer Leistungen an die Wohnungs- und Teileigentümer verzichtet haben.

Dabei kann die Wohnungseigentümergemeinschaft die Option zur Steuerpflicht nur für steuerbare Umsätze ausüben, die an einen anderen Unternehmer für dessen Unternehmen ausgeführt werden (§ 9 Abs. 1 UStG).

Achtung !

Unternehmer im Sinne dieser Bestimmung sind nur die Wohnungseigentümer, die ihr Teileigentum selbst für gewerbliche oder berufliche Zwecke nutzen oder es zu diesem Zweck an Dritte vermietet haben. Von Interesse ist die Option also nur für Eigentümer, die ihr Teileigentum selbst zur Ausführung von steuerpflichtigen Umsätzen nutzen, das heißt, selbst voll vorsteuerabzugsberechtigt sind.

Der Verwalter selbst kann eine Option zur Steuerpflicht für die Wohnungseigentümer nicht persönlich abgeben, da dies nicht zu den ihm zustehenden Verwaltungsaufgaben gemäß §§ 27, 28 WEG gehört. Über die Option zur Mehrwertsteuerpflicht kann daher nur durch Beschluss der WEG entschieden werden.

Dem einzelnen Eigentümer ist ein Anspruch auf Ausübung der Option gegenüber der Wohnungseigentümergemeinschaft nur dann zuzubilligen, wenn er die übrigen Eigentümer von den Nachteilen freistellt, die sich aus der Mehrwertsteueroption ergeben (BayObLG, 13.6.1996, 2Z BR 28/96, ZMR 1996, 574). Erst nachdem die Wohnungseigentümergemeinschaft durch mehrheitlichen Beschluss zur Mehrwertsteuerpflicht optiert hat, ist der Verwalter berechtigt, in den jeweiligen Jahresabrechnungen die entrichtete Vorsteuer für den einzelnen Teileigentümer, der seine Teileigentumseinheit umsatzsteuerpflichtig vermietet hat, auszuweisen.

12 Versicherungen

Nach § 21 Abs. 5 Nr. 3 WEG gehört zur ordnungsgemäßen Verwaltung des Gemeinschaftseigentums der Abschluss einer Feuerversicherung für das gemeinschaftliche Eigentum zum Neuwert sowie die angemessene Versicherung der Wohnungseigentümer gegen Haus- und Grundbesitzerhaftungsfälle. Die Versicherungen werden vom Verwalter der Wohnungseigentümergemeinschaft im Namen der Wohnungseigentümer abgeschlossen.

> **Achtung** !
>
> § 21 Abs. 5 Nr. 3 WEG begründet keine öffentlich-rechtliche Versicherungspflicht, sondern nur eine Pflicht der Wohnungseigentümer untereinander, für den dort vorgesehenen Versicherungsschutz zu sorgen. Die Regelung hat somit keine Drittschutzwirkung, sodass Mieter aus einem Verstoß gegen diese Pflicht grundsätzlich keine Rechte ableiten können.

12.1 Feuerversicherung

Die Regelung des § 21 Abs. 5 Nr. 3 WEG umfasst nur die Verpflichtung zum Abschluss einer Feuerversicherung für das gemeinschaftliche Eigentum. Der Begriff des gemeinschaftlichen Eigentums ist, wie bereits in Kapitel 1.3 ausgeführt, durch die Regelungen des § 1 Abs. 3, 5 WEG definiert.

> **Praxis-Tipp** !
>
> Soll das Sondereigentum mitversichert werden, so bedarf dies einer Vereinbarung der Wohnungseigentümer und der Einbeziehung in den Versicherungsvertrag. Der Einbezug des Sondereigentums in den Versicherungsschutz muss durch einen Beschluss der Wohnungseigentümergemeinschaft herbeigeführt werden. Die dadurch bedingten Prämienerhöhungen gehen ausschließlich zulasten des oder der begünstigten einzelnen Sondereigentümer.

Der Versicherer gewährt im Rahmen der Feuerversicherung in der Regel Versicherungsschutz gegen folgende Schäden: Brand, Blitzschlag, Explosion sowie Anprall und Absturz von Luftfahrzeugen oder Teilen davon sowie Folgeschäden, die durch Rauch, Ruß und Löschwasser, Niederreißen sowie Aufräumen der Gebäude oder Gebäudeteile entstehen.

> **!** **Achtung**
>
> Die Gegenstände in den Wohnungen werden von der Feuerversicherung nicht umfasst.

Nutzt der Wohnungseigentümer seine Wohnung selbst, kann er hier Versicherungsschutz schaffen, indem er eine Hausratversicherung abschließt. Auch Mietausfälle für Wohnräume und gewerblich genutzte Räume sind in der Regel nicht abgesichert. Dieser Schaden muss gesondert versichert werden. Es empfiehlt sich zudem, eine begleitende Neuwertversicherung abzuschließen, um den Verpflichtungen des § 21 Abs. 5 Nr. 3 WEG zu genügen.

12.2 Haus- und Grundbesitzerhaftpflichtversicherung

Die Haus- und Grundbesitzerhaftpflichtversicherung gewährt der Wohnungseigentümergemeinschaft Versicherungsschutz im Fall der Verletzung der Verkehrssicherungspflicht oder von gesetzlichen Schadenersatzansprüchen gemäß § 836 BGB (Einsturz eines Gebäudes). Der Versicherungsschutz umfasst Schadensereignisse, die den Tod, die Verletzung oder die Gesundheitsschädigung von Menschen (Personenschaden) oder die Beschädigung oder die Vernichtung von Sachen (Sachschaden) zur Folge haben.

> **!** **Achtung**
>
> Im Rahmen der Haftpflichtversicherung sind nur die Schäden Dritter versichert, nicht aber der eigene Schaden. Schäden am Gemeinschafts- und Sondereigentum fallen somit nicht unter den Versicherungsschutz, ebenso wenig Haftpflichtansprüche der Wohnungseigentümergemeinschaft gegen den Sondereigentümer wegen Beschädigung des gemeinschaftlichen Eigentums.

Die Haus- und Grundbesitzerhaftpflichtversicherung kann durch gesonderte Vereinbarung um folgenden Versicherungsschutz erweitert werden:
- Ansprüche eines einzelnen Wohnungseigentümers gegen den Verwalter
- Ansprüche eines einzelnen Wohnungseigentümers gegen die Gemeinschaft der Wohnungseigentümer
- Gegenseitige Ansprüche von Wohnungseigentümern bei Betätigung im Interesse und für Zwecke der Gemeinschaft

Folgende Schäden sind durch die Haus- und Grundbesitzerhaftpflicht abgedeckt:
- Versäumnisse bei der Streu- und Räumpflicht
- Unzureichende Instandhaltung oder Instandsetzung oder mangelnde Pflege oder Wartung gemeinschaftlicher Anlagen und Einrichtungen wie Aufzug,

Heizungs- und Warmwasseranlagen, fehlende Beleuchtung im Hauseingang, Hausflur oder Treppenhaus

- Bauschäden an Dach, Dachrinnen, Gebäudewänden, Gesimsen, Treppen und Treppengeländern etc.
- Umfasst auch die persönliche gesetzliche Haftpflicht des Verwalters und sonstiger Dienstverpflichteten, zum Beispiel des Hausmeisters, bei deren Betätigung im Interesse und für den Zweck der Wohnungseigentümer

Die Deckungssumme der Haus- und Grundbesitzerhaftpflichtversicherung wird im Regelfall für Personenschäden einen Betrag von 1.000.000 EUR und für Sachschäden einen Betrag von 250.000 bis 1.000.000 EUR umfassen.

12.3 Weitere Versicherungen der Wohnungseigentümergemeinschaft

Die Wohnungseigentümergemeinschaft kann über die in § 21 Abs. 5 Nr. 3 WEG genannten Versicherungen hinaus weitere Versicherungen abschließen, die auch das Sondereigentum umfassen. Der Abschluss weiterer Versicherungen entspricht ordnungsgemäßer Verwaltung, sodass jeder Wohnungseigentümer diesen Abschluss gemäß § 21 Abs. 4 WEG verlangen kann. Im Einzelfall entscheidet die Wohnungseigentümergemeinschaft durch Mehrheitsbeschluss. Um einen erweiterten Versicherungsschutz zu erreichen, kommen die folgenden Versicherungsarten in Betracht.

Gewässerschadenhaftpflichtversicherung

§ 22 Wasserhaushaltsgesetz legt fest, dass unabhängig vom Verschulden jeder den Schaden zu ersetzen hat, den er durch die Verschmutzung von Fluss-, Bach-, See- oder Grundwasser hervorgerufen hat. Aufgrund dieser verschuldensunabhängigen Haftungsregelung ist es dringend anzuraten, für Wohnungseigentümergemeinschaften, die über eine Ölzentralheizung versorgt werden, eine Gewässerschadenhaftpflichtversicherung abzuschließen. Die Versicherung deckt Schäden ab, die durch die Verschmutzung von See-, Fluss-, Bach- und Grundwasser entstehen, zum Beispiel durch Eindringen von Heizöl in das Grundwasser wegen eines undichten Öltanks.

Leitungswasserschadenversicherung

Auch der Abschluss einer Leitungswasserschadenversicherung entspricht der ordnungsgemäßen Verwaltung und kann somit mehrheitlich beschlossen werden. Durch die Leitungswasserschadenversicherung sind zum Beispiel folgende Schäden versichert:

- Schäden innerhalb und außerhalb des Gebäudes an Zu- und Ableitungsrohren durch Rohrbruch und Frost
- Frostschäden an Badeinrichtungen einschließlich Wasserarmaturen, Boilern, Heizkörpern, Heizkessel

Versichert ist das Sachersatzinteresse des einzelnen Miteigentümers am Gemeinschaftseigentum und dem Sondereigentum der anderen Wohnungseigentümer, weshalb ein den Schaden fahrlässig verursachender Miteigentümer nicht in Regress genommen werden kann. Die Leitungswasserschadenversicherung deckt folgende Schäden nicht ab: Grundwasserschäden, Schäden aus stehenden und fließenden Gewässern, Hochwasser und Witterungsniederschläge sowie Reinigungswasser.

Sturmschaden- und Hagelversicherung

Auch hierbei handelt es sich um eine Versicherung, deren Abschluss der ordnungsgemäßen Verwaltung entspricht, sodass der Abschluss durch Mehrheitsbeschluss geregelt werden kann. Durch die Sturmschaden- und Hagelversicherung sind folgende Schäden versichert:
- Schäden aus unmittelbarer Sturm- oder Hageleinwirkungen auf das Gebäude
- Schäden durch Gebäudeteile, Bäume und andere Gegenstände, die durch die Sturmeinwirkung einen Schaden am Gebäude verursachen

Nicht abgedeckt ist das Eindringen von Feuchtigkeit bei Regen, Hagel und Schnee durch nicht sturmverursachte Schadenstellen.

Glasversicherung

Durch den Abschluss einer Glasversicherung ist die Erneuerung zerbrochener Scheiben am gemeinschaftlichen Eigentum gesichert, soweit der Schaden nicht durch Feuer, Blitz oder Explosion entstanden ist. In der Regel wird auch hier ein Mehrheitsbeschluss über den Abschluss der Versicherung ausreichen. Zur Vermeidung von Doppelversicherungen ist vor Abschluss einer Glasversicherung zu prüfen, inwieweit die jeweiligen Sondereigentümer/Teileigentümer bereits einen Versicherungsschutz für Glasbruch abgeschlossen haben.

12.4 Sonstige Versicherungen

Privathaftpflichtversicherung

Der Abschluss einer Privathaftpflichtversicherung ist neben den allgemeinen Gründen, die für den Abschluss sprechen, auch den Sonder-/Teileigentümern anzuraten, da die Haus- und Grundbesitzerhaftpflichtversicherung Ansprüche der Gemeinschaft gegen die einzelnen Wohnungseigentümer nicht abdeckt.

Von der Privathaftpflichtversicherung ist jedoch nur Versicherungsschutz für die selbstgenutzte Wohnung zu erlangen, vermietete oder gewerblich genutzte Eigentumswohnungen werden davon nicht umfasst.

Aus diesen Gründen ist die zusätzliche Haftpflichtversicherung als Vermieter zu empfehlen, die in aller Regel im Rahmen der Privathaftpflichtversicherung angeboten wird. Sie muss jedoch mit dem Versicherer gesondert vereinbart werden.

Rechtsschutzversicherung

Auch der Abschluss einer Rechtsschutzversicherung ist dem einzelnen Wohnungs- bzw. Teileigentümer zu empfehlen. Diese deckt Risiken bei Rechtsstreitigkeiten innerhalb bzw. gegen die Wohnungseigentümergemeinschaft ab und sollte sämtliche Gerichts-, Anwalts- und Sachverständigenkosten für den Fall eines Gerichtsverfahrens umfassen.

Vermögensschadenhaftpflichtversicherung

Der Verwalter einer Wohnungseigentümergemeinschaft sollte eine Vermögensschadenhaftpflichtversicherung abschließen, deren Prämien er allerdings selbst zu entrichten hat. Die Wohnungseigentümergemeinschaft sollte darauf achten, eine entsprechende Regelung in den Verwaltervertrag aufzunehmen, mit der der Verwalter verpflichtet wird, eine solche Versicherung abzuschließen.

Bei größeren Wohnungseigentümergemeinschaften empfiehlt sich zudem für die gewählten Verwaltungsbeiräte eine Vermögensschadenhaftpflichtversicherung – hier jedoch zulasten der Gemeinschaft.

12.5 Abschluss und Kündigung von Versicherungsverträgen

Wie bereits ausgeführt, entscheidet die Wohnungseigentümergemeinschaft durch Mehrheitsbeschluss über den Abschluss der Versicherungsverträge sowie die Auswahl und den Umfang der Versicherung. Auch die Kündigung von Versicherungsverträgen, die das Gemeinschaftseigentum betreffen, regelt die Wohnungseigentümergemeinschaft durch Mehrheitsbeschluss. Erst nach vorliegendem Beschluss der Wohnungseigentümergemeinschaft ist der Verwalter berechtigt und verpflichtet, Versicherungsverträge für die Wohnungseigentümergemeinschaft abzuschließen oder zu kündigen. Etwas anderes gilt nur dann, wenn ausdrückliche Regelungen im Verwaltervertrag, der Teilungserklärung bzw. Gemeinschaftsordnung getroffen wurden oder der Verwalter aufgrund anderer Vollmachten berechtigt ist, für die Wohnungseigentümergemeinschaft zu handeln.

! **Achtung**

Eine verspätete Meldung eines Versicherungsfalls durch den Verwalter mit der Folge, dass der Versicherungsschutz entfällt, muss sich die Wohnungseigentümergemeinschaft zurechnen lassen, wenn der Verwalter Repräsentant der Eigentümer ist. Ist der Verwalter aufgrund des Verwaltervertrags berechtigt, Versicherungsangelegenheiten selbstständig abzuwickeln, wird er als Repräsentant der Eigentümer angesehen, sodass die Wohnungseigentümergemeinschaften das Fehlverhalten mit dem Wegfall des Versicherungsschutzes gegen sich gelten lassen muss.

Abkürzungsverzeichnis

II. BV	Zweite Berechnungsverordnung
II. WoBauG	Zweites Wohnungsbaugesetz
a. A.	andere(r) Ansicht
a. F.	alte Fassung
Abs.	Absatz
AfA	Absetzung für Abnutzung
AktG	Aktiengesetz
AO	Abgabenordnung
Az.	Aktenzeichen
BAnz	Bundesanzeiger
BauGB	Baugesetzbuch
BayObLG	Bayerisches Oberlandesgericht
BayObLGZ	Entscheidungssammlung des Bayerischen Obersten Landgerichts in Zivilsachen
BayVGH	Bayerischer Verwaltungsgerichtshof
BetrKV	Betriebskostenverordnung
BeurkG	Beurkundungsgesetz
BFG	Bundesfinanzhof
BGB	Bürgerliches Gesetzbuch
BGH	Bundesgerichtshof
BGHZ	Entscheidungen des Bundesgerichtshofs in Zivilsachen
BImSchG	Bundes-Immissionsschutzgesetz
BMF	Bundesministerium für Finanzen
BR-Drucks.	Bundesrats-Drucksache
BStBl	Bundessteuerblatt
BT-Drucks.	Bundestagsdrucksachen
bzw.	beziehungsweise
DStR	Deutsches Steuerrecht (Fachzeitschrift)
EGZPO	Einführungsgesetz zur Zivilprozessordnung

EigZulG	Eigenheimzulagengesetz
EStG	Einkommensteuergesetz
EStR	Einkommensteuer-Richtlinien
ETW	Etagenwohnung
EUR	Euro
e.V.	eingetragener Verein
FGG	freiwillige Gerichtsbarkeit
GBO	Grundbuchordnung
GbR	Gesellschaft bürgerlichen Rechts
GBV	Grundbuchverordnung
GE	Gemeinschaftseigentum
GG	Grundgesetz
ggf.	gegebenenfalls
GKG	Gerichtskostengesetz
GmbH	Gesellschaft mit beschränkter Haftung
GmbHG	Gesetz betreffend die Gesellschaften mit beschränkter Haftung
GoA	Geschäftsführung ohne Auftrag
GVG	Gerichtsverfassungsgesetz
HeizkV	Heizkostenverordnung
HGB	Handelsgesetzbuch
HS	Halbsatz
i.V.m.	in Verbindung mit
ImmoWertV	Immobilienwertermittlungsverordnung
KfW	Kreditanstalt für Wiederaufbau
KG	Kommanditgesellschaft
KostO	Kostenordnung
m^2	
m.w.N.	mit weiteren Nachweisen
MaBV	Makler- und Bauträgerverordnung
MDR	Monatsschrift für Deutsches Recht
MEA	Miteigentumsanteil

NJW	Neue Juristische Wochenschrift
NJW-RR	Neue Juristische Wochenschrift – Rechtsprechung-Report Zivilrecht
Nr.	Nummer
NZM	Neue Zeitschrift für Miet- und Wohnungsrecht
OHG	offene Handelsgesellschaft
OLG	Oberlandesgericht
OLGR	OLGReport
RVG	Rechtsanwaltsvergütungsgesetz
SE	Sondereigentum
TOP	Tagesordnungspunkt
UStG	Umsatzsteuergesetz
WE	Wohnungseigentum (Zeitschrift)
WEG	Wohnungseigentumsgesetz
WuM	Zeitschrift für Wohnungswirtschafts- und Mietrecht
ZMR	Zeitschrift für Miet- und Raumrecht
ZPO	Zivilprozessordnung
ZVG	Gesetz über die Zwangsversteigerung und Zwangsverwaltung

Literaturverzeichnis

Bielefeld, Der Wohnungseigentümer – Ratgeber zum Wohnungseigentum, 9. Auflage, Haus und Grund Deutschland, Berlin 2011

Blankenstein, WEG-Reform 2007, München 2007

Börstinghaus/Eisenschmid, MietPrax Arbeitskommentar, Loseblattsammlung, 2009

Deckert, Die Eigentumswohnung, Loseblattsammlung

Jennißen, Die Verwalterabrechnung nach dem Wohnungseigentumsgesetz, 7. Auflage, Köln 2013

Hügel/Elzer, Wohnungseigentumsgesetz, München 2015

Langenberg, Betriebskostenrecht der Wohn- und Gewerberaummiete, 7. Auflage, München 2014

Müller, Praktische Fragen des Wohnungseigentums, 6. Auflage, München 2015

Niedenführ/Kümmel/Vandenhouten, WEG, Kommentar und Handbuch zum Wohnungseigentumsrecht, 11. Auflage, Bonn 2015

Schmidt-Futterer/Langenberg, Mietrecht, 12. Auflage, München 2015

Weitnauer/Lüke, Wohnungseigentumsgesetz, 9. Auflage, München 2005

Stichwortverzeichnis

Die Autoren

 **Rudolf Stürzer** ist Rechtsanwalt und Vorsitzender des Haus- und Grundbesitzervereins München, zudem Vorsitzender des Aufsichtsrats von Haus & Grund Bayern sowie der Bayerischen Hausbesitzer-Versicherungs-Gesellschaft. Er ist Autor zahlreicher Fachbücher zum Thema Mietrecht.

 **Michael Koch** ist Fachanwalt für Miet- und Wohnungseigentumsrecht und stellvertretender Vorsitzender von Haus und Grund München. Er ist Autor zahlreicher Fachbücher zum Thema Mietrecht.

 **Georg Hopfensperger** ist Fachanwalt für Miet- und Wohnungseigentumsrecht und seit mehreren Jahren Berater bei Haus und Grund München. Er ist Autor zahlreicher Fachbücher zum Thema Mietrecht.

 **Melanie Sterns-Kolbeck** ist Rechtsanwältin in München mit Schwerpunkt WEG- und Mietrecht sowie seit über sieben Jahren für Haus und Grund München tätig.

Detlef Leander Sterns ist Rechtsanwalt in München mit Schwerpunkt WEG- und Mietrecht sowie seit 20 Jahren als Berater und Seminarleiter bei Haus und Grund München tätig.

Claudia Ziegelmayer ist Fachanwältin für Steuerrecht und Partner der Kanzlei Ziegelmayer/Hopfensperger in München. Sie verfügt über langjährige Seminarerfahrung und ist ebenfalls Autorin zahlreicher Publikationen.

Arbeitshilfenverzeichnis

Exklusiv für Buchkäufer!

Ihr eBook zum Download:

▶ http://mybook.haufe.de/

▶ **Buchcode:** TZZ-7544